Das Buch

Für viele Deutsche unvergessen: Unmittelbar nach dem Zweiten Weltkrieg – Deutschland war international geächtetes kulturelles Niemandsland – füllte ein Geiger mit dem Klang seiner Stradivari die grauen, kaum beheizbaren Konzertsäle: Yehudi Menuhin. Er setzte die Musik zur Versöhnung ein und tat dies, obgleich seine Familie dem von den Deutschen so grausam verfolgten orthodoxen russischen Judentum entstammte.
Die Geschichte dieser Familie, die Entwicklung des geigenden Wunderkindes Yehudi und seiner als Pianistin nicht minder begabten Schwester Hepzibah von ersten zaghaften Versuchen zu internationalem Ruhm wird hier erzählt von ihrem Vater und unermüdlichen Förderer Moshe Menuhin. Er beginnt mit der Erzählung seiner eigenen Kindheit in einer strenggläubigen, vom Chassidismus bestimmten jüdischen Familie erst im zaristischen Rußland, später bei den Großeltern in Palästina. Kaum zwanzigjährig wandert Moshe aus nach Amerika, heiratet 1914 in New York die Krimtatarin Marutha. 1916 wird ihr erstes Kind, Yehudi, geboren. In San Francisco, wo Moshe mit Hilfe der jüdischen Gemeinde eine Hebräisch-Schule gründet, wachsen die drei Kinder, Yehudi und seine beiden Schwestern Hepzibah und Yaltah, auf. Die Geschichte der Menuhins ist mehr als eine Familiensaga, sie ist auch ein halbes Jahrhundert jüdische Kulturgeschichte in Rußland, Palästina und Amerika.

Der Autor

Moshe Menuhin, 1893 in Gomel, Weißrußland, geboren, ab 1904 in Palästina aufgewachsen. 1913 ausgewandert nach New York, 1914 Heirat mit Marutha. Ab 1917 Tätigkeit als Hebräisch-Lehrer in San Francisco bis 1921, als er zum Förderer und Manager seines Sohnes Yehudi wird. 1982 stirbt er in Kalifornien. Als überzeugter Gegner des Zionismus veröffentlicht er 1965 das Buch ›The Decadence of Judaism in Our Time‹.

Moshe Menuhin:
Die Menuhins

Mit 33 Fotos
Aus dem Englischen von
Lexa Katrin Gräfin von Nostitz

Deutscher
Taschenbuch
Verlag

Bärenreiter
Verlag

Ungekürzte Ausgabe
Dezember 1987
Deutscher Taschenbuch Verlag GmbH & Co. KG,
München, und
Bärenreiter-Verlag Karl Vötterle GmbH & Co. KG,
Kassel · Basel · London

Titel der englischen Originalausgabe:
The Menuhin Saga
Sigdwick & Jackson, London

ISBN 3-7263-6455-2
Umschlaggestaltung: Celestino Piatti
Umschlagfotos: Aus dem Besitz der Familie Menuhin und
Foto Lipnitzki, Paris
Gesamtherstellung: C. H. Beck'sche Buchdruckerei,
Nördlingen
Printed in Germany · ISBN 3-423-10834-7 (dtv)
ISBN 3-7618-0858-5 (Bärenreiter)

Inhalt

1. Die Anfänge (1893–1904)

Nach dem jüdischen Kalender, der Zeitrechnung meiner streng orthodoxen Eltern, wurde ich am ersten Tag des Monats Kislew im Jahre 5654[1] in Gomel geboren. Diese große russische Stadt hatte damals eine bedeutende jüdische Minderheit und lag in der östlichen Hälfte des für Juden erlaubten Ansiedlungsgebietes, das sich, achthundert Kilometer von der Ostsee entfernt, bis zum Schwarzen Meer erstreckte. Hier durften Juden in den meisten großen und kleinen Städten, aber nicht überall auf dem Lande, ihren Wohnsitz nehmen.

Mein Vater Yitzhak (Isaak) Mnuchin[2] war ein wohlhabender Textilwarenhändler. Er hatte ein blühendes Familienunternehmen übernommen, als sein Vater aufgebrochen war, um seinen Lebensabend im Heiligen Land zu verbringen. Großvater Mnuchin war der Urenkel eines berühmten chassidischen Rabbis namens Rebbe Levi Yitzhak aus Berditschew, und unser Familienleben wurde von religiösen Vorschriften, Zeremonien und Bräuchen beherrscht. Sie sollten uns von früh bis spät, vom ersten bis zum letzten Atemzug ständig auf Trab halten, damit wir gar nicht erst ins Straucheln kämen.

An meinem vierten Geburtstag starb mein Vater. Er war erst zweiunddreißig Jahre alt. Ich kann mich kaum noch an ihn erinnern mit Ausnahme einer Szene: Als sein Leichnam auf den Boden unseres Wohnzimmers gebettet wurde, in weiße Tücher gehüllt und mit brennenden Kerzen am Kopfende, radelte ich ahnungslos auf meinem neuen Dreirad herein. Jemand befahl mir zu verschwinden. Ich gehorchte, aber ohne zu begreifen, was ich verbrochen hatte.

Meine Mutter blieb mit vier Kindern allein zurück: meinem ältesten Bruder Layvik, meinen beiden älteren Schwestern Mooshkeh und Shandel und mir. Mutter schickte Layvik und Mooshkeh nach Jerusalem zu Großvater Mnuchin. Meine jüngere Schwester Shandel und ich blieben in Gomel.

Bei uns zu Hause wurde Jiddisch gesprochen, ein mit zahlreichen hebräischen Worten vermischtes Jiddisch, das anders war als der Jargon der New Yorker Juden, die zwar die Geschichten des großen jiddischen Schriftstellers Scholem Aleichem lesen können, nicht aber die wunderbaren Werke von Mendele Moicher Sforim.[3]

Nach orthodoxem jüdischem Brauch erhielten in Rußland, wo es damals keine reformjüdischen oder konservativen jüdischen Gemeinden gab, nur Knaben Unterricht in hebräischer Sprache. Mädchen lernten kein Hebräisch, es sei denn, ein Bruder, Vater, Onkel oder anderer männlicher Verwandter nahm sich die Zeit, es ihnen heimlich beizubringen. Frauen hatten angeblich genug zu tun mit der Zubereitung der Speisen, den Problemen von *koscher* und *treife* und den Vorbereitungen für die Festtage.

Mooshkeh und Shandel kamen also auf die russische Schule, wo sie Russisch genauso gut sprechen lernten wie Jiddisch, während ich fast gar keine Bekanntschaft mit der russischen Sprache machte. Aber die Möglichkeiten, die sich meinen Schwestern nach dem Abschluß des Gymnasiums boten, waren begrenzt durch die Regeln und Bräuche unseres orthodoxen Judentums. Jüdische Frauen sollten nicht als Angestellte anderer Leute arbeiten, sondern sich ihrer Familie widmen, da sie sich ja, im Gegensatz zu uns, meist keine Dienstboten leisten konnten. Ein paar sehr kluge und bemittelte Jüdinnen gründeten und führten eigene Geschäfte, vor allem dann, wenn ihre Ehemänner all ihre Zeit religiösen Studien und Übungen widmen wollten, was meistens wenig einträglich war. Aber in unserer streng religiösen Familie mit ihren rabbinischen Verbindungen wären Mooshkeh und Shandel auf starken Widerstand gestoßen, wenn sie sich als Frauen frei in die Welt hinausgewagt hätten.

Im allgemeinen mischte sich die russische Regierung damals nicht in unsere religiösen Angelegenheiten ein, und die jüdischen Gemeinden verwalteten sich im wesentlichen selbst. Hin und wieder mußte mit Geld nachgeholfen werden, damit die Beamten dringend erforderliche Genehmigungen erteilten. Ich habe zu meiner Zeit in den jüdischen Gebieten Rußlands weder Kriminalität erlebt noch Polizisten gesehen.

Die Mehrheit der frommen Juden des zaristischen Rußland praktizierte eine naive, orthodoxe Form des Judentums. In meiner Familie war es der Chassidismus, der romantische, fröhliche, menschliche, spitzfindige Chassidismus mit seinen Tänzen, Festen und Gesängen, die nicht der weltlichen Erholung von den Anforderungen unseres Glaubens dienten, sondern ihm eng verbunden waren und seine Inbrunst schürten.[4] Der Glaube der Chassidim an Gott war grenzenlos. Sie verschlossen ihre Augen so fest sie konnten vor den *Zores* – den Schwierigkeiten und

Verfolgungen –, denen die russischen Juden ab 1821 von Zeit zu Zeit ausgesetzt waren, und bewahrten sich einen vielleicht unrealistischen, aber darum um so fröhlicheren Optimismus. Sie glaubten fest daran, daß Gott bald den Messias schicken und die ganze Menschheit retten würde. Wenn er erschiene, natürlich in Jerusalem, würden alle Juden aus Rußland dorthin ziehen, um ihn zu begrüßen. Ich hörte, wie sie sich über den Aufbruch ins Heilige Land unterhielten. Mein Großvater Yehuda Laib Mnuchin hatte sich dies erspart, indem er schon zu Lebzeiten nach Jerusalem übersiedelt war.

Sobald ich alt genug war, kam ich in den *Cheder*, die jüdische Grundschule, die nur Jungen und keine Mädchen aufnahm. Dort wurden der *Tenach* – die Bibel –, das Buch der Propheten und einige andere heilige Werke gelehrt. Der Talmud sollte später in der *Jeschiwa* – der Talmudschule – an die Reihe kommen.[5]

Der Mittelpunkt meines Tagesablaufs außerhalb des Hauses war jedoch die Synagoge. Als orthodoxe Juden besuchten wir dreimal täglich den Gottesdienst. Am Morgen wurden die *Schacharit*-Gebete gesprochen, in der Abenddämmerung, gegen sechzehn Uhr dreißig, siebzehn Uhr, die *Mincha*-Gebete und nach Sonnenuntergang die *Maariw*-Gebete. Ich schloß mich dem *Minjan* an – der Gruppe aus mindestens zehn erwachsenen Männern –, ohne den der Gottesdienst nicht beginnen konnte. Erwachsen war man mit dreizehn Jahren. Die Frauen durften in der Synagoge nicht bei den Männern und Jungen sitzen. Sie mußten hinaufgehen auf die Frauenempore, wo sie ihr eigenes Gebetbuch lesen konnten. Dort hielten sie auf ihre Weise Zwiesprache mit dem Allmächtigen und befreiten ihre Herzen von allen Lasten.

Besonders ergreifend unter den vorgeschriebenen Gebeten in der Synagoge waren die Sprüche der Väter. An jedem Sabbat zwischen *Passah* und *Rosch Haschana* – dem jüdischen Neujahrsfest – wurde einer ihrer sechs Teile vorgelesen. Diese großartigen Lehren waren die Grundlage des jüdisch-orthodoxen Lebens – wahrhaftig und unfehlbar.

Ein orthodoxer Rabbiner hat es einmal so gesagt: »Auf der Leiter der sechshundertdreizehn Gebote der Thora kann jeder einfache Jude zum Himmel aufsteigen bis an den Thron des Allmächtigen. Durch die Befolgung seiner Gebote hat sich das jüdische Volk Gott und der Welt offenbart.«

Es gab auch andere Gelegenheiten, Gebete zu sprechen –

Trauergebete bei Begräbnissen, Hochzeitsgebete, Beschneidungsgebete, Gebete für das Heil des Erstgeborenen, Gebete beim Entzünden der Sabbat- und Festtagskerzen, *Kiddusch*, *Kaddisch*, *Habdala*, Gebete zu *Taschlich*, *Chanukka*, *Purim* und so weiter – Gelegenheiten, die mit dem echten jüdischen Leben untrennbar verbunden sind.

Nach Ansicht der orthodoxen Juden des alten Rußland mußte ein guter Jude nach dem uralten Gesetzeskodex des *Schulchan Aruch* – gedeckter Tisch – leben, der aus 613 Vorschriften besteht, wovon 248 Gebote für den Gläubigen sind und 365 Verbote.

Am Sabbat durfte nicht gearbeitet werden. Es durfte nicht gekocht werden. Es durften nicht einmal die Lichter im Haus gelöscht werden. Dafür stellte man einen Schabbes-Goi an, einen Christen, der am Sabbatabend die Runde in den jüdischen Häusern machte und die Lichter löschte.

Am Sabbat wurden die *Tefillin* – Gebetsriemen – nicht angelegt. Jedermann mußte zwei *Tefillin* besitzen. Das waren Kapseln, die an langen Riemen aus koscherem Leder saßen. Beim Morgengebet an Wochentagen befestigte man die eine Kapsel auf der Stirn, indem man sich den Riemen um den Kopf wand, und den anderen oberhalb des Ellenbogens am linken Arm, indem man den Riemen um den Arm bis hinab zu den Fingern wickelte.

Ich wurde als Linkshänder geboren, und so wurde in der Familie heiß darüber diskutiert, an welchem Arm ich die Kapsel tragen sollte. Um das Problem zu lösen, mußte ich mit der rechten Hand schreiben lernen. So wurde ich Rechtshänder und konnte mir den Riemen um den linken Arm winden.

Weiterhin mußten orthodoxe Juden zu bestimmten Gelegenheiten einen kleinen Gebetsmantel tragen, der *Arba kanfot* hieß. Das war ein viereckiges unterziehbares Gewand mit vier *Zizit* – Quasten – an den Ecken, deren Fäden auf besondere Weise geflochten waren. Ich brauchte viele Stunden, um mir einen eigenen kleinen Gebetsmantel mit *Zizit* anzufertigen. Ich machte sogar mehrere, damit ich immer einen in Reserve hatte, wenn die anderen in der Wäsche waren.

Am Vorabend von *Jom Kippur* – dem Versöhnungstag – wurde erwartet, daß man alle seine Sünden sühnte, indem man gewissermaßen als Sündenbock ein Huhn opferte. Männer nahmen Hähne, Frauen Hennen, schwangere Frauen einen Hahn und eine Henne. Man band die Beine des Opfertiers zusammen, hob es über den Kopf, schwang es herum und sagte dreimal: »Dies bin ich, dies ist meine Sühne. Dieser Hahn (oder dieses Huhn, je nachdem) wird getötet, und mir wird ein langes, glückliches und friedliches Leben zuteil.«

Ich kann mich erinnern, wie der *Schochet* – der Schächter – in unser Haus kam und die erforderlichen einleitenden Zeremonien überwachte. Dann schlachtete er die Hühner eines nach dem anderen, begleitet von unseren Gebeten und dem Gackern der armen, verängstigten Tiere, und am Ende fühlten wir uns alle so rein wie neugeborene Kinder.

Dann gab es die Lobpreisungen, die man jeden Tag vom Aufstehen bis zum Schlafengehen sprechen mußte. Mindestens einhundertzwanzig mußten es sein – je mehr, desto besser, pflegte mein Großvater zu sagen. Man pries Gott, wenn man aufstand und sich wusch: »Gepriesen seist du, o mächtiger Gott, der du uns befahlst, rein zu sein.« Man pries ihn mit langen Gebeten vor dem Frühstück und danach und genauso zu allen anderen Mahlzeiten. Wenn man zwischendurch etwas Obst aß, sprach man ebenfalls vorher und nachher einen Segensspruch. Wenn man trank, sagte man: »Gepriesen seist du, o Gott, der du uns Wasser gabst, um den Durst zu löschen.« Wahrscheinlich sprach ich täglich etwa zweihundertzwanzig Segenssprüche, um nur nichts zu versäumen. Oft trank ich mehr Wasser und aß mehr Obst, als ich eigentlich wollte, um einen Grund für einen Segensspruch zu haben. Und abends vor dem Einschlafen sprach ich meine *Kriath-Schma*-Gebete. Ich war ein sehr gewissenhafter orthodoxer Jude. Meine Religion füllte mich gänzlich aus. Sie war mein Lebensinhalt.

Ich hatte eine gute Stimme, so daß ich zum Mitsingen in mehreren Chören aufgefordert wurde. Ich nahm Gesangsunterricht. Obwohl ich keine Noten lesen konnte, lernte ich die Sabbatabend- und die Sabbatausgangslieder, die *Simchat-Thora-*, die *Selichot*-Melodien und die vielen religiösen Gesänge. Ich merkte, daß meine Lesungen der wöchentlichen Abschnitte der Thora, des Buches der Propheten und der herzzerreißenden Klagen zu *Tischa Be-Aw* – 9. Aw – gute Vorbereitungen auf den Gesang gewesen waren.

Am Samstagnachmittag gingen wir Kinder nach dem Mittagsschlaf eine Stunde vor *Mincha,* dem Nachmittagsgottesdienst, wieder in die Synagoge, um dem *Maggid* – dem Prediger und Erzähler – zuzuhören. Er war kein Rabbi, sondern ein Laie, der uns stundenlang in seinen Bann zog und uns mit seinen Märchen und Geschichten oft zum Lachen brachte. Diese Veranstaltung gehörte zu den wenigen Vergnügungen unseres Lebens. Sie machte uns ebenso viel Freude wie die langen Wanderungen durch die ländliche Umgebung, die uns die nötige Erholung von der düsteren, strengen Atmosphäre des Gettos brachte.

Als ich in Gomel in Weißrußland lebte, gab es im Zarenreich, das auch den größten Teil des heutigen mittleren und östlichen Polens mit einschloß, etwas mehr als fünf Millionen Juden. Sie bildeten etwa vier Prozent der Gesamtbevölkerung Rußlands. 94 Prozent lebten im Ansiedlungsgebiet, davon 82 Prozent in kleinen und großen Städten. Sehr häufig bildeten wir fast die ganze städtische Bevölkerung und in neun westlichen Provinzen Rußlands die Mehrheit. Es war den Juden jedoch verboten, in Sankt Petersburg, Moskau, Kiew und einigen anderen größeren Städten ohne Sondererlaubnis zu leben, zu arbeiten oder Handel zu treiben. Das war gewöhnlich Prostituierten, Musikern, Händlern mit bestimmten Waren sowie Schülern und Studenten vorbehalten, deren Eltern die Ausbildungskosten für neun Christen an den gleichen Instituten übernommen hatten. Ich kenne einen berühmten Musiker, dessen Mutter sich als Prostituierte eintragen ließ, damit sie ihn nach Moskau begleiten und bei dem bekannten Professor Leopold von Auer studieren lassen konnte.

Den Juden stand in ganz Rußland einschließlich des Ansiedlungsgebiets nur eine beschränkte Anzahl von Berufen offen. Ich glaube, wir durften keinen Fachberuf ergreifen außer dem des Schlachters, Schusters und Schneiders. Auch die Landwirtschaft war uns verboten, sogar in der Ukraine, wo viele Juden in den ländlichen Gebieten lebten. So blieb den Juden meist nichts anderes übrig, als Kaufleute, Schachermacher (Schwindler) und Luftmenschen (Gelegenheitsarbeiter) zu werden, wenn sie genug verdienen wollten.[6] Das war nicht gerade koscher, denn sie gerieten dabei oft in eine Lage, in der sie ihre Mitmenschen, ob Juden oder Christen, ausnutzen konnten.

Wer es dennoch geschafft hatte, die Universität zu besuchen und Medizin, Musik, Rechtswissenschaft und so weiter zu studieren, fand oft nach dem Examen keine Stellung und mußte sich in der Schweiz, in Deutschland oder anderswo im Westen umschauen.

In früheren Zeiten waren die Juden nicht so diskriminiert worden. Sie durften Ackerland besitzen und bearbeiten und erfreuten sich anderer Freiheiten. Viele bekleideten hohe Stellungen in der russischen Regierung, darunter einige im Kabinett, und auch in der kaiserlichen russischen Armee hatte es ein paar jüdische Generäle gegeben. Das sah nun ganz anders aus. Wenige jüdische Jungen waren an einer Laufbahn beim Militär oder bei der Polizei interessiert. Die Religion hatte ihren Einfluß auf das Leben der Juden in Rußland verstärkt. Jüdische Jungen mußten den größten Teil ihrer Zeit dem Gebet und dem Studium der heiligen Bücher widmen.

Natürlich brauchte die russische Armee immer noch Kanonenfutter für ihre Kriege. Nicht lange vor meiner Zeit wurden jüdische ebenso wie christliche Jungen von zu Hause entführt und zum Dienst gepreßt, wenn die Armee nicht genug Freiwillige fand. In den Kasernen wurden sie nicht nur als Soldaten ausgebildet, sondern auch gezwungen, zum Christentum überzutreten. Das war ein weiterer Grund, weshalb jüdische Familien nicht wollten, daß ihre Söhne zum Militär gingen.

Ich kann mich nicht daran erinnern, daß in meiner Jugend in Rußland junge Juden in die Armee gepreßt wurden, aber sie mußten Militärdienst leisten wie alle anderen jungen Russen auch, und oft sah ich, wie junge Männer aus unserer Familie oder Nachbarschaft eingezogen wurden.

Schrecklich war es, wenn junge Juden zum Schlachter gingen, um sich den Zeigefinger abhacken zu lassen oder sich eine übelriechende Flüssigkeit in die Ohren träufelten. Es war Karbolsäure. Dann konnten sie sich für taub erklären und brauchten nicht mehr in die Armee des Zaren einzutreten.

Als ich etwa acht Jahre alt war, hätte ich beinahe ein Pogrom über die Juden von Gomel gebracht – so sagten jedenfalls die anderen Juden unseres Distrikts. Eines späten Freitagnachmittags spielte ich auf der Straße vor unserem Haus mit einem fünfzehn Zentimeter langen Stöckchen, das ich quer über ein Erdhäufchen oder einen Pflasterstein legte. Ich schlug auf das eine Ende, und wenn das Stöckchen in die Luft flog, versetzte ich ihm einen Schlag mit einem selbstgemachten Schlagholz. Dabei geschah es einmal, daß das Stöckchen in hohem Bogen über die breite Straße flog und die Fensterscheibe eines gegenüber wohnenden Regierungsbeamten zertrümmerte. Ich wäre fast auf der Stelle vor Schreck und Angst gestorben. Meine Spielkameraden rannten davon. Binnen Minuten verrammelten unsere Nachbarn Türen und Fenster, verbreitete sich in der ganzen Stadt das Gerücht, mein »Verbrechen« werde mit Sicherheit ein Pogrom zur Folge haben.

Aber dann geschah etwas Unerwartetes. Der Regierungsbeamte klopfte noch am selben Abend sanft an unsere Tür.

»Bitte, laßt mich ein. Habt keine Angst.«

Zitternd öffnete meine Mutter. Der Mann trat ein, nahm den Hut ab und lächelte uns freundlich an.

»Fürchtet euch nicht, liebe Leute. Euch Juden wird nichts geschehen. Bezahlt mir nur die zerschlagene Fensterscheibe.« Die Worte dieses guten Mannes waren ernst gemeint. Seit über siebzehn Jahren hatte es in Rußland kein Pogrom gegen die Juden mehr gegeben. Er konnte nicht wissen, daß zwei Jahre später eines in Gomel stattfinden sollte.

In jenen Tagen nahmen die Juden als gegeben an, daß es ein ewiges jüdisches Problem gab und daß wir so lange damit leben mußten, bis der Messias uns von der Verfolgung und die Welt von ihren Sünden erlöste. Es gehörte von Anfang an zu meinem Leben und war sowohl in der Synagoge als auch innerhalb der Familie das Thema endloser Gespräche, Gebete und Gesänge. Es gab ebenso viele Lösungen für das »Judenproblem«, wie es Juden gab, die darüber diskutierten, frei nach dem Sprichwort: »Wo zwei Juden sind, gibt es drei Meinungen.« Auf unserem Haus lastete, wie auf jedem jüdischen Haus im Ansiedlungsgebiet, die Angst vor Vertreibung und Verfolgung und der Haß auf die Gojim, die Nichtjuden. Unser ganzes Leben wurde von der Frage beherrscht: »Ist es gut für die Juden?«

Für meine Mutter galt es nicht als schicklich, nach dem Tod meines Vaters allzu lange unverheiratet zu bleiben. Sie hatte es vier Jahre hinausgezögert, aber nun beschäftigte sie sich mit dem vermutlich von Verwandten stammenden Vorschlag, einen Getreide- und Fruchthändler namens Israel Libo aus dem rund 500 Kilometer südöstlich von Gomel gelegenen Jekaterinoslaw (heute Dnjepropetrowsk) zu heiraten. Er war Witwer mit vier oder fünf Kindern, die bei ihm lebten. Er behauptete, Anhänger des damals berühmten Lubawitscher Rabbis Rebbe Shalom Dov Baer Schneersohn zu sein, der, wie ich glaube, ein Bruder meiner Mutter war.[7]

Meine Mutter nahm mich mit nach Lubawitschi, um mir das Leben an seinem Hof zu zeigen und sich davon zu überzeugen, daß Libo ein gottesfürchtiger Chassid war, der sich in bezug auf Benehmen, Gebete und Philosophie einschließlich Gesang und Tanz nach den Vorschriften des Lubawitscher Rabbiners richtete, und nicht etwa ein *Misnagdin*, einer jener nicht-chassidischen orthodoxen Juden, die Glauben und Gottesdienst nicht ganz so ernst nahmen und sich vor allem theologischen Studien widmeten.

Lubawitschi lag westlich von Smolensk und 270 Kilometer nördlich von Gomel. Wir fuhren mit dem Nachtzug, und ich weiß noch, daß ich hoch oben auf dem dritten oder vierten Bord schlief. Es war wirklich mehr ein Bord als eine Koje. Eine Kutsche mit einem gutgekleideten Christen als Kutscher erwartete uns, als wir am nächsten Morgen am Bahnhof ankamen. Zwei bis drei Stunden fuhren wir durch Wälder und kleine Dörfer. Besonders aufgeregt war ich über die beiden schönen Pferde des großen Rabbi mit ihrem glänzenden Fell und den schnaubenden Nüstern. Nun wußte ich, was mit »feurigen Rossen« gemeint war.

Seine Eminenz begrüßte uns, und ich wurde gänzlich dem Leben auf seinem Hof überlassen, der genauso aussah, wie ich mir einen Königshof vorstellte. Er umfaßte viele Morgen Land mit Gärten voller Blumen und Platz für Tiere aller Art außer Schweinen. Alle wurden von Christen versorgt. Ein Chassid durfte so etwas nicht tun. Daß ein Jude Kühe molk, wie Tewje, der Milchmann aus dem Musical ›Anatewka‹, war kaum vorstellbar.

Wir blieben mehrere Monate in Lubawitschi, wo ich wegen der Abstammung meiner Mutter von Schneur Salman von Ljadi[8], dem Begründer des *Chabad*-Chassidismus, der mein Ur-Ur-Ur-Urgroßvater war, als des Rabbi *Einikel* – Enkel – bekannt wurde. Ich wurde das verdutzte Objekt der Verehrung von Chassidim, die Mitglieder oder Besucher des Hofes meines Onkels waren.

Bei den Mahlzeiten saßen zwischen zehn und zwanzig Personen am Tisch des Rabbi, wo auch mein Platz war. Wir wurden nur von Juden bedient. Gott bewahre uns bei Tisch vor Gojim! Alles mußte koscher sein im wahrsten Sinn des Wortes. Wenn eines Goi Hand eine Flasche Wein, selbst eine verkorkte, berührte, wurde sie *treife* – unrein –, und ein Jude durfte den Inhalt nicht mehr trinken.

Ein Gang nach dem anderen wurde serviert. Mein Teller wurde hoch beladen mit Fisch, Fleisch und anderen guten Sachen, viel mehr, als ich essen konnte. Aber das geschah absichtlich. Nach dem Schlußgebet machten sich die Gäste über die *Schirajim* – Reste von eines Rabbi Enkel – her, um sie ihren Frauen und Kindern mitzubringen. Sie betrachteten sie gewissermaßen als geheiligt.

Bei Tisch wurde immer gesungen. Die Sänger richteten ihre Augen so weit wie möglich empor zu Gott und sangen inbrünstige, geheimnisvolle Lieder ohne Worte. So lernte ich eine Menge chassidischer Musik, und als ich fast ein Vierteljahrhundert später einen Sohn bekam, sang ich ihm die chassidischen Melodien vor.

Es wurde auch leidenschaftlich getanzt bei Tisch in meines Onkels Haus – aber nicht mit Frauen, Gott bewahre! Frauen durften den Speisesaal nicht betreten. Nein, dies waren brüderliche Tänze, bei denen die Männer sich gegenseitig die Arme auf die Schultern legten und dazu sangen. Ich glaube mich auch an eine Menge vergeistigter Küsse und Umarmungen zu erinnern. Es muß sich wohl um einen weiteren Weg näher zu Gott gehandelt haben. Chassidim konnten sich nicht vorstellen, wie man beten und essen konnte, ohne zu singen und zu tanzen, Tänze voller Ekstase und mystischer Verzückung bis hin zu dem Punkt, wo alle glaubten, sie schwebten in der Luft. Als Kind aus einem traurigen, vaterlosen Haus fand ich dies alles sehr gefühlvoll, wenn auch ein wenig beunruhigend. Erst später im Haus meines Großvaters in Jerusalem lernte ich die Poesie und Philosophie des *Chabad*-Chassidismus schätzen, die Demut, das Mitgefühl und die Nähe zu Gott bei Gesang und Tanz, die ihre Auswirkungen auf das gesamte tägliche Leben hatten.

Obwohl mich die Gesänge und Tänze zum Ruhm Gottes sehr bewegten, gab es für mich als kleinen Jungen in Lubawitschi nichts Schöneres, als mit den Kindern einiger christlicher Angestellter meines Onkels vor der Stadt Drachen steigen zu lassen. Ich mußte nicht weit gehen, denn meines Onkels Land lag direkt an der Stadtgrenze.

Man hatte mir verboten, mit Gojim zu sprechen, aber ich war eben ein ziemlich eigenwilliger Jude. Ich haßte die Gojim nicht und sah keinen einleuchtenden Grund dafür, nicht mit ihnen zu sprechen. Ich fürchtete mich nicht einmal, etwas zu essen, was nicht koscher war. Meine Familie wäre sehr enttäuscht, wenn nicht gar zornig gewesen, wenn sie das gewußt hätte. Sie erfuhr es aber nicht, denn ich tat es nie innerhalb der Grenzen von meines Onkels Hof.

Eines Tages winkten mir am Stadtrand ein paar Christenjungen zu und fragten mich, ob ich mit ihnen Drachen steigen lassen wollte. Ich sagte ja, ging ins Haus meines Onkels und suchte das Material für einen Drachen zusammen: ein paar Bogen festes Papier, ein bißchen Mehl für Kleister, ein paar Stökke, die man flachschneiden konnte, und grobe Stopfwolle von einem Knäuel aus dem Zimmer meiner Tante. Mit einem scharfen Messer aus der Küche und ein paar aus einem Faß stibitzten Salzheringen machten wir uns auf den Weg nach den Kartoffeläckern vor der Stadt. Dort baute ich mir mit Hilfe meiner neuen Freunde einen prächtigen Drachen. Sein Schwanz stimmte, sein Gestell stimmte, und bald stieg er auf in den Himmel und schwebte sicher in den Lüften.

Da ich nur ein paar Worte Russisch verstand und sie kein Jiddisch oder Hebräisch, war unsere Unterhaltung bei dieser und späteren Gelegenheiten begrenzt, aber wir kamen gut miteinander zurecht. Wir schrieben Botschaften auf Zettel, schnitten ein Loch in die Mitte, zogen sie auf die Drachenschnur und ließen sie spiralförmig emporflattern. Das nannten wir Telegramm.

Während ich meinen Drachen baute, hatten die anderen Jungen ein Feuer gemacht, Kartoffeln in der heißen Erde darunter vergraben und die Heringe obendrauf gelegt. Als alles richtig gar war, gab es ein kleines Festmahl, bei dessen Andenken mir immer noch das Wasser im Munde zusammenläuft.

Als Mitglied des erwählten Volkes hätte mir mein orthodoxes Gewissen eigentlich sagen müssen, daß ich ein schweres Verbrechen beging, wenn ich mit *Schkotzim* – Christenbengeln – verkehrte, aber ich verlebte dabei immer glückliche Stunden. Wenn ich darüber nachdenke, gehören die Spiele mit Schkotzim zu meinen größten Kindheitsvergnügen.

Dieses Idyll sollte nicht lange dauern, denn meine Mutter, überzeugt davon, daß Libo ein guter, frommer Ehemann sein werde, gab ihren Entschluß bekannt, ihn zu heiraten. Wir kehrten nach Gomel zurück und befanden uns bald auf dem Weg zu ihm nach Jekaterinoslaw. Unsere Bande mit Gomel waren für immer zerrissen, und so entgingen wir, dem Himmel sei Dank, dem Pogrom vom August 1903.

In Jekaterinoslaw wurde ich weiterhin streng jüdisch erzogen. Niemand dachte daran, mich auf eine christliche Schule zu schicken, damit ich eine moderne Ausbildung erhielt.[9] Ich konnte das Gebetbuch, die Bibel, die Propheten und die Sprüche der Väter schon fast auswendig und kannte den größten Teil des *Schulchan Aruch.* Wiederum saß ich im *Cheder* und studierte sechs Tage in der Woche von morgens früh bis abends um acht oder neun das Gebetbuch, die Bibel und die Kommentare. Diese geistige Nahrung wurde uns auf Jiddisch eingeflößt, und während unser Verstand zweifellos geschärft wurde, blieb unsere körperliche und allgemeine Entwicklung zurück.

Der *Cheder* bestand aus einem einzigen Raum. Der Unterricht fand im Wohnzimmer des *Melammed* statt. *Melammed* bedeutet Kinderlehrer. Er war kein Rabbi, aber wir nannten ihn Rebbe, das ist das chassidische Wort für Rabbi. Er war weder geduldig noch freundlich und hielt die Disziplin mit Hilfe schallender Ohrfeigen oder Prügel auf die nackte Kehrseite aufrecht. Seine Frau, die zu wissen schien, wo sie hingehörte, hielt sich meistens in der Küche auf.

Das Wohnzimmer, das als Klassenzimmer diente, war unbeschreiblich schmutzig und voller Fliegen, aber diese Fliegen bereiteten uns das einzige Vergnügen, das es dort gab. Die übrigen vier Schüler und ich wetteiferten darin, wer die meisten Fliegen fangen konnte. Ein heimlich ernannter *Schammes* – Synagogendiener – führte genau Buch.

Manchmal, wenn ich mich nach einer Fliege für meine Sammlung bückte, stellte der *Melammed* seinen bestrumpften Fuß auf meine Hand und stach mich mit einer Nadel, die er zwischen den Zehen hielt. Sie ragte aus einer Socke heraus. Er trug im Haus selten Schuhe. Warum sie abnutzen? Er war sehr arm und hatte immer Schulden bei seinem Schlachter und Hauswirt. Solche aufopferungsvollen Männer brachten Generationen von gelehrten Juden hervor, aber sie ließen ihre Frustrationen an uns Kindern und wahrscheinlich auch an ihren Frauen aus.

Der Heimweg vom *Cheder* an späten Winterabenden war für mich und meine Klassenkameraden mit Schrecken verbunden, obwohl wir mit einem berufsmäßigen Begleiter gingen, der eine Laterne trug. Manchmal, besonders zur Weihnachtszeit, sahen wir Menschenhaufen mit Fackeln durch die Straßen ziehen, begleitet von Priestern mit Ikonen und Kreuzen, und vernahmen Rufe wie »tötet die Juden«. Wir rannten um unser Leben und kamen keuchend und zitternd zu Hause an. Nachts im Bett zog ich mir die Decken über den Kopf, aber der Schlaf nach solchen Aufregungen war voller Alpträume.

Damals wurden die russischen Massen von Regierung und Geistlichkeit zu Verfolgung und Angriffen auf die Juden angestiftet, die als Sündenböcke dienten, um das leidende russische Volk von den Mißständen des Zarenregimes abzulenken. Die Regierung glaubte, die Angriffe auf die Juden würden als Ventil für den Unmut des Volkes dienen und die aufziehende Revolution abwenden. Bis dahin war es mehr zu Plünderungen und

Schlägen als zu Mord gekommen, aber Ostern 1903, nach etwa neunzehn Jahren relativen Friedens, verübten »christliche« Banden in Kischinjow in Bessarabien ein dreitägiges Pogrom, bei dem 45 Juden getötet, 186 verletzt und siebenhundert jüdische Häuser und sechshundert Geschäfte zerstört wurden. Die Anführer des Pogroms wurden angeklagt und verurteilt, die Regierung drückte ihr Bedauern aus, aber noch weitere drei Jahre fanden in Rußland, inner- und außerhalb des Ansiedlungsgebiets, große und kleine Pogrome statt, meistens mit stillschweigender offizieller Duldung.[10]

Die Juden litten auch unter staatlicher Unterdrückung; viele wurden verhaftet und unter falsche Anklage gestellt. Anwälte aus aller Welt kamen herbei, um ihre russischen Kollegen, Juden und Christen, bei der Verteidigung ihrer jüdischen Klienten zu unterstützen.

In dieser unseligen Zeit traf auch der Führer einer neuen jüdischen Organisation, des Zionistischen Weltkongresses, in Rußland ein. Es war Theodor Herzl, ein österreichischer Jude, Korrespondent der bekannten Wiener ›Neuen Freien Presse‹. Er bat um eine Audienz beim Zaren. Als sie ihm nicht gewährt wurde, begnügte er sich mit einer Begegnung mit dem Innenminister Wenzel von Plehve, einem der Urheber des Feldzugs gegen die russischen Juden. Herzl bat von Plehve um einen Brief, in dem die russische Regierung ihre finanzielle und moralische Unterstützung des zionistischen Plans, die europäischen Juden zur Auswanderung nach Palästina und zur Gründung eines neuen jüdischen Staates zu bewegen, zusagte. Als Entgelt, versprach Herzl, würden die Zionisten die russische Regierung mit aller Kraft dabei unterstützen, die revolutionären und sozialistischen Elemente unter der jüdischen Bevölkerung loszuwerden. Es war derselbe Herzl, der noch vor wenigen Jahren erklärt hatte, er werde alle Juden zu Sozialisten machen, um den Antisemitismus zu besiegen. Einer anderen einflußreichen Persönlichkeit, dem Papst, hatte er angeboten, zum Dank für seine Unterstützung alle Juden zum Katholizismus zu bekehren.

Nach meiner Meinung waren es die Revolutionäre – die Sozialisten und die Kommunisten –, die sich in Rußland am stärksten für die Bekämpfung des Antisemitismus einsetzten. Ich erinnere mich, daß die revolutionären Arbeiterpatrouillen ihre Frauen dazu veranlaßten, sich als Nonnen zu verkleiden und Ikonen in jüdische Häuser zu tragen, um die Judenverfolger irrezuführen.

Viele junge Juden, die sahen, wie die russischen Revolutionäre Stellung gegen den Antisemitismus bezogen, schlossen sich ihnen an. Ich sah Jugendliche unserer Gemeinde, die etwas älter waren als ich, heimlich zu diesen verbotenen Versammlungen gehen, um revolutionäre Schriften auf Russisch zu lesen, die bald auch auf Jiddisch erschienen. Zu ihnen zählte meine Schwester Shandel, die edelste aller Mnuchins. Sie wollte sich gänzlich in das russische Leben eingliedern und gemeinsam mit ihren nichtjüdischen Mitbürgern für ein besseres, gesegneteres Leben für alle Völker der russischen Nation arbeiten.

Ich höre heute noch, wie die jungen Revolutionäre leise ihre Lieder in den hinteren Räumen unseres Hauses sangen. Eins davon lautete: »Es gibt viele Idioten in Rußland; der größte ist Nikolaus Romanow.« Damit war Zar Nikolaus II. gemeint.

Ich war damals noch zu jung, um mitzumachen, und außerdem dem prophetischen Judentum in seiner chassidischen Form fest verbunden. Wir ignorierten die Unterdrückung, während wir die Ankunft des Messias erwarteten. Aber ich bewunderte die jungen russischen Revolutionäre, die Erben der hohen Ideale russischer Geistesgrößen wie zum Beispiel Tolstoi. Sie hatten das Unrecht satt. Im Grunde wollten sie gar nicht den Kommunismus einführen, sondern die alte Ordnung umstürzen und allen Russen Gerechtigkeit bringen. Die Juden, die sich den nichtjüdischen Revolutionären anschlossen, trugen ihren Teil zu der Bewegung bei. Sie vergossen ihr Blut bei den vielen Aufständen, die mißglückten, und dem einen, der schließlich die Zarenmacht zerschlug. Die jüdischen Revolutionäre wollten sich der neuen russischen Gesellschaft anpassen und suchten nicht speziell nach jüdischer ethischer, kultureller und soziologischer Identität.[11] Ich bin stolz, daß meine Schwester dazugehörte – trotz des Widerstands unserer orthodoxen jüdischen Familie und Gemeinde.

Shandel fühlte sich unter Libos Kindern in unserem neuen Zuhause in Jekaterinoslaw nicht wohl. Dasselbe galt auch für mich. Während unseres ersten Sommers hatte ich begeistert zugeschaut, wie die Wagen der christlichen Bauern der Umgebung zu Dutzenden vor den Speichern unseres Stiefvaters vorfuhren. Sie brachten ganze Ladungen herrlicher Wassermelonen und einer sehr wohlschmeckenden Sorte anderer Melonen. Dann wiederum brachten sie Getreide. Im zweiten Sommer, den wir dort verbrachten, gab es einen häßlichen Auftritt. Der Marktpreis des Getreides war gefallen, und Libo konnte den Bauern nicht den Preis bezahlen, den sie für angemessen hielten. Ich hörte sie schimpfen und protestieren. Es muß zu Handgreiflichkeiten gekommen sein, denn Libo wurde bewußtlos die Treppe zu unserer Wohnung hinaufgetragen. Alle seine Kinder fingen an zu weinen, und ich auch. Da stieß mich mein Stiefbruder die Treppe hinunter und schrie: »Warum weinst du? Er ist doch nicht dein Vater!«

Der fallende Getreidepreis hatte sofortige Auswirkungen auf unseren Lebensstandard. Für uns Kinder bestand das Frühstück nun nur noch aus Tee und Brot. Butter und Marmelade verschwanden vom Tisch. Zum ersten Mal lernte ich finanzielle Not kennen. Die Mißhandlungen durch meinen Stiefbruder gingen weiter. Meine Mutter konnte mir nicht viel helfen. Sie hatte genug eigene Probleme mit dem knappen Haushaltsgeld für eine Familie, die nun aus sechs Kindern bestand, zu denen bald ein siebtes kommen sollte. Sie war schwanger. Sie fühlte sich überfordert und beschloß, mich nach Jerusalem zu meinem Großvater Mnuchin zu bringen. Das war in vieler Hinsicht gut, denn ich brauchte dringend weise, warmherzige elterliche oder großelterliche Führung, die meinem Leben Inhalt geben und die unnatürlichen Lasten auf meinen Schultern erleichtern würde. Ich war noch nicht einmal zehn Jahre alt.

Sie war auch aus anderen Gründen der Meinung, es wäre gut für mich, nach Palästina zu gehen. Dort könnte ich unter der Anleitung meines Großvaters, der in der dortigen chassidischen Gemeinde fast die Stellung eines inoffiziellen Rabbi einnahm, meine religiöse Erziehung vervollständigen. Dann war da auch noch die sich verschlechternde Lage der Juden in Rußland. Jeder russische Jude hatte Angst vor einem Blutbad. Vor zwanzig Jahren hatte in Jekaterinoslaw ein Pogrom stattgefunden. Pogrome waren der ständige Gesprächsstoff am häuslichen Tisch, in der Synagoge, in den Läden und auf dem Markt. Wir Kinder sprachen im *Cheder* davon. Das Thema lag in der Luft. Wir atmeten es jeden Tag.

Die Regierung übte zynischen Druck aus: »Ein Drittel der Juden muß auswandern, ein Drittel tritt zum Christentum über, der Rest stirbt Hungers.« Bald wanderten alljährlich Tausende von Juden nach Westeuropa, Nordamerika, Südamerika und Südafrika aus. Damals gingen nur sehr wenige Juden nach Palästina. Die meisten taten es aus religiösen Gründen, wie mein Großvater, und nicht um einen jüdischen Staat im Sinne Herzls zu gründen. Die russischen Behörden legten den abreisenden Juden keine Hindernisse in den Weg; im Gegenteil, sie unterstützten und beschleunigten die Auswanderung.[12] In ihrer Eile planten viele Auswanderer ihre Reise allzu achtlos und fielen Schwindlern zum Opfer. Wenn sie die deutschen Häfen erreichten, stellten sie fest, daß ihre Fahrkarte nach New York die Seereise nicht mit einschloß. Sehr viele waren mittellos und ausgehungert, bis sich deutsche und englische Juden organisierten und ihnen halfen. Von den Juden, die in Rußland blieben, traten nur sehr wenige zum Christentum über; wer es tat, kehrte später fast immer reuig zum Judentum zurück. Sehr viele jüngere Juden wandten sich dem Atheismus und Agnostizismus zu und in der Politik dem Sozialismus und Kommunismus, die viele später gegen den Zionismus eintauschten, nachdem sie die Ausschreitungen Stalins gesehen und erlebt hatten. Das Endergebnis war, daß die Juden in den Gettos Rußlands (das damals Polen mit einschloß) nicht nur den christlichen Russen, sondern der ganzen christlichen Welt gegenüber verbittert waren. Sie konnten das Ansiedlungsgebiet einfach nicht als normale Menschen mit einer ausgewogenen Weltanschauung und einer objektiven Einstellung gegenüber anderen Menschen verlassen.

2. Yehudah Laib Mnuchin (1904–1908)

Die Reise nach Palästina im Jahre 1904 hat in meinem Gedächtnis keine Spuren hinterlassen. Damals gab es keine Visumprobleme. Meine Mutter brachte mich nach Odessa, wo wir den russischen Dampfer Kornilow bestiegen und uns auf die zweiwöchige Seereise nach Jaffa machten. Wir liefen Konstantinopel (heute Istanbul) und, nachdem wir die Dardanellen durchquert hatten, Smyrna (heute Izmir) an. Mit den türkischen Beamten kamen wir überall gut aus. Man steckte ihnen eine Münze zu, erhielt ein Lächeln zum Dank, und schon konnte man tun, was man wollte.

Ich glaube, wir gingen ein paar Meilen vor Jaffa vor Anker. Die Küste war sehr felsig. Arabische Bootsführer ruderten uns durch die schäumende Brandung zum Zollgebäude, wo uns arabische Beamte der osmanisch-türkischen Verwaltung empfingen und rasch abfertigten. Dann ging es ohne Aufenthalt weiter auf der Straße nach Jerusalem zum Haus meines Großvaters Mnuchin.

Ich liebte meinen Großvater vom ersten Augenblick an. Er sah gut aus, war groß, weißbärtig und voller Schwung und Energie. Er war ein Fürst des Chassidismus, beseelt von dessen Geist und Philosophie. Ohne sich mit den verdummenden Einzelheiten des Ritualismus abzugeben, war er bis ins reine innerste Wesen seines Glaubens vorgedrungen. Der *Schulchan Aruch* war sein Führer, und ich erinnere mich, daß es ihm der Ausspruch, am Ort, wo der Reuige stehe, könne nicht einmal ein Gerechter stehen, besonders angetan hatte. Am Tag vor Jom Kippur ging er von einem Freund, von einem Nachbarn zum anderen und bat sie um Vergebung für Taten oder Worte, die sie vielleicht gekränkt hatten. Auch mich bat er um Vergebung: »Maischkele, bitte vergib mir, wenn ich dir unrecht getan habe.«

Ich war nur ein Junge von zehn Jahren, aber wir wurden rasch Kameraden. Er hielt mich jedoch in Trab. Wenn er mich müßig antraf, sagte er freundlich: »Maischkele, warum sagst du nicht die Psalmen auf?« Und etwas später: »Maischkele, nun, da du die Psalmen aufgesagt hast, warum beschäftigst du dich nicht mit den *Pirke Awot*, den Sprüchen der Väter?«[13]

Es gab keine Schelte, keine Strafe und keine Drohungen, nur

sanfte Ermutigung, ein guter Jude zu sein. Wenn Großvater am Freitag nachmittag ins *Mikwe* – Judenbad – gegangen war, um seine rituellen Waschungen zu Ehren des Sabbats zu vollziehen, hatte ich eine Stunde frei – meine einzige freie Zeit in der ganzen Woche. Eilig baute ich einen Drachen, ließ ihn steigen, holte ihn wieder herunter und packte ihn fort, bevor Großvater zurückkam. Drachen waren immer noch meine große Leidenschaft, die größte Freude meiner Kindheit. Eines Tages war der Wind so günstig, und mein Drachen schwebte so majestätisch, daß ich die Zeit vergaß. Großvater erschien. Ruhig trat er herbei, umarmte mich vorsichtig, um den Drachenflug nicht zu stören, und sagte: »Maischkele! Die Juden sind in der Verbannung. Der Tempel ist zerstört. Laß die Gojim mit Drachen spielen. Ein jüdischer Junge sollte seine Zeit mit Büchern verbringen. Er sollte die *Tehillim* lesen und sich auf den Sabbat vorbereiten.«[14]

Natürlich wurde ich gleich nach meiner Ankunft in Palästina im *Cheder* angemeldet, um meine traditionelle jüdische Erziehung fortzusetzen. Doch rückblickend erkenne ich, daß ich viel, viel mehr lernte aus den Gesprächen mit meinem Großvater, seinen Liedern und Lesungen aus den heiligen Werken, als in all den langen Stunden, die ich in der Schule saß.

Tag und Nacht lernte und las ich, sagte immer wieder die Psalmen auf und brütete über Großvaters Lieblingsbüchern. Zu Hunderten standen sie auf den Regalen in seinem Arbeitszimmer, alle religiösen oder mystischen Inhalts und alle auf Hebräisch. Nachts las und betete Großvater mehr, als er schlief. Oft wurde ich mitten in der Nacht lange vor dem ersten Hahnenschrei von seiner melodischen Singsangstimme geweckt, die bebend flehte und dennoch völlig natürlich klang, als halte er innige Zwiesprache mit Gott.

Sabbate und Festtage wurden bei uns stets festlich begangen. Zwischen den Gängen des Abendessens, zu dem er immer jemanden einlud – gewöhnlich einen wildfremden Menschen, den er nach dem Gottesdienst in der Synagoge auflas, einen Fremden, der zu Besuch in Jerusalem war, oder einfach eine hungrige Seele, die ein gutes Essen vertragen konnte –, hieß Großvater mich in seine gefühlvollen chassidischen Gesänge mit einstimmen. Viele hatte er selbst komponiert, die meisten aber mußte er als junger Chassid gehört haben, als er nach Lubawitschi und Berditschew, den beiden größten chassidischen Zentren, gepilgert war. Manchmal unterbrach er sich und ließ mich allein weitersingen, um zu hören, ob ich genauso begeistert war wie er. Wenn meine Stimme voll und kräftig klang, fiel er ein und trieb mich so lange an, »den Geist des Liedes zu erfassen«, bis er zufrieden war. Dann mußte ich wieder allein weitersingen. Das war ein fröhliches Spiel.

Ich freute mich immer besonders auf Samstagnachmittag und Sonntagabend, das Ende des Sabbats, denn dann unternahmen Großvater und ich vieles gemeinsam. Die Nachmittage waren dem Lesen und Diskutieren der Sprüche der Väter und der Propheten vorbehalten, die Abende sehr viel leichterer Kost: dem Gesang weltlicher Lieder und dem Erzählen von Geschichten über die großen *Zaddikim,* die unvergeßlichen chassidischen Meister von einst.

Trotz aller Frömmigkeit war Großvater nicht blind für die praktischen Bedürfnisse anderer. So gab er zum Beispiel armen jüdischen Bräuten eine Mitgift. Man erwartete von einer Braut, daß sie ihrem Bräutigam eine Summe Geldes gab. Großvater bezahlte auch die Kosten der Hochzeitsfeier und nahm mit mir zusammen an dem nachfolgenden Essen teil. Er war stets der Ehrengast. Die Tischgespräche, die auf Jiddisch geführt wurden, handelten von Juden, Judentum, Gott und von dem, was Gott von uns verlangt. Großvater hatte manches dazu zu sagen, aber seine Worte waren mit seinem Witz gewürzt. Er erheiterte alle mit improvisierten Liedern, für die er berühmt war, und mit treffenden Reimen und Wortspielen mit den Namen des Brautpaars, die er aus dem Handgelenk schütteln konnte. Er sprach und sang von ihrer gemeinsamen Zukunft und ihrer Pflicht, gute Eltern und gute Juden zu sein. Die übrigen Gäste fielen in den Refrain ein.

Nicht lange nach meiner Ankunft in Palästina verkündete mein Bruder, der mittlerweile achtzehn Jahre alt geworden war, er wolle nach Amerika auswandern. Er hatte gelesen, wie gut es manchen Juden dort ging, und scheute keine Arbeit, um im Leben voranzukommen. Er war kein Gelehrtentyp und teilte meine Interessen nicht. Als er nach New York aufgebrochen war, blieb ich mit Großvater und Großmutter allein. Meine älteste Schwester Mooshkeh hatte in Palästina geheiratet, und Shandel lebte immer noch bei meiner Mutter in Rußland.

Manchmal ließ Großvater mich vom Unterricht befreien und nahm mich mit auf eine Reise. Er glaubte fest an den physischen und religiösen Nutzen einer Luftveränderung. Oft fuhren wir mit der Postkutsche, die von drei Pferden gezogen wurde, nach

Hebron zur Höhle Machpelah, um an den Gräbern von Abraham, Isaak und Jakob zu beten, eine Gewohnheit, die ich fortführte, als Großvater zu krank zum Reisen wurde. Diese Stätte ist beiden heilig, Arabern und Juden. Die Araber beteten oben auf der Treppe, wir dagegen weiter unten, völlig ungestört und solange wir wollten.

In Hebron wohnten wir in einem jüdischen Hotel, das ein wunderbares Frühstück servierte: riesige Omeletts aus Eiern und frischem Ziegenkäse, in Butter gebraten. Bei den Gräbern von Abraham, Isaak und Jakob erfreute man sich an duftenden Weintrauben und grünen Walnüssen. Das Schönste an diesen Reisen aber war die Fahrt mit der Postkutsche. Ich saß immer vorn neben dem arabischen Kutscher, der mir auf geraden Strecken die Zügel überließ.

Ich genoß diese langen Fahrten nach Hebron. Großvater und ich redeten und diskutierten wie alte Freunde. Einige seiner liebsten Aussprüche habe ich bis heute behalten:

»Wer mehr Weisheit hat als Taten, wird seine Weisheit nicht lange behalten.«

»Wer seinen Mitmenschen in der Öffentlichkeit beschämt, hat keinen Anteil an der Welt, die da kommt.«

»Sei lieber ein Löwenschwanz als ein Fuchskopf.«

»Diese Welt ist nur eine Vorhalle der Welt, die da kommt; hier bereite dich vor, damit du den Festsaal betreten darfst.«[15]

»Gehöre zu denen, die verfolgt werden, und nicht zu denen, die verfolgen.«

»Das Böse ist der Schemel des Guten.«

Großvater hielt gern lange, lebhafte Vorträge über die Bedeutung der Relativität in Freude und Schmerz, Gut und Böse und über das Nichtvorhandensein einer genauen Trennungslinie dazwischen.

»Du kannst erst dann verstehen, was gut ist, wenn du das Böse erfahren hast. Du kannst die Freude erst dann wirklich genießen, wenn du den Schmerz kennst. Das Gute steht im Leben bei jedem Schritt nur knapp über dem Bösen«, pflegte er zu sagen.

Besonders beredt wurde Großvater beim Thema des Tages der Erlösung und der Ankunft des Messias. Er sprach stets vom himmlischen Jerusalem; das irdische, zeitliche Jerusalem interessierte ihn nicht, und er betrachtete den Zionismus und die Vorstellung von einem jüdischen Staat in Palästina mit Argwohn.

Er zitierte den Propheten Micha:

»... die ihr Zion mit Blut baut und Jerusalem mit Unrecht ...« und Jesaja:

»Da werden sie ihre Schwerter zu Pflugscharen und ihre Spieße zu Sicheln machen.«

Großvater wurde fast handgreiflich, wenn er über den weltlichen jüdischen Nationalismus und über Theodor Herzl sprach, den er für einen »jüdischen Goj« hielt und daher für ungeeignet, das jüdische Volk zu führen. »Herzl ist kreuz und quer durch Europa von einem Hof zum anderen gezogen, um mit allen Mitteln und um jeden Preis einen jüdischen Staat zu gründen. Warum? Damit die Juden wie die Gojim werden könnten?« pflegte er zu sagen. Es war bekannt, daß Herzl kein *Talmid Chacham* war, also kein gelehrter Jude, sondern ein *Am ha-Aretz*, also ein Ignorant in solchen Dingen. Es war ebenfalls bekannt, daß Herzl und sein treuer Verbündeter Max Nordau offen zugaben, nur wegen des Antisemitismus Juden geblieben zu sein. Das empörte meinen Großvater, den ewigen Juden.

Großvater hatte eine Lieblingsgeschichte, die er immer wieder erzählte, um seine Meinung über falsche Führer, die behaupteten, für das jüdische Volk zu sprechen, zu veranschaulichen. Ein russischer Zar hatte um den Besuch eines typischen Rabbi bei Hofe gebeten, um sich mit ihm zu unterhalten. Die Häupter der jüdischen Gemeinde, deren Rabbi ausgewählt wurde, überredeten diesen, seinen langen Bart zu scheren, die Schläfenlocken abzuschneiden und Kaftan und *Streimel,* die pelzverbrämte Mütze der chassidischen Rabbis jener Gegend und Zeit, gegen einen gewöhnlichen Anzug mit Hut zu vertauschen, um einen guten Eindruck auf den Zaren zu machen. Der Zar aber geriet in Wut, als er den Rabbi sah. »Hinaus«, donnerte er. »Es gibt hier schon genug Betrüger. Ich wollte einen echten heiligen Mann sehen, der für die Juden sprechen kann.«

Und dann pflegte Großvater Herzl als Schwindler zu bezeichnen und hinzuzufügen: »Der Messias wird kein Diplomat und kein Politiker sein, sondern ein Prophet und ein Gelehrter.« Daß der Begründer des Zionismus keins von beiden war, hatte er ja bereits deutlich gesagt.

Meine Großmutter war vollauf damit beschäftigt, das Kochen, das Backen und das Putzen zu beaufsichtigen. Das Einkaufen wurde mein Amt. Wegen Großvaters schlechter Gesundheit waren wir von Mea Shearim, dem ultra-orthodoxen jüdischen Viertel Jerusalems, nach der Kolonie der Buchara-

Juden im Vorgebirge umgezogen, wo die Luft rein und gesund war. Ich pflegte den Berg nach Mea Shearim hinabzuwandern und den Autobus nach der Stadtmitte von Jerusalem zu nehmen. In jüdischen Geschäften kaufte ich koschere Lebensmittel, Obst und Gemüse in arabischen. Schwer beladen kehrte ich heim.

Mit den arabischen Obst- und Gemüsehändlern feilschte ich auf Arabisch, mit dem jüdischen Schlachter auf Jiddisch oder Hebräisch. Da ich gut rechnen konnte, kaufte ich sehr günstig ein – was meine Großmutter zu schätzen wußte – und kassierte gleichzeitig meine »Provision«, wobei ich darauf achtete, daß sie nicht zu hoch war. Die Gesetze der Bibel hatte ich stets im Kopf und wandte sie bei allen Problemen meines täglichen Lebens spitzfindig an, um mein Gewissen zu beruhigen.

Die Bündel, die ich zurück zum Bus und dann von Mea Shearim bergauf nach unserem Haus in der Kolonie der Buchara-Juden schleppte, waren schwer.

Großmutter war eine typische orthodoxe Jüdin. Manchmal machten arabische Frauen frühmorgens an unserem Haus halt, um uns Hühner, Eier, Ziegenkäse und Butter zu verkaufen. Normalerweise übernahm ich das unvermeidliche Feilschen auf Arabisch, aber manchmal versuchte sich Großmutter daran. Unglücklicherweise verhandelte sie auf Russisch. Eines Tages erhob ich Einspruch.

»Großmutter, diese Frauen sprechen kein Russisch. Warum tust du das?«

»Weil sie alle Gojim sind«, war ihre Antwort.

Großmutter hatte eine Menge *Zores* – Ärger. Nicht immer gelang es ihr, so ruhig und beherrscht zu bleiben, wie man es von einer »guten« Jüdin erwartete. Dann entfuhr ihr plötzlich ein zorniger Aufschrei. Jedesmal mahnte Großvater mit sanfter Stimme. *»Mereh, Mereh, krich nit in blote!«* – »Marie, Marie, steig nicht in die Gosse!«

Nach jedem dieser Auftritte konnte man Großvater flüsternd beten hören: »So hilf mir, Gott!« Das war alles.

Großmutter und ich hatten ein Geheimnis. Sie hatte den Rabbi meiner Schule bestochen, mir jede Woche einen Nachmittag frei zu geben, damit ich meine Tante Yoheved besuchen konnte. Yoheved war Großmutters einzige Tochter; sie liebte sie sehr. Seit einigen Jahren saß sie im Irrenhaus in einer Einzelzelle. Großvater wußte nichts von diesen Besuchen. Das Thema Yoheved war tabu.

Großmutter erzählte mir die Geschichte von Yoheved, ihrem jüngsten Kind, oft und immer unter Tränen.

»Bevor deine Schwester Mooshkeh und dein Bruder Layvik zu uns kamen, war deine Tante Yoheved ein normales, gesundes, liebes Mädchen. Aber als Mooshkeh hier ankam, bezauberte sie sogleich alle Jungen und Mädchen. Sie war so klug und lebhaft. Das regte Yoheved auf und machte sie schrecklich eifersüchtig. Sie fühlte sich einsam und verlassen und wurde mit ihren Jungmädchenproblemen nicht mehr fertig. Ihre Nerven versagten.«

Als Vorbereitung auf meine heimlichen Besuche bei Yoheved backte Großmutter besondere Süßigkeiten für ihre »kleine Tochter«: *Chremslech, Teiglech, Eierkichlech, Mandelech* und andere jüdische Leckereien, die auf der Zunge zergingen. Sie wurden sorgfältig auf Teller gestapelt und in ein kleines Tischtuch gewickelt. Großmutter drückte mir ein paar Münzen in die Hand und flüsterte: »Maischkele, gehe still und vorsichtig. Bringe Yoheved dies alles, sprich freundlich mit ihr, und dann komm zurück und erzähle mir genau, wie sie aussieht, was sie tut und was du von ihr denkst.«

Großvater erlaubte Großmutter nicht, ihre Tochter zu besuchen. Damals galt Geisteskrankheit in jüdischen Familien als Schande und als Unglück, über das nicht gesprochen wurde. »Gottes Strafe, Gottes Wille. Was Gott tut, ist immer wohlgetan.« Das war alles, was Großvater bei seltenen Gelegenheiten dazu sagte.

Ich ging gern ins Irrenhaus; die Besuche waren eine willkommene Abwechslung. Eines Tages, als ich ziemlich lange warten mußte, bis Yoheved mit dem Festmahl, das ihre Mutter zubereitet hatte, fertig war (sie verschlang riesige Mengen), drängte ich sie, sich zu beeilen und mir die Teller zurückzugeben. Sie nahm die Gabel und warf sie wie einen Pfeil durch das Gitter in ihrer Zellentür. Ich trage davon bis zum heutigen Tag eine Narbe im Gesicht.

Kaum war ich zu Hause, zog Großmutter mich beiseite und fragte mich aus nach ihrer »Kleinen«. Sie lächelte, seufzte und vergoß dann ein paar bittere Tränen.

Eines Tages starb Tante Yoheved plötzlich. Niemand ging zu ihrem Begräbnis.

An einem Passahfest wurde unser Haus in der Kolonie der Buchara-Juden christlichen Besuchern geöffnet. Eine Gruppe amerikanischer und britischer Konsulatsbeamter hatte darum gebeten, an der Feier teilnehmen zu dürfen, und Großvater hatte sie darüber hinaus zum Abendessen eingeladen. Sie saßen an einem Extratisch, aber sie aßen und tranken dasselbe wie wir: ungesäuertes Brot als Symbol des überstürzten Auszugs aus Ägypten, bittere Kräuter zum Zeichen der bitteren Sklaverei in Ägypten, eine Mischung aus Nüssen und Wein, die den Mörtel der Pyramiden darstellte, und reinen Wein zur Begrüßung der Ankunft des Messias. Ich spielte meine Rolle, indem ich die vier Antwort heischenden Fragen aus der *Haggada* – dem Passah-Geschichtenbuch – stellte. Großvater war die ganze Zeit sehr freundlich und angeregt, doch kaum waren unsere Gäste fort, ging er zu ihrem Tisch, nahm lächelnd jede einzelne Flasche – und es waren eine ganze Menge –, trug sie hinaus und leerte sie in die Gosse. Einige Flaschen waren noch fast voll, und ich konnte diese Verschwendung nicht verstehen. Ich fragte: »Was haben die Gojim denn dem Wein getan?«

Großvater lächelte und erklärte mir, daß nach jüdischem Gesetz jeder von einem Goj berührte Wein heidnischer Wein werde und nicht mehr getrunken werden dürfe.

Zum Abschied hatte einer der Gäste ein Geschenk aus seinem Wagen hereingebracht, einen Korb mit Obstkonserven. Zum ersten Mal in meinem Leben sah ich so etwas. Ich fragte Großmutter: »Wie öffnet man sie?«

»Morgen abend nach Sonnenuntergang kannst du dich mit diesem Problem beschäftigen, Maischkele«, versprach Großmutter. Es war der Vorabend des heiligen Tages, an dem ein Jude genauso wie am Sabbat nicht arbeiten darf.

Als die Sonne am nächsten Tag untergegangen war, griff ich nach einer Dose mit dem appetitanregenden Bild einer fremdartigen Frucht, einer Ananas, bat Großmutter um einen Hammer und einen Nagel und trieb den Nagel so oft durch den Deckel, bis er aussah wie ein Sieb. Der Saft lief heraus, er schmeckte köstlich. Aber wie sollte ich den »großen Apfel« herausbringen? Ich riß die Dose mit den Fingern auf und holte die Ananas stückchenweise heraus. Meine Finger fingen heftig an zu bluten, und ich aß Ananas mit Blut vermischt. Aber es schmeckte großartig.

Die schmerzlichste Erfahrung meiner Kindheit machte ich, als ich den Wunsch äußerte, Geige spielen zu lernen. Ich glaubte, mein Großvater würde die Verwandtschaft zwischen dem Gesang, zu dem er mich so streng anhielt, und dem Geigenspiel erkennen und mich unterstützen. Als ich ihn jedoch um die

Erlaubnis zum Geigenunterricht bat, war er sichtlich schokkiert.

»Du willst ein *Klesmer* werden?«

Ein *Klesmer* war ein Musikant, der bei Hochzeiten und ähnlichen Gelegenheiten aufspielte.

»Es ist so ordinär, so gottlos. Ein gewöhnlicher Jude kann auf Hochzeiten fiedeln, aber nicht der Enkel eines chassidischen Rabbi! Gesang, ja, das ist etwas anderes. Die Engel im Himmel singen. Ein Mensch, der singt, geht auf in Gott.«

Trotz Großvaters Beredsamkeit konnte ich den Unterschied nicht entdecken. Ich hörte gern zu, wie die *Klesmer* ihre Geige singen ließen. Sie spielten nie nach Noten, sondern improvisierten wie Zigeuner.

Der Mann unserer Waschfrau spielte Geige und gab hoffnungsvollen jungen Musikern Unterricht. Eines Tages tat ich etwas Mutiges und Unabhängiges: Ich ging in die Wäscherei, deutete meines Großvaters Einstellung an und bat den Geigenlehrer, mir heimlich Unterricht zu geben. Er stimmte zu, und ich war im siebten Himmel. Ich liebte die Stunden und die Geige sehr. Aber mein Glück war nicht von langer Dauer. Nach nur drei Stunden sickerte die Geschichte durch und erreichte meinen Großvater, der damals kränklich war. Ich war beim Fiedeln erwischt worden. Großvater rief mich in sein Zimmer. »Maischkele, Maischkele, du solltest dich schämen«, sagte er liebevoll, aber streng. Mit den Geigenstunden war es aus.

Großvater war ein ehrerbietiger orthodoxer Jude, aber einigen Bräuchen folgte er nicht. Einer davon war das Spucken auf den Fußboden der Synagoge an einer bestimmten Stelle des letzten Gebets[16], an der Gott zum höchsten König des Weltalls erklärt wird. Mein Rebbe pflegte zu sagen, das Spucken gelte denjenigen, die unser Volk verfolgten. Der Holzfußboden der Synagoge verwandelte sich fast in eine Rutschbahn. Ich habe meinen Großvater nie spucken gesehen.

Großvaters Krankheit verschlimmerte sich. Er starb langsam an einer Erkrankung der Gallenblase. (Oder war es Krebs? Ich habe die wahre Ursache seines und des Todes meines Vaters nie erfahren.) Die Stütze meines Lebens war ein Invalide geworden, gänzlich in Anspruch genommen von seiner Krankheit, seinen Schmerzen, seinen Ärzten, seiner Medizin und seiner Behandlung.

Mit knapp vierzehn Jahren fand ich mich plötzlich völlig unabhängig. Ich fühlte mich über meine Jahre hinaus erwachsen, aber das Gefühl körperlicher und seelischer Unsicherheit quälte mich wieder. Wenn Großvater starb, würde es niemanden geben, der sich um mich kümmerte, mich leitete, mein Freund war. Ich begann, eigene Entschlüsse zu fassen, und in meinem jungen Gemüt bildete sich ein verschwommener Plan: »Geh nach Amerika!«

Durch jeden Brief, den ich von meinem Bruder Layvik[17] aus Amerika erhielt, zog sich wie ein roter Faden das Thema: »Erhalte dich selbst und sei kein Schmarotzer.« Der Gedanke, sich selbst zu erhalten, stand in krassem Gegensatz zur vorherrschenden Meinung der Jerusalemer Juden, nach der die Brüder in der Diaspora die Pflicht hatten, die Juden in Palästina, die »für sie (oder, richtiger, von ihnen) lebten und beteten«, zu erhalten.

In seinen Briefen beschrieb mein Bruder die Wunder Amerikas, wie er seinen Lebensunterhalt verdiente, wie die Menschen in New York, ob Juden oder Nichtjuden, so gut miteinander auskamen. Alle wollten gute Amerikaner sein, zu einem Volk verschmelzen, in Harmonie leben und Toleranz üben statt Haß. Er betonte dies und berichtete, daß sich die Juden nicht vor den Gojim fürchteten und daß sie sogar in denselben Läden und Fabriken gemeinsam mit ihnen arbeiteten.

Als ersten Schritt zur Auswanderung nach Amerika begann ich, mir in der Mittagspause in der Schule selbst Französisch und Englisch beizubringen. Heimlich besorgte ich mir einige kleine Büchlein mit der Übersetzung elementarer jiddischer Wörter in die französische und englische Sprache. Ich zog mich in die leere Synagoge zurück, wanderte zwischen Tür und Schrein hin und her und wiederholte meine Wörter und Sätze im Singsang. Ich versuchte, jeden Tag mindestens zwanzig neue Vokabeln zu lernen. Französisch hielt ich für notwendig, weil ich plante, einen französischen Dampfer von Jaffa nach Marseille zu nehmen, von dort mit dem Zug nach Le Havre zu fahren und schließlich auf einem französischen Schiff von Le Havre nach New York zu gelangen.

Bald merkte ich, daß eine Stunde am Tag nicht genügte. Ich brauchte mehr Zeit und einen geeigneteren Ort. Ich fand ihn in einem Park weit fort von den vielen Menschen in der Schule und vor allem weit fort vom Thoraschrein in der Synagoge, wo ich mich ungemütlich fühlte bei einer so unkoscheren Betätigung. Der Park lag im wunderschönen russischen Viertel; eine Bank unter einer prachtvollen schattigen Akazie inmitten herrlicher Anlagen war der ideale Zufluchtsort, an dem ich mich ungestört konzentrieren konnte. Ich kaufte mir ein englisches Grundlehrbuch und ein englisch-jiddisches Wörterbuch und verbrachte täglich einige Zeit in meiner privaten Ein-Mann-Schule. Bald machte ich richtige Fortschritte.

Nicht weit entfernt lag die russisch-orthodoxe Kirche, wo Tausende von Pilgern beteten und sangen. Diese elend aussehenden Gestalten strömten scharenweise herbei aus Galizien, der Ukraine und Weißrußland, wie Tiere zusammengepfercht in den Dampfern, die von Odessa und Triest aus den Fährdienst nach Jaffa versahen. Sie kamen ins Heilige Land, um ihre Füße in den Jordan zu tauchen und die heiligen Orte zu besuchen in der Hoffnung, sich dadurch eine Fahrkarte direkt in den Himmel zu verschaffen.

Während ich so saß und englische Wörter in meinen Kopf stopfte, drangen aus der Kathedrale liebliche und feierliche Klänge an mein Ohr. Anfangs erinnerten sie mich an die nächtlichen Judenverfolgungen von Gomel, an die Ikonen, die Fakkeln, den grausamen Drang, Juden zu schlagen. Aber bald schon sagte ich mir: »Dies ist nicht Rußland, dies ist ein arabisches Land. Die Araber sind freundliche, einfache Menschen. Sie haben weder mich noch irgend jemanden, den ich kenne, jemals belästigt. Leben wir nicht in unseren jüdischen Vierteln in Jerusalem und fühlen uns darin ganz zu Hause? Mieten wir nicht an Passah und *Sukkot* Esel bei Arabern am Jaffa-Tor und reiten hinaus bis nach Motzah, wo der einzige jüdische Bauer mit seiner Familie inmitten lauter Araber wohnt? Die Russen sind hier genauso wie die Juden Besucher oder Einwohner und dürfen so leben, wie sie wollen. Angeblich sind die Türken die Herrscher, aber man sieht kaum je einen Türken, da die Araber die Verwaltungsarbeit besorgen.«

Die Musik zog mich an und bezauberte mich. Ich verspürte ein heißes Verlangen, in die Kathedrale zu gehen und die Gojim singen und beten zu sehen.

Beim ersten Mal widerstand eine innere Kraft der großen Versuchung und überwand sie. Mein Gewissen quälte mich: Durfte ein »guter Jude« in eine Gojim-Kirche hineingehen und die Ikonen anschauen? Was würde mein sterbender Großvater dazu sagen? Meine Lehrer, meine Klassenkameraden?

Abgesehen von der Schande fürchtete ich, der Allmächtige würde mich zerschmettern.

Aber am nächsten Tag, als ich die Pilger in die Kathedrale

strömen sah, so demütig, so harmlos, so schlicht und so furchtlos, da fragte ich mich:

»Beten sie nicht genauso zu Gott wie mein Volk?«

Ich strich meine Schläfenlocken hinter die Ohren. Das waren die seitlich herabhängenden, gelockten Haarsträhnen, die jeder Chassid tragen mußte. In meinem Kaftan sah ich nun völlig arabisch aus. Außerdem sprach ich fließend Arabisch.

Ruhig betrat ich die riesige Kathedrale. Mein Herz klopfte heftig. Die feierliche, gedämpfte Stimmung im Inneren lud ein zu Gebet und Meditation. Und dann begann der Gesang. Sie sangen mit Inbrunst, Aufrichtigkeit, Demut. Sie sangen wunderschön. Auch die gedämpfte Stille in dem überfüllten Raum beeindruckte mich. Man hörte keinen Atemzug, kein Flüstern. Obwohl der Schweißgeruch der Menschenmenge zum Erstikken war, fühlte ich mich wie an einem heiligen Ort. Meine Augen füllten sich mit Tränen und mein Herz mit innerer Freude.

Danach ging ich jeden Samstagmorgen anstatt in die Synagoge ins russische Viertel zum Gottesdienst in die Kathedrale. Ich verstand die Gebete nicht, da sie auf russisch gesprochen wurden, aber ich stimmte in den Gesang mit ein, und diese Choräle klingen in meinem Gedächtnis genauso mächtig nach wie meines Großvaters chassidische Gesänge.

Wie denke ich heute als Jude darüber? Ich bedaure nichts, fühle mich nicht schuldig. Schließlich war Jesus von Nazareth ein hundertprozentiger Jude. Wenn es je einen reinen, moralischen, vollständigen Juden gegeben hat, dann war er es. Er war ein Prophet, den man in der Ruhmeshalle jüdischer Geschichte neben Jesaja, Hesekiel, Mordechai, Amos, Sacharja und Micha stellen könnte.

Sowohl Juden als auch Christen kennen die Gebote »Du sollst nicht töten«, »Liebe deinen Nächsten wie dich selbst«, »Du sollst nicht begehren deines Nächsten Weib«, »Du sollst nicht stehlen« und vor allem »Bereue!«

Viele, viele Teile des Neuen Testaments sind genauso edel wie die Worte und Lehren der jüdischen Propheten und sollten uns allen genauso heilig sein. Das gilt auch für die anderen Religionen, die ihre Anhänger mit hohen ethischen Grundsätzen leiten, den Islam eingeschlossen, der dem jüdisch-christlichen Gedankengut so viel verdankt. Alle Menschen der Welt sollten Brüder sein ohne Rücksicht auf ihre ererbten theologischen Systeme. Ganz gleich, in welche Religion oder Rasse man hineingeboren wurde, man sollte – müßte – sich von längst überholten Vorschriften und Vorurteilen befreien.

In den Jahren, die ich in Palästina verbrachte, lebten dort nur etwa 35000 Juden unter 600000 einheimischen Arabern moslemischen und christlichen Glaubens, und die meisten von uns waren Einwanderer. Es gab noch keine landwirtschaftlichen Kollektive oder Genossenschaften, nur ein paar jüdische Kolonien auf dem Land. In der Kolonie von Rechovot besaß mein Onkel ein großes Gut, wo Wein und Melonen im Überfluß gediehen. In Großvaters letztem Sommer wurde ich ein paar Wochen dorthin geschickt, als er sehr krank war. Bei allen Besuchen stopfte ich mich voll mit Weintrauben und Melonen, weil sie angeblich gesund waren. Vielleicht stimmt das, aber mir wurde jedesmal übel von dem Übermaß an Obst.

Es gab ein paar europäisch-jüdische Jungen in Rechovot, aber ich war viel allein. Sie trugen moderne Kleider – Hosen und Hemden –, ich dagegen einen langen Kaftan und Schläfenlokken. Die Jungen lachten mich aus, und ich wurde verlegen. Insgeheim hätte ich mich gern so gekleidet und so westlich ausgesehen wie sie, aber das war in einer orthodoxen jüdischen Familie unmöglich.

Einen dieser Jungen, der Yoshpeh hieß, bewunderte ich besonders. Er sah gut aus und ritt so schneidig wie ein Araber. Er gewann sogar einmal einen Preis beim alljährlichen Reitturnier. Sein Vater war ein wohlhabender Jude aus Südamerika, der schwer, aber nicht sonderlich erfolgreich arbeitete. Er hatte etwas mehr Land gekauft, als er mit Orangenbäumen bepflanzen und so lange versorgen konnte, bis nach vier oder fünf Jahren die erste Ernte fällig war.

Ich verbrachte viele Stunden in den Weinbergen meines Onkels und schaute zu, wie seine arabischen Arbeiter die Trauben pflückten, auf Kamele luden und zu den Weinpressen schafften. Manchmal ließen mich die Araber auf einem Kamel reiten. Sie waren immer freundlich zu mir. Es waren Bauern aus der Umgegend, die nicht nur ihr eigenes Land bebauten, sondern auch für die jüdischen »Gutsbesitzer« arbeiteten, die stets in korrekte Anzüge mit Schlips und Kragen gekleidet waren und sich die Schuhe putzen ließen – von Arabern. Die Juden beaufsichtigten nur die Arbeit, die von Gojim getan wurde.

In jenen Tagen gehörte fast alles in Palästina – Land, Häuser und Geschäfte – Arabern, und Araber bildeten fast die ganze große Masse der Arbeiter und Bauern, gelernte und ungelernte.

Selten sah ich jüdische Arbeiter oder Landarbeiter. Es gab übrigens auch keine richtigen jüdischen Bauern. Das war noch bevor die zionistischen Pioniere, wie zum Beispiel David Ben Gurion, aus Rußland ankamen.

Eine Ausnahme in jenen frühen Jahren war der jüdische Bauer hoch oben in den Bergen von Motzah, meilenweit außerhalb Jerusalems, der den Boden beackerte und mit seiner Familie von seinem Ertrag lebte. Er war der einzige jüdische Bauer in der ganzen Gegend. Nach dem frühmorgendlichen Eselsritt, den ich mit einigen Freunden von Jerusalem dorthin zu unternehmen pflegte, servierte er uns ein Frühstück und schenkte uns Obst. Wir erfuhren, daß er gut mit seinen arabischen Nachbarn auskam. Er beeindruckte mich sehr.[18]

Am Ende meines Aufenthalts auf meines Onkels Gut in Rechovot fuhr mich ein arabischer Angestellter morgens mit dem Pferdewagen nach Ramla. Dort saß ich bis drei Uhr nachmittags vor dem Bahnhof und wartete auf den Zug aus Jaffa, der mich zurück nach Jerusalem brachte. Ramla war eine Stadt, in der nie ein Jude gewohnt hatte, aber niemand tat mir etwas. Ich spürte nicht einmal, daß ich ein Fremder war. Auch in Lydda, einer weiteren arabischen Gemeinde, die ich besuchte, hatte ich nie irgendwelchen Ärger. Ich konnte tun, was ich wollte, und kaufen, was mein Herz begehrte. Und ich habe die angenehmsten Erinnerungen an Araber, die mir Gesellschaft leisteten und mit mir diskutierten. Damals sprach ich fließend Arabisch, aber leider lernte ich nie, es zu lesen und zu schreiben.

Wenn ich so darüber nachdenke, erkenne ich, daß ich den Arabern mehr Freude verdankte als den Juden, die ich in Palästina kannte, mit Ausnahme meines verehrten Großvaters. Die Araber waren nämlich lebensnah, während die meisten Juden engstirnig die Regeln befolgten, die sie vor dem Kontakt mit Gojim schützen sollten.

Die Araber hätten uns ohne weiteres vernichten können. Sie regierten Palästina. Sie waren nicht nur die arbeitende Bevölkerung des Landes, sondern auch seine Beamten, Richter und Polizisten. Obwohl Palästina zum osmanischen Reich gehörte, habe ich in all den Jahren, die ich dort lebte, nie einen türkischen Beamten gesehen. Alles war arabisch, und es gab keine Unterdrückung. Ich wurde nicht ein einziges Mal belästigt. Niemand mischte sich in unser Leben ein.

Aber die Feindschaft gegen die Araber wurde bereits geschürt. In den letzten Lebensmonaten meines Großvaters stahl ich mich abends manchmal fort, um ins *Beth-ha-Am* – Haus des Volkes – zu gehen. Dort hörten zionistische nicht-religiöse Juden Vorlesungen und Vorträge von Leuten wie David Ben Gurion, der soeben mit dem Schiff aus Rußland eingetroffen war.[19] Sie rüttelten die Zuhörer mit ihrem Schlachtruf »Armenu, Arzenu, Moladetenu« (Unser Volk, unser Land, unser Vaterland) auf und meinten damit Palästina, obwohl kaum einer von ihnen dort geboren war. Mein Großvater und andere anständige orthodoxe Juden wollten von dem Unsinn nichts wissen, aber viele fielen darauf herein.

Großvater Mnuchin starb im Jahre 1908. Ich war noch keine fünfzehn Jahre alt. Er wurde auf dem Ölberg begraben, und an seinem offenen Grab sprach ich unter Schluchzen den *Kaddisch,* das Totengebet.

Meine Großmutter zog nach Rechovot zu ihrem Sohn; ich zog nach Mea Shearim, einem nördlichen Vorort Jerusalems, zu meiner Schwester Mooshkeh, die verheiratet war und drei Kinder hatte. Bald schloß sich uns meine andere Schwester Shandel an, die von meiner Mutter aus Rußland hergeschickt worden war.

Großvater hatte mir zweihundert Dollar in bar hinterlassen. Ich legte sie auf ein Konto bei der Anglo-Palästinischen Bank; dort sollten sie solange bleiben, bis ich mir damit meinen Traum von der Reise nach Amerika erfüllen würde. Ich hoffte, dort Arbeit und Brot zu finden wie mein Bruder Layvik.

Um mich auf mein zukünftiges, mein modernes Leben vorzubereiten, schnitt ich die *Pejes* – die Schläfenlocken – ab, verließ die *Jeschiwa* – die Talmudschule –, auf der meine Ausbildung nach dem *Cheder* weitergegangen war, kaufte mir eine Hose, ein Hemd und ein Jackett und meldete mich auf einer kleinen Privatschule in der Nähe von Mea Shearim an, die von einem amerikanischen Juden namens Jacob Cohen geleitet wurde, um Englisch und Buchhaltung zu lernen. Cohen war ein ausgezeichneter Lehrer.

Schnorren – Betteln im großen Stil – war die Hauptbeschäftigung der Juden Palästinas. Mooshkehs Mann Avremeleh Hochstein gehörte zu dem Heer Jerusalemer *Chaluka*juden – Spendenempfänger –, zu den berufsmäßigen Gründern, Leitern und Funktionären der zahllosen Altersheime, Waisenhäuser, Hospitäler und Schulen, die angeblich im Namen Gottes und des Judentums geschaffen worden waren, in Wirklichkeit aber ihren Schöpfern ein angenehmes Leben gestatteten.

Der Beruf fast der gesamten jüdischen Bevölkerung Jerusalems und zahlreicher Juden in den kleineren Städten Palästinas hieß *Chaluka.* Das waren die regelmäßigen Geldspenden jüdischer Gemeinden in Europa, die kostenlose Wohnung, kostenlose Medikamente, kostenlose Wasserversorgung und so gut wie alles andere bedeuteten, was man vom ersten bis zum letzten Atemzug brauchte. Es gab ein biblisches Vorbild dafür: den »Isachar-Sebulon-Vertrag«, in dem die beiden Söhne Jakobs vereinbart hatten, daß Isachar für beide beten und Sebulon für beide arbeiten werde. In Erweiterung dieses Vertrags wurde von den Juden in der Diaspora erwartet, daß sie ihre »Brüder« im Heiligen Land mit ihrer Arbeit ernährten. Ihren Lohn würden sie im Paradies erhalten, wo den palästinischen Juden die Ehrenplätze an den goldenen Tafeln gewiß waren, während sich die »gewöhnlichen« Juden aus der Diaspora mit den Ecken begnügen mußten. Diese Theorie rechtfertigte die fast völlige Untätigkeit der palästinischen Juden. Arbeit würde sie nur von ihren wahren Aufgaben ablenken, die da waren Gebet, Talmudstudien und ein sitzendes frommes Leben.

»Thora ist die beste Schore« – Thora ist die beste Ware –, lautete ein alter Spruch, der in Jerusalem, wo man ihn so großzügig wie möglich auslegte, eine ganz neue Bedeutung erhielt. Als Ergebnis war Jerusalem der Traum der professionellen Bettler und das Paradies der Klerikalen. Damals spendeten Baron Hirsch und Lord Rothschild jedes Jahr Millionen Dollar für die Juden Palästinas, und es gab die (unter Arabern) weitverbreitete Redensart, die Juden lebten auf Kosten der Barone.

Zu den Judengruppen in Palästina, die Sitze im Himmel verdienten, gehörte das Heer der *Jeschiwa-Bocher.* Das waren junge russische und polnische Studenten an den *Jeschiwas,* die so arm waren, daß sie sich an sechs oder sieben Tagen der Woche in jüdischen Familien durchfüttern lassen mußten. Sie waren durch und durch vergeistigt.

Echte orthodoxe Gelehrte kamen selten oder nie aus dem Almosen empfangenden Jerusalem, sondern aus den armen Gettos Rußlands und Polens. Jerusalem, Tiberias und Zefat dagegen, die drei palästinischen Zentren der fanatischen Strenggläubigkeit, waren das Reich der professionellen Schnorrer. Es gab sogar ein paar *Chaluka*-Empfänger, die das Geld gar nicht nötig hatten. Ich erinnere mich an so einen, einen wohlhabenden Juden, Besitzer eines großen Gutes, auf dem er Wein und Melonen anbaute. Sein Weinberg lieferte einen köstlichen Wein.

In Jerusalem lebten nur wenige Juden, die für Lohn arbeiteten oder etwas Produktives taten. Es gab ein paar jemenitische Juden, die den Beruf eines Maurers, Goldschmieds oder Zimmermanns ausübten, die meisten anderen aber waren straff organisierte und äußerst erfolgreiche Bettler. Sie teilten Jerusalem und Jaffa in »Gebiete« ein. Jedem Mann wurde ein Gebiet und ein bestimmter Tag zugeteilt, an dem er die jüdischen Häuser dort »bearbeiten« durfte. Wehe dem, der sich am falschen Tag hineinwagte! Die jemenitischen Juden trieben das Schmarotzertum bis zum Äußersten: Sie bettelten Bettler an.

In der Hauptstraße Jerusalems, beim Jaffa-Tor, standen einige große Hotels, die von Juden geführt und vor allem von englischen und amerikanischen Touristen besucht wurden, ein paar moderne Geschäfte, die sich zum Teil im Besitz jüdischer Kaufleute befanden, und die Anglo-Palästinische Bank, ein kürzlich gegründetes, vom Zionistischen Weltkongreß organisiertes Unternehmen. Im großen und ganzen aber befanden sich Handel und Gewerbe nicht in jüdischer Hand. Sie waren eine moslemische und christliche Welt, in der die 25000 Kopf starke jüdische Bevölkerung ein Schmarotzerleben führte. In der Stadt selbst gab es keine gewinnbringend tätige jüdische Gemeinde.

In meiner neuen Umgebung wuchs ich schnell heran. Bevor ich fünfzehn Jahre alt war, stand ich mehr oder weniger auf eigenen Füßen. Ich verbrachte täglich fast drei Stunden in Cohens Schule und lernte mit großer Hingabe Buchhaltung. Ich konnte mein Wissen sogar rasch nutzbringend anwenden. Ich überredete einen meiner Freunde, dessen Vater ein Geschäft in Jerusalem hatte, bei mir Unterricht in Buchhaltung zu nehmen. Ich übersetzte alles ins Hebräische, und im Handumdrehen wandte der Vater des Jungen das neue System in seinem Laden an. Mein Lohn reichte aus, um das Schulgeld bei Cohen zu bezahlen.

Eine ergiebigere Einkommensquelle floß mir durch meinen Schwager Avremeleh zu, der Leiter eines Männer-Altersheims war. Er und einige seiner Verwandten hatten es gegründet und betrieben es als Familienunternehmen – natürlich im Namen Gottes. Es gab ein Standardverfahren, um das Geld für solche Institutionen aufzutreiben. Boten sammelten es auf der ganzen jüdischen Welt, oder es kam per Postanweisung. Die Boten hießen Meschulachim. Sie reisten zu Hunderten in Amerika, England, Südafrika, Australien und Rußland von einer Stadt zur anderen auf der Jagd nach Spenden für die Institutionen, die sie vertraten. Sei trugen lange Kaftane, Schläfenlocken und Bärte. Mit Hilfe orthodoxer Glaubensbrüder beschafften sie sich lange Listen von Spendern und besuchten Familien, Geschäfte und Synagogen. Von dem gesammelten Geld zogen sie ihre Spesen (Fahrkarten, Hotels, Restaurants und »Verschiedenes«) ab sowie eine hohe Provision. Den Rest schickten sie nach Jerusalem.

Eine noch reichere Einkommensquelle waren die Rundschreiben, und hier sollte ich in Avremelehs Männer-Altersheim eine wichtige Rolle spielen. Wie alle anderen Jerusalemer Wohltätigkeitsinstitutionen besaß auch diese eine aus ausländischen Telefonbüchern zusammengestelle Adressenkartei. Die Telefonbücher wurden regelmäßig nach jüdisch klingenden Namen durchforscht. Meine Aufgabe war es, die Umschläge zu adressieren, die in jiddischer, hebräischer und der jeweiligen Fremdsprache gedruckten Schnorrbriefe hineinzustecken, die Umschläge zuzukleben, zu frankieren und zu je hundert Stück zu bündeln. Ich wurde pro Bündel bezahlt. Vor *Rosch Haschana* und *Jom Kippur* wurden Zehntausende von Rundschreiben versandt, und ich entwickelte mich zum versierten Adressenschreiber. Meine Einkünfte waren beträchtlich, die des Männer-Altersheims müssen immens gewesen sein. Jedesmal wenn ein Schiff in Jaffa ankam, machten mein Schwager und ich uns auf, um die prallen Postsäcke vom russischen, österreichischen und türkischen Postamt in Jerusalem abzuholen.

Das religiöse Leben von Mea Shearim erforderte eine weitere Veränderung, die ich unter den neuen Umständen machen mußte. Obwohl kaum ein orthodoxer Jude in Mea Shearim auch nur daran zu denken wagte, einen der drei Gottesdienste

Schacharit, Mincha und *Maariw* zu versäumen, besuchten nur die alten und streng religiösen Leute die Hauptsynagoge. Außer am Sabbat war sie gewöhnlich halb leer. Die große Mehrheit, die möglichst wenig Zeit beim Gottesdienst vertrödeln wollte, sauste in eins der vielen *Schtiblech* – Miniatursynagogen –, die den Weg zur Hauptsynagoge säumten. Dort herrschte die Atmosphäre eines geräuschvollen, menschenwimmelnden Basars, aber es wurde nicht nach Geschäften gejagt, sondern nach einem zehnten Mann, um den *Minjan* vollzumachen – die für den Beginn des Gottesdienstes erforderliche Anzahl von Betern. Kaum war der *Minjan* vollzählig, begann der Vorsänger auch schon, die Gebete mit halsbrecherischer Geschwindigkeit zu sprechen. Einige *Schtiblech* hielten die drei Gebetsstunden des Tages sogar in zwei Schichten ab.

Oft zählte ein Wichtigtuer die Köpfe und entdeckte (oh großer Schreck!), daß nur neun Leute versammelt waren. Der in rasender Eile betende Vorsänger hielt plötzlich inne, als habe jemand die Bremse der Religionsmaschine gezogen. Chaos! Proteste und Ausrufe wie »Nein, nein! Oh, oh!«, bis jemand von draußen buchstäblich hereingeschleppt wurde, um die Zahl vollzumachen. Der Vorsänger verdoppelte seine Geschwindigkeit, um die verlorene Zeit in dem täglichen Wettrennen zwischen benachbarten *Schtiblech* aufzuholen. Der Mangel an Feierlichkeit und Demut, der Lärm und die Banalität des Ganzen standen in starkem Gegensatz zu meines Großvaters frommem Leben und zu der Reinheit und Würde, dem Frieden und der Feierlichkeit, die ich in der russisch-orthodoxen Kathedrale erlebt hatte. Sie verleideten mir nicht nur die *Schtiblech*, sondern auch die Synagoge. Ich fing an zu überlegen: »Gott ist kein Jude, Gott ist allumfassend.« Ich erinnerte mich an die Worte des Propheten Amos: »Seid ihr Israeliten mir nicht gleich wie die Mohren?« Ich fing an, Gott außerhalb der Synagoge zu suchen anstatt im Inneren, wo die Menschen Lärm und gedankenlose Zeremonie mit ekstatischem Gebet verwechselten, mit der Versunkenheit, die für mich das Wesen der Religion bedeutete. Ich wollte denselben direkten, beseelten, persönlichen Kontakt mit Gott, den mein Großvater jeden Augenblick seines Lebens hatte, ob er nun betete oder nicht.

Es gab eine ultra-orthodoxe Spezialität, die mich heute noch schaudern läßt. Ich lernte sie in der Synagoge des Männer-Altersheims kennen. Eines Tages wurde ich eilig dorthin befohlen.

»Sie wollen einer Amerikanerin den *Dibbuk* austreiben!«

Ein hochgewachsener, gutgekleideter Herr und seine etwa zwanzigjährige Tochter fuhren vor dem Altersheim vor. Sie sahen feierlich aus, unterhielten sich jedoch normal, als sie in die Synagoge geführt wurden. Drinnen erwartete sie eine Gruppe Rabbis mit Gebetsschals auf dem Kopf. Jeder Rabbi hatte ein *Schofar* – ein Widderhorn – an den Lippen. Türen und Fenster waren geschlossen, die Vorhänge zugezogen. Das Mädchen mußte sich auf den Tisch legen und wurde mit einem Gebetsschal bedeckt. Nach gemeinsamen Gebeten stießen alle Rabbis gleichzeitig in ihre Widderhörner. Dann trat der Anführer auf das Mädchen zu und wandte sich direkt an den bösen Geist:

»Höre mich, *Dibbuk.* Ich befehle dir im Namen Gottes, diese Frau zu verlassen. Entweiche durch eine Körperöffnung und lasse sie in Frieden. Im Namen Gottes.«

Das ging eine Stunde oder länger so weiter. Das Mädchen wand sich und stöhnte mit Schaum vor dem Mund, als würde sie gefoltert. Die Rabbis warteten. Aber es erfolgte kein Zeichen für das Entweichen des Dibbuks. So machte sich der Oberrabbi wieder an die Arbeit: »Wir haben uns hier im Namen Gottes versammelt, um dich aus diesem guten Mädchen zu vertreiben. Ich befehle dir, böser Geist, entweiche!«

Der Lärm und die Befehle, die alten rituellen Gesänge, der Klang der Widderhörner, der Gestank des überfüllten Raumes brachten das Mädchen fast um den Verstand. Schließlich entfernten sich die Teufelsaustreiber. Das schweißgebadete Opfer, in dem der *Dibbuk* offenbar noch genauso fest saß wie zuvor, wurde wieder auf die Beine gestellt. Man berichtete mir später, sie und ihr Vater hätten schon ganz Indien und China bereist, um den Teufel austreiben zu lassen. Das kabbalistische orthodoxe Judentum war ihre letzte Hoffnung gewesen.

Gegen Ende 1908 war ich vollends enttäuscht vom Leben, das die meisten orthodoxen Juden in Palästina führten. Ich war mehr denn je davon überzeugt, meine Bestimmung liege in Amerika. Und so ging ich eines schönen Morgens hin zur Französischen Schiffahrtsgesellschaft und fragte den Mann am Schalter nach einer billigen Fahrkarte nach Amerika. Ich besaß die zweihundert Dollar, die Großvater mir hinterlassen hatte, und ein paar Ersparnisse aus dem Adressengeschäft. Ich kaufte ein Schiffsbillett nach Marseille, eine Eisenbahnfahrkarte von dort nach Paris und Gutscheine für die Fahrt von dort nach Le Havre und New York. Ich war bereit, ein neues Leben in einem neuen Land zu beginnen – mit wenig über fünfzehn Jahren.

Ich hatte keine Angst und war voller Zukunftsträume, aber auch sehr jung und ganz allein. Kaum hatte das Schiff Jaffa verlassen, wurde ich seekrank und lag die ganze Fahrt bis Marseille sterbenselend in meiner oberen Koje. Mein Kabinengenosse kümmerte sich nicht um mich, und auch der Kabinensteward schaute nur gelegentlich herein. Im rüttelnden Schnellzug nach Paris bekam ich hohes Fieber. Gleich nach der Ankunft stellte ich mein Gepäck in einem kleinen Hotel unter und nahm einen Bus zur Hauptgeschäftsstelle der Französischen Schifffahrtsgesellschaft. Ich konnte mich verständlich machen, brach jedoch fast zusammen, als ich erfuhr, ich sei noch zu jung und dürfe erst mit über sechzehn Jahren ohne Begleitung der Eltern oder eines Vormunds nach Amerika einreisen.

In meinem gebrochenen Französisch wandte ich ein, man hätte mir diese Mitteilung schon in Jerusalem machen müssen. Ich konnte mir keine Vergnügungsreise nach Paris leisten! Der Mann am Schalter hatte Mitleid und brachte mich zu einem höheren Angestellten, dem ich wirklich leid zu tun schien. Er organisierte unverzüglich meine kostenlose Rückreise nach Palästina und die dortige Rückerstattung meines ganzen Fahrgelds.

Das nächste Schiff nach Jaffa ging erst in fünf oder sechs Tagen, und so erforschte ich Paris mit dem Autobus, wohnte in einem billigen Hotel und ernährte mich von knusprigen Baguettes und unendlich vielen Sorten Käse. Als ich in Marseille wieder das Schiff betrat, fühlte ich mich wie ein erfahrener Reisender. Diese Illusion wurde grausam zerstort, als sich das Schiff in Alexandria drei Tage zum Entladen aufhielt. Drei palästinische Juden, die aus Amerika in die Heimat zuückkehrten, luden mich ein, sie auf einer Besichtigungstour zu begleiten. Spät am Nachmittag gelangten wir in die engen Gassen des Rote-Laternen-Viertels. Es war eine mir unbekannte Welt, eine Welt lüsterner, halbnackter Frauen, die uns mit heiserer Stimme ihre Begleitung anboten, uns am Ärmel zogen und mitten auf der Straße umarmten und küßten. Meine Gefährten brüllten vor Lachen über meine entsetzte Reaktion. Ich machte auf dem Absatz kehrt und rannte, so schnell ich konnte, fort in die Richtung, in der ich den Hafen vermutete. Ohne auch nur die Kainummer zu wissen, fand ich irgendwie zurück zur »Caledonia«.

Den Rest meines Aufenthalts in Alexandria verbrachte ich im Schutz des Schiffes, und als meine ehemaligen Gefährten in der letzten Minute vor der Abfahrt an Bord erschienen, wollte ich nichts mehr mit ihnen zu tun haben.

Als wir Jaffa erreichten, wußte ich, daß ich mit Jerusalem fertig war, ganz gleich, wie ich mich über Wasser halten mußte, bis ich sechzehn war. Vor allem aber wollte ich nicht wieder zu meiner Schwester Mooshkeh ziehen, nicht einmal für ein Wiedersehen mit meiner Schwester Shandel, die ich zärtlich liebte.

Wie sich herausstellte, war an eine sofortige Rückkehr nach Mea Shearim sowieso nicht zu denken. In Palästina war eine Choleraepidemie ausgebrochen, und über die Gebiete, die ich auf dem Weg nach Jerusalem hätte durchqueren müssen, war Quarantäne verhängt worden. So blieb ich in Jaffa, wo ich Dr. Shankin kennenlernte, einen Immobilienhändler. Er war genau wie ich weitläufig mit Ascher Ginzberg verwandt, dem Agenten der Wissotzky-Teegesellschaft, der unter dem Pseudonym Achad ha-Am interessante hebräische Abhandlungen über das Judentum und zeitgenössische jüdische Themen schrieb. Dr. Shankin wurde mein Freund und riet mir, um Aufnahme in eine neue, nicht religiöse Oberschule zu bitten, die zu Ehren von Theodor Herzl, dem 1904 gestorbenen Begründer des Zionismus, Herzlia-Gymnasium hieß. Sie befand sich in Tel Aviv, einer dicht bei Jaffa gelegenen Gemeinde, in der sich ein paar tausend Juden niedergelassen hatten. Darunter gab es ein paar Kaufleute, Schneider und Schuster, die meisten aber waren orthodoxe Juden, die den ganzen Tag in der Synagoge beteten oder die heiligen Werke studierten. Wer nicht von seinen Kindern unterstützt wurde, lebte von den Spenden, die bei Juden überall auf der Welt gesammelt wurden.

Dr. Shankin nahm mich eines Tages mit zum Herzlia-Gymnasium und stellte mich Dr. Matman, dem Direktor, vor. Ich erklärte Dr. Matman, daß ich sehr gute Kenntnisse in Hebräisch, im Talmud, in den Propheten und den fünf Büchern der Thora hatte, aber nichts von Erdkunde, Geschichte, Rechnen oder modernem Hebräisch verstand – jedenfalls nicht genug, um in die oberste Klasse zu gehen, die damals die vierte war. Die Schule bestand erst seit vier Jahren, jedes Jahr kam eine neue, höhere Klasse dazu. Es war klar, daß ich einen Vorbereitungskurs besuchen mußte, um den Anschluß in den Fächern zu schaffen, in denen meine Kenntnisse mangelhaft waren. Das wurde arrangiert, und man versprach mir, daß ich nach erfolgreicher Beendigung des Kurses noch im selben Jahr in das Gymnasium eintreten durfte.

Dr. Matman zeigte mir die Schule. Ich staunte sehr, denn zum ersten Mal sah ich eine Schule, in der es nach jeder Stunde eine Pause gab, in der die Schüler tanzen und springen, singen, pfeifen und flirten durften und in der ihnen das Lernen sogar Spaß machte. Alle kamen entweder aus Rußland oder aus Rechovot und Rischon-le-Zion, den beiden »reichen« privaten jüdischen Kolonien Palästinas. Kein einziger von ihnen kam aus Jerusalem.

Es erhob sich die Frage, wovon ich leben sollte. Dr. Shankin besorgte mir eine Art Stipendium, das während des ersten Jahres auf dem Gymnasium für mein Schulgeld und ein paar Dollar Taschengeld im Monat ausreichte. Meine Mutter schickte mir monatlich einige Rubel aus Rußland, mein Bruder Layvik fünf Dollar. Bei sorgfältiger Planung konnte ich die Miete für ein Zimmer, Petroleum für meine Leselampe sowie Lebensmittel und Kleidung davon bezahlen. Ich ernährte mich hauptsächlich von Brot, Butter, Ziegenkäse und manchmal etwas Obst. Ich stürzte mich in meine Studien und blieb oft die ganze Nacht wach, um in den schwachen Fächern aufzuholen. So gelang es mir, die Aufnahmeprüfung für das Gymnasium zu bestehen. Es war etwa die Zeit meines sechzehnten Geburtstages. Die Schule schloß zu *Rosch Haschana*, *Jom Kippur* und *Sukkot*, obwohl, wie ich feststellen konnte, kein Lehrer oder Schüler die Synagoge besuchte. Wenn das Gymnasium wieder begann, würde ich ein Schüler der fünften Klasse sein – so dachte ich jedenfalls.

Begierig darauf, meinen Schwestern von der bestandenen Prüfung zu berichten und das erstattete Fahrgeld von der Französischen Schiffahrtsgesellschaft abzuholen, das mich in Jerusalem erwartete, bestieg ich den aus Jaffa kommenden Zug dorthin. Bei der Ankunft fuhr ich nicht gleich nach Mea Shearim, sondern wanderte hinauf in die Berge, um ein Paket von einem Freund in die Kolonie der Buchara-Juden zu bringen. Es war ein warmer Sommerabend, und die Anstrengung brachte mich ins Schwitzen. Als ich bei Mooshkeh ankam, fühlte ich mich schwach und fiebrig. Binnen weniger Stunden hatte ich hohes Fieber und starke Leibschmerzen. Der alte Hausarzt wurde gerufen. Er verschrieb seine liebste, vielleicht seine einzige Medizin: Rizinusöl. Trotzdem – oder vielleicht gerade deswegen – ging es mir immer schlechter.

Nachdem ich zwei weitere Tage unter quälenden Schmerzen verbracht hatte, wurde derselbe Arzt noch einmal geholt. Wiederum verschrieb er Rizinusöl. Voller Verzweiflung warf ich einen Schuh nach ihm und schrie: »Bitte, holt einen richtigen Arzt!«

Zufällig war gerade ein neuer französisch-jüdischer Arzt in Jerusalem angekommen. Ich flehte meine Schwestern an, ihn zu holen, und er kam freundlicherweise sofort und untersuchte mich. Er stellte eine akute Blinddarmentzündung fest und ordnete eine Notoperation an. Es war am Abend vor Jom Kippur.

Auf einer Bahre wurde ich zu Dr. Wallachs eine Meile entferntem Krankenhaus getragen. Dr. Wallach, ein guter, aber manchmal etwas launischer Chirurg, protestierte gegen eine Operation am Jom-Kippur-Abend.

»Vielleicht ist es nicht so ernst, wie mein französischer Kollege sagt. Vielleicht kann ich doch am Gottesdienst in der Synagoge teilnehmen.«

Als er jedoch sah, daß ich mehr tot als lebendig war und unerträgliche Schmerzen hatte, schickte er nach Dr. Gruesenberg, einem deutschen Christen, dem besten Chirurgen von Jerusalem. Gruesenberg fand ebenfalls, der Fall sei ernst, stimmte jedoch nicht mit der Diagnose des französischen Arztes überein.

Fünf Jahre später, als ich Palästina verließ und wissen wollte, was ich gehabt hatte, falls es in Amerika wiederkommen sollte, erzählte mir der französische Arzt die Geschichte:

»Als Dr. Gruesenberg Sie aufschnitt, schoß ein Strahl Eiter empor bis an die Lampe, die über dem Operationstisch hing. Auch dann wollten sie den Blinddarm noch nicht entfernen, und ich mußte sie erst mit allen mir bekannten Flüchen überschütten. Sie haben so viele Heftpflaster drinnen gelassen, daß ich fürchte, Sie werden damit eine Menge Ärger haben.«

Er hatte recht. Ich bezahlte teuer für den französisch-deutschen Krieg, der in Jerusalem um mich entbrannt war. Viele Jahre konnte ich nicht auf der linken Seite schlafen, bis ich in New York an der Gallenblase operiert wurde und die Jerusalemer Heftpflaster gleich mit entfernt wurden.

Fünf oder sechs Monate lag ich mit einer offenen, nässenden Wunde im Krankenhaus. Ganz langsam erholte ich mich und bat einen meiner zukünftigen Klassenkameraden aus der fünften Klasse des Gymnasiums brieflich um seine Aufzeichnungen, damit ich meine Studien fortsetzen konnte.

Als ich endlich aus dem Krankenhaus entlassen wurde und nach Jaffa zurückkehrte, kam meine Schwester Shandel, um für mich zu sorgen. Wir mieteten von einem Araber ein Haus, das auf halbem Wege zwischen Jaffa und den Sanddünen lag, wo weitere Häuser für Juden gebaut werden sollten. Shandel wurde meine Mutter, Schwester und Vertraute. Ich habe ihr viel zu verdanken, ihrer Gesellschaft, ihrer Treue, ihrer Unterstützung und ihrer Aufopferung, vergalt es ihr jedoch gering. Ich war zu dumm, zu versunken in meine Studien, um zu sehen, daß sie im Inneren unter irgendeiner heimlichen Tragödie litt.

Shandel war etwa zwanzig Jahre alt, als sie Jerusalem verließ und zu mir nach Jaffa zog. Sie war das letzte der vier Mnuchin-Kinder, das Mutter aus Rußland nach Palästina schickte. Als sie in Jerusalem ankam, war sie jung und munter, hübsch und gesund, doch nachdem sie ein Jahr bei Mooshkeh gelebt hatte, war sie wie verwandelt. Selbst ich spürte, daß irgend etwas Geheimnisvolles, Tragisches ihre empfindliche, leidenschaftliche Seele verletzt und ihre Lebensfreude zerstört hatte.

Die Ehe meiner Schwester Mooshkeh mit Avremeleh Hochstein war schlecht. Avremeleh war ein gutaussehender, nach außen fröhlicher, ziemlich unreif wirkender Mann, doch unter dem Lack verbarg sich der Charakter eines krankhaften Geizhalses. Er war so knauserig, daß er kein frisches Brot essen konnte. Allein der Anblick verursachte ihm heftige Schmerzen, und er pflegte uns altbackenes Brot aus dem Altersheim mitzubringen. Auch trank er kein frisches Wasser aus der eigenen Zisterne ohne einen Schuß Wasser aus dem städtischen Regenwasserspeicher in unserer Straße, das oft faulig war und als ungenießbar galt. Es wurde nur zum Reinigen von Wänden, Fenstern und Fußböden und, ganz selten, zum Wäschewaschen benutzt. Avremeleh schlich sich in die Küche und goß ein wenig »stinkendes Wasser«, wie es allgemein genannt wurde, in Suppe, Eintopf und Kaffee. So manche Speise endete in der Gosse, weil Avremeleh des Guten zuviel getan hatte.

Mooshkeh mußte sich allerhand einfallen lassen, wenn sie mit ihrem Wirtschaftsgeld auskommen wollte, vor allem wenn sie Appetit auf Schokolade und Bonbons hatte. Avremeleh hielt Bonbons für einen beinahe unanständigen Luxus. Mooshkeh ihrerseits war eine intelligente, begabte Frau, aber eine chronische Lügnerin. Sie könne zwei Wände zusammenbringen, sagten die Leute von ihr. Die Wurzeln von Shandels Kummer lagen in dieser lieblosen Umgebung und in der Beschränktheit des ultra-orthodoxen Jerusalem.

Später erfuhr ich, daß Shandel, bevor sie zu mir kam, eine romantische, aber kurze Liebschaft mit einem netten jungen Mann namens Samuel König gehabt hatte, den ich gut kannte und gern mochte. Die Familie König war aus Amerika nach Jerusalem gekommen, so daß alle Mitglieder Englisch sprachen. Sie besaß einen gutgehenden Getreidehandel gleich außerhalb von Mea Shearims Haupttor. Frau König war eine wunderbare, liebevolle und kluge Mutter, die sich ganz der Erziehung ihrer Kinder widmete. Das harmonische Heim der Königs hatte mir in Jerusalem Zuflucht und Trost geboten.

Ich ahnte, daß meine Schwester Mooshkeh und Berl König, der älteste Sohn, ineinander verliebt gewesen waren, aber es war nichts daraus geworden. Dann hatte sich eine leidenschaftliche Romanze zwischen meinem Bruder Layvik und Libbeh König, einer der älteren Töchter, abgespielt, aber auch sie war erloschen.

Die Liebe zwischen Shandel und Samuel König dagegen war nicht erloschen. Sie war sabotiert worden. Das geschah, bevor Shandel zu mir zog. Mooshkeh fing Samuels Liebesbriefe an Shandel ab. Da Shandel glaubte, Samuel liebe sie nicht mehr, hörte sie auf, ihm zu schreiben. Samuel, der annahm, Shandel habe ihn vergessen, verließ Jerusalem in großem Kummer und ging nach Paris, wo er, wie ich hörte, Selbstmord beging.

Auf Mooshkehs Betreiben wurde Shandel mit einem rothaarigen, grobschlächtigen Hebräischlehrer bekanntgemacht, der in der jüdischen Kolonie von Rechovot unterrichtete. Shandel konnte und wollte diesen Mann nicht lieben. Er besuchte uns oft in unserer Wohnung in Jaffa und war entschlossen, die Gunst meiner Schwester zu gewinnen. Er war ein großartiger Erzähler und amüsierte mich sehr, aber Shandel entwischte jedesmal, wenn er kam. Trotzdem stimmte sie unter Mooshkehs Druck schließlich zu, ihn zu heiraten.

Die Hochzeit fand in Rechovot statt, wo er lebte, und ich traf eine Stunde vor der Trauung mit der Postkutsche aus Jaffa ein. Shandel warf sich in meine Arme und schluchzte herzzerreißend. Als sie sich ein bißchen beruhigt hatte, gab sie mir einen kleinen goldenen Ring in Form eines Liebesknotens.

»Maischkele«, sagte sie, »eines Tages wirst du heiraten. Tu es aus Liebe. Ich möchte, daß du diesen Ring deiner Liebsten in meinem Namen gibst. Wer leben will, muß lieben.«

Wahrscheinlich hatte Samuel König ihr den Ring gegeben.

Am selben Abend nach der Hochzeitszeremonie und nach meiner Abreise nach Jaffa trank Shandel eine ganze Flasche Karbolsäure und starb unter großen Schmerzen.

Als ich am nächsten Tag die Nachricht erhielt (zwischen Rechovot und Jaffa gab es damals keine telefonische oder telegrafische Verbindung), gelobte ich feierlich, daß, sollte ich mich jemals verlieben und heiraten, meine Frau und meine Kinder Mooshkeh niemals begegnen sollten und auch meiner Mutter nicht, die ihre Kinder fortgeschickt hatte und dadurch mitschuldig an Shandels Tragödie war. Ich habe dieses Gelöbnis gehalten.

Heute, als alter Mann, verstehe ich meine Mutter und Mooshkeh besser. Auch sie waren Opfer einer durch und durch negativen Lebensanschauung, die ihnen von einer verknöcherten, fanatischen orthodoxen Form des Judentums aufgezwungen worden war.

Shandels Selbstmord war das traumatische Ereignis meiner Jugend. Es tut mir heute noch weh. Es hat nicht nur mein eigenes Leben, sondern auch das meiner Kinder stark beeinflußt. Ich glaubte, ich hätte kein Recht, meine Familie denselben Einflüssen auszusetzen, die Shandels Leben zerstört hatten. Obwohl dieser Entschluß nicht herkömmlich und sogar schmerzlich war, bin ich ihm treu geblieben.

Shandels Foto hängt immer an der Wand meines Schlafzimmers, und es vergeht kaum ein Tag, an dem ich nicht in ihr trauriges Gesicht schaue und an ihr zerstörtes Leben denke. Ich werde sie bis an mein Lebensende vermissen.

Und der Ring? Ich habe ihren letzten Wunsch erfüllt und ihn meiner Braut zur Hochzeit geschenkt.[20]

Der schwere Schlag von Shandels Tod wird wohl seinen Teil dazu beigetragen haben, mich erwachsen zu machen. Zweifellos litt ich unter dem Gefühl, unreif und unfertig zu sein. Ich machte mir Vorwürfe, den Selbstmord meiner geliebten Schwester nicht vorausgesehen und auf irgendeine Weise verhindert zu haben. Ich hielt mich als Bruder für einen Versager und richtete nun meine ganze Kraft darauf, auf dem Herzlia-Gymnasium Erfolg zu haben. Es gab dort sehr gute Lehrer, die mir halfen, voranzukommen. Dr. Luria unterrichtete uns in Geschichte, Dr. Benzion Mossinson[21], ein fröhlicher, lebhafter, aus Rußland stammender Gelehrter, ein Freund und Kommilitone Theodor Herzls in der Schweiz, behandelte die Propheten, obwohl die Schule keine hebräischen Lehrbücher besaß. Dr. Mossinsons Einstellung war im wesentlichen analytisch, aber er lehrte uns, die Propheten als großen nationalen Wert, als grundlegenden Teil unseres Erbes zu betrachten.

Für mich standen der Universalismus der Propheten und ihre Betonung sozialer Gerechtigkeit im Widerspruch zu dem fanatischen Nationalismus, den uns Dr. Matman, der Gründer und Leiter des Gymnasiums, einpaukte. Er hatte feste Vorstellungen von dem, woran seine Schüler glauben und wofür sie leben sollten. Er leitete unsere Diskussionen streng und erlaubte nie, daß sie von seinem Standpunkt abwichen. Er betonte immer wieder, daß wir ein »auserwähltes Volk« seien mit Palästina als »Vaterland«, ungeachtet dessen, wie wenige wir waren im Vergleich zur einheimischen arabischen Bevölkerung. Seine Schule sollte ein Tempel sein, seines Königs und Messias Herzl würdig.

Die Welt sollte eigentlich genug haben von »auserwählten Völkern«, die sich für besser halten als die anderen.

Am Gymnasium gab es nur einen Lehrer, der nicht sehr sachkundig war. Es war der Arabischlehrer. Er war Araber, und ich glaube, er war nur deshalb aufgenommen worden, weil die Regierung verlangte, daß am Gymnasium auch Arabischunterricht erteilt wurde. Arabisch war kein Pflichtfach; die Schule ermutigte die Schüler auch nicht, es zu wählen. Heute bedaure ich, daß ich diese Gelegenheit, die arabische Schrift zu lernen, nicht wahrgenommen habe. Stattdessen wählte ich Französisch, weil ich französische Bücher lesen wollte, wie zum Beispiel den unappetitlichen, aber spannenden Roman ›Thérèse Raquin‹ von Emile Zola, ein Buch, über das die Jungen und Mädchen meiner Klasse sprachen.

Am Gymnasium wurde keinerlei Gottesdienst abgehalten, obwohl die Schule an allen jüdischen Fest- und Feiertagen geschlossen war, und in all den Jahren habe ich dort nie einen Rabbiner gesehen. Am Sabbatmorgen erhielten wir Vorlesungen über den Zionismus oder Gesangsunterricht. Immer wieder, ob in den Sonntagsversammlungen, wo wir über Politik diskutierten, oder auf den Wanderungen aufs Land, wurde uns der Slogan *Amenu, Arzenu, Moladetenu* (Unser Volk, unser Land, unser Vaterland) eingehämmert. Wir mußten ihn immer wieder aufsagen, sogar im wissenschaftlichen Unterricht. Es hieß, wir müßten die verhaßten Araber von unserem Moladet vertreiben, das nicht unseres, sondern ihres war, und als Rechtfertigung wurde die Bibel zitiert. Die Worte der Propheten des Alten Testaments wurden auf ihren nationalistischen Gehalt untersucht. Die Bibel wurde allgemein in unseren Klassenzimmern als nützliche Quelle für unsere ideologische Beeinflussung und Ausbildung zu künftigen Führern des neuen jüdischen Staates benutzt, von dem die Zionisten träumten. Wir, die Jünger des Zionismus, sollten das Vorrecht erhalten, seine Verwalter zu sein.[22] Im Hebräischunterricht beschäftigten wir uns nur mit moderner Literatur, hauptsächlich aber mit endlosen Diskussionen und heißen Debatten über die Zukunft unseres »Vaterlandes«. In dieser Treibhausatmosphäre hitzigen Idealismus' lebten wir wie in einer verzauberten Welt. Es war ein neues, erfülltes jüdisches Leben an Stelle des alten im osteuropäischen Getto, aus dem wir alle kamen. Wir waren glücklich und vollauf zufrieden.

Unter den Autoren, die wir lesen, auswendig lernen und als unsere neue jüdische Doktrin vortragen mußten, befanden sich die folgenden:

Peretz Smolenskin (1842–1885): »Die Rettung der Juden liegt in ihrer Besonderheit. Renationalisierung wird sich als einzige Lösung der Judenfrage erweisen. Die Juden sind nicht wegen ihrer religiösen Überzeugung, wegen ihres angeblichen Reichtums unbeliebt, sondern weil sie schwach und wehrlos sind. Was sie brauchen, ist Kraft und Mut. Diese werden sie nie zurückgewinnen außer in einem eigenen Land.«[23]

Nachum Sokolow: »... der Antisemitismus war unausrottbar; der Kampf gegen die Juden war ein Kampf bis in den Tod; selbst Emanzipation hilft wenig gegen die angeborene Feindschaft eines Volkes gegen das andere, und bis zum Ende aller Tage, das die Propheten einst voraussagten, wird der ewige Haß gegen das ewige Volk nicht aufhören.«[24]

Leon Pinsker, ein bekannter Arzt aus Odessa: »Judenhaß ist ein platonischer Haß, eine erbliche Geisteskrankheit, die sich in zweitausend Jahren so verschlimmert hat, daß sie unheilbar geworden ist. Da die Judenfrage international ist, kann sie nur durch Nationalismus gelöst werden. Weit, weit fort ist der Hafen der Ruhe, nach dem sich unsere Seelen sehnen. Wir wissen nicht einmal, ob er im Osten oder Westen liegt. Aber kein Weg ist zu weit für die Wanderer, die seit zweitausend Jahren unterwegs sind.«[25]

Ich wußte jedoch, daß es zum politischen Zionismus Herzls eine Alternative gab. Ich fand sie im »geistigen Zionismus« Achad ha-Ams, der schrieb: »Es gibt nur ein Ziel, dem wir uns wirklich nähern können, und das ist das moralische Ziel unserer Selbstbefreiung aus der inneren Sklaverei. Um uns auf ein Leben in Würde und Freiheit vorzubereiten, müssen wir unsere vereinten Anstrengungen auf allen Gebieten unseres Lebens verstärken.

Nach tausendjährigem Leiden erhebt sich die Frage, ob das jüdische Volk es als seine historische Aufgabe betrachten würde, einen kleinen Staat zu gründen, der wieder nur der Spielball seiner stärkeren Nachbarn wäre.«[26]

Achad ha-Am eroberte mein Herz und meine Sinne. Sein Hebräisch war hinreißend, seine Argumente überzeugend. Wann immer er einen neuen Artikel oder Aufsatz in der hebräischen Presse veröffentlichte, war dies ein Weltereignis für seine Bewunderer und Anhänger und ein Alptraum für die politischen Zionisten. Die Logik seiner Gedanken, die poetische Schönheit seines Stils und die Höhe seiner moralischen Maßstäbe lieferten überzeugende Argumente. Ich fand es seltsam, daß dieser geistige Riese, dem so viele andere huldigten, von den Lehrern des Gymnasiums scheel angesehen wurde. Jedesmal wenn ich ihn in den fast täglichen Debatten über den Zionismus und den zukünftigen Staat Israel zitierte, wurde ich von dem sonst sehr freundlichen Dr. Matman unterbrochen und zurechtgewiesen:

»Moshe Mnuchin kommt aus Jerusalem. Er steht unter dem Einfluß amerikanischer und englischer Missionare.«

Ich hatte aber noch nie einen Missionar getroffen, weder in Jerusalem noch anderswo.

Zu meiner Zeit wurde Achad ha-Am im Herzlia-Gymnasium nicht gelehrt und kaum besprochen. Er galt als heißes Eisen, als gefährlicher intellektueller Radikaler.

Das Herzlia-Gymnasium war im Jahre 1904 gegründet worden, im selben Jahr, in dem Herzl im Alter von vierundvierzig Jahren an einem Herzleiden gestorben war. Man befürchtete, das politische Gewebe, das er gesponnen hatte, würde seinen Tod nicht überdauern. Einst hatten Rabbis des alten jüdischen Jerusalem, die das Ende ihrer politischen Welt herannahen sahen, von den römischen Eroberern das Recht erbeten und erhalten, durch die zerbröckelnden Tore einzuziehen und Zentren der ewigen geistigen Werte des prophetischen Judaismus zu errichten. Das Herzlia-Gymnasium wurde gegründet, um den Geist des gerade verstorbenen politischen Zauberers zu beleben und zu erhalten. Seine Gründung traf zusammen mit dem politischen Erwachen der Araber in Palästina und anderswo. Die Araber waren das Rückgrat Palästinas. Sie übertrafen die Juden zahlenmäßig um das Zehnfache. Ihre Vorfahren lebten seit über tausend, einige sogar seit zehntausend Jahren in Palästina. Ein plötzlicher Anstieg der jüdischen Bevölkerung war eine unübersehbare Bedrohung. Wenn es auch in Zukunft wie in der Vergangenheit eine friedliche Koexistenz geben sollte, war jetzt der kritische, der historische Augenblick gekommen, für brüderliche Zusammenarbeit, gegenseitige Achtung und Vertrauen und, allen voran, doppelte Nationalität ohne den Haß und die Rivalitäten der großen Nationen zu sorgen.

Eine neue Zeit, schöner noch als die goldenen Jahrhunderte der arabisch-jüdischen Kultur des Mittelalters, hätte anbrechen können. Aber nein! Der historische Augenblick, die günstige Gelegenheit, aus den Juden eine Nation »wie alle anderen auf Erden« zu machen, verstrich ungenutzt.

Schon damals hörte ich die ersten Warnungen der Zionisten an die Juden Palästinas: »Geh nicht zu einem arabischen Zahnarzt; geh nicht zu einem arabischen Kaufmann; kaufe Obst und Gemüse nicht bei einem Araber«, obwohl wir ohne arabische Lebensmittelhändler und Obstverkäufer nicht genug zu essen gehabt hätten. Diese Aufrufe zur Diskriminierung der Araber kündigten bereits die zionistische »Eroberung von Produktion und Handel« an. Dieser Feldzug hatte seine Gegenstücke in der »Eroberung des Landes« und der »Eroberung der Arbeit«, deren Motto »auf jüdischem Land und in jüdischen Unternehmen sollen nur jüdische Arbeitskräfte beschäftigt werden« lautete.[27]

Während meiner Jahre am Gymnasium zog ich manche Woche hinauf nach Galiläa, um in einem der neuen *Kibbuzim* – Gemeinschaftssiedlungen – zu arbeiten, wo man endlich ein paar echte, ehrliche, fleißige jüdische Bauern traf. Wie in den älteren jüdischen Kolonien war das Land der Kibbuzim reichen arabischen Grundbesitzern abgekauft worden, die ihr Land nicht selbst bebauten, sondern in den Städten oder sogar im Ausland wohnten. Die ehemaligen arabischen Pächter und ihre Familien waren vertrieben worden und hatten wenig oder gar nichts als Entgelt für den Verlust ihrer einzigen Einkommensquelle erhalten. Diese Fellachen hatten ihre Grundbesitzer kaum gekannt. Nun aber gab es einen identifizierbaren Feind: die Juden, die sie das Land besiedeln sahen, das sie einst selbst bebaut hatten und manchmal schon ihre Väter, Großväter und Urgroßväter. Ihr Haß auf die eindringenden Juden nahm nicht sofort die Form von arabischem Nationalismus an. In jenen frühen Jahren war der Konflikt klein und örtlich begrenzt. Aber die Flamme des Hasses wurde bereits von politischen Führern beider Seiten geschürt. Wir lasen Berichte in den hebräischen Zeitungen über jüdische Bauern, die von enteigneten Fellachen ermordet worden waren.

Gelegentlich drohte auch die Gefahr eines Überfalls umherstreifender Banden hungriger und durstiger Beduinen, deren Weideland unter Dürre gelitten hatte, so daß ihre Schaf- und Ziegenherden nichts mehr zu fressen hatten. Sie erschienen plötzlich auf den Höfen, in den Orangenhainen und Weinbergen von Juden und Arabern gleicherweise, suchten Nahrung und Wasser und nahmen sie sich häufig mit Gewalt.

Um sich zu verteidigen und die Angreifer zu bestrafen, organisierten die jüdischen Siedler Trupps berittener Scharfschützen, die um die Siedlungen patrouillierten und nach Überfällen Jagd auf die Schuldigen machten. Diese jüdischen Schutztruppen wurden *Schomerim* genannt. Sie trugen arabische Kleidung und die *Kaffija*, das arabische Kopftuch mit der Schnur darum herum. Viele von ihnen konnten Arabisch sprechen. Ich sah ihnen zu, wie sie zu zweit oder zu dritt in die Nacht hinausritten, bis an die Zähne bewaffnet. Sie waren tapfere Jungen. In ihrer verwegenen Tracht und mit ihren Gewehren wirkten sie romantisch, vor allem auf die Mädchen. Sie hatten einen verheerenden Einfluß auf unsere Flirts. Sobald ein *Schomer* in der Nähe war, zählten wir gewöhnlichen Burschen nicht mehr. Ich lernte ein paar von ihnen im Bet ha-Am – dem Haus des Volkes – in Jerusalem kennen, daher weiß ich, welchen Eindruck sie auf die Mädchen machten. Und auf die Jungen auch. Wir alle bewunderten und beneideten sie.

Draußen in Rechovot gab es einige. Mehr als einmal, wenn ich zu Besuch bei meinem Onkel war, hörte ich die Alarmglokke vom Turm läuten und sah die Bauern mit ihren Gewehren zu Pferd, zu Esel oder zu Fuß zur Stätte des Scharmützels zwischen *Schomerim* und plündernden Beduinen eilen. Einmal sah ich sogar Männer mit blutigen Gesichtern zurückkehren. Es gab noch keine richtigen Sanitätsstationen.

Ich bin jedoch der Meinung, daß die Beduinen größtenteils nicht aus antijüdischer Überzeugung handelten, und ich bin von keinem der arabischen Kaufleute und Arbeiter, die ich traf, feindselig behandelt worden. Kaum jemals gab es Streitigkeiten zwischen arabischen und jüdischen Dörfern. Beide mühten sich, dem dürren Boden ihren Lebensunterhalt abzuringen.

Die Mutter zweier Mitschüler vom Gymnasium, eine Jüdin aus Südafrika, hatte in ihrem Haus ein Zimmer zu vermieten. Da ich nach Shandels Tod allein war, zog ich dorthin. Bald fiel mir auf, daß im Nachbarhaus ein bezauberndes Mädchen wohnte. Sie hieß Marutha Sher und kam wie ich aus Rußland.

Als ich sie zum ersten Mal sah, kletterte sie auf das gefährlich steile Dach des Hauses, das sie mit ihrer Mutter bewohnte. Sie wirkte so furchtlos, so unbekümmert dort oben, daß ich erstarrte – und gleich darauf das Mädchen bewunderte, das wie ein Junge klettern konnte und trotzdem so hübsch und weiblich aussah. Ich glaube, Marutha wußte nicht, daß ich sie beobachtete. Als wir uns irgendwann im Jahre 1910 zum ersten Mal trafen, beachtete sie mich kaum. Ich war siebzehn; sie war etwas über fünfzehn, wirkte und benahm sich aber wie eine junge Dame. Wegen ihres selbstbewußten Auftretens wagte ich ein ganzes Jahr nicht, mich ihr zu nähern, aber dann erreichte ich mein Ziel über ihre Mutter.

Ich besuchte Frau Sher oft, wenn Marutha fort war. Sie war eine liebenswürdige, großzügige Frau, die mich so freundlich aufnahm, wie ich es seit Frau König in Jerusalem nicht mehr erlebt hatte.

Marutha brachte auf der Straße buchstäblich den Verkehr

zum Stillstand. Juden und Araber, alt und jung, schauten dem hübschen Mädchen mit den blauen Augen und dem blonden Haar nach, das so kühl und elegant und dabei doch so bescheiden wirkte. Manchmal riefen Araber bewundernd »Bint Allah« – Tochter Gottes –, wenn sie vorbeiging. Allmählich lernte ich Marutha dank der Vermittlung ihrer Mutter kennen. Sie wurde meine einzige Vertraute, mit der ich alles besprach, was es unter der Sonne gab, auch die ernsten Dinge des Lebens, den Zionismus eingeschlossen. Unsere täglichen Spaziergänge und Gespräche waren eine ausgezeichnete Gelegenheit, mein Englisch zu üben und über Amerika, das Land meiner Träume, zu reden.

Maruthas Gesellschaft wurde mir bald unentbehrlich. Mit ihren fünfzehn Jahren war sie schon eine voll entwickelte Persönlichkeit: bezaubernd, humorvoll, freundlich, fest in ihren persönlichen Ansichten und zutiefst unabhängig.

Marutha liebte es, mich zu überraschen. Kurz nachdem wir uns kennengelernt hatten, schlenderten wir eines Tages durch das elegante Viertel Jaffas, in dem die ausländischen Touristen wohnten, und kamen dabei an einer deutschen Konditorei vorbei, in deren Schaufenster köstliche, sahnige Backwaren ausgestellt waren. Zu der Konditorei gehörte ein schickes Café. Marutha wollte unbedingt mit mir hineingehen, um den Kuchen zu versuchen und eine heiße Schokolade zu trinken. Ich willigte ein und begleitete sie hinein, hoffte jedoch im stillen, sie werde sich mit einem Stück Kuchen pro Person zufriedengeben, denn mehr konnte ich mir von dem Geld, das ich bei mir trug, nicht leisten. Ich begnügte mich also mit einem Stück, aber Marutha verzehrte mehrere und fing an, mich aufzuziehen. »Schmeckt dir der Kuchen nicht, Moshe? Was ist los mit dir?«

Ich mußte ihr gestehen, daß ich nicht genug Geld dabei hatte, um die unvermeidliche Rechnung zu bezahlen.

Sie lachte und beteuerte, ich brauche mir keine Sorgen zu machen. In Zukunft würden wir uns die Ausgaben teilen, aber diesmal sei ich ihr Gast. Sie und ihre Mutter seien gute Kunden des Cafés und bei den Kellnern bekannt. Sie würde unsere Rechnung auf das Konto ihrer Mutter setzen lassen. Und sie häufte einen ganzen Berg Kuchen auf meinen Teller. Ich langte kräftig zu. Als wir gingen, gab Marutha dem Kellner ein stattliches Trinkgeld.

Maruthas Verhältnis zum Geld erstaunte mich auch weiterhin. Es war ihr völlig gleichgültig – ein wichtiger Charakterzug, den unsere Kinder von ihr geerbt haben.

Ich erinnere mich an einen Ausflug nach Mikweh Israel, einer von Baron Hirsch gegründeten Landwirtschaftsschule außerhalb Jaffas. Marutha war mit einer Geldmünze im Gegenwert eines Silberdollars in der Tasche aufgebrochen, hatte sie aber unterwegs irgendwo verloren. Sie verkündete dies so beiläufig, als handle es sich um einen Pfennig. Ich war ziemlich entsetzt über ihre Sorglosigkeit.

Maruthas Lebensfreude, ihr scharfer Verstand und ihre Aufgeschlossenheit waren ein ausgezeichnetes Gegengewicht zu meinem Leben auf dem Gymnasium. Sie erweiterte meinen Horizont und bewahrte mich vor Selbstsucht und Engstirnigkeit.

Meine finanzielle Lage wurde damals ziemlich problematisch. Einige Verwandte meiner Mutter waren dagegen, daß sie mich unterstützte, weil ich ein Ketzer-Gymnasium besuchte – so nannten sie es jedenfalls. Ihre Überweisungen wurden noch unregelmäßiger als sonst, und ich ging oft mit leerem Magen schlafen. Mein Leben wurde etwas leichter, als ich einigen jungen Einwanderern aus Rußland, die sich auf die Aufnahmeprüfung für das Gymnasium vorbereiteten, Nachhilfestunden gab und als ich eine Stelle bei einer Dame annahm, die eine Pension führte, in der viele Schüler des Gymnasiums wohnten. Ich mußte sie beim Mittagessen beaufsichtigen; meine Bezahlung bestand aus einer freien Mahlzeit und häufigen Zugaben: belegten Broten, Kuchen und Obst, die ich nach Hause mitnahm.

Trotz allem konnte ich meinen Schwur, mein Auswanderungskapital für Amerika unberührt auf der Bank zu lassen, nicht immer halten. Hin und wieder hob ich ein paar Dollar ab, strengte mich jedoch an, sie so bald wie möglich zurückzuerstatten, zum Beispiel wenn mein Bruder Layvik mir eine größere Summe überwies, um mich für Versäumnisse zu entschädigen. Dann leistete ich mir eines meiner Lieblingsvergnügen: eine Fahrt mit einem der arabischen Ruderboote, die durch die schäumenden Wellen der engen Passage zwischen den riesigen Felsen fuhren, um Passagiere und Proviant zu den großen Dampfern und Kriegsschiffen zu bringen, die eine Meile vor der Küste lagen, und um Passagiere an Land zu holen, so wie sie 1903 meine Mutter und mich und später noch einmal mich allein nach meiner mißglückten ersten Amerikareise geholt hatten. Sie waren damals das einzige Beförderungsmittel von und zu den Schiffen. Ich bewunderte die hochgewachsenen, kräftigen, erfahrenen arabischen Bootsführer sehr. Sie waren sehr gutaussehende Burschen.

Meist kam mein Freund und Klassenkamerad Akivah Ginzberg mit. Jeder von uns bezahlte den Bootsführern ein paar Pfennige für die Fahrt. Die Offiziere der Kriegsschiffe, desgleichen die der Passagier- und Frachtdampfer, hießen uns stets willkommen an Bord und bewirteten uns mit Leckereien und Obst, so daß wir mit reich gefüllten Taschen zurückkehrten.

Wir liebten die arabischen Bootsführer. Sie behandelten uns immer freundlich.

Dabei fällt mir ein, daß ich als Junge ermahnt worden war, niemals ein bestimmtes Gäßchen zu betreten, das die Straße kreuzte, auf der ich zum Schlachter einkaufen ging. Das Gäßchen führte durch das christliche Araberviertel, und man sagte uns, Juden seien dort nicht sicher. *Treife Gasl* – unreine Gassen – nannten wir so etwas. Manchmal ging ich aus Versehen um eine falsche Ecke und befand mich plötzlich in einer unreinen Gasse, vielleicht ein oder anderthalb Häuserblocks tief in einer angeblich für Juden gefährlichen Gegend. Beim ersten Mal fürchtete ich mich sehr – so sehr, daß ich glaube, das war der Grund für die Herzbeschwerden, die ich heute noch, mehr als ein halbes Jahrhundert später, habe. Rasch merkte ich, daß die Araber nett und freundlich zu dem verirrten Juden waren.

Hier nun stellt sich wieder die Frage: Warum verfolgen wir Juden die Araber, warum treiben wir sie außer Landes und nehmen ihnen ihre Heimat weg, diesen Menschen, die uns einzeln und als Volk die ganze Geschichte hindurch freundlich behandelten? Sie waren in den letzten tausend Jahren fast das einzige Volk, das die Juden in seiner Mitte aufnahm, während sie in anderen Teilen der Welt verfolgt wurden.

In Irak, Ägypten, Algerien, Marokko und anderswo in der arabischen Welt lebten Juden Jahrtausende als erfolgreiche, glückliche, integrierte Mitglieder der arabischen Nationen. Der Talmud wurde in aramäischer Sprache geschrieben, der Sprache, die in alten Zeiten von den Arabern Palästinas und der gesamten Region gesprochen wurde, und der größte Teil entstand in Babylonien. Jüdische Kultur und Religion durften sich hier und in anderen arabischen Ländern, in denen Juden von alters her lebten oder die ihnen Zuflucht vor Verfolgung boten, entwickeln und gedeihen. Die jüdischen Gemeinden in Irak und Ägypten waren groß und einflußreich, bis zionistische Propaganda und Terror die meisten Juden dort zum Aufbruch bewegten. Viele Leute haben anscheinend den Eindruck, als hätte Moses alle Juden aus Ägypten herausgeführt. Das ist nicht der

Fall. Selbst Ben Gurion hat zugegeben, daß Moses nur ein paar hundert Juden mitnahm.

Trotz der langen Freundschaft, die den Juden des Nahen Ostens von ihren arabischen Mitbürgern bewiesen wurde, taten die Zionisten ihr möglichstes, alle Juden zum Haß auf die Araber anzustiften. Ich komme darüber nicht hinweg.

Als Schüler des Gymnasiums, wo einige meiner Klassenkameraden Mädchen waren, wurde ich mir meines Aussehens bewußt, vor allem eines großen Zahns im Unterkiefer, der so weit herausstand, daß er schon einen Riß in der Oberlippe verursacht hatte. Meine Verwandten hatten immer behauptet, wenn man diesen Zahn zöge, würden meine Augen auslaufen und ich würde erblinden. In meiner Familie kursierten allerhand Spekulationen darüber, und der Zahn war nie behandelt worden.

Als ich eines Tages in Jerusalem zur Bank ging, bemerkte ich am Nachbarhaus ein Schild: »Zahnarzt. Man spricht englisch.« Gleich nachdem ich meine Angelegenheiten in der Bank erledigt hatte, ging ich nach nebenan in die Praxis des Zahnarztes. Das Wartezimmer war überfüllt. Ich setzte mich. Auf dem Tisch lagen zu meiner Freude einige englische Zeitschriften. Ich war immer froh über eine Gelegenheit, meine Englischkenntnisse zu vervollkommnen.

Nach etwa drei Stunden war der letzte Patient gegangen. Es war bereits halb sechs. Ein ungefähr fünfunddreißigjähriger Araber betrat das Wartezimmer und fragte, was ich wollte. Ich wies auf meinen Zahn und erklärte in stockendem Englisch: »Der hier stört mich schon seit langem. Meine Familie behauptet, meine Augen würden auslaufen, wenn ich ihn entfernen ließe.«

Er mußte so sehr lachen, daß ich fürchtete, er werde sich nicht wieder beruhigen. Als er sich gefaßt hatte, fragte er mich: »Bist du ein jüdischer Junge?«

»Ja. Ich gehe aufs Gymnasium.«

»Oh je, aufs Gymnasium, wo man euch lehrt, uns zu hassen.«

»Ich gebe zu, daß Sie irgendwie recht haben, aber ich bin zu Ihnen gekommen, um meinen Zahn ziehen zu lassen.«

Er führte mich in sein Behandlungszimmer und untersuchte alle meine Zähne. Um halb sieben war er damit fertig. Es war eine sehr gründliche Untersuchung.

»Diesen Zahn kann ich dir in ein paar Minuten ziehen, mein Junge. Das wird dir nicht einmal weh tun; ich werde ein Betäubungsmittel nehmen. Aber da sind auch noch deine anderen Zähne. Sie sind vereitert und vergiften dich. Kein Wunder, mein Kind, daß du so klein und dünn bist. Mehrere Zähne müssen gezogen, einige andere plombiert werden. Dann mußt du dich unbedingt von Milch und anderen Dingen ernähren, die ich dir nennen werde. Hast du eine Familie, die sich um dich kümmert?«

»Ich komme gerade von der Bank, wo ich zehn Dollar von meinem Bruder aus Amerika vorzufinden hoffte. Anscheinend hat er wieder nicht genug verdient, um mir mein Geld für die letzten beiden Monate zu überweisen. Meine Mutter ist in Rußland. Hin und wieder schickt sie mir, was sie von dem Haushaltsgeld entbehren kann, das ihr zweiter Mann ihr gibt. Aber es ist nicht viel, daher esse ich nur, wenn es unbedingt nötig ist. Ich gebe den anderen Schülern des Gymnasiums Hebräischunterricht und verdiene damit ein wenig.«

Der Zahnarzt seufzte mitfühlend: »Paß auf, ich ziehe dir den vorstehenden Vorderzahn gleich jetzt. Danach kommst du jeden zweiten Tag um halb fünf hierher, und wenn ich mit den anderen Patienten fertig bin, werde ich all die anderen Zähne, die dir Schmerzen bereiten, behandeln. Das wird eine Weile dauern, aber mach dir keine Sorgen wegen der Bezahlung. Mein Lohn ist ein gutes Gewissen. Kaufe du dir von all deinem Geld Milch und Obst für deine Gesundheit. Und glaube nicht, daß deine Augen auslaufen, wenn ich dir den vorstehenden Zahn ziehe.« Er lachte wieder.

Im Gegensatz zu dem russischen Zahnarzt Zacharin in Gomel, der Zähne mit den Fingern zog, war dieser junge Araber ein Fachmann im modernen Sinn. Die Behandlung dauerte zwei volle Monate. Er zog mir acht oder neun Zähne und reparierte viele andere.[28] Wo einst der vorstehende Zahn gesessen hatte, wuchs ein neuer, ganz normal. Als alles fertig war, sah ich nicht nur besser aus, ich fühlte mich auch so. Ich war voller Energie, während ich früher längst nicht so kräftig gewesen war wie andere Jungen.

Obwohl ich dem Zahnarzt etwas Geld geben wollte, nahm er keins an. Ich werde seine Freundlichkeit nie vergessen, ebensowenig wie die Lektion in Toleranz und Menschlichkeit, die er mir erteilte, und die Worte, die er mir zum Abschied sagte: »Wenn du einmal erwachsen bist, reiße den Haß auf die Araber, den deine zionistischen Lehrer dir einpauken, aus deinem Herzen. Denke daran, daß es nicht nur einen guten Araber gibt, sondern Tausende, in Jaffa, Jerusalem, Haifa, ja, in ganz Palästina.«

Ich könnte weinen, wenn ich daran denke, daß er 1948 vielleicht ermordet oder vertrieben wurde, daß seine Familie seitdem in einem elenden Flüchtlingslager lebt. Womöglich sind seine Kinder heute Fedajin – palästinische Guerillas. Die Araber, die ich in Palästina kennenlernte, waren genauso freundlich wie alle anderen Menschen, die ich überall auf der Erde traf. Man hätte ihnen erlauben sollen, ihre Gesellschaft ohne Einmischung zu entwickeln. Mein jüdisches Gewissen befiehlt mir, dies laut zu sagen.

Meine letzten Monate als Schüler des Herzlia-Gymnasiums, bevor ich 1913 mit der ersten Gruppe durchgehend ausgebildeter Schüler meinen Abschluß machte, waren voller Unsicherheit und Qualen der Wahl. Wir mußten uns für die Fächer entscheiden, in denen wir uns weiterbilden, und für die Länder, in die wir gehen wollten. Deutschland, die Schweiz, Frankreich und England boten uns Stipendien an. Das »materialistische, unreife, halbwüchsige Amerika« galt nicht als der richtige Ort für eine höhere Bildung, aber ich hatte mich längst dafür entschieden.

Nach Jahren ideologischer Beeinflussung hielt ich mich für einen engagierten Zionisten, wenn auch eher im geistigen denn im politischen Sinn. Ich bewarb mich um ein mathematisches oder naturwissenschaftliches Studium an der New Yorker Universität und beabsichtigte, Politologie oder Pädagogik als Zusatzfächer zu belegen. Ich hatte die Absicht, nach Beendigung des Studiums nach Palästina zurückzukehren, um meinem Land zu dienen.

6. Amerika (1913–1914)

Anfang November 1913, etwa zur Zeit meines zwanzigsten Geburtstags, kam ich in New York an. Meine weltliche Habe bestand aus einem flachen Koffer und seinem Inhalt. Es waren hauptsächlich Bücher: die sechs kleinen Bände der Bibel meines Großvaters, die *Sefer-Haggada* – jüdische Legenden aus Talmud und Midrasch –, eine gekürzte Ausgabe des Talmud von Rabbi Tschernowitz, Achad ha-Ams Essays ›Am Scheideweg‹ und ein Band Gedichte von Bialik, dem größten modernen hebräischen Dichter. Außerdem befanden sich in meinem Koffer ein paar Hemden, Strümpfe und Taschentücher, mein Diplom vom Herzlia-Gymnasium und vierzig Dollar in bar. Abgesehen von dem, was ich am Leibe trug, war dies mein ganzer materieller Besitz, aber ich glaubte fest an das Prinzip der Gelehrsamkeit um ihrer selbst willen, das ich von meinem Großvater Mnuchin übernommen hatte.

Ich war fest entschlossen, Augen, Ohren und Sinne weit offen zu halten, offen für alles. Immer noch träumte ich verworren davon, nach Palästina zurückzukehren, vielleicht als Lehrer, wenn nicht gar als eine Art Führer, um für die Ideale von Achad ha-Ams kulturellem und geistigem Zionismus zu kämpfen.

Dr. Mossinson, einer meiner Lehrer am Gymnasium, hatte mir Empfehlungsschreiben mitgegeben an Dr. Judah L. Magnes, das Oberhaupt der jüdischen Gemeinde in New York, und Mr. Liubarsky, einen großen Bewunderer Achad ha-Ams und gleich ihm Agent der beruhmten russischen Wissotzky-Teegesellschaft.

Ich hatte Mr. Liubarsky bereits geschrieben. Er erwartete mich am Kai und fuhr mich mit seinem Wagen nach der East Side. Dort hatte er mir in der Clinton Street dicht beim Broadway, einem jüdischen Viertel, ein möbliertes Zimmer bei einer russisch-jüdischen Familie besorgt.

Auf der Fahrt ließ Mr. Liubarsky seinen Fahrer an einer Eisdiele halten. Er führte mich hinein und bestellte zwei riesige Erdbeer-Eiscreme-Sodas, die erste Nahrung, die ich in Amerika zu mir nahm.[29]

Bevor er sich in der Clinton Street von mir verabschiedete, lud er mich ein, jeden Freitag mit ihm und seiner Familie zu Abend zu essen. Das tat ich viele Jahre.[30]

Am Tag nach der Ankunft ging ich zu Fuß die dreißig Häuserblocks von der Clinton Street zum Büro von Dr. Magnes nicht weit vom Gramercy Park. Er empfing mich sehr freundlich und machte mich mit Dr. Benderly bekannt, dem Leiter des Büros für jüdisches Bildungswesen. Dieser besorgte mir sofort eine Stelle als Hebräischlehrer an der Talmud-Thora von Uptown Manhattan an der 11th Street/Lexington Avenue. Ich arbeitete dort, solange ich in New York blieb, fünf Tage in der Woche, vier Stunden am Tag.

Gegen Ende November wurde es höchste Zeit, eine Universität zu wählen. Der Campus der New Yorker Universität in der Bronx gefiel mir am besten, weil er draußen in der frischen Luft lag, weit fort von der Stadtmitte. Dort konnte ich einen Querschnitt durch die amerikanische Bevölkerung erleben. Das Viertel um Clinton Street und Broadway war dem jüdischen Ansiedlungsgebiet in Rußland zu ähnlich.

Ich nahm die Untergrundbahn nach der 207th Street, ging über die Harlem River Bridge, stieg den Waldweg zum Campus hinauf und trat ein ins Büro des Registrators. Der Registrator besorgte mir Termine bei den Leitern der Fachbereiche Mathematik, Chemie, Physik, Englisch und Politologie – Fächer, die ich studieren wollte. Die Professoren schauten sich mein hebräisches Diplom an, prüften mich mündlich und nahmen mich an. Ich durfte mich für die regulären Kurse des zweiten Jahres am University College of Arts and Sciences anmelden und gleich nach den Weihnachts- und Neujahrsferien anfangen. Mir fehlte nur noch das Geld für die Aufnahmegebühren. Auch dabei half mir mein Freund Mr. Liubarsky. Er besorgte mir ein Darlehen bei Julius Rosenwald aus Chicago. Zehn Jahre später zahlte ich es in voller Höhe zurück.

Meine Hauswirtin in der Clinton Street war eine rechtschaffene jiddisch sprechende Jüdin, deren Mann, Sohn und Tochter sich in den Fabriken der East Side abrackerten. Jeden Morgen brachte sie mir für zehn Cents einen Liter Milch und einen Teller voll Zwieback zum Frühstück. Die übrigen Mahlzeiten nahm ich in Restaurants in der East Side ein.

In dem Monat bis zum Beginn der Vorlesungen an der New York University erforschte ich meine neue Welt. In meiner unmittelbaren Nachbarschaft wurde Jiddisch gesprochen. Am und um den East Broadway erschienen vier oder fünf auflagenstarke jiddische Tageszeitungen. Nur die jungen Leute sprachen Englisch. Sie traf man samstags nicht in den fast leeren Synagogen, ich aber ging gern hin, ebenso wie Hunderte anderer jiddisch sprechender Einwanderer, denn das war der Tag, an dem der *Maggid* seine Geschichten erzählte, und er war darin ganz ausgezeichnet.

Viele Jungen und Mädchen besuchten nachmittags nach der Schule auch noch die Talmud-Thora. Ein bis zwei Stunden täglich lernten sie das orthodoxe Gebetbuch und die Bibel auswendig. Als ich meinen Schülern gesprochenes Hebräisch vortrug und sie die Worte, die sie aufsagten, zu verstehen begannen, waren sie begeistert.

Eines Tages kam meine Wirtin zu einem kleinen Plausch in mein Zimmer. Sie wollte mir eine »nette jüdische Geschichte« erzählen. Sie handelte von einem Hebräischlehrer, der wissen wollte, warum einige Schüler zu spät gekommen waren, und erfuhr, sie seien bei einem Footballspiel zwischen White Sox und Red Sox gewesen. Diese Entschuldigung verwirrte ihn völlig:

»Rote Socken, weiße Socken, das verstehe ich nicht. Sagt mir nur: Ist es gut für die Juden?«

Meine Hauswirtin lachte, aber ich fand es nicht komisch. Es war das alte Lied, das traurige Echo aus dem russischen Getto. Ich faßte den Entschluß, so bald wie möglich von der East Side nach Uptown zu ziehen.

Am ersten Dezember zahlte mir die Talmud-Thora, an der ich Hebräisch unterrichtete, meinen ersten Wochenlohn aus. Die Hälfte davon gab ich in der Canal Street, wo vor den vielen Bekleidungsgeschäften Verkäufer standen und Kunden festzuhalten und hineinzuziehen versuchten, für einen neuen Anzug und Mantel aus. Ich feilschte genauso um den Preis, wie ich es mit den arabischen Kaufleuten in Palästina getan hatte.

In den vier Wochen vor Beginn des Unterrichts an der Universität trat ich in einen hebräischen Sprachklub am East Broadway ein, in dem wöchentliche Versammlungen stattfanden. Gelegentlich traf ich interessante Mitglieder, aber das Wort führten Schlemihle, Nichtsnutze und die wohlbekannten »ewigen Juden«, die ausschließlich in ihrer eigenen kleinen Welt leben und sich wohlfühlen.

Eines Tages stieß ich im Klub mit einem alten Nachbarn aus Jaffa zusammen, dem Sohn des Hauswirts der Familie Sher. In Jaffa hatten wir uns nur vom Sehen gekannt, aber in New York fielen wir uns in die Arme. »Weißt du, daß deine Freundin,

Fräulein Sher, in Chicago ist?« fragte er mich. Mein Herz klopfte schneller.

»Kennst du ihre Anschrift?«

»Gewiß. Hier ist sie!«

In dieser Nacht konnte ich nicht schlafen. In Gedanken erlebte ich meine Freundschaft mit Marutha, die ich so sehr verehrt, aber der ich nie zu schreiben gewagt hatte, nochmals. Ich setzte mich hin und schrieb ihr einen langen Brief, in dem ich ihr offen erklärte, wie sehr ich sie liebte und wie gern ich sie wiedersehen wollte.

Marutha antwortete sofort, und danach schrieben wir uns sechs oder sieben Monate täglich. Sie war zu Besuch bei ihrem Vater in Chicago; ihre Mutter war aus Gesundheitsgründen in Palästina geblieben.

Eines Tages Anfang Januar 1914 erforschte ich die Umgegend des Universitätsgeländes in University Heights und erkundigte mich nach einem Zimmer. Ein paar jüdische Studenten, die ich im Hebräisch-Klub kennengelernt hatte, rieten mir davon ab, in der Nähe des Campus zu wohnen.

»Es gibt dort Antisemitismus. Juden werden nicht gern gesehen. Du wirst dich einsam fühlen unter den Gojim.«

Es war das alte Lied, und ich hörte nicht hin.

Ich fand ein Zimmer in Gould Hall, einem Studentenheim auf dem Campus, das auch ein ausgezeichnetes Restaurant hatte, und so verließ ich die East Side sofort. Ich habe nicht die geringsten Vorurteile oder Anzeichen von Antisemitismus erlebt, sondern ausschließlich Freundlichkeit und Güte. In meinem Zimmer im vierten Stock sang ich oft meine hebräischen und jiddischen Lieblingslieder mit ihren meist traurigen chassidischen Melodien. Manchmal versammelten sich Gruppen von Studenten unten auf dem Rasen und lauschten.

Ich genoß mein neues Leben sehr, obwohl es schwer war. Der Unterricht dauerte von neun Uhr morgens bis fünfzehn Uhr. Dann machte ich mich auf den einstündigen Weg zur Talmud-Thora, wo ich außer Atem ankam, gerade noch rechtzeitig zum Unterricht von sechzehn bis zwanzig Uhr.

In den langen Winter- und Frühlingsmonaten litt ich unter dauernder Müdigkeit, was auch kein Wunder war bei den vielen Vorlesungen, der Pflichtlektüre, meinem Job, den langen Wegen, dem täglichen Liebesbrief an Marutha, den ich nach Mitternacht schrieb, den wöchentlichen Versammlungen im Hebräisch-Klub und der Lektüre der jüdischen Tageszeitungen auf hebräisch, jiddisch und englisch. In jenen ideologisch überschäumenden Tagen gab es unzählige verschiedene jüdische Bewegungen und Parteien. Der Zionismus selbst spielte im jüdischen Leben jener Zeit eine untergeordnete Rolle. Die Juden durften denken und schreiben, was sie wollten. Die einflußreiche jiddische Tageszeitung ›The Forward‹ zum Beispiel war anti-zionistisch. Jiddische Zeitungen nahmen zu an Zahl und Qualität; es war faszinierend, sie zu lesen und zu beobachten, wie es im kulturellen und intellektuellen jüdischen Leben gärte. Auf meinen Fahrten in der Untergrundbahn las ich eifrig die ›New York Times‹, eine Gewohnheit, der ich trotz ihrer pro-zionistischen Artikel bis heute treu geblieben bin.

Als die Sommerferien 1914 kamen und die Vorlesungen aufhörten, wurde mein Leben leichter. Ich belegte nur einen Sommerkursus und unterrichtete meine Talmud-Thora-Klasse morgens anstatt spätnachmittags und abends.

Meine tägliche Korrespondenz mit Marutha wurde immer spannender. Ende Juli 1914 wurde uns klar, daß Maruthas Vater unsere Pläne vereiteln würde, wenn wir nicht sofort heirateten. Wir entschlossen uns, schnell zu handeln. Marutha stieg in den Zug nach New York. In der Grand Central Station umarmten und küßten wir uns zum ersten Mal, und dann brachte ich sie in ein Zimmer, das ich für sie bei einem jüdischen Wäschereibesitzer gemietet hatte, dessen Geschäft dem Studentenheim direkt gegenüber lag. Wir fürchteten, Maruthas Vater könne jeden Augenblick ihren Aufenthaltsort entdecken und sie fortholen. Maruthas Vater war ein stolzer Mann und ich nur ein armer Student, eine unbekannte Größe, völlig unpassend als Ehemann seiner einzigen Tochter. Von seinem Standpunkt aus hatte er wahrscheinlich recht, aber Marutha traf ihre eigene Wahl: ein Leben in Armut und Mühsal und eine ungewisse Zukunft, in der das einzige, worauf sie rechnen konnte, meine grenzenlose Liebe war.

Am 7. August 1914, drei Tage nach Ausbruch des Ersten Weltkriegs, bat ich einen Kollegen von der Talmud-Thora, unser Trauzeuge zu sein, und so gingen wir zu dritt zum Standesamt.

»Wie alt sind Sie, junger Mann?« fragte der Beamte.

»Im November werde ich einundzwanzig Jahre alt«, antwortete ich.

»In diesem Fall brauchen Sie die Zustimmung Ihrer Eltern.«

»Aber meine Mutter ist in Rußland, mein Vater ist tot, und außerdem ist Krieg.«

»Bedauerlich. Aber warum diese Eile?«

Wir nahmen die Hochbahn nach der Bronx, wo es ein zweites Standesamt gab. Ich machte mich ein Jahr älter und erhielt unsere amtliche Heiratserlaubnis.

Wir wollten von einem Rabbiner getraut werden; wie anders konnte es ein Hebräischlehrer Ehe nennen? Ich hatte Marutha Shandels kostbaren Ring gegeben, aber der Rabbiner behauptete, er sei kein richtiger Trauring. Mein Kollege lieh mir zwei Dollar, und ich stürzte auf die Straße und kaufte einen Ring, der tauglich war. Nach der Zeremonie nahmen Marutha und ich die Untergrundbahn nach der 27th Street. Wir gingen über die Brücke, durch den Wald und direkt in Maruthas Zimmer. Von diesem Augenblick an und den ganzen Sommer 1914 hindurch war es unser Heim. Ich gab mein Zimmer im Studentenheim auf.

Maruthas Mutter in Palästina war hocherfreut über die Nachricht von unserer Hochzeit. Nicht so Maruthas Vater. Wir sollten uns nie kennenlernen, und er blieb ein geheimnisvoller Mann für mich, abgesehen von einem Charakterzug, den Marutha mit den Worten »Er verkaufte zum Einkaufspreis« beschrieb.

In praktischen Dingen schlagen Marutha und unsere Kinder dem geheimnisvollen Vater nach. Sie sind über alle Maßen gutgläubig und werden stets beschwindelt und ausgenommen, trotz – oder vielleicht wegen – ihrer wunderbaren geistigen Fähigkeiten. Darin sind sie ganz anders als ich. Ich verlange immer eine angemessene Gegenleistung.

Ich kannte Maruthas Mutter gut und liebte sie sehr. Sie war eine zurückhaltende Frau, klug, fröhlich, aber bescheiden, der es Freude machte, ihren Nachbarn zu helfen. Sie und Marutha hatten während meiner Gymnasialzeit unbewußt einen guten Einfluß auf mich ausgeübt. Ihnen verdankte ich den neuen Maßstab: »Ist es gut für die Menschheit?« anstelle der Gettofrage: »Ist es gut für die Juden?«

Marutha war nicht im Ansiedlungsgebiet geboren. Sie war keine Gettojüdin. Sie stammte aus Jalta, einer Stadt auf der Krim. Da ihr Vater ein einheimischer Tatar[31] war und das alte Familienvorrecht eines Ehrenbürgers von Jalta besaß, kannte sie den Haß, die Vorurteile und die Engstirnigkeit nicht, die für die Mehrzahl der verfolgten und unterdrückten russischen Juden typisch waren.

7. Überleben in New York (1914–1917)

Im Sommer mit seinen vielen freien Nachmittagen und Abenden gingen Marutha und ich oft am Aquädukt in der University Avenue spazieren, hielten uns an den Händen und sangen, oder wir wanderten die zwei Meilen zum Van Cortland Park oder sogar bis nach Yonkers, das doppelt so weit entfernt war. Unsere Ausflüge waren so weit, wie uns die Füße trugen. Wir waren unbeschreiblich glücklich und konnten uns gerade drei anständige Mahlzeiten und vier Liter Milch pro Tag leisten. Ein Brot kostete fünf Cents, ein Liter Milch vier oder fünf Cents, Makrelen fünf Cents und Fleisch zehn bis fünfzehn Cents das Pfund, Leber und Suppenknochen gab es umsonst dazu. Marutha lernte kochen und backen, wobei sich das arme Ding ständig die Haare versengte oder die Finger verbrannte.

Mein Gehalt betrug achtzig Dollar im Monat. Lange bevor die Lohntüte fällig war, mußte ich den Schatzmeister der Talmud-Thora um einen Vorschuß bitten. Wir lebten buchstäblich von der Hand in den Mund. Oft aßen wir tagelang nichts als Äpfel. Die New Yorker Universität hatte einen wundervollen Obstgarten hinter den Chemie- und Physikgebäuden. Marutha und ich gingen frühabends in den Obstgarten, aßen uns an Ort und Stelle an Äpfeln satt und nahmen so viele mit nach Hause, wie wir tragen konnten. Wochenlang gab es bei uns Bratäpfel, Apfelkuchen, Apfelmus und Apfelsaft.

Als wir eines Samstags kein Brot und auch kein Geld mehr hatten, ging Marutha allein in ein Lebensmittelgeschäft, nahm ein Brot und sagte dem Händler, sie habe kein Geld, werde das Brot jedoch am Montag bezahlen. »Wir geben keinen Kredit«, schrie er und riß ihr das Brot aus der Hand.

Da Marutha wußte, wie hungrig ich war, rief sie den Fleischer um die Ecke an und bestellte vier Pfund Hackfleisch für Hamburger. Als der Speiseaufzug, in den der Botenjunge das Fleisch gelegt hatte, bei uns oben ankam, nahm Marutha das Paket rasch heraus und legte es in die Küche. Der Botenjunge läutete die Aufzugsglocke.

»Wo sind die vierzig Cents für das Fleisch?«

»Bitte, sag dem Fleischer, ich käme am Montag, um die Rechnung zu bezahlen. Ich habe im Moment kein Kleingeld.«

Wir bezahlten pünktlich am Montag mit einem Vorschuß von

meiner Schule und hatten die Hamburger genossen, als wir sie am nötigsten brauchten.

Zum Herbst 1914 hatte Marutha eine Halbtagsstelle als Lehrerin für Biblische Geschichte und Hebräisch für Anfänger an einer konfessionellen Schule gefunden, die dem Jüdisch-Portugiesischen Tempel angeschlossen war. Dr. David De Sola Pool war der Rabbiner. Gleich nach fünfzehn Uhr, wenn meine Kurse an der Universität beendet waren, trafen Marutha und ich uns auf unserer gewohnten Bank in der Mitte des Waldwegs, der vom Campus hinabführte, zu einem Sandwich und einem Becher Kakao oder Milch. Dann eilten wir eine halbe Meile zu Fuß zur Untergrundbahn und an unsere jeweilige Arbeit. Wir sahen uns erst abends um halb zehn wieder.

Am Donnerstag pflegte Marutha so früh heimzukehren, daß sie das Abendessen vor meinem Eintreffen fertig hatte, aber eines Tages rührte sich nichts in unserer Wohnung, als ich klingelte. Sie hatte unseren einzigen Schlüssel. Einen zweiten gab es nicht, da wir glaubten, uns diese Ausgabe nicht leisten zu können. Schrecklich besorgt rief ich die Polizei. Die Polizisten schafften es, ein Fenster zu öffnen. Marutha war nicht drinnen. Etwas erleichtert, aber immer noch sehr besorgt ging ich den Weg entlang, den Marutha von der Untergrundbahnstation zu nehmen pflegte. Zehn Häuserblocks entfernt fand ich sie, völlig erschöpft. Sie war stundenlang gelaufen, weil sie das Fahrgeld verloren hatte, das ihre ganze Barschaft war.

Die Küche mit unserem Wäscher-Hausherrn und seiner Frau zu teilen, war weder für sie noch für uns befriedigend. Ein Appartement zu mieten, schien das richtige zu sein, aber wir waren sowieso schon am 25. eines jeden Monats pleite. Wenn wir jedoch ein Zimmer an Studenten vermieteten, könnten wir die Finanzkrise des Monatsendes abwenden. Marutha sah sich in University Heights um und fand ein schönes Appartementhaus, dessen Verwalter sich auf den ersten Blick in sie verliebt zu haben schien. Er gab sich die größte Mühe, uns zum Einzug zu bewegen.

»Es wird Ihnen hier gefallen. Die Atmosphäre! Die Exklusivität! Und keine Juden!«

Ohne zu zögern sagte Marutha: »Wir sind Juden!«

»Aber Sie sehen nicht so aus, deshalb sind Sie trotzdem willkommen.«

Als wir gingen, tat Marutha einen Schwur: »Wenn ich jemals

einen Sohn habe, nenne ich ihn Yehudi. Er soll mit seinem Namen stehen oder fallen.«

Marutha fand ein Appartementhaus, in dem man nichts gegen jüdische Mieter hatte. Wir kauften Möbel auf Abzahlung. Marutha baute Sofas aus Apfelsinenkisten, bedeckte sie mit Matratzen und Bettdecken, und wir zogen ein. Mit Kissen in allen Größen und Farben, die ihr Tatarenblut widerspiegelten, heiterte Marutha die Wohnung auf. Außerdem nähte sie sich Kleider und Abendgewänder aus reinweißem Mull und sah darin schön und richtig vornehm aus!

Es war nicht schwer, Mieter für das Zimmer zu finden, aber die Miete, die Marutha verlangte, lag weit unter dem üblichen Satz. Ich protestierte, merkte aber bald, daß ich Marutha nicht ändern konnte. Sie ist der geborene Geber, während ich ein Nehmer bin.

Die Mieter beteten Marutha an. Abgesehen von ihrer Schönheit und Munterkeit strengte sie sich immer besonders an, damit sie sich wie zu Hause fühlten. Marutha briet Enten und Steaks, kochte Beilagen und Nachspeisen, berechnete aber nur fünfunddreißig Cents pro Mahlzeit.

Schon Mitte des Monats und nicht erst, wie bisher, am 25., war das Geld alle, und Marutha fühlte sich erschöpft. Das Fußbodenschrubben, Putzen, Waschen und Kochen für uns und die beiden Untermieter waren zuviel für sie. Zusätzlich zu ihrer Arbeit hatte sie weite Fußmärsche gemacht, um in den Geschäften nahe der Third Avenue einzukaufen, wo die Lebensmittelpreise niedriger waren. Dann hatte sie in jedem Arm eine randvolle braune Papiertüte viele Häuserblocks weit heimgetragen. Sie zeigte ein freundliches Gesicht wie immer, aber nach einem Monat mußten wir den beiden Studenten sagen, daß wir sie nicht länger beköstigen konnten.

In Europa war Krieg ausgebrochen, und ich begann, die Reden und Artikel Präsident Woodrow Wilsons noch sorgfältiger als sonst zu lesen.

Zum ersten Mal seit meines Großvaters Tod hatte jemand allgemeingültige Ideale, mit denen ich mich identifizieren konnte, zum Beispiel: »Wir setzen uns zusammen aus den Nationen der Welt; wir bewahren ihr Blut, wir bewahren ihre Traditionen, ihre Gefühle, ihren Geschmack, ihre Vorlieben. Aus all diesen Dingen setzen wir uns zusammen.

Ihr könnt keine echten Amerikaner werden, wenn ihr euch als Gruppen betrachtet. Amerika besteht nicht aus Gruppen.

Ein Mensch, der sich in Amerika einer bestimmten nationalen Gruppe zugehörig fühlt, ist noch kein Amerikaner geworden.«

Solche Worte ließen mich den Glauben der Zionisten an die Nicht-Assimilierbarkeit der Juden in einem neuen Licht sehen. Der politische Zionismus kam mir plötzlich rückständig, negativ und erbärmlich vor. Marutha und ich schnitten die Reden Woodrow Wilsons aus der ›New York Times‹ aus, nahmen sie mit auf unsere Spaziergänge und diskutierten ausgiebig über die nationalen und internationalen Themen des Tages.

Eines Tages im Oktober 1915 sagte mir Marutha, daß sie seit Juli schwanger sei.

»In etwa sechs Monaten werden wir unser erstes Kind haben.«

Wir rechneten fest damit, daß es ein Junge sein würde, weil Marutha geschworen hatte, ihr erstes Kind Yehudi zu nennen.

Zur Feier von Maruthas Schwangerschaft kaufte ich ein paar Bände des unsterblichen Scholem Aleichem in original jiddischer Sprache und gab Marutha jeden Abend Jiddischunterricht. Wir lachten und weinten mit Tewje dem Milchmann und seinen Töchtern und all den anderen Helden und Träumern aus den Gettos von Kassrilivke. Yehudis pränatale Nahrung war mit dem Essig, Salz und Pfeffer von Scholem Aleichems wunderbaren Geschichten gewürzt.[32]

In dieser Zeit verwoben sich die Weltprobleme mit unseren eigenen. Die zentrale Frage war: Wohin gehören wir? In Wilsons Amerika oder in das verblassende Bild von Achad ha-Ams jüdischem Palästina? Es bedurfte eines schweren Schlages ein Jahr später, um mich völlig von den Fesseln des »jüdischen« Nationalismus zu befreien.

Im Jahre 1916 schrieb ich eine 57 Seiten lange Abhandlung mit dem Titel ›The Educational Institutions of Palestine‹ (Das Bildungswesen Palästinas), die im Juni 1917 den Justice-Brandeis-Preis der American Zionist Organization gewann. Ich erhielt einhundert Dollar in bar, meine Abhandlung wurde 1918 von der Intercollegiate Zionist Association of America veröffentlicht.[33]

Ich hatte die Abhandlung verfaßt, als ich zwar innerlich bereits verunsichert war, aber immer noch unter dem Einfluß der Gymnasiumspropaganda stand; sie gab die alten Klischees und Kehrreime wieder. Ich schrieb: ».. . wenn die Juden Frankreichs und Deutschlands ihren ›frommen Mitmenschen‹ einen Dienst erweisen wollen, um wiedergutzumachen, daß sie geschichtliche Beziehungen für Bürgerrechte hergegeben haben, dann sollen sie es ruhig tun. Gott segne sie! ... aber wenn diese Sklaven des Geistes unbedingt unsere Lehrer und Führer sein wollen, vor allem in Palästina, dem Land unserer Wiedergeburt, dann sagen wir ihnen furchtlos mit Achad ha-Ams Worten: ›Sklaven, befreit euch zuerst selbst!‹ «

Übrigens waren damals die französischen und deutschen Juden die hauptsächlichen Wohltäter der palästinischen Juden; die amerikanischen Juden interessierten sich kaum für Zionismus und Palästina. Die zionistische Bewegung spielte in Amerika praktisch bis zur Balfour-Deklaration von 1917 keine große Rolle.

Ein schmerzliches Umdenken wurde erforderlich; ich sollte Vater werden, und ich befand mich in meinem letzten Studienjahr. Wir erwarteten die Ankunft unseres Erstgeborenen irgendwann im April 1916. Sorgfältig und systematisch legten wir jeden Monat ein paar Dollar für das kommende Ereignis beiseite. Der Arzt hatte Marutha ermahnt, ins Krankenhaus zu gehen, »wenn die richtigen Wehen anfangen«.

Am 21. April um die Mittagszeit schien es soweit zu sein. Wir riefen ein Taxi – das erste unseres Lebens – und fuhren ins Mount Lebanon Hospital in der Bronx. Als der Abend kam und noch nichts geschehen war, schickte Marutha mich nach Hause. Ich ging jedoch zu guten Freunden, Frau Dr. Strauss und ihrer Tochter Nellie, wo ich mich im Wohnzimmer auf einer Matratze ausstreckte und nachdachte. Um ein Uhr nachts rief Maruthas Arzt an:

»Ein gesunder kleiner Junge!«

Ich stürzte in die Klinik. Marutha sah strahlend und glücklich aus. Dann brachte eine Krankenschwester unseren kleinen Sohn zur ersten Mahlzeit an der Brust seiner Mutter herein.

Für Marutha drehte sich nun alles um das Baby. Sobald sie erwachte, um Yehudi zu stillen, bereitete ich ihr große Krüge heißer Malzmilch zu, aber darüber hinaus konnte ich den beiden wenig Zeit widmen. Neben meinen normalen Vorlesungen als Student des vorletzten Jahres in University Heights und meinem Unterricht an der Hebräisch-Schule in der Stadt hatte ich auch die Erlaubnis erhalten, ein paar Kurse in Pädagogik an der Washington Square Graduate School der New York University zu besuchen. Nur an den Wochenenden konnte ich mich voll unserem Familienleben widmen.

Unser Kleiner war ein sehr gesunder Junge mit einem sonnigen Gemüt. Marutha stillte ihn neun Monate, und er gedieh prächtig. Er fing ungewöhnlich früh an zu laufen und zu sprechen. Leider war er nicht gerade auf Rosen gebettet. Marutha nahm ihren Teilzeitunterricht wieder auf und mußte Yehudi mitnehmen, um ihn in den Pausen in der Garderobe stillen zu können. Während des Unterrichts fuhr ihn eine zuverlässige Oberschülerin, die wir dafür angestellt hatten, im Kinderwagen spazieren. Im Herbst und Winter 1916 herrschte zuzeiten sehr kaltes, frostiges Wetter, aber Marutha und Yehudi fehlten in der Schule keinen einzigen Tag.

Marutha hatte eine besondere Lieblingsbeschäftigung – ihre Musik. Sie hatte als Kind Klavier spielen gelernt und ihre alten Notenhefte nach New York mitgebracht. Wir kauften ein Matushek-Klavier – natürlich auf Abzahlung –, und in den ruhigen Stunden, wenn Yehudi schlief und die Hausarbeit getan war, setzte sich Marutha ans Klavier und spielte mir Beethoven, Bach, Mozart und Chopin vor.

Dank des Entgegenkommens der Firma Matushek konnte sie damit auch dann fortfahren, wenn wir einmal die wöchentlichen fünf Dollar nicht beisammen hatten.

Meine Arbeit als Hebräischlehrer machte mir wenig Freude, obwohl ich dankbar war für die Möglichkeit, Geld zu verdienen, und für die Freundlichkeit, mit der ich dort behandelt wurde. Ish Kisher, der Direktor der Talmud-Thora, war ein verständnisvoller Mann. Er schien meine Arbeitsmethode zu mögen, aber das ganze Institut war erstarrt in der altertümlichen Form des *Cheder*. Der Unterricht war eine eintönige Plakkerei, die die Schüler jeden Abend, selbst in den Ferien, stundenlang in Anspruch nahm, ihren kulturellen und religiösen Horizont aber nicht erweiterte.

Ich hatte die Erlaubnis, gesprochenes Hebräisch zu unterrichten, eine Neuheit, die den Kindern gefiel, aber zu gar nichts führte, was das Studium hebräischer Literatur betraf.

Die Direktoren der Schule hielten nichts von Literatur und Kultur. Ihr einziges Ziel war die Produktion von noch mehr orthodoxen Rabbis. Sie legten Wert auf das Einpauken des Schulchan Aruch, des strengen Gesetzeskodex, obwohl am Sabbat nur ein paar alte Leute zum Gottesdienst in die Synagogen kamen. Die jüngere Generation aß *treife* Speisen trotz endloser Ermahnungen der offiziellen orthodoxen Presse, die Speisegebote zu beachten und nur koscheres Fleisch, koschere Weine, koscheres Dies und koscheres Das zu genießen.

Herumschnüffelnde Rabbis achteten darauf, daß jüdische Lebensmittelgeschäfte, Bäckereien und Restaurants die Speisegebote befolgten. Sie wurden alle gut bezahlt. Das nannte – und nennt – man *Haschgacha* – Überwachung. Das Judentum wurde zum Rummel erniedrigt: Arme, schwer arbeitende Juden mußten alles, was als koscher erklärt wurde, teuer bezahlen. Kein Wunder, daß die jüngere Generation, die den Schwindel durchschaute, die geistigen Aspekte des Judentums zusammen mit den materiell-klerikalen ablehnte.

Es gab ein paar moderne Hebräisch-Schulen, wie zum Beispiel die Friedlander Hebrew School auf der East Side, wo der Unterricht sowohl praktisch als auch interessant war, das Ziel aber nationalistisch im zionistischen Sinn und gegen die Integration in das amerikanische System und die amerikanische Lebensweise.

8. Die Balfour-Deklaration (1917)

Der Direktor des Pädagogischen Instituts der New Yorker Universität war Dean Balliet, einer der größten Männer, die ich kennengelernt habe. Er war schon älter, aber jung im Geist, und seine fortschrittlichen Ideen machten auf mich einen tiefen Eindruck. Als schlichter Amerikaner sprach er nicht von Sozialismus und Kommunismus, sondern regte uns zur Revision unserer Ansichten über Gesellschaft und Krieg an.

Balliet machte mich mit radikalen Schriftstellern wie Fürst Kropotkin, Gilbert Murray, Bertrand Russell, Randolph Bourne und Carlton Hayes bekannt, die allmählich die vorgefaßten Ideen meiner engen jüdischen Erziehung ausräumten und eine intellektuelle Wandlung in Gang setzten. Gleichzeitig deckte Woodrow Wilsons Analyse des europäischen Nationalismus einen Wust von Raubkriegen und schmutzigem diplomatischem Gerangel um die Beute auf. Ich spürte, Wilson versuchte, eine neue Ordnung zu schaffen, die sich auf Gesetz und Anstand und auf die berechtigten Hoffnungen gewöhnlicher Menschen stützte und nicht auf die Winkelzüge einer Obrigkeit. Ich glaubte sogar, er würde es schaffen.

Frankreich wünschte jedoch Kapital aus seinen Investitionen in kulturelle Wohltaten zu schlagen und seinen Einfluß auf Syrien und den Libanon auszudehnen, während England seine Macht über Ägypten und den Suezkanal durch die Kontrolle über Palästina festigen wollte. Am 2. November 1917 schrieb der britische Außenminister Arthur James Balfour einen Brief an Lord Rothschild in London: »Die Regierung seiner Majestät begrüßt die Errichtung einer nationalen Heimstätte für das jüdische Volk in Palästina und wird die Ausführung dieses Plans nach Kräften fördern. Es versteht sich von selbst, daß nichts geschieht, was die bürgerlichen und religiösen Rechte der vorhandenen nichtjüdischen Gemeinschaften in Palästina oder die Rechte und den politischen Status der Juden in irgendeinem anderen Land beeinträchtigen könnte.«

Über Nacht brach messianische Hoffnung unter den herzlschen Zionisten aus. Diesmal zog sich Chaim Weizmann Herzls Schuhe an. Weizmann legte die Balfour-Deklaration so aus, daß Palästina bald so jüdisch werden würde, wie England englisch war. Um Weizmann und die Balfour-Deklaration wurde ein glänzendes Public-Relations-Gewebe gesponnen. Es hieß, die Deutschen hätten die Alliierten geschlagen, wenn Weizmann nicht einen neuen Sprengstoff namens TNT erfunden hätte; daraufhin habe Balfour Weizmann gefragt, welchen Lohn er dafür haben wolle, und die Antwort erhalten: »Eine Heimat für mein Volk.«

Ein halbes Jahrhundert gingen zionistische Public-Relations-Agenten[34] mit dieser Geschichte hausieren, obwohl Weizmann selbst in seinen Memoiren schrieb: »Aus unerfindlichen Gründen bezeichneten sie mich stets als Erfinder des TNT. Umsonst bestritt ich systematisch und wiederholt jegliche Verbindung mit diesem Stoff. Nichts konnte sie davon abbringen.«

Die Balfour-Deklaration bewirkte eine Veränderung im New Yorker Büro des amerikanischen Zweiges der Zionistischen Organisation.[35] Was vordem ein Ruheposten für ein paar faule Beamte gewesen war, entwickelte sich nun zu einem Bienenstock. Geld gab es im Überfluß, neue Abteilungen entstanden, ein Miniaturstaat wurde geschaffen.

Man darf auf keinen Fall vergessen, daß die gesamte jüdische Bevölkerung Palästinas damals etwa 56000 Kopf zählte, die arabische dagegen 574000 Moslems und 70000 Christen. Auch an den Charakter der palästinischen Juden muß erinnert werden. Weizmann schrieb dazu: »Wir mußten unsere Kolonisierungsarbeit in einem alten, ausgelaugten Land mit einer geringen jüdischen Bevölkerung beginnen, deren gesellschaftliche Erstarrung sie, um es milde auszudrücken, ungeeignet für so eine Aufgabe gemacht hatte.«

Wie die britischen Verwalter bald feststellten, konnte die Balfour-Deklaration nichts an den Tatsachen ändern. Als sie sie trotz ihrer Widersprüche in die Tat umsetzen wollten, protestierte Weizmann: »Den Arabern Palästinas wird das gleiche Gewicht zugemessen wie dem ganzen jüdischen Volk. Die Juden sind zu Recht in Palästina und nicht unter stillschweigender Duldung. Wir sind nicht auf die Zustimmung der Araber angewiesen.«

Solch eine räuberische Variante des Judentums bedeutete Ungerechtigkeit, Haß, Blutvergießen und immerwährenden Krieg zwischen Juden und Arabern. Ich war zutiefst enttäuscht vom Zionismus. Meine idealistischen Träume von einer Rückkehr nach Palästina waren ausgeträumt. Als ich in Amerika ankam, hätte ich mit Weizmann sagen können, ich sei nichts anderes als jüdisch. Ich konnte mir gar nicht vorstellen, daß ein Jude etwas anderes sein könnte. Der Weltkrieg, vier Jahre Studium an der New York University, vor allem aber die Worte Woodrow Wilsons hatten meine Ideale verändert und meine Werte neu veranlagt. Ich war emanzipiert. Ich war Amerikaner!

9. Der Weg nach Westen (1917)

Als ich im Juni 1917 mein Studium an der New Yorker Universität abschloß, wollte ich zuerst einmal das Los meiner Familie verbessern. Ich hielt mich für geeignet für den Posten eines Direktors einer Hebräisch-Schule. An der Talmud-Thora hatte ich dem Direktor oft als inoffizieller Assistent zur Seite gestanden und eine Menge über die Organisation einer solchen Schule gelernt. Meine zusätzlichen Studien am Pädagogischen Institut kamen als Bonus hinzu.

Ich prüfte die Stellenanzeigen in der jüdischen Presse und fand eine aus Cincinnati, Ohio, Wiege und Festung des Reformjudentums, und schrieb sofort dorthin. Ich erhielt postwendend eine Antwort, in der mir mitgeteilt wurde, man suche einen Direktor für eine Hebräisch-Schule, der sich gegen die Angriffe des Reformjudentums behaupten könne. In jenen Tagen hatte das Reformjudentum nur wenig echtes Interesse, hebräische Sprache und Literatur zu lehren. Ich legte dem Direktorium meine Vorstellungen dar, eine Brücke zwischen dem historischen Judentum, seiner Kultur und Religion, und der neuen Welt Amerikas zu bauen. Ich wollte beides in Einklang bringen, damit jüdische Jungen und Mädchen ihre eigenen ethischen und kulturellen Traditionen kennenlernen und gleichzeitig völlig integrierte amerikanische Bürger werden konnten. Meine Vorstellungen fanden Anklang. Man bot mir ein gutes Gehalt und die Umzugskosten nach Cincinnati an und verlangte nur, daß ich mich zuvor von Rabbi Bernard Revel, einem bekannten orthodoxen New Yorker Rabbiner, interviewen ließ.

Ich suchte Rabbi Revel auf. Nach ein paar Fragen über meine Kenntnisse der Bibel, des Talmud und der hebräischen liturgischen Literatur sagte er, ich gefalle ihm persönlich sehr gut, vor allem die Tatsache, daß ich ein Nachfahre der Schneersohns, der Begründer des Chassidismus, sei. Er könne sich jedoch nicht dazu durchringen, mich für Cincinnati zu verpflichten oder für irgendeine andere orthodoxe Schule. »Sie sind zu wissenschaftlich, zu kultiviert in Ihren Bibelstudien. Sie sind in religiöser Hinsicht nicht jüdisch genug.« Von seinem Standpunkt aus hatte er natürlich recht. Ich war nicht der Mann, ihn bei der Erhaltung des osteuropäischen orthodoxen Judentums in Amerika zu unterstützen und jüdische Kinder wegzulocken von den staatlichen Schulen in eine selbstauferlegte, gettoähnliche Isolierung, die sich der Assimilation widersetzte. Ich war auf eine Säule der fanatischen Orthodoxie gestoßen, für die die Wörter »Kultur« und »Literatur« Gift waren. Ein Mann wie ich, verseucht mit Ideen und Idealen, dessen Judentum nicht mehr starr und unbeugsam war, bedeutete eine Gefahr.

»Wir müssen sichergehen, mein lieber Mr. Mnuchin.«

Ich erkannte, daß es unklug gewesen war, meine Vorstellungen so offen auszubreiten, und daß sich alle Türen vor mir verschlössen, wenn sie bekannt würden. Die mächtige Maschinerie des orthodoxen Judentums würde meine Aussichten, Lehrer zu bleiben oder gar Direktor einer Hebräisch-Schule zu werden, in den ganzen Vereinigten Staaten zunichte machen.

Ich entdeckte jedoch bald eine zweite Anzeige, diesmal von der jüdischen Gemeinde in Elizabeth, New Jersey, die eine Hebräisch-Schule eröffnen wollte. Der Direktor der Talmud-Thora empfahl mich wärmstens, und ich erhielt die Stelle mit einem guten Gehalt. Unsere Umzugskosten wurden erstattet, und einer der Direktoren kam mit seinem Wagen nach New York und fuhr uns persönlich nach Elizabeth. Ich erhielt völlige Handlungsfreiheit beim Aufbau der Schule und der Anstellung einiger Lehrer. Ich engagierte Marutha auf der Stelle für die Anfängerklassen.

Die jüdischen Kinder von Elizabeth strömten in unsere Schule, kaum daß sie eröffnet war. Die Eltern hatten noch nie erlebt, daß sich ihre Kinder auf den Hebräisch-Unterricht freuten. Es kamen sogar mehr Kinder, als wir aufnehmen konnten. Wir unterrichteten gesprochenes Hebräisch nach modernen Lehrbüchern. Marutha lehrte die Kinder singen, Gedichte vortragen und hebräische und englische Stücke aufführen. Die ganze jüdische Gemeinde wurde eingeladen, mit den Schülern und Eltern an unserer ersten Chanukka-Feier teilzunehmen, und es wurde ein großer Erfolg. Die Eltern waren dankbar, die Schüler freudig erregt. Der orthodoxe Rabbiner aber war entweder eifersüchtig auf meinen Erfolg, oder er hatte Nachricht von Rabbi Revel aus New York erhalten. Ein paar Tage später zog er mich beiseite und sagte mir, was er fühlte. Ich sah die Schrift an der Wand.

Wir mieteten ein anständiges Haus und kauften ein paar neue Möbel, aber als der Winter kam, brauchten wir eine Menge Holz und Kohle, um die Wohnung warm zu halten. Zur gleichen Zeit wurde der Druck des orthodoxen Rabbiners stärker.

Der Höhepunkt war Silvester 1917 auf einem großen Ball der Zionist Organization of America zur Feier der Balfour-Deklaration erreicht. Wir hatten eine Einladung erhalten und angenommen.

In einem geliehenen Smoking, Marutha in ihrem Mull-Abendkleid zur Seite, ertrug ich die bombastischen Reden, solange ich konnte. Um elf Uhr nachts hatten wir genug und wollten die Mitternachtsfähre von der Spitze der Insel Manhattan nehmen, die Anschluß an den Zug nach Elizabeth hatte. Am Abend hatte jedoch ein Blizzard gewütet. Als wir den Fährhafen erreichten, war die Fähre schon abgefahren. Es war bitter kalt, aber uns blieb nichts anderes übrig, als auf die nächste zu warten. Ich zog mein Jackett aus und gab es Marutha. Ein Mann stampfte den Kai auf und ab und sprach zu sich selbst mit lauter Simme: »Ich war dumm, das sonnige Kalifornien zu verlassen.«

Wir alle kamen uns dumm vor, als wir nach einigem Warten erfuhren, daß in dieser Nacht keine Fähren mehr verkehrten und daß wir in die Stadt zurückkehren mußten, um einen Zug durch den Tunnel nach Jersey City und dann eine Reihe von Straßenbahnen nach Elizabeth zu nehmen. Auf dem Weg gingen mir die Worte des Mannes über das »sonnige Kalifornien« nicht aus dem Sinn. Völlig erschöpft kamen wir um vier Uhr morgens zu Hause an. Das Haus war kalt. Das Feuer in der Zentralheizung war ausgegangen. Da kein Anmachholz da war, stieg ich auf den Dachboden, riß ein paar Innenschindeln los und entzündete mit Hilfe von Petroleum ein neues Feuer. Unser Baby Yehudi schlief fest. Einer meiner Lehrer hatte ihn während unserer Abwesenheit bewacht.

Dankbar gingen wir zu Bett, aber der Schlaf wollte nicht kommen. Unsere Gedanken ließen uns keine Ruhe. Ich schaute Marutha an und sie mich.

»Denkst du dasselbe wie ich?«

»Ja! Kalifornien!« sagte sie. »Laß uns nach Kalifornien gehen!«

Die Sonne Kaliforniens spielte nur eine geringe Rolle bei unserem Entschluß. Der Westen bedeutete den Ausbruch aus der Gettomentalität und der orthodoxen Starre, die uns in und um New York so sehr bedrückten. Unser Urteil sollte sich bestätigen, als sich die orthodoxe klerikale »Maschinerie« und der zionistische politische Apparat zusammentaten und die jüdische Erziehung in Amerika in eine Vorbereitung auf die *Alÿjah* – die Auswanderung nach Palästina – verwandelten.

Wegen des Rabbiners entschlossen wir uns, unser Vorhaben fürs erste geheimzuhalten. Wir hatten vor, Maruthas Gehalt kurz vor Monatsende anzufordern und einige unserer Rechnungen zu bezahlen, dann mein Januargehalt zu kassieren, unsere Möbel zu verkaufen, die letzten Rechnungen zu bezahlen, das Klavier per Nachnahme nach Kalifornien zu verfrachten und nach New York aufzubrechen. Dort wollten wir die Fahrkarten für die lange Reise nach Kalifornien kaufen. Unser Aufenthalt in Elizabeth hatte nur ein halbes Jahr gedauert.

Den Januar hindurch ernährten wir uns sparsam und hielten unser Geld zusammen. Wir sicherten uns Maruthas Gehaltsscheck vorzeitig; mein eigener war jedoch nicht vor dem 1. Februar mittags zu erwarten. Das bedeutete, daß wir unsere Möbel bis dahin behalten mußten. Da wir keine Koffer hatten, steckten wir unsere Kleider, Bücher, Bettdecken und übrigen Habseligkeiten in Bündel aus Bettlaken. Früh am Morgen des 1. Februar holten wir einen Gebrauchtwarenhändler und teilten ihm mit, wir müßten den gesamten Hausrat außer dem Klavier sofort verkaufen. Der Händler warf einen Kennerblick auf unsere weltliche Habe und sagte: »Achtzehn Dollar für alles. Das ist mein letztes Wort.«

»Alles« bestand aus vier Zimmern voller Möbel, aber uns blieb nichts anderes übrig, als sein Angebot anzunehmen. Wir behielten nur den Kinderstuhl, das Töpfchen und einen Besen mit Schaufel, die wir, wie ich dem Händler erklärte, brauchten, um in Kalifornien ein neues Leben anzufangen.

Das Klavier wurde in eine Lattenkiste gepackt und am selben Morgen abgeholt. Zum Glück wohnten wir in einer Gegend Elizabeths, wo es außer uns keine Juden gab. Sonst hätte sich die Nachricht von unserem Aufbruch gewiß herumgesprochen. Als die Möbel und das Klavier fort waren, brachte ich Marutha, Yehudi und ein paar Bündel nach New York in ein bescheidenes jüdisches Hotel, denn mein Gehalt war erst in ein paar Stunden fällig. Allein kehrte ich nach Elizabeth zurück, um die letzten Angelegenheiten zu regeln. Ich hatte Marutha ohne einen Pfennig zurückgelassen, im Glauben, sie könne sich etwas zu essen bestellen und auf die Rechnung setzen lassen. Ich wußte nicht, daß das Restaurant nicht zum Hotel gehörte und daß man bar bezahlen mußte.

In Elizabeth lag mein Geld beim Schatzmeister der Schule in

bar bereit. Ich bezahlte eiligst meine Rechnungen und ließ mich und mein schäbiges Gepäck von einem Taxi zum Bahnhof befördern. Bevor ich Elizabeth für immer verließ, widerstand ich der Versuchung, mich von meinem besten und liebsten Schüler Sammy Marantz zu verabschieden. Ich dachte an Marutha und Yehudi, die auf mich warteten, an den unbarmherzigen orthodoxen Rabbiner, der mich aufhalten würde, und befahl dem Fahrer, mich direkt zum Bahnhof zu fahren.

Ich stand auf dem Bahnsteig mit meinem Haufen Bündel. Die Spitze eines Regenschirms hatte sich ein Loch durch die Umhüllung gebohrt und schaute heraus. Ein Gepäckträger trat auf mich zu.

»Wohin wollen Sie mit all dem Kram?«

»Nach New York«, antwortete ich.

»Mit diesen Bündeln dürfen Sie nicht ins Abteil. Sie müssen sie aufgeben und den Kinderstuhl und das übrige Zeug auch.«

Er rief den Gepäckchef herbei. Der schüttelte den Kopf.

»Ich kann dieses Zeug nicht annehmen. Es muß in einen Koffer oder eine Kiste. Der Stuhl gehört in eine Lattenkiste.«

Tränen stiegen mir in die Augen. Ich flehte ihn an, eine Ausnahme zu machen. Ich hätte wenig Zeit und Geld; meine Frau und mein Kind warteten in New York völlig mittellos auf mich. Er ließ sich erweichen und schaffte alles außer Besen und Schaufel in den Gepäckwagen. Ich nahm die beiden Geräte mit ins Abteil und stellte sie wie Golfschläger in die Ecke.

Als der Pfiff ertönte und der Zug Elizabeth langsam verließ, seufzte ich vor Erleichterung und sprach ein Dankgebet. Ich zählte meine Barschaft – es waren zweihundertzwanzig Dollar, die für all unsere Bedürfnisse ausreichen mußten: die Fahrkarten nach Kalifornien, die New Yorker Hotelrechnung, Reiseproviant, Gepäckträger, Trinkgelder, Taxis und den dringend erforderlichen großen Reisekoffer.

Als ich mit meinen jämmerlichen Bündeln im Hotel ankam, fand ich Marutha in Nöten. Nicht etwa, weil sie hungrig war, sondern weil der Kellner die warme Milch für Yehudi wieder mitgenommen hatte. Das Hotel gab keinen Kredit.

Wir hatten keine Zeit zum Klagen. Es war noch eine Menge zu tun. Wieder verließ ich Marutha und Yehudi, aber diesmal nicht, ohne Geld zu hinterlassen, und machte mich auf die Suche nach einem gebrauchten Reisekoffer. In der Third Avenue fand ich einen – alt, aber stabil –, bat den Trödler, ihn sofort mit seinem Pferd und Wagen ins Hotel zu schaffen, und setzte mich dazu. Während Marutha umpackte, ging ich zur Grand Central Station, um die Fahrkarten zu kaufen.

Zitternd stand ich in der Schlange vor dem Schalter. Als ich an die Reihe kam, sagte ich dem jungen Beamten, ich hätte nicht einmal zweihundert Dollar, und schilderte ihm meine Lage. Das Geld mußte nicht nur für die Fahrkarten reichen, sondern auch für die Hotelrechnung und die Verpflegung für uns drei während der vier Tage, die wir voraussichtlich unterwegs nach Kalifornien sein würden.

Der junge Mann hatte Verständnis. Er errechnete die Kosten für die normale Fahrt im Personenwagen und runzelte die Stirn. Dann sagte er: »Bitte, warten Sie auf der Bank dort drüben, bis ich Sie rufe. Es kann ein Weilchen dauern. Ich werde mein Bestes tun.«

Ich tat, wie er geheißen hatte, und ließ ihn nicht aus den Augen. In den Händen dieses jungen Mannes lag das Schicksal meiner Familie.

Nach etwa einer halben Stunde rief er mich auf.

»Alles in Ordnung. Es ist zwar keine Luxusreise und wird etwas länger dauern als sonst, aber Sie und Ihre Frau und Ihr Kind werden Kalifornien erreichen. Geben Sie mir hundertfünfzig Dollar und behalten Sie den Rest für Ihre Ausgaben in New York und unterwegs. Ihr Zug fährt heute abend um zweiundzwanzig Uhr. Ihr Ziel ist Oakland Pier. Es liegt an der Bucht gegenüber von San Francisco.«

Er reichte mir zwei Fahrkarten; ich gab ihm die hundertfünfzig Dollar und bedankte mich überschwenglich. Er sagte: »Viel Glück, Bruder!«

Ich eilte zurück ins Hotel. Marutha, heiter und zuversichtlich, hatte schon alles erledigt. Das Baby war für die Nacht fertiggemacht, unsere Habe prächtig neu gepackt, ausgenommen Kinderstuhl, Töpfchen, Besen, Schaufel und ein paar kleine Bündel.

Ich eilte hinunter, bezahlte die Rechnung, kaufte in einem nahegelegenen Lebensmittelgeschäft etwas Verpflegung und ließ unser Gepäck vom Portier in ein Taxi tragen. Am Bahnhof gaben wir den Reisekoffer direkt nach Oakland Pier auf.

Der Zug war brechend voll. Ein Herr bot Marutha seinen Eckplatz am äußersten Ende des Wagens an. Sie breitete eine kleine Decke aus, gab Yehudi eine Flasche warme Milch und legte ihn schlafen. Dann setzte sie sich neben ihn, während ich am anderen Ende des Wagens einen Platz fand.

Wir machten es uns für die Nacht bequem, da wir glaubten, wir würden bis Chicago in diesem Zug bleiben, aber schon nach wenigen Stunden rüttelte uns der Schaffner wach und sagte, wir müßten an der nächsten Station umsteigen. Unser Kleiner wurde aus tiefem Schlaf gerissen, aber er wimmerte nicht einmal.

Jedesmal wenn wir umstiegen, ergriff ich Besen, Schaufel und Töpfchen – diskret verpackt –, während ein Gepäckträger den Kinderstuhl und die übrigen Bündel trug. In Chicago durften wir den Kinderstuhl nicht mit ins Abteil nehmen. Dann, in Kansas, wo wir wiederum umstiegen, waren Besen und Schaufel unerwünscht. Von da an spielte ich den Gepäckträger und sparte damit ein wenig von unserem rasch dahinschwindenden Geld. Besen und Schaufel wurden Symbole unseres zukünftigen Lebens in Kalifornien. Wir mochten uns nicht davon trennen. Was die Verpflegung betraf, so erhielt unser Baby pünktlich jeden Tag eine gute Mahlzeit und dazu so viel warme Milch und Zwieback, wie es essen konnte. Marutha und ich wären fast verhungert.

Nach sechs Tagen und Nächten erreichten wir endlich Oakland Pier. Es war der 7. Februar 1918 spätabends; wir waren hungrig und erschöpft und besaßen nur noch zweiunddreißig Cents, nicht genug für ein Telegramm an meinen Bruder in Hayward, Kalifornien.

Trotz der späten Stunde kam uns die Bahnhofsmission zu Hilfe. Sie versuchte, meinen Bruder in Hayward telefonisch zu erreichen. Er war in der Nachbarschaft zu Besuch, konnte aber schließlich ausfindig gemacht werden. Ein paar Stunden später kam er mit Pferd und Wagen an und nahm uns mit auf eine lange Mondscheinfahrt zu seiner gepachteten Ranch. Zum Glück war das Wetter mild.

Als wir am nächsten Morgen erwachten, sahen wir, daß Louis'[36] Ranch vom Kelly Hill hinabblickte in ein grünes Tal, in dem deutliche Anzeichen von Frühling neues Leben versprachen. Mein Bruder hatte sehr viele weiße Leghornhennen. Ihr Gegacker war nicht zu überhören.

Louis nahm uns freundlich auf und versorgte uns reichlich mit Eiern und Brathühnern. Marutha übernahm die Zubereitung aller Mahlzeiten für uns und die Landarbeiter meines Bruders. Als ich meinem Bruder vier Jahre zuvor von meinen Heiratsplänen berichtet hatte, war er dagegen gewesen und hatte gemeint, wir sollten damit warten, bis ich eine Frau besser ernähren könne. Aber als er Marutha und unser Baby sah, war sein Herz sofort gewonnen.

Meines Bruders Haus gefiel uns sehr. Es war ringsum von anderen Ranches umgeben und schien der ideale Ort zu sein für den ersten Urlaub, den Marutha und ich uns seit unserer Hochzeit leisten konnten, und für meinen Absprung in einen vielleicht völlig anderen Beruf. Louis war jedoch gerade dabei, seine Hühnerzucht aufzugeben, Pferd, Wagen und alles übrige zu verkaufen und über New York nach Palästina zu ziehen. Er hatte völlig anders auf die Balfour-Deklaration reagiert als ich. Zum ersten Mal in seinem Leben zeigte er sich als aktiver politischer Zionist. Kein Wunder, daß wir aneinander gerieten. Er war viel älter als ich und tat sehr überlegen. Unsere ständigen Streitigkeiten waren zuviel für Marutha. Sie ergriff Yehudi und flüchtete mit ihm in die Berge, um der gespannten Atmosphäre zu entkommen. Sie war so verzweifelt, daß sie sich in San Francisco als Haushälterin bewarb, aber niemand wollte eine Haushälterin oder ein Dienstmädchen mit Baby.

Nach einigen Wochen entschlossen Marutha und ich uns, Hayward zu verlassen und es auf eigene Faust zu versuchen, ganz gleich, welche Schwierigkeiten uns erwarteten. Louis lieh uns zweihundert Dollar, und wir zogen in eine möblierte Wohnung in Berkeley, wo wir so lange bleiben wollten, bis ich in der großen Stadt San Francisco Arbeit gefunden hatte.

10. Eine neue Nationalität, ein neuer Name (1918–1921)

Es gab zwei Gründe, weshalb wir nach Berkeley bei San Francisco zogen. Erstens gab es dort eine weiterführende Universität, und ich hatte vor, eines Tages wissenschaftlich weiterzuarbeiten. Zweitens war Marutha eine Stelle als Lehrerin an einer jüdischen Sonntagsschule dieser Stadt angeboten worden. Ihre Arbeitgeberin Ann Kay war eine liebenswürdige Dame; sie und ihr Ehemann zählten bald zu unseren besten Freunden und sind es geblieben. Oft nahmen sie uns zu Ausfahrten in ihrem Wagen mit und luden uns ein in ihr Haus.

Kaum hatten wir uns in Berkeley eingerichtet, schloß sich Louis uns an, um auf Ben Gurions Aufforderung zum Aufbruch nach Palästina zu warten. Der Streit zwischen meinem Bruder und mir über die Balfour-Deklaration brach sofort wieder aus, mit dem Ergebnis, daß unser Hauswirt drohte, uns hinauszuwerfen. Trotzdem weinte ich, als ich Louis am Bahnhof von Berkeley Lebewohl sagte. Er traf sich mit Ben Gurion in New York, und dann zogen sie zusammen weiter, um für »ihr« Land zu kämpfen.[37]

Unser geliehenes Geld schwand rasch dahin. Ich hatte keine andere Wahl, als mein »Not-Empfehlungsschreiben« hervorzuholen, das an Dr. Martin A. Meyer, den Reformrabbiner des Emanuel-Tempels in San Francisco, gerichtet und von Dr. Judah L. Magnes ausgestellt worden war, der meine Schwierigkeiten mit orthodoxen Rabbinern kannte und mir gern helfen wollte.

Dr. Meyer empfing mich sehr freundlich. Ich legte ihm einen Plan für eine Modellschule in San Francisco vor. Wenn meine Arbeit der Gemeinde gefiele, könnte man eines Tages eine zentrale Schule gründen mit Zweigstellen in verschiedenen Stadtteilen. Ich fragte Dr. Meyer, ob es ihm möglich wäre, das Interesse der übrigen Rabbiner, ob Reform-, konservativ oder orthodox, an meinem Vorschlag zu wecken, damit meine Hebräisch-Schule eine Gemeinschaftsangelegenheit würde.

Dr. Meyer besprach die Sache mit einem zweiten Reformrabbiner, Dr. Jacob Nieto, einem der besten und progressivsten Rabbiner, die ich je getroffen habe, und die beiden legten die Frage einer Hebräisch-Schule gemeinsam dem Verband jüdischer Wohlfahrtsinstitute vor. Der Etat des Verbands für 1918 war bereits verplant, ohne Zuschüsse für jüdische Schulen vorzusehen, aber Dr. Meyer und Dr. Nieto kratzten irgendwie 65 Dollar monatlich zusammen und gaben sie mir, dazu ein paar Dollar extra für Lehrbücher. Sie brachten die Direktoren der orthodoxen Synagoge an der Ecke Webster und McAllister Street, des damaligen Herzens der osteuropäisch-jüdischen Gemeinde San Franciscos, dazu, mir den Versammlungsraum zu überlassen, und sie übernahmen die Kosten für Hausmeister und Elektrizität. Eines Samstags kündigte ich die Eröffnung der Schule an. Innerhalb einer Woche hatte ich rund siebzig Schüler. Wir behielten unsere Wohnung in Berkeley noch eine Weile, und so fuhr ich täglich per Eisenbahn, Fähre und Bus nach San Francisco in die Synagoge.[38]

Unser letzter Hauswirt in Berkeley, ein Buchhalter, redete immer von Radikalismus und Sozialismus. Nie hörte ich einen Menschen so flüssig und so häufig Karl Marx zitieren! Eines Tages erhöhte er plötzlich unsere Miete. Damals verdiente Marutha 25 Dollar im Monat und ich 65, und schon die Bezahlung der alten Miete war uns schwergefallen. Als ich gegen die Mieterhöhung protestierte, überschüttete mich der Hauswirt mit einem Schwall antisemitischer Schimpfworte. Ich fragte ihn, wie er seinen angeblichen Sozialismus mit seinem offenkundigen Antisemitismus in Einklang bringe. Es herrschte allgemeine Verlegenheit. Irgend etwas Außergewöhnliches mußte ihn dazu bewegt haben, von seinen sozialistischen Grundsätzen abzuweichen.

Ich hatte den alten Mann bewundert und gedacht, er sei ein echter, ehrlicher Sozialist in Worten und Taten. Mich selbst hielt ich in jenen Tagen für einen radikalen Sozialisten und las eifrig und regelmäßig Max Eastmans Zeitschrift ›Liberator‹ und die französische kommunistische Zeitung ›L'Humanité‹.

Damals in Berkeley bekam Yehudi, der etwas über zwei Jahre alt war, einen bösen Schnupfen und eine Halsentzündung. Ein Halsspezialist sagte, seine Mandeln müßten entfernt werden. Er fragte nach unseren Finanzen. Ich antwortete, wir hätten kein Geld übrig, würden die Operation jedoch in Raten bezahlen. Er ließ uns wissen, daß er an bestimmten Wochentagen in einer Ambulanz für Unbemittelte in West Berkeley kostenlos Operationen ausführte. Wir sollten Yehudi dort anmelden. Das taten wir auch. Wir fuhren Yehudi in seiner Klappkarre den etwa anderthalb Kilometer weiten Weg nach der Ambulanz. Dort mußten wir eine lange Reihe demütigender Fragen von einer

Fürsorgerin über uns ergehen lassen, deren letzte war: »Finden Sie nicht, daß ein Arbeiter, der 65 Dollar im Monat verdient, zehn Dollar für die Ambulanz übrig haben sollte, in der sein Kind behandelt wird?«

Wir hatten die zehn Dollar einfach nicht, aber wir versprachen bereitwillig zu zahlen, sobald wir es uns leisten konnten. Yehudi wurde operiert. Er kam nicht ins Krankenhaus und erhielt auch keine Nachbehandlung. Wir setzten ihn gleich wieder in die Karre und nahmen ihn mit nach Hause.

In Berkeley gab Yehudi die ersten Zeichen musikalischen Talents. Zufällig lernten wir ein junges jüdisches Ehepaar namens Podvitz kennen, dessen kleine Tochter Lily im selben Alter wie Yehudi war. Eines Abends, als wir Yehudi schlafen legten, verlangte er nach Lily. Wir sagten ihm auf Hebräisch, das seine Muttersprache war: »Lily alcha lichon« – Lily ist eingeschlafen. Er legte sich auf die Seite und fing an zu singen: »Lily alcha lichon«, wobei er mit dem tiefsten Ton, den er erreichen konnte, anfing und die Tonleiter völlig rein hinauf sang, so weit er konnte. Dann machte er eine Pause und sang die Tonleiter wieder hinunter bis zu dem Ton, mit dem er angefangen hatte. Danach schlief er ein. Marutha und ich sahen uns staunend an. Von nun an sang sich Yehudi jeden Abend selbst in den Schlaf mit seinem Wiegenlied »Lily alcha lichon«. Als Reuben R. Rinder, der Vorsänger des Emanuel-Tempels, das hörte, war er nicht minder erstaunt als wir.

Während unserer letzten Monate in Berkeley begann Marutha, einmal in der Woche Cellounterricht bei Dr. Arthur Weiss, einem Mitglied des San Francisco Symphony Orchestra, zu nehmen und täglich zu Hause zu üben. Jedesmal wenn sie mit dem Bogen über die Saiten strich, summte und sang Yehudi für sich mit.

In meiner neuen kleinen Schule ging alles gut. Es meldeten sich so viele Kinder an, daß ich ihrem Alter und ihren Hebräischkenntnissen entsprechend drei Klassen einrichten konnte. Meine Schule war fünfmal in der Woche, von Sonntag bis Donnerstag, geöffnet; die erste Klasse begann um sechzehn Uhr, die zweite um siebzehn und die dritte um achtzehn Uhr. Von neunzehn bis zwanzig Uhr hielt ich in meinem Büro Sprechstunde für Schüler und Eltern.

Nach einigen Monaten richtete ich am Samstagmorgen eine Sabbatstunde ein, zu der sich alle meine Schüler versammelten, um die Geschichten der Propheten und die hebräischen Gebete zu hören. Die Kinder waren begeistert und warteten jedesmal schon auf mich. Sie wußten natürlich nicht, daß ich in Berkeley wohnte. Einige Eltern wären schockiert gewesen über einen Direktor, der am Sabbat reiste. Aus Rücksicht auf ihre Gefühle bat ich den Busfahrer, mich zehn Häuserblocks vor der Schule abzusetzen, und ging den Rest des Weges zu Fuß.

Alles ging glatt, bis die Spanische Grippe in San Francisco ausbrach und wir die Schule schließen mußten. Mein Gehalt von 65 Dollar lief weiter, aber gerade zu der Zeit kam unser Klavier aus Elizabeth an. Die Rechnung war hoch. Ich nahm Arbeit auf einem Holzplatz in Alameda an, um etwas Geld dazuzuverdienen. Ich stürzte mich kopfüber hinein, bis mich ein Arbeiter mit den Worten: »Langsam, oder es passiert etwas!« in einen Bretterhaufen stieß.

Als die Grippewelle vorüber war, öffnete ich meine Schule wieder. Wir entschlossen uns zum Umzug nach San Francisco und mieteten eine Wohnung in der Hayes Street 732, nur ein paar Häuserblocks von der Schule entfernt. Da nun schon eine Warteliste vorlag mit mehr Schülern, als ich aufnehmen konnte, bat ich das Direktorium, das aus orthodoxen, konservativen und Reform-Rabbinern und Geschäftsleuten bestand und von mir in einem Jüdischen Schulverein zusammengefaßt worden war, einen Hebräischlehrer aus dem Osten der Vereinigten Staaten einstellen zu dürfen. Das Gehalt für eine qualifizierte Persönlichkeit würde 130 Dollar betragen. Das Direktorium erteilte die Erlaubnis und erhöhte mein Gehalt auf 150 Dollar, da es einsah, wie widersinnig es wäre, wenn ich weiterhin für 65 Dollar arbeitete. Der Verband jüdischer Wohlfahrtsinstitute übernahm die Kosten des Schulvereins, und mein Direktorium unterstützte mich bei den Vorbereitungen zur Erweiterung der Hebräisch-Schule in eine Kette von Schulen in der ganzen Stadt.

Endlich schien alles gutzugehen. Unsere Zukunft in San Francisco sah rosig aus – bis ein neuer Rabbiner an die orthodoxe Synagoge kam.

Rabbi Wolf Gold erschien ein Jahr, nachdem ich meine ersten Klassen im Versammlungsraum der Synagoge eingerichtet hatte, in San Francisco. Die Synagoge hatte damals keinen Rabbiner. Rabbi Gold war eine Persönlichkeit: gutaussehend und gutgekleidet. Er kannte seine Bibel, seinen Talmud. Er war ein begabter Redner, vor allem auf Jiddisch, und wußte, wie man die Frauen zum Weinen bringt, selbst wenn die Predigt ausgerechnet Kleopatra zum Gegenstand hatte, wie es einmal an Jom Kippur geschah. Er füllte seine große Synagoge bis zum letzten Platz. Rabbi Gold brachte einen Privatsekretär namens Mendel Fisher mit. Kein anderer Rabbiner in San Francisco, nicht einmal einer der reichen Reform-Rabbiner, hatte einen hauptamtlichen Privatsekretär. Mendel Fisher weihte sein Leben dem Erfolg seines Herrn, und zu diesem Zweck war ihm jedes Mittel recht.

Anfangs kamen Rabbi Gold und ich hervorragend miteinander aus. Wir wurden Freunde. Ich hielt ihn für einen modernen, aufgeklärten orthodoxen Rabbiner, er sang überall Loblieder auf meine Arbeit. Er meldete sogar seine Kinder in meiner Schule an. Meine Schüler übertrafen sich selbst mit Aufführungen, Liedern und Vorträgen, die Marutha mit ihnen einstudierte. Eine Zeitlang glaubte ich, endlich einen orthodoxen Rabbiner in Amerika gefunden zu haben, der die neue Zeit und das neue Land verstand und mit meinen Ideen und Idealen übereinstimmte. Aber zu meinem Entsetzen und Erstaunen merkte ich eines Tages, daß sich die Geschichte von Elizabeth wiederholte. Ich vernahm dieselbe anmaßende persönliche Drohung: »Gehorche meinen Befehlen, und du wirst glücklich sein; tue es nicht, und ich werde dich zerstören!«

Rabbi Gold sammelte Geld bei orthodoxen Juden, um ein paar Häuserblocks von seiner Synagoge entfernt ein Jüdisches Zentrum einzurichten. Dann bot er dem Jüdischen Schulverein, dessen Mitglied er war, die Benutzung des Zentrums an und lud mich ein, meine Schule dorthin zu verlegen. Ich stimmte freudig zu, ohne zu erkennen, daß sein wahres Ziel die vollständige Kontrolle über meine Schule war. Bald gingen Gerüchte um, Moshe Mnuchin wolle die Schüler in *Meschummadim* – Ketzer – und Gojim verwandeln. Ein weiteres Gerücht behauptete, ich rauchte am Sabbat. In Wirklichkeit habe ich nie geraucht, weder Zigaretten noch Zigarren. Niemals!

Nach fast einem Jahr solcher Machenschaften beriefen Rabbi Gold und sein Gefolgsmann eine Massenversammlung im Jüdischen Zentrum ein mit der eindeutigen Absicht, mich hinauszuwerfen. Ich drängte die Eltern meiner Schüler, vollzählig daran teilzunehmen, und bat Rabbi Nieto, einen der besten und interessantesten Redner San Franciscos, meinen Fall zu vertreten. San Francisco verehrte Rabbi Nieto. Er war ein kluger, geistreicher Mann und ein Streiter gegen Unrecht in jeglicher Form.

Als Rabbi Gold seine Angriffe gegen mich und meine Arbeit

beendet hatte, stand Rabbi Nieto auf, um zu antworten. Doch bevor er noch ein Wort gesagt hatte, erhob sich die ganze Versammlung zu einem Beifallssturm. Ruhig, treffend und ausführlich widerlegte er Rabbi Golds Anklage und setzte sich unter einem zweiten Beifallssturm wieder hin.

Trotz dieser öffentlichen Niederlage führte Rabbi Gold seinen Kampf um die Kontrolle über meine Schule weiter. Noch einmal forderte er mich persönlich auf, mich seiner »wohlmeinenden, brüderlichen« Herrschaft zu unterwerfen. Ich antwortete ihm klipp und klar, daß ich von niemandem außer dem Direktorium des Jüdischen Schulvereins Befehle entgegennähme. Da an eine Weiterarbeit im Jüdischen Zentrum nicht zu denken war, bat ich den Schulverein, ein Haus mieten zu dürfen, das einen halben Häuserblock von der Synagoge entfernt lag. Dort sollte der Unterricht so lange stattfinden, bis wir etwas Dauerhaftes gefunden hatten.

Die neue Unterkunft war schrecklich. Das Haus war schäbig und hatte keinen Hof. Trotzdem waren alle Kinder außer denen von Rabbi Gold anwesend, als wir die Namensliste verlasen. Der Aufstand der orthodoxen Gemeinde gegen Rabbi Golds Ränke hatte zur Folge, daß wir sogar mehr Schüler gewannen, als wir unterbringen konnten. Binnen kurzem beschaffte der Jüdische Schulverein so viel Geld, daß in der Laguna Street, vier Häuserblocks entfernt, eine neue Schule mit modernen Klassenzimmern, Bibliothek, Aula, Büro und Spielplatz gebaut werden konnte. Ich eröffnete vier Niederlassungen mit drei neuen Lehrern, deren Schülerzahl bald über 350 betrug. Mein Gehalt wurde auf vierhundert Dollar erhöht.

Rabbi Gold mußte San Francisco für immer verlassen. Er hat sich gewiß nicht gefreut, als mich das Jüdische *Chautauqua* – eine Vortrags- und Konzertreihe – als Hauptredner zu seiner am 22. August 1921 in San Francisco stattfindenden Nationalversammlung einlud.[39]

Am 18. September 1919 wurde ich in einem Gerichtssaal in San Francisco amerikanischer Staatsbürger. Als ich gerade unterschreiben wollte, sagte der freundliche Richter, der mich geprüft hatte: »Da wir Amerikaner das »ch« in Mnuchin und auch die beiden Konsonanten »m« und »n« nicht ohne einen Vokal dazwischen aussprechen können, empfehle ich Ihnen, Ihren Namen Menuhin zu schreiben.« Ich willigte ein, und die Namensänderung wurde sofort rechtsgültig gemacht.

Was mein Vorhaben betraf, mein Studium an der University

of California in Berkeley weiterzuführen, so immatrikulierte ich mich zwar tatsächlich und versuchte auch, in meiner freien Zeit in verschiedenen Bibliotheken auf dem Campus zu arbeiten. Aber da ich Geld verdienen und meinen Kampf gegen Rabbi Gold führen mußte, einen Kampf, der über zwei Jahre dauerte, konnte ich den Plan nicht länger verfolgen. Ich gab ihn endgültig auf, als meines Sohnes großes musikalisches Talent verlangte, daß ich seiner Entwicklung so viel Zeit und Mühe widmete wie nur möglich.

Während Yehudi in der öffentlichen Frauenstation des Mount Lebanon-Hospitals in New York das Licht der Welt erblickt hatte, wurden unsere beiden anderen Kinder, zwei Mädchen, im Mount Zion-Hospital in San Francisco geboren, wo Marutha den Luxus eines Einzelzimmers genoß. Hepzibah wurde am 20. Mai 1920 geboren, Yaltah am 7. Oktober 1921.

Im Jahre 1921 kauften wir ein kleines Automobil und leisteten eine Anzahlung für ein eigenes Haus in San Francisco in der Steiner Street 1043. Es hatte ein Wohnzimmer und ein Eßzimmer, die durch eine Schiebetür getrennt waren. Wenn sie geöffnet wurde, entstand ein Empfangsraum, der sechzig Gäste aufnehmen konnte. Hinter dem Haus lag ein Garten mit ein paar schönen Bäumen und einer Schaukel für die Kinder. Wir bauten ein Podest im Garten und überdachten es mit einem Zelt. Dort schliefen wir in Feldbetten praktisch das ganze Jahr hindurch. Um die fünfzig Dollar monatlich für die Hypothek zusammenzubringen, vermieteten wir alle Zimmer im oberen Stockwerk und die beiden freien Plätze in der Garage.

In jenen Tagen gab es zu unserer musikalischen Unterhaltung nicht nur die gewöhnlichen Konzerte des San Francisco Symphony Orchestra unter Alfred Hertz mit Louis Persinger als Konzertmeister und Assistenten, sondern auch so beliebte Solisten wie die Violinisten Eugène Ysaye (der ganz am Ende seiner Laufbahn, aber immer noch überwältigend war), Fritz Kreisler, Georges Enesco, Efrem Zimbalist, Cecilia Hansen, Jascha Heifetz und Mischa Elman; die Pianisten Ignaz Paderewski, Wladimir de Pachman, Moritz Rosenthal und Joseph Hoffman und die Sänger Alma Gluck, John McCormick und Roland Hayes. Die unvergleichliche Anna Pawlowa trat häufig auf mit ihrer eigenen Truppe. Das riesige städtische Auditorium war stets berstend voll. Irgendwie schafften Marutha und ich es, viele Galakonzerte zu besuchen. Da wir uns keinen Babysitter leisten konnten, nahmen wir Yehudi mit. Das war, bevor Hepzibah und Yaltah geboren wurden. Wir schmuggelten Yehudi in die Sonntagnachmittags-Konzerte hinein ins Curran Theater und hinauf auf den höchsten Balkon. Um ihn ruhig zu halten, nahmen wir seine Milchflasche und ein paar Kekse mit. Aber wir brauchten sie nie. Yehudi lauschte der Musik mit solch gespannter Aufmerksamkeit, daß er regelmäßigen Konzertbesuchern auffiel. Bald kannten nicht nur die Zuhörer, sondern auch das Orchester und der Dirigent Alfred Hertz das sonderbare Baby mit der Liebe zur Musik. Wenn wir einmal nicht erschienen, wurden wir beim nächsten Mal nach dem Grund für unsere Abwesenheit gefragt.

Yehudi zeigte immer besonderes Interesse für die Violine und wurde ganz aufgeregt, wenn ein Violinsolist auftrat. Einer meiner Kollegen, ein großer Musikliebhaber, wußte davon und schenkte Yehudi zum vierten Geburtstag eine Spielzeugvioline. Yehudi nahm sie im Glauben, ihr durch irgendeine Zauberkraft reine Töne entlocken zu können. Als das Ergebnis unbefriedigend war, wurde er wütend, als habe ihn die Gabe beleidigt. Er zerschlug das Spielzeug und trampelte darauf herum. Der Vorfall war ungewöhnlich und seinem Charakter völlig fremd. Es war das erste und einzige Mal, daß wir so etwas mit ihm erlebten. Es war so ungewöhnlich, daß Marutha ihrer Mutter in Jerusalem davon berichtete. Postwendend erhielt sie eine Zahlungsanweisung über fünfundzwanzig Dollar, verbunden mit der Aufforderung, dem kleinen Kerl eine richtige Violine zu kaufen. Maruthas Mutter riet uns, einen Violinlehrer für Yehudi zu engagieren.

Eines Tages hörte Yehudi Persinger ein Violinkonzert mit dem San Francisco Symphony Orchestra spielen und wurde schrecklich aufgeregt. Danach äußerte er wiederholt den Wunsch, die Violine spielen zu können »wie dieser Mann«, und als sein fünfter Geburtstag herankam, wünschte er sich eine Violine und Persinger zum Lehrer. Wir hätten nie gewagt, Persinger zu bitten, einen so jungen Schuler anzunehmen, und konnten uns das Honorar, das er verlangen würde, gar nicht leisten, doch als Yehudi fünf Jahre alt geworden war, meldeten wir ihn bei Sigmund Anker an, einem begabten San Franciscoer Violinlehrer. Seine erste Unterrichtsstunde fand am 31. Mai 1921 statt, und was seine Fortschritte betrifft, so kann ich es gar nicht besser sagen als Sigmund Anker selbst: »Ein Traum wurde wahr. Nach neun Monaten Unterricht konnte Yehudi das Violinkonzert Nr. 9 von de Bériot, das andere Schüler gewöhnlich erst nach fünf bis sechs Jahren beherrschen, mit wunderbarer Genauigkeit und Ausdruckskraft spielen.« Yehudi lernte bei Anker bis Mai 1923.

Wir hatten bereits Schritte im Hinblick auf Yehudis allgemeine Erziehung unternommen. Am 22. Januar 1921 wollten wir ihn im besten Kindergarten von San Francisco anmelden. Als der Registrator mild lächelnd meinte, sie nähmen Kinder nicht vor dem fünften Geburtstag auf, verstand ich den Wink und sagte, unser Sohn werde genau an diesem Tag fünf Jahre alt. Er wurde sofort aufgenommen.[40]

Yehudi fand den Kindergarten langweilig. Ein paar Stunden später erhielten wir einen Anruf.

»Ihr Sohn wünscht Sie zu sprechen.«

»Bitte, holt mich ab«, verlangte Yehudi.

Das taten wir. Der Lehrer fand ebenfalls, daß der Kindergarten Yehudi nichts zu bieten habe. Er sah nie ein Klassenzimmer von innen, bis er viele Jahre später seine eigenen Kinder zur Schule brachte.

Genau dasselbe geschah später mit Hepzibah, und Yaltah meldeten wir gar nicht erst an. Marutha war die einzige Lehrerin unserer Kinder, bis wir später zu ihrer Unterstützung Fachlehrer, darunter einige Universitätsdozenten, engagierten. Die Muttersprache der Kinder war Hebräisch, zu der später, mit fortschreitender Entwicklung, Englisch, Französisch, Deutsch, Italienisch, Spanisch und Russisch in dieser Reihenfolge hinzukamen.

Zweimal im Jahr ließ Sigmund Anker seine begabtesten Schüler in den Jugendkonzerten der Pacific Musical Society im Fairmont-Hotel in San Francisco auftreten. Er fragte Marutha und mich, ob Yehudi mitmachen dürfe. Mittlerweile war ihm klargeworden, daß Yehudi auf der Geige Außergewöhnliches vollbrachte. Wir hatten eine Vorahnung, daß unser Sohn zum lebenslangen Wanderer, zum umherziehenden Konzertkünstler bestimmt war, und unsere Herzen wurden schwer. Dazu ein Zitat von Anker: »Die Eltern stimmten zitternd vor Furcht zu; sie hatten Angst vor einem Künstlerleben für ihren Sohn.«

Über Yehudis ersten öffentlichen Auftritt schrieb Redfern Mason, der König der San Franciscoer Musikkritiker: »Der jüngste Künstler war der wunderbarste. Er war ein kleiner Kerl von fünf Jahren, so jung, daß er sich vor dem vielköpfigen Gott – dem Publikum – noch nicht fürchtete, sondern darüber staunte. Sein Name ist Yehudi Menuhin. Er lernt seit einem Jahr die Geige spielen und beherrscht sie schon wie ein zukünftiger Meister. Das Werk war Accolays Konzert in A-Moll. Yehudi spielte es auswendig mit dem ungekünstelten Ernst eines Menschen, der auf eine innere Stimme hört. Der Ton hatte eine kindliche Arglosigkeit, eine Schönheit, die mir Wordsworths

›Der Himmel umgibt uns in unserer Kindheit‹ ins Gedächtnis rief und den Worten eine tiefere Bedeutung verlieh, wie man sie selten erkennt.«

Vier Monate später trat Yehudi in einem weiteren Konzert auf, wiederum unter der Schirmherrschaft der Pacific Musical Society. Das ›San Francisco Journal‹ vom 12. Februar 1923 sagte dazu: »(Yehudi Menuhin) spielte de Bériots Violinkonzert Nr. 9 mit der Haltung und dem Temperament eines Veteranen. Das Kind ist so klein, daß es aufs Podium geführt werden mußte. Aber schon beim ersten Ton horchte das zahlreiche Publikum erstaunt auf. Am Ende des Stückes, das viele technische Besonderheiten des Violinspiels wie Doppelgriffe, Oktaven und Obertöne verlangt, wurde er mit Applaus überschüttet. Das ganze Stück wurde mit äußerster Reinheit vorgetragen.«

In der Familie nannten wir dieses Konzert »Yosemite«, denn im Sommer 1922 hatten wir im Yosemite-Tal Ferien gemacht. Wir wohnten in einem Zelt, sammelten Holz für den Herd und kochten im Freien. Yehudi hatte natürlich seine kleine Violine mit und übte den de Bériot. Das Tal hallte wider von den süßen Melodien, und um unser Zelt versammelten sich andere Camper, um Yehudis Spiel zu lauschen. Marutha lud sie oft ein, an unserem herzhaften Frühstück aus Pfannkuchen teilzunehmen, und wir führten gemeinsam lange Gespräche über Bücher, Politik und Musik.

Yehudis letzter öffentlicher Auftritt unter Sigmund Ankers Leitung fand am 12. Mai 1923 statt; er spielte den ersten Satz eines Konzerts von Mendelssohn. Der Musikkritiker des ›San Francisco Journal‹ benutzte die Wörter »Genie« und »beinahe unheimlich«, um sein Spiel zu beschreiben.

In den zwei Jahren, in denen Yehudi von Anker unterrichtet wurde, besuchten wir natürlich weiterhin die Konzerte des San Francisco Symphony Orchestra. Bald nahmen wir Plätze ganz vorn im Parkett oder wurden von Logenbesitzern eingeladen. Yehudis kleine Schwestern begleiteten uns, ihr wohlbekannter Bruder hatte ihnen den Weg geebnet. Einige Zeitungen brachten es sogar fertig, Yehudi vor oder nach den Konzerten zu »interviewen«.

Der Konzertmeister Louis Persinger war immer noch Yehudis Idol. Zu Hause versuchte er, es ihm gleichzutun, und diese Hingabe, dieser Ernst bei einem Kind und die erregten Diskussionen, die er über Persingers Spiel mit uns führte, veranlaßten uns, an Persinger heranzutreten. »Achte die Kindheit« war unser Motto bei der Kindererziehung.

Yehudi spielte Louis Persinger vor. Persinger nahm ihn bereitwillig als Schüler an. Yehudi war im siebten Himmel. Ein Traum war in Erfüllung gegangen. Wir waren glücklich. Persinger war ein glänzender Violinist und verdiente als Lehrer uneingeschränkt den Titel »Der Auer Amerikas«[41], den ihm später jemand verlieh. Ich glaube sogar, er war mehr als das. Er war ein großer Musiker und ein großer Techniker. Als Schüler Eugène Ysayes in Brüssel und Konzertmeister des Vauxhall Orchestra, des Berliner Blüthner-Orchesters und der Berliner Philharmoniker verband er die Eleganz und Fülle der frankobelgischen Violinschule mit der Tiefe und Kraft der deutschen Tradition.

Der gebürtige Amerikaner Persinger war nicht nur ein Musiker von ausgezeichnetem Geschmack, der auf seinem Instrument schöne, reine und feine Töne hervorbrachte, sondern er hatte auch eine scheinbar unerschöpfliche Geduld und die Fähigkeit, den Schülern sein Talent für die poetische Interpretation der Werke großer Komponisten weiterzugeben.

Schweren Herzens berichteten wir Sigmund Anker von unserem Plan. Wir hatten nichts gegen Anker, sondern waren ihm vielmehr zutiefst dankbar. Sein Unterricht war für Yehudi von unschätzbarem Wert gewesen. Anker war jedoch verletzt und hielt uns lange Zeit für undankbar. Immer wieder erlebten Marutha und ich solche Mißverständnisse, aber wir mußten schließlich nach besten Kräften im Interesse unserer Kinder handeln und unsere Pflicht ihnen gegenüber erfüllen.

Yehudi kam also unter die Obhut Louis Persingers. Am 20. September 1924 schrieb Persinger in der Zeitschrift ›Musical America‹: »Yehudi studiert seit vierzehn Monaten bei mir und erhält wöchentlich zwei Stunden. Er spielt natürlich immer noch eine kleine Violine, aber die Klangfülle, die er ihr entlockt, ist erstaunlich.

Er hat Werke studiert wie das siebte Konzert von de Bériot, das zweite von Spohr, das Militärkonzert von Lipinski, das vierte Konzert von Vieuxtemps usw. und spielt alle mit außerordentlicher technischer Geschicklichkeit, großem musikalischem Verständnis und echtem Temperament. Er ist wie geschaffen für die Laufbahn eines Virtuosen. Alles, was man ihm sagt, behält er, und sein Gefühl für die schönste Ausdrucksform ist ungewöhnlich für einen so jungen Menschen.

Als er das letzte Mal hier war, kam Zimbalist ins Studio und hörte ihn ein paar Konzerte spielen. Er staunte sehr über Yehudis Talent und sagte, er habe noch nie einen so vielversprechenden Jungen erlebt. Er habe alles, um einer der ganz Großen zu werden. Ähnlich beeindruckt habe ihn nur noch Heifetz im Alter von neun Jahren.

Seine Auftritte unter der Schirmherrschaft des San Francisco Symphony Orchestra waren sensationell und hatten Engagementsangebote aus Los Angeles, Sacramento, Fresno und anderen Orten zur Folge; sie wurden jedoch alle abgelehnt, da seine Eltern die vernünftige Ansicht haben, er müsse sich langsam entwickeln. Er wird in diesem Winter voraussichtlich ein paarmal spielen, wiederum in Verbindung mit dem Symphony Orchestra, und ich habe vor, ihn mit einem Solovortrag vorzustellen ...

Das Beste an dem Jungen ist, daß er völlig unverdorben ist, einen prachtvollen Sinn für Humor hat und sich nicht allzu wichtig nimmt.«

Bei Yehudis Auftritten mit dem San Francisco Symphony Orchestra handelte es sich um besondere Kinderkonzerte unter Alfred Hertz. Ich möchte darauf hinweisen, daß all diese und ähnliche Auftritte noch eine Reihe von Jahren von Persinger und Marutha organisiert wurden. Was die Entwicklung unserer drei Kinder betraf, so war sie Maruthas Gebiet. Ich war nur der Brotverdiener und allzeit bereite Assistent, der manchmal mit Yehudi die Schulbücher durchging und ihm Rechnen, Erdkunde, Geschichte, Politik, internationale Angelegenheiten und gesellschaftliche Probleme erklärte. Die ganze übrige Erziehung lag in Maruthas fähigen Händen. Sie begleitete Yehudi auf unserem Klavier, wenn er zu Hause Violine übte. Marutha hatte erfolgreich Cellounterricht bei Dr. Weiss vom San Francisco Symphony Orchestra genommen, gab ihn aber auf, als sie merkte, daß er sie von ihren Pflichten gegenüber unseren Kindern abhielt.

Zum »offiziellen« siebten Geburtstag schenkte Marutha Yehudi ein Ringbuch.[42] Auf die Innenseite des Einbands klebte sie ein paar maschinengeschriebene Zeilen von James Russel Lowell:

The wisest man could ask no more of fate
Than to be simple, modest, manly, true,
Safe from the many, honored by the few,

Nothing to court in church, or world or state,
But inwardly in secret to be great!
(Es kann der Klügste vom Schicksal nicht mehr verlangen,
Als einfach, bescheiden, mannhaft und treu zu sein,
Fern von der Menge von wenigen geehrt zu werden –
Nicht buhlen zu müssen in Kirche, Welt und Staat,
Sondern im Inneren heimlich groß zu sein!)

»Mens sana in corpore sano« – ein gesunder Geist in einem gesunden Körper – war die Grundlage unserer Kindererziehung, und unsere oberste Hausregel lautete: »Früh zu Bett und früh wieder hinaus.« Jedesmal wenn wir abends in ein Konzert gingen, mußten sich die Kinder vorher lange ausruhen. Für frische Luft und körperliche Bewegung hatten wir unseren Garten, die Parks und die Umgegend, wo wir spielten, picknickten und lasen.

Ich war jeden Tag außer Freitag, meinem freien Tag, von fünfzehn bis zwanzig Uhr dreißig in meiner Hebräisch-Schule, ebenso am Samstag- und Sonntagmorgen. In den Ferien oder an Sonntagnachmittagen fuhren wir hinaus nach Berkeley, Petaluma, Concord, Santa Rosa, Mount Tamalpais oder in die Berge von Santa Cruz. Oft luden wir ein oder zwei Jungen in Yehudis Alter dazu ein.

In dieser Zeit lernten wir auch Los Gatos kennen. Im Sommer 1923 packten wir unsere Campingsachen ins Auto und machten uns auf den Weg in die Berge von Santa Cruz. An der Hauptstraße lag eine kleine Siedlung, die sich The Holy City nannte. Dort gab es eine Reparaturwerkstatt, eine Tankstelle, ein Restaurant, einen Zoo, Obstbäume, Ferienhäuschen und die Anhänger eines verschrobenen ehemaligen katholischen Priesters namens »Vater« William E. Riker.[43] Er herrschte wie ein Diktator über die Gemeinde und war außerdem Chef eines blühenden Transportunternehmens, das er »The Perfect Christian Divine Way« – »Der perfekte christliche göttliche Weg« – nannte. Zufällig hatte er in der Steiner Street eine Zeitlang neben uns gewohnt.

Ich fragte »Vater« Riker, ob wir unsere Zelte auf seinem Grund aufstellen dürften, möglichst abseits von der Hauptstraße und in der Nähe von Wasser. Er bot uns zwei seiner Häuschen zu einer sehr vernünftigen Miete an. Dort richteten wir uns für ein paar Wochen ein, in denen gewandert, gespielt, gelesen, geschrieben, gerechnet und natürlich auch Violine geübt wurde. Manchmal fuhren wir ein paar Meilen nördlich nach Los Gatos und aßen dort in einem Restaurant. Es dauerte nicht lange, und wir hatten uns in die freundliche Stadt mit dem milden Klima im Schutz der 700 bis 1000 Meter hohen Berge verliebt. Wir träumten davon, eines Tages dort zu leben.

Im selben Jahr hatten wir eines jener seltenen Erlebnisse, die man unheimlich nennen kann. Marutha und ich fuhren mit der Straßenbahn zu einer Abendgesellschaft. Plötzlich packte Marutha meinen Arm und sagte: »Moshe, ich habe das Gefühl, meine Mutter stirbt. Laß uns sofort ein Telegramm mit bezahlter Rückantwort nach Jaffa schicken, um zu erfahren, was los ist.«

Marutha konnte nichts essen, nahm sich jedoch mit aller Kraft zusammen, um die Gesellschaft nicht zu beunruhigen. Als wir wieder zu Hause waren, gab ich sofort ein Telegramm nach Jaffa auf. Früh am nächsten Morgen rief das Fräulein vom Amt an und teilte uns mit, sie habe eine Antwort aus Palästina. Maruthas Mutter war am Tag zuvor gestorben. Marutha, die ihre Mutter sehr geliebt hatte, blieb bei der täglichen Arbeit völlig ruhig und nahm sich sogar die Zeit, einer bedürftigen Familie am anderen Ende der Stadt ein Geschenk zu bringen, aber am Abend, als die Kinder schliefen, sah ich sie zum ersten Mal weinen. Sie weinte still und war dankbar für das tiefempfundene Mitgefühl, das ich ihr erwies.

In dieser Zeit gewann Yehudi ein Stipendium des Oscar Weil Memorial Committee in San Francisco. Es bestand aus dem Unterrichtshonorar für zwei Jahre in Höhe von dreißig Dollar monatlich.

In den Jahren 1923 und 1924 machte Yehudi große Fortschritte. Er liebte den Unterricht bei Persinger, der seinerseits voller Ehrgeiz für seinen Schüler war. Er fand, Yehudi habe den Punkt erreicht, an dem ihm ein Auftritt in einem großen Konzertsaal guttun würde, und engagierte, nachdem er Marutha überzeugt hatte, die Konzertmanagerin Alice Seckels. Diese mietete das Scottish Rite Auditorium in San Francisco für den Abend des 30. März 1925. Da die Presse Yehudi als »San Franciscos Lokalgenie« angekündigt hatte, war der Saal ausverkauft.

Nach einem langen Schläfchen am Nachmittag und einem leichten Abendbrot betrat Yehudi freudestrahlend und völlig beherrscht das Podium und spielte sein Konzertprogramm, von Persinger am Flügel lächelnd begleitet.

Louis Ford, der zweite Geiger, riet Redfern Mason, dem Musikkritiker des ›San Francisco Examiner‹: »Laß deiner Feder freien Lauf. Hier kannst du gar nicht übertreiben. Das ist kein Talent, das ist ein Genie!«

Und Mason schrieb eine Kritik, in der er Yehudis Vortrag von Mendelssohns Konzert mit dem von Joseph Joachim als Knaben verglich, der einst den Komponisten zu einer Umarmung veranlaßt hatte.

Unter den Musikliebhabern und Freunden, die hinterher in die Garderobe strömten, war auch Dr. Samuel Langer, ein alter Freund der Familie und aktives Mitglied im Direktorium des Jüdischen Schulvereins. Er stellte uns Sidney M. Ehrman und seiner Frau, einem kultivierten, charmanten Ehepaar vor. Ehrman nahm Marutha und mich beiseite und sagte einfach: »Ich möchte Ihnen beiden für den wunderbaren musikalischen Abend danken, den Ihr Sohn uns geschenkt hat. Meine Frau und ich wären glücklich, wenn Sie unsere finanzielle Hilfe annehmen würden, wann und wie Sie wünschen. Ihr Freund Dr. Langer wird Ihnen erklären, was ich im Sinn habe.«

Wir dankten Ehrman für sein freundliches und spontanes Angebot. In jenem historischen Augenblick fiel uns nichts dazu ein, aber wir verließen den Konzertsaal mit reichlich Stoff zum Nachdenken. Vor allem aber waren wir tief bewegt.

Es folgte das traditionelle Erdbeer-Eiscreme-Soda für Yehudi; seine beiden kleinen Schwestern, die beim ersten richtigen Konzert ihres Bruders natürlich mit dabeigewesen waren, durften davon kosten. Dann, nach einem herzhaften Mitternachtsmahl, gingen die Kinder im Zelt im Garten schlafen. Marutha und ich dachten über vieles nach, bevor noch die Morgenzeitungen der Welt verkündeten, was Yehudi mit knapp neun Jahren schon alles erreicht hatte.

Was sollten wir tun, um ihm weiterzuhelfen? Was, um ihn zu beschützen? Wir waren überwältigt von der noblen Art, mit der uns Mr. Ehrman seine Hilfe angeboten hatte. Niemals hatten wir unsere finanziellen Probleme mit irgend jemandem besprochen, sondern stets versucht, sie allein zu lösen. Aber eine jahrelange professionelle Ausbildung für unseren Sohn war mehr, als wir uns leisten konnten. Das Angebot der Ehrmans bedeutete, daß uns nichts mehr zwingen konnte, die Laufbahn unseres Sohnes zu überstürzen. Wir hofften, Yehudi zu einem gesunden, vielseitig gebildeten Menschen heranwachsen zu sehen. Und falls der Beruf des Konzertsolisten sein Schicksal sein sollte, dann nur als ernsthafter, gründlich ausgebildeter Musiker.

Ich habe einmal eine Geschichte gelesen, daß Marutha in jener Nacht in unserem Schlafzimmer Ehrmans Angebot einfach abgelehnt und nicht mehr dazu gesagt habe als »Nein, nein, nein!« Diese Lügengeschichte stammte, wie so manche andere über Marutha, aus einer giftigen Quelle und sollte Yehudi Menuhins Mutter verleumden. Marutha nahm das Angebot der Ehrmans ohne Zögern an. Unser »Nein« galt den vielen Konzertveranstaltern, die uns mit Zehntausenden von Dollars winkten. Bald merkten wir, daß »nein« das kostbarste Wort unseres Vokabulars war. Es war die einzige Antwort an diejenigen, die unseren neunjährigen Sohn ausbeuten und ausstellen wollten, führte aber dazu, daß wir dauernd angefeindet wurden, und zwar nicht nur von Möchtegern-Ausbeutern, sondern auch von Leuten, die uns mit unerbetenen Ratschlägen überschütteten. Sie alle betrachteten uns als »stolze Arme«, die ihnen eigentlich hätten erlauben sollen, ihren Senf dazuzugeben.

Am Tag nach dem Konzert kam Dr. Langer zu uns. Er war ein großer, in der Gemeinde hoch angesehener Erzieher und Wissenschaftler und der Urheber des »Hausmutter-Systems« in Waisenhäusern. Er leitete das berühmte Homewood Terrace-Waisenhaus in San Francisco. Wissenschaftler und Sozialarbeiter aus der ganzen Welt kamen zu ihm, um seine Methoden zu studieren.

Dr. Langer sagte uns, Mr. Ehrman gewähre uns völlige Handlungsfreiheit. Doch sollte eine unserer Entscheidungen einmal mehr Geld erfordern, als wir besäßen, dann dürften wir auf die uneingeschränkte Freigebigkeit der Ehrmans zählen.

Ein paar Tage später luden Ehrmans uns zum Abendessen ein. Wir wurden in das schönste Haus geführt, das wir je gesehen hatten, und erfuhren die Freundschaft der edelsten Menschen. Das Ehepaar Ehrman wurde bald zum Anker unseres Lebens und schenkte uns ein neues Gefühl von Sicherheit und Unabhängigkeit. Ihre aufrichtige Freundschaft war uns sogar noch wertvoller als die materielle Hilfe, die uns von ihnen zufloß und die im Laufe der Jahre immer reichlicher wurde. Sidney Ehrman wurde mir ein weiser Berater und Vertrauter und war von stets belebendem Einfluß. Ich habe seinesgleichen nirgends gefunden. Für Yehudi wurde er »Onkel Sidney«.

Bis dahin hatten Marutha und ich uns allein um die Erziehung unserer Kinder gekümmert. Dank der finanziellen Hilfe der

Ehrmans traten nun wichtige Veränderungen ein. Yehudi bekam Französischunterricht bei Rebecca Godchaux, Hepzibah und Yaltah bei ihrer Schwester Joséphine.[44] Die Godchaux waren Stützen der französischen Gemeinde San Franciscos. Wir engagierten Professor Perstein, der an der University of California lehrte, um Yehudi in englischer Literatur und freier Rede zu unterrichten[45], und J. A. Paterson vom San Francisco Symphony Orchestra für Harmonielehre und Kontrapunkt. Mrs. Paterson gab Yaltah die ersten Klavierstunden. Hepzibah erhielt schon seit einem Jahr Klavierunterricht bei Judith Blockley und machte gute Fortschritte.

Bei der Wahl der Lehrer hatten nicht nur die Fachkenntnisse, sondern auch Bildung und Persönlichkeit eine Rolle gespielt.

Da die Kinder nun eigene Zimmer brauchten, kündigten wir all unseren Mietern außer Ezra Shapeero, den die Kinder als Bruder betrachteten.[46] Wir stellten jedoch keine regelmäßige Haushaltshilfe an, obwohl Sidney Ehrman sich darüber gefreut hätte. Marutha hatte allerdings eine Hilfe. Das war Mrs. Wessels, eine verarmte Witwe und fromme Katholikin, die davon lebte, daß sie in ihrem Haus in der Golden Gate Avenue Zimmer vermietete. Sie kam ganze Abende zum Putzen, Staubwischen, Geschirrspülen und Bügeln, und wenn wir ihr ein oder zwei Dollar gaben, versuchte sie oft, das Geld in Maruthas Kleiderschrank oder in eine Schublade zu legen. Sie war stets reinlich und ordentlich und hatte ein wunderbar heiteres Gemüt und eine seltene angeborene Menschlichkeit. Sie bedeutete uns viel. Unsere Kinder nannten sie »Tante Fannie«. Immer wenn wir einen Babysitter brauchten, war Tante Fannie zur Stelle. Später, als wir anfingen, Gäste zu empfangen, wurde sie Maruthas rechte Hand. In ihrer stillen Art war sie bewundernswert und der gute Geist unserer Kinder.

Dann war da Mary Sweetman (»Big Mary«), eine Witwe, deren einen Häuserblock vom Mount Zion-Hospital entfernte Pension ein Paradies für Generationen junger Assistenzärzte, Studenten und Intellektueller war. Zu ihren Gästen zählte auch Azoulai, einer meiner Hebräischlehrer, ein äußerst kultivierter und gebildeter spanischer Jude. Als er sterbenskrank war, pflegte die gutherzige Irin ihn sorgfältig und liebevoll.

Als wir Azoulai einmal bei Mrs. Sweetman besuchten, lernten wir ihre kleine Nichte Mary Tobin kennen. Bald nannten wir sie »unsere Adoptivtochter Little Mary«. Sie war unseren Kindern wie eine Schwester.

Eines Tages im Jahre 1924 kehrte Sammy Marantz plötzlich und unerwartet zurück in unseren Kreis. Er läutete an unserer Haustür und stellte sich vor als »Sammy aus Elizabeth, New Jersey«. Kaum hatte er Hut und Mantel abgelegt, war er für Yehudi wieder »Bruder Sammy«. Er blieb bei uns als Mitglied der Familie und Bereicherung unseres Lebens. Er studierte Jura an der University of California in Berkeley und arbeitete in seiner Freizeit als Platzanweiser in einem Theater in San Francisco.[47]

Unser ruhiges häusliches Leben sollte sich mit einem Schlag verändern. Yehudis überwältigende Erfolge stürzten uns alle in ein Vagabundenleben. Louis Persinger war von seinem Posten als Konzertmeister des San Francisco Symphony Orchestra zurückgetreten, um sich ganz der Kammermusik zu widmen. Eines Tages kündigte er an, er wolle mehrere Monate nach New York gehen, um Konzerte zu geben. Er schlug vor, wir sollten Yehudi dorthin bringen, damit er den Unterricht nicht versäume. Da sich unser Leben mittlerweile immer mehr um unseren Sohn drehte, konnten wir den Vorschlag nicht ablehnen. Sidney Ehrman bot an, die Reise zu finanzieren. Da ich der Ansicht war, mein Platz sei in San Francisco bei meinen Schulen, begleitete Marutha die drei Kinder nach New York, wo sie eine Wohnung in der 114th Street am Morningside Park mieteten. Zusätzlich zu seinen Stunden bei Louis Persinger wurde Yehudi Schüler am Institute of Musical Art (der späteren Juilliard School of Music), und zwar der jüngste. Er besuchte Kurse in Spezialtheorie, Vom-Blatt-Singen, Gehörtraining und Harmonielehre. Kaum hatte Sammy Marantz von mir erfahren, daß Marutha und die Kinder in New York waren, schloß er sich ihnen an und war ihnen eine große Hilfe.

Persinger wollte Yehudi in New York mit einem Konzert einführen, verriet aber Marutha eine Zeitlang nichts davon. Dann, im November 1925, schrieb Marutha mir eines Tages, er habe sie gedrängt, Yehudi »in einem großen Konzertsaal ganz groß herauszubringen«. Er wolle einen Manager für das Konzert engagieren und benötige sofort ein paar tausend Dollar für Saalmiete, Werbung, Druck und Versand von Rundschreiben.

Da Marutha und ich niemals an ein Debüt außerhalb San Franciscos gedacht hatten, wollte sie meine Meinung hören, bevor sie zusagte. Ich ging zu Sidney Ehrman, mehr um die Sache zu bereden, als um finanzielle Hilfe zu erbitten. Ich war gegen ein verfrühtes Debüt. Sidney teilte meine Meinung. Er war bereit, Yehudis folgerichtige Entwicklung zum Konzertkünstler mit jeder Summe Geldes zu unterstützen, betrachtete dies jedoch als einen schrittweisen Vorgang. In diesem Sinne wollte ich Marutha schreiben, aber ich schuldete es Dr. Langer, ihn ebenfalls zu fragen. Dr. Langer war anderer Meinung.

Er wollte Yehudi nicht drängen, hielt aber andererseits auch nichts davon, seine Entwicklung zum Konzertkünstler willkürlich aufzuhalten. Er bat mich, die Angelegenheit gänzlich Louis Persinger und Marutha zu überlassen. Nicht ohne Bedenken stimmte ich zu. Aber da war auch noch die Frage des Geldes. Dr. Langer wandte sich aus eigener Initiative an Max Rosenberg, einen sehr großzügigen, wohltätigen Mann und Menuhin-Bewunderer. Obwohl Rosenberg gerade Urlaub in Indien machte, nahm Dr. Langer innerhalb von vierundzwanzig Stunden Verbindung mit ihm auf und beschaffte das nötige Kapital.

Persinger überzeugte Marutha schließlich davon, daß es richtig sein, Yehudi den New Yorker Musikliebhabern vorzustellen. Er engagierte Loudon Charlton, den Manager Georges Enescos und anderer bekannter Künstler, der das Manhattan Opera House für Sonntagabend, den 17. Januar 1926 mietete. Ich verweise so nachdrücklich auf Loudon Charlton, um ein richtiges Bild von meiner eigenen Rolle zu geben. Es wurde behauptet, »kein namhafter Manager wollte einen so jungen, unbekannten Violinisten vorstellen, und so entschloß sich Moshe Menuhin, unerfahren wie er damals war, es selbst zu tun.«

In Wirklichkeit war ich dreitausend Meilen weit fort und unterrichtete Hebräisch. Besorgt fragte ich mich, ob es klug sei, Yehudi, der noch nicht einmal zehn Jahre alt war, in New York herauszubringen. Die falschen Behauptungen sollten mich wohl als Ausbeuter meines Sohnes hinstellen.

Natürlich wollte ich unbedingt bei Yehudis Debüt dabeisein. Zufällig hatte ich mit meinem Direktorium schon oft darüber gesprochen, wie nützlich es wäre, wenn ich eine Besuchsreise nach den besten Hebräisch-Schulen des Landes machte, insbesondere denen in Portland/Oregon, Minneapolis/Minnesota und New York. Nun hoffte ich, die Direktoren würden mir erlauben, zwei Fliegen mit einer Klappe zu schlagen. Sehr großzügig gewährten sie mir die Bitte. Ich hatte nicht um Fahrgeld und Erstattung der Spesen gebeten, obwohl ich nicht genug Geld für so eine Reise hatte. Ich schickte praktisch mein ganzes Gehalt an Marutha nach New York, die Mr. Ehrmans Großzügigkeit nur für das Allernötigste in Anspruch nahm. Hätte ich Mr. Ehrman, Dr. Langer oder sogar meinem Direktorium auch nur ein einziges Wort über den Stand der Dinge gesagt, hätte ich die nötigen paar hundert Dollar bestimmt bekommen. Aber mein guter Freund Rinder, ebenfalls Mitglied des Direktoriums, hatte mir aus eigenem Antrieb angeboten, das erforderliche Kapital zu beschaffen.

Leider wandte Rinder sich an die Öffentlichkeit, was peinlich und demütigend für mich war. Täglich berichtete er, wie viele Dollars und Cents er gesammelt hatte. Es war meine eigene Schuld. Ich hätte es besser wissen müssen, weil Marutha bereits Ähnliches erlebt hatte. Etwa ein Jahr, bevor Ehrmans in unser Leben traten, hatte Rinder Marutha aus heiterem Himmel angerufen und ihr mitgeteilt, daß er im Hause einer der reichsten Damen der Gesellschaft von San Francisco eine Teegesellschaft zu Ehren Yehudis arrangiert habe und daß Yehudi ein Geldgeschenk erhalten würde.

Der gute Mann hatte weder Marutha noch mich vorher gefragt. Seine Bemühungen waren unerwünscht. Marutha hatte keine andere Wahl, als strikt abzulehnen. Damit begann die Legende von den »undankbaren Menuhins«, die diejenigen verbreiteten, die glaubten, der liebe Gott habe die Armen erschaffen, um den Reichen Gelegenheit zu Wohltaten zu geben. Später gab es viele Möchtegern-Wohltäter und Gönner, die kein Verständnis für unsere Unabhängigkeit hatten. Einige belästigten uns, einige beschimpften uns, andere behaupteten fälschlicherweise, dies oder jenes für die Menuhins getan zu haben. Von all den Hirngespinsten, die damals über uns erfunden wurden, ist dies mein liebstes:

Yehudi Menuhin wurde von einem bekannten Rabbi (dessen Name hier nicht genannt werden soll) im Keller eines Schneidergeschäfts in der New Yorker East Side entdeckt. Die Eltern waren arm und ungebildet. Derselbe Rabbi hatte Yehudi Menuhins Vater davor bewahrt, bei der Ankunft in New York von Ellis Island[48] gleich wieder nach Europa zurückgeschickt zu werden, weil er Analphabet war.

Meine Runde durch die Hebräisch-Schulen in anderen Städten zeigte, daß in Portland und Minneapolis hervorragende Arbeit geleistet wurde, daß aber die Chicagoer Schulen unter denselben Problemen mit der Gettomentalität litten, die mich aus Elizabeth, New Jersey, vertrieben hatten. Die Lage in Chicago bedrückte meinen dortigen Gastgeber Dr. Alexander Dushkin sehr. Er war ein alter Freund von mir und Schüler von Dr. Judah L. Magnes, dem er sich später anschließen sollte, als dieser eine Hebräisch-Universität in Jerusalem gründete.

In New York war der Vorsitzende des Komitees für jüdische Erziehung so aufgeregt über Yehudis Konzert, daß wir kaum über die dortigen Hebräisch-Schulen sprachen. Er gab mir eine Sammlung kürzlich erschienener Zeitungsartikel über Yehudi[49] und eine Liste großzügiger Spender des Verbandes jüdischer Wohlfahrtsinstitute. Sammy und ich waren bis spät in die Nacht damit beschäftigt, Umschläge mit den Adressen dieser Leute zu beschriften, Werbezettel für das Konzert hineinzustecken, Briefmarken zu lecken und daraufzukleben.

Yehudi erfüllte alle Erwartungen, ja, er übertraf sie sogar noch. Sein Auftritt war eine Sensation. Die anwesenden Kritiker waren des Lobes voll. Einer verglich ihn mit Elman und Heifetz. Ein anderer sagte: »Dieser pausbäckige Blondschopf (hat) so viel Savoir-faire, als sei er acht mal acht Jahre alt.«[50]

Marutha und ich waren natürlich begeistert, gleichzeitig aber auch ängstlich. Aus Loudon Charltons Büro kam eine Dame mit einer Rechnung. Offenbar hatten die Einnahmen aus dem Kartenverkauf und das Geld von Max Rosenberg die Kosten nicht gedeckt, obwohl der Saal voll gewesen war. Viele New Yorker Manager wollten mit mir Verträge über Yehudis künftige Auftritte abschließen. Trotz des finanziellen Mißerfolgs fühlten wir uns verpflichtet, ihre Vorschläge abzulehnen. So höflich wie möglich erklärten wir ihnen: »Yehudi muß erst einmal heranwachsen. Er soll seine Kindheit genießen.«

Wieder daheim in San Francisco nahmen wir unser gewohntes Leben rasch wieder auf, als sei nichts geschehen. Persinger bat uns jedoch, Yehudi ein »Heimkehr-Konzert« im Scottish Rite Auditorium geben zu lassen, und wir sagten ja. Auch behielt ich von da an die geschäftliche Seite im Auge. Das war mein erster Versuch, die Organisation eines Konzerts zu beaufsichtigen. Ich engagierte Selby Oppenheimer, den führenden Manager San Franciscos, und verlangte, daß mir unverkaufte Eintrittskarten gleich nach dem Konzert ausgehändigt und daß keine Freikarten ohne meine Bewilligung ausgegeben wurden.

Selby Oppenheimer war ein Meister seines Fachs. Seine Abrechnungen waren so genau wie Kontoauszüge. Innerhalb von vierundzwanzig Stunden war das für den 4. März 1926 angesagte Konzert ausverkauft. Es war ein weiterer Erfolg für Yehudi, doch diesmal nicht nur in künstlerischer, sondern auch in finanzieller Hinsicht.

Am folgenden Tag schickte unser liebenswürdiger Schirmherr Mr. Ehrman Yehudi das neueste Luxusfahrrad. Wir hatten schreckliche Angst, Yehudi könne sich beim Radfahren auf den verkehrsreichen Straßen und steilen Hügeln der Nachbarschaft verletzen, und so riet ich ihm davon ab, das neue Rad auszuprobieren. Zur Bekräftigung meiner Einwände sagte ich Yehudi, er möge Alfred Hertz um seine Meinung bitten, die ich mir im voraus vorstellen konnte. Ich behielt recht. Hertz war entsetzt.

»Du könntest deine Hände verletzen. Vielleicht kannst du dann nie wieder Violine spielen.«

Das war genug für Yehudi. Erst fünf Jahre später setzte er sich auf ein Fahrrad.

Bald darauf schlug Persinger eine andere Art Konzert vor, eins, das er selber dirigieren wollte und in dem Yehudi mit dem San Francisco Symphony Orchestra Lalos ›Symphonie espagnole‹ spielen sollte. Zwei Vorstellungen waren geplant, die erste am 12., die zweite am 14. März 1926. Persinger meinte, Yehudi könne daraus lernen, wie es sei, als Solist mit einem Orchester aufzutreten. Wir gaben ihm recht und stimmten einer letzten Verpflichtung für dieses Jahr zu.

Alfred Hertz war nicht besonders glücklich, den Taktstock an seinen früheren Konzertmeister abgeben zu müssen, vor allem nicht bei so einer Gelegenheit, aber Persinger hatte es zur Bedingung gemacht. Wir waren einverstanden, denn es konnte Yehudi nur nützen, wenn sein Lehrer die Leitung hatte.

Yehudi fand das Zusammenspiel mit dem Orchester aufregend. Publikum und Kritik lobten seine Leistung. Schon lange hatte er davon geträumt, einmal zusammen mit dem hochgewachsenen, beleibten, bärtigen Alfred Hertz aufzutreten, den er sehr verehrte. Wir versprachen ihm, daß dies im richtigen Moment geschehen werde. Hertz bestätigte es, und so wurden die beiden gute Freunde, lange bevor sie zusammen öffentlich auftraten. Sie sollten in den kommenden Jahren sehr viele gemeinsame Vorstellungen geben.

Yehudi erhielt fünfhundert Dollar für die beiden Konzerte mit dem San Francisco Symphony Orchestra. Marutha und ich schlugen ihm vor, sie in die Kasse des Orchesters zurückzuzahlen. Wir hofften, damit deutlich zu machen, daß wir Yehudi nicht ausbeuten lassen würden; ein oder zwei Konzerte im Jahr waren genug für sein Alter. All dies geschah mit seiner Zustimmung und nach eingehender Erörterung. Dasselbe galt auch für Entscheidungen, die Hepzibah und Yaltah betrafen. Auch sie wurden erst gefragt.

Inzwischen kannten wir viele San Franciscoer Musiker. Damit Yehudi mit ihnen Kammermusik spielen und andere Solisten hören konnte, gab Marutha in unserem Haus »Buffets musicales«, zu denen sie einige Musiker und fünfzig bis sechzig Musikliebhaber einlud. Mit Mrs. Wessels' Hilfe bereitete sie köstliche Speisen zu und machte sich einen Namen als Gastgeberin.

Vor allem Alfred Hertz schätzte Maruthas Küche. Seine Frau, besorgt um sein Gewicht, hielt ihn zu Hause kurz. Also schlich er sich auf unseren Partys mit Marutha und Yehudi die Treppe hinauf und langte kräftig zu, während jemand anders Mrs. Hertz unten in »ernsthafte« Gespräche verwickelte.

Es gab Leute, die nicht verstanden, daß unser Haus auch eine Schule war mit festem Stundenplan fürs Lernen, Üben und Entspannen. Reiche Damen der Gesellschaft fanden nichts dabei, unaufgefordert zu erscheinen. Es war Marutha peinlich, diese wohlmeinenden, aber störenden Gäste zu enttäuschen. Es war keine leichte oder lohnende Aufgabe, »Stoßdämpfer« für unsere Kinder zu sein. Wir machten uns damit viele Feinde.

Marutha erledigte die ganze Hausarbeit allein; daneben überwachte sie auch noch das Kommen und Gehen der verschiedenen Lehrer und gab unseren Kindern selbst Unterricht. Yaltah, der jüngsten, mußte sie bei den Stunden etwas mehr helfen als den anderen beiden, denn Yaltah benahm sich schon früh so, wie man es häufig bei dritten Kindern findet, nämlich als ob sie sagen wollte: »Ihr liebt mich nicht so wie die Älteren.« Es kostete Marutha doppelt so viel Zeit und Mühe, Yaltah etwa die gleichen Fortschritte zu entlocken wie ihrer achtzehn Monate älteren Schwester Hepzibah. Außer beim Klavierunterricht hatten sie dieselben Lehrer.

Wenn die Ferienzeit kam, zog es uns weiterhin aufs Land in die frische Luft. Im Frühsommer 1926 verlebten wir auf Einladung der Ehrmans ein paar Wochen auf ihrem wundervollen Besitz am Lake Tahoe. Er ist heute ein Naturschutzpark.

Yehudi hatte drei Jahre bei Persinger studiert, als dessen Beschäftigung mit der Kammermusik ihn plötzlich vierhundert Meilen südlich nach Santa Barbara rief. Um Yehudi auch weiterhin Unterricht geben zu können, kam Persinger zweimal wöchentlich hinauf nach San Francisco. So etwas findet man selten. Deshalb fiel es uns schwer, diesen empfindlichen Mann davon in Kenntnis zu setzen, daß wir die Zeit für reif hielten, Yehudi nach Europa zu bringen, um seine musikalische Erfahrung zu erweitern und zu vertiefen. Persinger selbst hatte davon gesprochen, Yehudi auf ein Studienjahr zu seinem eigenen Mentor, dem alten Eugène Ysaye, mitzunehmen.

Wir wollten Mißverständnisse unbedingt vermeiden. Persinger sollte wissen, wie sehr wir uns ihm zu Dank verpflichtet fühlten. Wir wünschten keine Wiederholung der Sache mit Anker. Außerdem wollten wir Yehudis Lehrer auch nicht für immer wechseln. Mr. Persinger sah dies ein. Er bot an, Ysaye einen Brief über Yehudi zu schreiben und ihn zu fragen, ob er Yehudi für ein oder zwei Studienjahre annehmen würde.

Natürlich fragten wir Mr. Ehrman und Dr. Langer um Rat. Sidney Ehrman gewährte uns in seiner großzügigen, weisen Art augenblicklich freie Hand. Dr. Langer sagte auf seine typische direkte Weise: »Fahrt sofort zu Ysaye!« Er empfahl mir, von meinem Posten als Leiter des Jüdischen Schulvereins zurückzutreten. Das erschien mir zu drastisch. Ich bat stattdessen um Urlaub. Er empfahl mir auch, unser Haus zu verkaufen. Ich dagegen wollte es lieber behalten und auf unbestimmte Zeit gegen ein mäßiges Entgelt an Freunde vermieten. Die Eltern meines besten Schülers Max Kahn würden es bis zu unserer Rückkehr übernehmen.

Das Direktorium gewährte mir ein Jahr Urlaub – selbstverständlich ohne Gehalt. Da stand ich nun, der einstige Brotverdiener der Familie, vor der Aufgabe, im gleichen Augenblick, in dem ich nichts mehr verdiente und nur noch eine Art Schmarotzer war, die volle Verantwortung für das Schicksal meines Sohnes zu übernehmen. Ich war nie ein Spieler, und dies war ein großes Wagnis, egal, wie vielversprechend sich alles anließ.

Inzwischen hatte Ysaye als Antwort auf Persingers Brief geschrieben, er würde sich freuen, Yehudi bei sich in Brüssel zu empfangen.

Es ist nicht schwer zu erraten, was unsere letzte Handlung in San Francisco war, bevor wir nach Europa abreisten: ein Abschiedskonzert. Yehudi und Hertz hatten lange auf so eine Gelegenheit für ein gemeinsames Konzert gewartet.

Ich werde Yehudis erstes Konzert mit Hertz im Civic Auditorium nie vergessen. Yehudi spielte das Violinkonzert von Tschaikowsky. Der 16. November 1926 ist mir in lebhafter Erinnerung geblieben. Die Ehrmans hatten uns vor dem Konzert zum Abendessen eingeladen und schickten ihren Chauffeur Barney, um uns abzuholen. Yehudi saß vorn neben Barney; die beiden wurden sofort Freunde und blieben es viele Jahre.[51]

Donnernder Applaus begrüßte Yehudi, als er die riesige Bühne betrat, gefolgt von Alfred Hertz. Alexander Fried, Musikredakteur des ›San Francisco Chronicle‹, beschrieb, was geschah: »Ein kleiner, blonder, pausbäckiger Junge stand gestern abend auf dem Podium des Civic Auditorium und schaute mit seinen unschuldigen Kinderaugen auf ein Königreich von zehntausend Seelen hinab. In seinen dicken Händchen hielt er Bogen und Violine, seinen Zauberstab und sein Zepter. Zu seinen Füßen saß in völliger Stille die größte Menschenmenge, die der gewaltige Saal fassen kann. Hinter ihm standen in ebensolcher Bewunderung und Ehrfurcht Alfred Hertz und die achtzig erfahrenen Künstler des San Francisco Symphony Orchestra ...

Gestern spielte er eine der schwierigsten Kompositionen des Violinrepertoires, das Konzert von Tschaikowsky, ein Werk, dessen musikalischer Ausdruck das Temperament und die Erfahrung eines erwachsenen Mannes erfordert. Yehudis Zauberhände wurden mühelos mit den schwierigen Noten fertig, und sein Herz tauchte kühn tief in die Gefühlswelt des Komponisten.

Der Knabe, der in diesem großen Saal kleiner denn je wirkte, erfüllte ihn mit seiner Persönlichkeit und seinem Genie. Das zahlreiche Publikum war trotz seiner hohen Erwartungen erstaunt und entzückt über diese Leistung. Als das Konzert zu Ende war, wollte der ohrenbetäubende Beifall erst enden, als Yehudis Lehrer Louis Persinger das Podium betrat und ihn bei einer Reihe von Zugaben am Klavier begleitete.«

Redfern Mason schrieb in ›The Examiner‹: »Mit geschlossenen Augen entlockte Yehudi der Fiedel, diesem Zauberkasten, ein Lied, das sich wie ein Vogel über die Orchesterbegleitung aufschwang. In sein Spiel versunken schien der Junge die lauschende Menge gar nicht wahrzunehmen. Er hat die Gabe vollständiger Konzentration. Dabei ist er nicht so entrückt wie Heifetz; obwohl seine Seele sich im Reich der Töne befinden mag, steht sein Körper so fest auf der Erde wie der von Fritz Kreisler selbst ... Wenn die Geiger des Orchesters nicht spielten, schauten sie ihm mit einer Art bewundernder Verzweiflung zu.

Stürmischer Beifall begrüßte das Ende des Allegros, und Yehudi verbeugte sich knabenhaft mit strahlendem Gesicht. Er reichte sein Instrument Piastro (dem Konzertmeister) zum Stimmen und ließ dann die sanfte Klage der Canzonetta erklingen ... Die kräftigen Klänge der Passage, die zum Finale führt, schienen den Mann in ihm zu wecken, und er stürzte sich mit frohem Eifer in das schwindelerregende Vivacissimo. Als die instrumentale Glanzleistung beendet war, wurde das Publikum verrückt, wie nur das San Franciscoer Publikum verrückt werden kann, wenn es zutiefst bewegt ist.«

Ein paar Tage nach dem Konzert fuhren wir in einem wütenden Sturm quer über die Bucht von San Francisco nach dem Oakland Pier, wo Marutha, Yehudi und ich vor acht Jahren mit zweiunddreißig Cents in der Tasche aus dem Osten der Vereinigten Staaten angekommen waren. Als wir den Zug nach Chicago im strömenden Regen bestiegen hatten und Marutha und ich noch mit unseren Gefühlen über den Abschied von San Francisco kämpften, zog Yehudi ein von Louis Persinger verfaßtes Abschiedsgedicht aus der Tasche.

Yehudi, vergiß nicht zu schreiben,
wenn
Die Oktaven unrein klingen
Und die Triller zu früh beginnen!
Wenn
Die D-Saite dumpf grollt
Und die G-Saite stumm bleiben will!
Ganz zu schweigen von
Den Fingern, die herumschlittern wie eine Katze im Matsch,
Und der E-Saite, die sich nach glitschiger Seife anhört!
Oder wenn
Der Bogen so laut am Steg kratzt,
Daß jedermann sich die Ohren zuhält
Und die Takte sich so gründlich verheddern,
Wie das Fell eines jungen Spaniels!
Wenn
Sich die A-Saite laut und schrill gebärdet,
Als ob der Hund unterm Senfpflaster zuckt!

Ja,
Yehudi, junger Mann, dann ist es Zeit,
Daß du die Feder ergreifst,
Um mir von deinem Saiten-Quartett zu schreiben.
Und wenn du ohne reiche musikalische Beute
Aus dem alten Europa zurückkehren solltest,
Dann wundert sich sehr
Dein ergebener L. Persinger.

Mit Tränen in den Augen schrieb Yehudi im ostwärts eilenden Zug den folgenden Brief:

»Lieber Meister!

Während der Zug nach Osten fährt, fühle ich mich genauso einsam wie letztes Jahr bei der Trennung von meinem Vater. Ja, Mr. Persinger, Sie sind mein musikalischer Vater. Nie habe ich Sie so nahe gespürt wie jetzt. Wohin mich das Leben auch führen mag, ob Osten, Westen, Norden oder Süden, stets werde ich Ihre liebe Stimme hören, die Stimme, die mich so oft korrigierte. Wenn ich Sie nicht hätte, Gott weiß, was für ein Leben ich führen würde.

Ihr Sie liebender Schüler

Yehudi Menuhin«

Kaum hatten wir die Zurückgezogenheit unseres Hauses in San Francisco verlassen, fanden wir uns im Luxus wieder: in einer Pullman-Suite in der Eisenbahn, in der Ersten Klasse auf dem französischen Dampfer »De Grasse«. Außerdem standen wir im Rampenlicht. Plötzlich waren wir öffentliches Eigentum, ein Wanderzirkus. Es beunruhigte uns auch, daß wir nun völlig von der Wohltätigkeit anderer abhängig waren. Die Kinder können nicht einmal geahnt haben, was in uns vorging.

Als wir in Paris ankamen, litt die Stadt unter einem strengen Winter mit ständigem Regen und Schnee. Wie schon früher einmal ging es direkt in ein billiges Hotel am linken Seineufer. Die Zimmer waren dunkel; es gab keine Badezimmer, sondern einen Gemeinschaftswaschraum auf dem Flur. Das war bestimmt nicht in Mr. Ehrmans Sinn; wir sahen ein, daß wir einen schlechten Anfang gemacht hatten. Nach ein paar Tagen Trübsinn und Unbequemlichkeit mieteten wir eine möblierte Wohnung in der Rue de Sèvres, wobei wir wieder darauf achteten, Mr. Ehrmans Großzügigkeit nicht zu sehr auszunutzen. Mr. Ehrman fragte brieflich an, ob ich die Familie »verhungern ließe«. Nach seiner Meinung hob ich nicht genug Geld ab, um der Familie in Paris ein bequemes Leben zu ermöglichen.

Die Pariser Wohnung enthielt ein Zimmer, in dem Yehudi allein üben und lernen konnte. Wir planten, ein- oder zweimal wöchentlich mit Yehudi nach Brüssel zum Unterricht bei Ysaye zu fahren. Es traf sich, daß Marutha Yehudi allein nach Brüssel begleitete, um ihn diesem großen Musiker vorzustellen. Die Reise war ein totaler Mißerfolg.

Ysayes Arbeitszimmer machte einen unordentlichen, dunklen und muffigen Eindruck. Der alte, kranke Mann, der sich aus einem großen Lehnstuhl erhob, um Marutha und Yehudi zu begrüßen, war nur noch ein Schatten seiner selbst. Bevor Yehudi den ersten Ton gespielt hatte, waren er und seine Mutter unabhängig voneinander zu dem Schluß gekommen, für Ysaye sei es bereits zu spät. Als der alte Meister auf Yehudis Spiel hin den Vorschlag machte, die ganze Familie nach Brüssel kommen zu lassen, damit er die Arbeit mit Yehudi sofort aufnehmen könne, zögerte Marutha und meinte, sie müsse die Angelegenheit erst einmal gründlich mit mir besprechen.

Müde und traurig kehrten die beiden spätabends heim. Für mich war es eine Katastrophe, denn wir hatten große Hoffnungen auf Ysaye gesetzt. Es blieb uns nichts anderes übrig, als einen anderen berühmten Lehrer zu suchen. Unsere erste Wahl fiel auf Georges Enesco, den wir alle verehrten, seit wir ihn mehrere Jahre zuvor in San Francisco spielen gehört hatten. Jahre später verriet Yehudi etwas, das wir damals nicht wußten: daß er schon bevor wir nach Europa fuhren »den heimlichen, festen Plan gehabt habe, Enesco zu suchen«.

Zufällig gab Enesco in derselben Woche in der Pariser Salle Gaveau ein Konzert. Es war eine wunderbare Vorstellung, nach der wir uns den vielen anderen anschlossen, die hinter die Bühne strömten. Enesco schien sich zu freuen, uns zu sehen. Keck sagte Yehudi: »Ich möchte gern bei Ihnen studieren!«

»Aber ich bin mitten in einer Europatournee, mein Junge. Ich reise morgen früh um sechs Uhr dreißig ab.«

»Darf ich Ihnen vorspielen, bevor Sie Paris verlassen?«

»Gern. Aber du müßtest morgens um fünf Uhr dreißig zu mir kommen. Ich wohne in der Rue de Clichy 26.«

Es war schon nach Mitternacht.

»Selbstverständlich kommen wir«, sagte Yehudi und schaute seine Mutter und mich triumphierend an.

Yehudi und ich waren Punkt fünf Uhr dreißig dort. Enesco setzte sich ans Klavier und bat Yehudi zu spielen, was er wollte. Keiner von beiden verlangte nach Noten, obwohl wir viele mitgebracht hatten. Enesco begleitete Yehudi auswendig und mit natürlicher Improvisation. Es klang, als spielten sie schon seit Jahren zusammen. Nach einer halben Stunde hielt Enesco inne: »Yehudi, ich wäre glücklich, jederzeit und überall mit dir Musik zu machen, wenn ich nicht auf Tournee bin.[52] Kannst du ein paar Monate warten, bis ich wieder in Paris bin?«

»Selbstverständlich können – und werden – wir«, antwortete Yehudi.

Das war's also. Auftrag ausgeführt! Und mehr noch, Enesco sollte ein Freund fürs Leben werden.

Yehudi und ich verließen Enescos Wohnung und gingen die Rue de Clichy hinunter in ein Café. Wir setzten uns und bestellten heiße Schokolade und Brioches. Während wir auf unser Frühstück warteten, sprachen wir über das wunderbare Erlebnis und über das, was vor uns lag. In diesem Augenblick wurden wir »Geschäftspartner« seiner musikalischen Laufbahn.

Diese und seine musikalischen Studien waren nun mein Aufgabengebiet in der Familie.

An jenem Tag schickte ich dem Direktorium in San Francisco meine Kündigung.

Ein paar Tage nach unserem frühmorgendlichen Besuch bei Enesco besuchte uns Gerard Hekking, der Cellist, den wir bei Enesco kennengelernt hatten.

»Ich möchte, daß Ihr Sohn meinem Freund Paul Paray vorspielt, dem Dirigenten des Orchestre Lamoureux, der auch ein Freund von Enesco ist.«

Yehudi freute sich sehr. Paray hatte uns tief beeindruckt durch die Poesie und Präzision seines Spiels und durch die verzauberte Atmosphäre, die es schuf. Wir trafen Paray am nächsten Tag. Yehudis Spiel begeisterte ihn sofort, und er bat mich, Yehudi mit seinem Orchester auftreten zu lassen. Wir besprachen den Vorschlag mit Yehudi. Marutha und ich fanden, diese Erfahrung würde ihm guttun und außerdem uns Gelegenheit bieten, die besten Musiker von Paris kennenzulernen. Wir nahmen die Einladung an.

Yehudis Finger waren gewachsen, und er brauchte unbedingt eine größere Violine. Wiederum löste Sidney Ehrman das Problem, indem er sofort anbot, jede Violine, die wir auswählten, zu bezahlen, egal, wieviel sie kostete.

Yehudi und ich besuchten fast jeden Luthier (Instrumentenhändler) in Paris. Schließlich entdeckten wir eine wunderbare ausgewachsene, aber kleine Grancino[53], die tadellos zu Yehudis Händen und Fingern paßte. Sie kostete dreitausend Dollar. Yehudi war überglücklich.

Als sein Pariser Debüt herangekommen war, hatte sich Yehudi völlig an seine neue Grancino gewöhnt. Zum ersten Mal in seinem Leben bereitete er sich ohne Hilfe eines Lehrers auf ein Konzert vor. Sein erster Auftritt mit Lalos ›Symphonie espagnole‹ und dem Konzert von Tschaikowsky war ein Triumph. Der Beifall war überwältigend, und Yehudi bedankte sich dafür mit einigen Zugaben, dem ›Rondo des lutins‹ von Bazzini und ›Nigun‹ (Baal Shem) von Bloch, von Paul Paray selbst am Klavier begleitet. ›Le Petit Parisien‹ nannte ihn einen »kleinen Mozart« und »die Verkörperung der Musik«. ›Le Journal‹ schrieb: »Er singt auf der Violine wie ein Vogel«. Louis Schneider bezeichnete ihn in der Europaausgabe der ›New York Herald Tribune‹ als »König seiner Kunst«.

Tief im ersten Satz des Konzerts war eine Saite der Grancino gerissen. »Dem ganzen Publikum stockte der Atem, als sei ihnen allen das Herz gebrochen. Aber auch hier wieder war der Solist der Ruhigste im Haus. Nachdem er seine Geige aus den heilenden Händen des Konzertmeisters zurückerhalten hatte, spielte er den Satz dort weiter, wo das Unglück passiert war, und lieferte ein neues Beispiel für Ruhe und Kaltblütigkeit«, schrieb Irving Swerke in der ›Chicago Tribune‹.

Die ›New York Herald Tribune‹ vom 13. Februar 1927 berichtete, nach dem Konzert von Tschaikowski »rissen sich Frauen Veilchensträuße von der Brust und warfen sie dem erstaunten Yehudi zu Füßen ... Ein Teil der Menschenmenge drang sogar bis in seine Garderobe vor. Sie umarmten und küßten Yehudi, den seine Eltern zu schützen versuchten.«

Yehudi erhielt ein Foto mit der Widmung »Pour Yehudi Menuhin, à qui je dois une des plus pures émotions de ma vie.« (Für Yehudi Menuhin, dem ich eine der reinsten Gemütsbewegungen meines Lebens verdanke.) Es war signiert mit *Paul Paray*.

Telegramme und Briefe kamen an, die Yehudi zu Solistenkonzerten nach Berlin, Moskau, Warschau, Rom, Madrid, London, Amsterdam, New York und vielen anderen europäischen und amerikanischen Städten einluden. Die Honorarangebote schwankten zwischen 2500 und 5000 Dollar pro Auftritt. All diesen Orchestern und Konzertmanagern antworteten wir: »Yehudi ist nicht nach Europa gekommen, um dort Konzerte zu geben, sondern um zu lernen.« Ich beauftragte jedoch die New Yorker Agentur Evans und Salter, die mir von Selby Oppenheimer wärmstens empfohlen worden war, in ihrer Stadt zum Jahresende ein einziges Konzert vorzubereiten.

Inzwischen öffneten sich uns in Paris viele Türen zur Musik. Monsieur Gaveau, Inhaber der Salle Gaveau und Hersteller des berühmten gleichnamigen Pianos, bot uns gegen geringe Gebühr mehrere seiner Instrumente an und dazu die kostenlose Benutzung seiner Loge bei Konzerten. Wichtiger noch, Noël Gallon, Harmonie- und Kontrapunktlehrer am Pariser Conservatoire, willigte ein, Yehudi bei uns zu Hause in diesen Fächern zu unterrichten, während Marcel Ciampi, einer der besten französischen Pianisten und ein erfahrener Lehrer, als Lehrer für unsere Töchter engagiert wurde.[54]

Ich habe einmal eine sonderbare Geschichte gelesen, wie ich über Marcel Ciampi hergefallen sei und Hepzibah und Yaltah an seinem Klavier abgesetzt hätte, damit sie ihm vorspielten.

Angeblich sollte ich den großen Ciampi »reingelegt und unendlich verärgert haben«.

»Nachdem er die Mädchen spielen gehört hatte«, wurde eingeräumt, »versprach er, die Töchter des aggressiven Amerikaners zu unterrichten.« In Wirklichkeit habe ich Ciampis Studio nie betreten, denn ich hatte keinen Grund dazu. Hepzibah und Yaltah waren Maruthas Aufgabengebiet.

Eine zweite erfundene Geschichte, die veröffentlicht wurde, behauptete, Yehudi habe gern stundenlang zugehört, wie Jan Hambourg ihm bei uns oder bei sich in London Bachs Sonaten und Partiten für Solovioline vorspielte. Das ist ganz einfach nicht wahr. Wir hätten Yehudi Jans Interpretation der Werke Bachs niemals zugemutet, obwohl wir das Ehepaar Hambourg, das wir bei diesem Aufenthalt in Paris kennenlernten, sehr gern mochten. Jan hatte viele Jahre bei Ysaye studiert. Leider merkte man das seinem Spiel nicht an. Er entwickelte sich vielmehr zum echten Feinschmecker und Kenner auf den Gebieten von Kunst, Musik und Violinen. Oft kam er aus London herüber, um in den bekannten Kunstgalerien und auf dem Marché aux puces, dem berühmten Flohmarkt an der Porte de Clignancourt, herumzustöbern und nach günstigen Angeboten Ausschau zu halten.

In ihrer Jugend in Pittsburgh hatte Mrs. Hambourg Freundschaft mit Willa Cather geschlossen, die damals eine junge Studentin und Schriftstellerin war. Als wir die Hambourgs kennenlernten, war auch Willa Cather in Paris, und Mrs. Hambourg machte uns mit ihr bekannt. Bald war Willa Cather auch unsere, vor allem Maruthas Freundin. In den darauffolgenden Jahren wechselten wir Hunderte intimer Briefe. Marutha gab Willa den Kosenamen »Vassinka«. Willa nahm Marutha das Versprechen ab, nach ihrem Tod all ihre Briefe zu vernichten. Marutha hielt das Versprechen trotz meiner Einwände. Hätte sie es nicht getan, hätten die Briefe viel zum allgemeinen Verständnis dieser großen amerikanischen Schriftstellerin beigetragen.

Nach Yehudis Debüt in Paris kamen viele führende Musiker in unser Haus. Neben Ciampi und Gallon waren darunter auch Cortot, Thibaud und Monteaux. Ich bin sicher, daß die Zeit zwischen Dezember 1926 und März 1927, in der Yehudi keinen Violinunterricht hatte, sehr nützlich für ihn war. Das unbeaufsichtigte tägliche Üben für das Konzert mit dem Orchestre Lamoureux weckte in ihm ein hohes Maß an Selbstdisziplin und

Verantwortungsbewußtsein. Wir lernten daraus, daß Yehudi von Zeit zu Zeit Perioden brauchte, in denen er allein war und dadurch gezwungen zu Selbstentwicklung, Selbstunterweisung und Selbstkritik.

Endlich kehrte Enesco zurück. Ein Eilbrief forderte uns auf, so bald wie möglich zur ersten Unterrichtsstunde in die Rue de Clichy 26 zu kommen. Die beiden nahmen Brahms' Konzert für Violine in Angriff. Enesco achtete darauf, daß Yehudi seinen eigenen Fingersatz, seine eigene Bogenführung entdeckte.

Ich saß still in einer Ecke und hörte aufmerksam zu. Enescos Analyse von Brahms' gewaltigem Werk faszinierte mich. In jeder Unterrichtsstunde machte ich mir Notizen, und auf dem Heimweg setzten Yehudi und ich uns stets in unser Lieblingscafé in der Rue de Clichy und gingen mein Notizbuch durch. Was er für nützlich hielt, ließ er in seine Musik einfließen.

Enesco, den die meisten Konzertkünstler, darunter auch Toscanini, als den führenden Musiker unserer Zeit betrachteten, forderte Yehudi immer wieder auf, den Urtext der Werke großer Komponisten zu ehren. Jedes Verfälschen, Redigieren und Herumspielen mit den Originalen der großen Meister lehnte er ab.

Enesco schätzte die ernsthafte, klare und wissenschaftliche Art der deutschen Musiker, aber die deutsche Schule des Geigenspiels liebte er nicht. Er hielt sie für zu schwerfällig, zu flach, zu trocken und für unfähig, die Violine so behutsam zum Singen zu bringen wie die französisch-belgische Schule. Er sagte Yehudi: »Mein lieber Junge, du gehörst zur französisch-belgischen Schule. Trotzdem mußt du dich eines Tages eingehend mit der deutschen Schule des Geigenspiels beschäftigen. Irgendwann einmal mußt du bei Alfred Busch studieren, dem besten Vertreter dieser Schule. Wenn du einige Zeit bei ihm verbracht hast, kannst du, wenn du möchtest, zu mir zurückkehren.«

Mit vielen Unterrichtsstunden bei Enesco und ohne Konzertverpflichtung genoß Yehudi den musikreichsten Frühling und Sommer seines Lebens. Er arbeitete am Konzert von Brahms, an der Sonate von César Franck, am ›Poème‹ von Chausson, am D-Dur und G-Dur-Konzert von Mozart, an Ravels ›Tzigane‹, am Beethoven-Konzert und an ein paar Sonaten und Partiten für Violine solo von Bach.

Mein Sommer verlief nicht so friedlich. Am 14. Juli, dem

französischen Nationalfeiertag, sah ich mit eigenen Augen ein erschütterndes Beispiel für europäischen Militarismus.

An jenem Morgen war ich ins Milchgeschäft gegenüber unserem Haus einkaufen gegangen. Ich kam nicht wieder über die Straße, da eine Militärparade in voller Montur vorbeizog. Neben mir auf dem Bürgersteig stand ein Franzose und schaute der Parade zu. Ich kann nur vermuten, daß er vergaß, den Hut zu ziehen, als die Fahne an uns vorbeizog, denn auf einen Wink des kommandierenden Offiziers trat plötzlich ein Soldat aus der Reihe und zertrümmerte ohne Warnung dem Mann neben mir mit seinem Gewehrkolben den Schädel. Dann trat er zurück ins Glied und ließ den sterbenden Zivilisten in einer Blutlache zu meinen Füßen liegen.

14. Rumänien (Juli–November 1927)

Enescos wirkliche Heimat war die Stadt Sinaia in Rumänien, wo er mit der Prinzessin Cantacuzène ein Haus teilte. Er lud uns nach Rumänien ein und bot an, alles Nötige zu veranlassen. Aber es gab Schwierigkeiten. In Rumänien fanden in jenem Sommer antisemitische Krawalle statt. Juden wurden geschlagen, beraubt und getötet. Unser Plan sickerte durch zu den jüdischen Zeitungen in Paris und New York, und einige sprachen sich dagegen aus. Wie sie es erfahren hatten, war uns rätselhaft. Wir hatten niemandem davon erzählt.

Es war mir peinlich, Enesco nach den Pogromen zu fragen. Er gab zu, daß die Unruhen in seinem Land ernst waren, versicherte mir jedoch, uns könne nichts geschehen. Wir entschlossen uns also zum Aufbruch. Enesco besorgte uns eine wunderschöne Villa, die einem Hotel angeschlossen war. Sie lag nicht weit entfernt vom Sommerhaus der rumänischen Königsfamilie in den Karpaten inmitten von Wäldern, Schlössern, Parks und Kurorten. Enescos Villa Luminisch lag ein paar Meilen außerhalb der Stadt. Die Prinzessin Cantacuzène wohnte im Parterre, Enesco im oberen Stock. Eine enge eiserne Wendeltreppe verband die beiden Ebenen.

In einer der vielen Musikstunden mit Yehudi schlug Enesco Szymanowskis ›Mythes, Dryades et Pan‹ auf und bat Yehudi, aus dem Fenster hinaus auf die Bauern bei der Ernte zu schauen und sich das Summen der Bienen und Mücken vorzustellen. Dann forderte er Yehudi zum Spielen auf. Während Yehudi spielte, ahmte Enesco die Geräusche der Insekten mit geradezu unheimlicher Genauigkeit nach.

Da Rumänien das Land der Zigeuner war, konnten wir es nicht verlassen, ohne sie und ihre Musik kennengelernt zu haben. Durch Vermittlung von Konrad Bercovici – »Zigeuner im Geist und nicht im Blut, im Temperament und nicht aus Gnade« – durften wir einen der größten Stämme bei einer nächtlichen Feier besuchen. Es war ein Erlebnis, sie rasend um das Feuer tanzen zu sehen, während die Fiedler mit Hingabe aufspielten. Sie waren zu Geigern geboren, bauten ihre Instrumente selbst und bespannten ihre Bogen mit Haaren aus dem Schweif ihrer Pferde. Ihre Virtuosität war erstaunlich. Yehudi lud den Anführer zu uns ein, und am nächsten Tag kamen gleich zwei. Sie brachten uns Krüge frischer Walderdbeeren mit. Yehudi bat sie, ihm vorzuspielen, damit er ihren Fingersatz studieren konnte. Dann mußte Yehudi für sie spielen. Er spielte Tartinis Teufelstriller-Sonate und die Chaconne von Bach. Sie folgten jeder Bewegung seiner Finger und seines Bogens.

Enesco hatte sich gründlich mit jüdischer Musik und Zigeunermusik beschäftigt. Von ihm erfuhr ich, daß viele traditionelle »jüdische« Melodien, die ich ihm vorsang, von den Zigeunern stammten. »Ihr Volk«, erklärte er mir, »das so musikalisch ist, übernahm die Lieder vor tausend Jahren von den Zigeunern, als diese über die weiten Ebenen Rumäniens, Ungarns und Siebenbürgens zogen.«

In Sinaia lernte Yehudi mit zigeunerhafter Hingabe einige rumänische Volkstänze tanzen, und Cora Koshland und andere Besucher aus San Francisco filmten ihn dabei. Wir machten mehrere Autoausflüge nach Siebenbürgen, besichtigten alte Königsschlösser und arme Dörfer und hörten uns die Klagen der ungarischen Minderheit über die rumänische Regierung an.

Zum Wandern durften wir die der königlichen Familie vorbehaltenen Bergpfade und Straßen benutzen. Überall spürten wir die Anwesenheit unsichtbarer Wächter, die aufpaßten, daß keine unliebsamen Zwischenfälle unseren Aufenthalt störten. Trotzdem fielen uns die Unruhe und das Elend der Menschen in diesem mit natürlichen Reichtümern gesegneten Land auf. Sie »trauerten« um den kürzlich verstorbenen König. Seine Gemahlin, Königin Maria, eine liebenswürdige, ansehnliche, geziemend schwarz gekleidete Dame, hielt die Zügel der Macht fest in ihrer Hand. Vermutlich hatte Enesco mit ihr abgemacht, daß wir ohne unser Wissen besonderen Schutz genossen.

Einmal erlebte ich mitten im Stadtpark von Sinaia das Ende eines blutigen Zusammenstoßes zwischen nichtjüdischen Studenten und jüdischen Medizinstudenten. Ich erkundigte mich und erfuhr: »In Rumänien dürfen nur wenige Juden die Universität besuchen. Aber sie sind oft die begabtesten Studenten, deshalb wollten die anderen sie alle hinauswerfen.«

Etwa eine Woche vor unserer Abreise nach San Francisco via Paris und New York fuhr ich nach Bukarest, um meinen Kreditbrief von der Wells Fargo Bank in rumänische Leu umzuwechseln. Bei meiner Ankunft im Bukarester Bahnhof trat ein mir völlig fremder Mann auf mich zu und sagte in gutem Englisch: »Bitte, machen Sie sich keine Sorgen, wenn Sie sehen, daß ich Ihnen heute folge. Ich habe den Auftrag, Sie zu beschützen.

Es sieht schlecht aus in Rumänien; die Inflation ist schrecklich. Man gibt den Juden an allem Schuld. Kümmern Sie sich nicht um mich und tun Sie, was Sie wollen. Wir sehen uns am Nachmittag am Bahnhof wieder, wenn Sie in den Zug nach Sinaia steigen.«

Die rumänische Bank, der ich meinen Kreditbrief zuerst vorlegte, wollte mir kein Geld auszahlen. Bei einer italienischen Bank in der Innenstadt hatte ich mehr Glück; man riet mir jedoch, erst einen kleinen Koffer zu kaufen wegen der Auswirkungen der Inflation auf den rumänischen Leu. Das tat ich und eilte zurück nach Sinaia, um so schnell wie möglich all unsere Rechnungen zu bezahlen. Der Wert des Geldes wurde täglich geringer. Auf dem Bahnhof winkte mir mein Leibwächter zum Abschied zu.

Meine Sorgen waren noch nicht ganz vorbei. Auf halber Höhe eines Berges ging dem Zug der Brennstoff aus. Passagiere stiegen aus und sammelten Holz, damit die Fahrt weitergehen konnte. Es war schon nach Mitternacht, als wir Sinaia erreichten, und ich mußte noch eine Viertelstunde bergauf durch den Wald laufen, bis ich das Hotel erreichte und meine besorgte Familie beruhigen konnte.

Der Sommer nahm ein plötzliches Ende. Schnee lag in der Luft, und für uns wurde es Zeit zum Aufbruch. Enesco bereitete sich auf eine Tournee durch die USA und Europa vor, und so war für Yehudi der letzte Tag gemeinsamen Musizierens mit Enesco in der Villa Luminisch gekommen. Bevor die Stunde begann, zog mich Enesco beiseite.

»Mr. Menuhin, ich möchte Sie um einen großen Gefallen bitten. Ich weiß, Sie zerren Yehudi nicht gern in königliche Paläste. Ihre Majestät die Königin zeigte Verständnis, als ich ihr sagte, Sie würden auch in ihrem Fall keine Ausnahme machen. Aber sie bat darum, Yehudi unten in der Wohnung der Prinzessin Cantacuzène spielen zu hören. Würden Sie ihm erlauben, einige Konzerte und Sonaten zu spielen? Es werden keine anderen Gäste dabeisein, nicht einmal Kronprinz Michael.«[55]

Da ich Yehudis Gesichtsausdruck entnehmen konnte, daß er große Lust dazu hatte, gab ich meine Zustimmung.

Enesco verschwand, um die nötigen Vorbereitungen zu treffen, und Yehudi begann, die Chaconne zu spielen. Plötzlich brach ein heftiger Gebirgssturm los mit zuckenden Blitzen und lautem Donner. Es gab einen Platzregen, wie ich ihn noch nie erlebt hatte. Das Zimmer wurde stockdunkel. Es war ein äußerst unheimlicher Augenblick. Enesco erschien mit einer Kerze in der Hand. Yehudi hatte nicht aufgehört zu spielen. Ja, der Sturm schien ihn sogar anzufeuern. Als er das Ende des Stückes erreicht hatte, legte sich der Sturm. Enesco eilte zu ihm, umarmte ihn und sagte: »Denke immer an diesen Sturm, mein Junge, und an den Frieden, der darauf folgte. Bachs Chaconne ist ein Sturm, der friedlich endet.«

Als wir vernahmen, daß Königin Maria in der Villa Luminisch angekommen war, gingen wir alle hinunter. Enesco verneigte sich und küßte ihr die Hand. Yehudi und ich begrüßten sie höflich und ehrerbietig. Nach Tee, Kuchen und ein paar Worten über den Sturm spielten Enesco und Yehudi ein paar Konzerte und Sonaten. Die Königin beglückwünschte Yehudi und schenkte ihm ein Märchenbuch, das sie selbst auf Englisch verfaßt hatte und in das sie eine Widmung schrieb. Bevor wir gingen, fragte sie: »Yehudi, sage mir doch, warum du mir nicht die Hand geküßt hast wie dein Lehrmeister?« Yehudi antwortete: »In Amerika sind alle Frauen Königinnen, aber wir küssen ihnen nicht die Hand und verneigen uns nicht vor ihnen.«

Am Tag nach unserer letzten Zusammenkunft mit Enesco in der Villa Luminisch verließen wir Sinaia und fuhren mit dem Orientexpreß nach Paris. Wenige Wochen danach waren wir wieder in New York im alten, bekannten Colonial Hotel in der 81. Straße dicht beim Central Park und bereiteten uns auf Yehudis Auftritte mit dem New York Symphony Orchestra am 25. und 26. November 1927 vor.

Yehudi wollte sich das »Vergnügen« gönnen, in seinen Konzerten mit dem New York Symphony Orchestra das Beethoven-Konzert zu spielen, an dem er kürzlich mit Enesco gearbeitet hatte. Indes vertraten sowohl Fritz Busch[56], der Gastdirigent, als auch Walter Damrosch, der reguläre Dirigent, die Ansicht, er solle ein leichteres Konzert von Mozart oder Bach spielen. Damrosch warnte uns, daß schon ein einziger Fehler bei Beethoven Yehudis Karriere gleich am Anfang ruinieren könne.

Yehudi blieb fest. »Ich mache mir nichts aus einer Karriere. Ich habe mich darauf gefreut, mit Ihrem Orchester Beethoven zu spielen.«

Die Entscheidung fiel, als Kurt Weinhold[57], der junge Dresdner Konzertagent, der damals in New York war, um die Opernsängerin Elisabeth Rethberg zu betreuen, Fritz Busch dazu bewegte, sich von Yehudi in seinem Hotelzimmer das Beethoven-Konzert vorspielen zu lassen. Yehudis Vortrag stimmte Busch um; nach dem Konzert schrieb er den Berliner Philharmonikern einen Brief, in dem er ihnen empfahl, Yehudi einzuladen, das Konzert mit ihnen zu spielen.

Yehudi wurde mit Angeboten überschüttet, mit führenden Orchestern – und in den Häusern reicher Musikfreunde – zu spielen. Die Zeitschrift ›The Nation‹ nahm ihn in ihre Ehrenliste des Jahres 1927 auf.

Die ›New York Times‹ zitierte, was ich über unsere Pläne und die Grundsätze, die ihnen zugrunde lagen, gesagt hatte: »Mrs. Menuhin und ich sind nur die Hüter dieses Jungen und seiner Musik ... An verführerischen Angeboten über Geld und Ruhm ... sind wir einfach nicht interessiert.«

Gerade zu diesem Zeitpunkt wurde Marutha krank und mußte operiert werden. Das hielt uns über einen Monat in New York fest. Louis Persinger war auch dort und willigte ein, Yehudis Unterricht sofort wieder aufzunehmen. Er und Enesco, der ebenfalls anwesend war, rieten uns, Yehudi ein paar Solovorstellungen mit Werken, die er mit Enesco einstudiert hatte, geben zu lassen. Eine davon fand statt am 12. Dezember 1927, dem Tag, bevor Marutha ins Krankenhaus mußte.

Das Konzert brachte Yehudi neue Lorbeeren. Olin Downes schrieb in der ›New York Times‹: »Hier muß man das abgenutzte Wort ›Genie‹ zitieren. Es gibt keine andere Erklärung für so eine Leistung ... Die Jahre werden das ganze Ausmaß dieser ungewöhnlichen Begabung weisen, die vor übermäßiger Ausbeutung klug bewahrt wird.«

Professor Auer befand sich unter den Zuhörern und wurde nach seiner Meinung über Yehudis Spiel gefragt.

»Wunderbar!«

Leonard Liebling von ›The Sunday New York American‹ schrieb: »Wer an Seelenwanderung glaubt, wird Ihnen sagen, in Yehudi seien Geist und Seele Mozarts oder Paganinis wieder auferstanden. Vielleicht ist Yehudi Menuhin dies alles, wer weiß? Man staunt in ratloser Ungläubigkeit.«

Maruthas Operation verlief erfolgreich. Während sie im Krankenhaus lag, bereitete ich alle Mahlzeiten der Kinder auf einer kleinen elektrischen Kochplatte im Hotelzimmer zu. Dreißig Tage gab es mein Menü: Hühnersuppe mit Gemüse, Kopfsalat, Obst, Brot, Butter und Milch. Manchmal kam Dorothy Crowther, die Yehudi ein Jahr zuvor am Institute of Musical Art in Vom-Blatt-Singen und Gehörtraining unterrichtet hatte, und führte die Kinder in die Oper oder begleitete uns auf Spaziergängen im Central Park. Und Sammy Marantz war stets bereit, mir auszuhelfen und mit Yehudi Schach zu spielen. Persinger hatte Yehudi mit diesem Spiel bekanntgemacht.

Wir erfreuten uns auch der Gesellschaft von Sam Franko[58], dem wundervollen amerikanischen Geiger, Komponisten und Musikwissenschaftler, der bei Joachim in Deutschland und Vieuxtemps in Paris studiert hatte, ein Klassenkamerad Hubays gewesen war und Brahms, Wagner, Johann Strauss, Ysaye, Lalo, Saint-Saëns, Godard, Anton Rubinstein, Massenet, Sarasate, Dvořák, Turgenjew und Sivori, den letzten Schüler Paganinis, persönlich gekannt hatte. Er war der Gründer des New Yorker American Symphony Orchestra und nun Mitglied der Pariser Concerts Pasdeloup. Yehudi und ich nahmen durstig alles auf, was er über Musik zu sagen hatte.

Bald nannten wir Sam Franko »Onkel Sam«. Es gab auch einen »Onkel Samuel«. Das war Samuel Cohen, mit dem wir in dieser Zeit in New York enge Freundschaft schlossen. Sein Sohn hatte Dr. Langers Tochter geheiratet.

Durch Ehrmans lernten wir Edgar Leventritt kennen, einen angesehenen Rechtsanwalt, dessen Haus einen wichtigen Platz im New Yorker Musikleben einnahm. Musiker und Musikliebhaber versammelten sich dort, um oft bis spät in die Nacht

Musik zu machen oder zu hören. Und wenn man tagsüber in seinem Büro anrief, hörte man häufig: »Mr. Leventritt ist zu Hause und musiziert.«

Leventritts Haus hatte aber auch noch andere Anziehungspunkte für unsere Kinder: Mr. Leventritts Tochter Rosalie, ein bildhübsches, liebenswürdiges und intelligentes Mädchen, ihren Bruder Victor und beider Freundin Lydia Perera. Für Yehudi bedeuteten die Besuche bei Leventritts nicht nur Kammermusik, sondern auch Schach mit Victor und Scharaden mit Rosalie und Lydia.

Obwohl Yehudi fast ein Jahr dem Konzertpodium fernbleiben sollte, ausgenommen die beiden geplanten Konzerte in meinem eigenen Revier San Francisco, war es nun an der Zeit, Yehudis Zukunft mit Evans und Salter langfristig zu planen.

Wir standen vor der Wahl, entweder glänzende Angebote anzunehmen, die Yehudis Ausbeutung einschlossen, oder ihn dem Konzertpodium gänzlich fernzuhalten, um ihn normal aufwachsen zu lassen. Im zweiten Fall würde er später vor der schwierigen Aufgabe stehen, seine Karriere neu aufzubauen, einer wahren Zerreißprobe.

Ich fragte sowohl Enesco als auch Persinger um Rat. Wir kamen zu der Überzeugung, zehn bis zwölf Wochen jährlich mit jeweils einem Konzert in sorgfältig ausgewählten Städten Amerikas und Europas würden Yehudis beruflicher Entwicklung nützen und ihm gleichzeitig reichlich Zeit übriglassen, um zu lernen und in Allgemeinbildung und Musik voranzukommen.

Nachdem ich alles mit Marutha und Mr. Leventritt, der unser Rechtsanwalt war, besprochen hatte, unterschrieb ich einen Vertrag mit Evans und Salter. Yehudi kam mit auf die kurze Liste großer Konzertkünstler, die sie vertraten und denen sie sich ausschließlich widmeten. Darunter waren Elisabeth Rethberg, Amelita Galli-Curci, Louise Homer, Lawrence Tibbett und Tito Schapiro. In Yehudis Fall lief der Vertrag nur über eine Vorstellung pro Woche und für die Zeit von Januar bis Februar 1929. Vorstellungen an der Westküste (meinem Revier) und Schallplattenaufnahmen waren nicht mit eingeschlossen. Ich führte bereits Verhandlungen mit der Victor Talking Machine Company (heute RCA Victor) über Aufnahmen, die Yehudi im Laufe des nächsten Jahres machen sollte.

Als Marutha das Krankenhaus verlassen durfte, wurde sie mit einem Krankenwagen direkt zum Bahnhof an unseren Pullman-

Wagen gefahren. Dort erwarteten wir sie schon mit allem Gepäck, darunter einem großen neuen Strohkoffer, in dem Sammy und ich die ganze neue, von mir erworbene Küchenausstattung gepackt hatten. Töpfe, Pfannen, Gläser, Tassen, Teller und Bestecke reisten scheppernd und klirrend quer durch Amerika mit.[59]

Unser Haus in der Steiner Street hatten uns unsere Freunde, die Kahns, ordentlich und sauber hinterlassen. Davor parkte ein neuer Buick, ein Geschenk von Ehrmans.

Wir vereinbarten den 22. Januar 1928, Yehudis »offiziellen« zwölften Geburtstag, als Termin für das »Willkommens«-Konzert im Civic Auditorium.[60] Um Yehudi und Alfred Hertz eine Freude zu machen, sollte am 23. Februar ein Orchesterkonzert stattfinden.

Jedes Konzert wurde von zehn- bis elftausend Zuhörern besucht. Das war das größte Publikum, das es damals in San Francisco außer bei Freilichtveranstaltungen gab. Publikum und Kritiker waren hingerissen.

Nach dem Konzert vom 22. Januar schrieb Alexander Fried vom ›San Francisco Chronicle‹ über Yehudi: »Sein technisches Können wird von keinem lebenden Geiger übertroffen, obwohl wir in einer Zeit vorzüglicher Virtuosen leben. Er spielt mit einem Klang und einer Kultiviertheit, die seines Künstlertums würdig sind.«

Redfern Mason vom ›San Francisco Examiner‹ schilderte die überschäumende Begeisterung des Publikums am Ende des Konzerts vom 23. Februar und fügte hinzu: »Das Orchester erwies ihm eine Ehre, die es nur Künstlern ersten Ranges erweist: Es spielte ihm einen Tusch.«

Wir hatten uns glücklich wieder in unserem Haus in San Francisco eingelebt und nun auch finanzielle Unabhängigkeit erreicht. Die Auftritte in der Carnegie Hall brachten uns etwa fünftausend Dollar, die Konzerte in San Francisco zehntausend und das Orchesterkonzert dreitausend netto. Die Ehrmans waren stets bereit, alles zu übernehmen, was unsere Mittel überstieg, aber es sah so aus, als könnten wir uns von nun an selbst versorgen. Unsere Abmachung mit Mr. Persinger sollte bis März 1929 dauern. Dann war Yehudis erste, acht bis zehn Wochen lange »Tournee« geplant. Mr. Persinger sollte als Yehudis Lehrer, Berater und Begleiter mitkommen.

Damit Yehudi lernte, wie man vor einem Mikrophon spielt, vereinbarte ich mit der Victor Talking Machine Company, daß er am 15. März 1928 seine ersten Aufnahmen für den Schallplattenmarkt machen sollte. Es waren ›La Capricciosa‹ von Franz Ries, ›Allegro‹ von Fiocco, ›La Romanesca‹ von Achron und ›Sierra Morena‹ von de Monasterio. Sie fanden mit Persinger am Klavier im Victor Studio in Oakland, Kalifornien, statt. Die Tantiemen waren beträchtlich.

Unserer Tochter Hepzibah schien ebenfalls eine musikalische Zukunft bevorzustehen. Sie studierte eifrig, und ihr neuer Klavierlehrer Lev Schorr drängte uns, ihr einen ersten Auftritt zu erlauben. Aber Marutha hatte kluge Einwände gegen eine professionelle musikalische Karriere und meinte, sie solle Musik lieber als Teil ihrer Allgemeinbildung betrachten. Marutha beharrte darauf, daß Frauen zwischen Karriere und Ehe wählen müßten. Nach ihrer Ansicht konnte eine Frau sich nur einem von beiden erfolgreich widmen.

Alle drei Kinder machten gute Fortschritte in Musik und Sprachen und gediehen prächtig in der Sonne Kaliforniens. Mr. Paterson hatte den Unterricht in Harmonielehre und Kontrapunkt wieder aufgenommen, die Schwestern Godchaux gaben wieder französische, Dr. Stanley Rypins englische Literatur. Bald nannten wir Hepzibah »Madame Larousse« wegen ihrer Vorliebe für das große französische Lexikon. Yaltah, siebzehn Monate jünger als Hepzibah, war nicht weit hinter ihrer Schwester zurück. Ihre Klavierlehrerin war Mrs. Paterson.

Um alle Möglichkeiten ihrer ungewöhnlichen Begabung auszuschöpfen, mußten die Kinder nach unserer Überzeugung weit mehr Zeit in Europa verbringen. Für Yehudi war nun die Zeit gekommen, den deutschen Stil des Geigenspiels bei Adolf Busch zu studieren, wie uns Enesco geraten hatte. So glücklich wir waren, wieder in San Francisco zu sein, wir mußten unsere Zelte dort aufschlagen, wo es für Yehudi am besten war. Ich besprach die Angelegenheit mit Mr. Ehrman während eines wundervollen Sommerurlaubs auf seinem Besitz am Lake Tahoe. Er stimmte meinem Plan zu, im März 1929 nach einigen Konzerten, die Yehudi in die östlichen Staaten Amerikas führen sollten, wieder nach Europa zu gehen.

Nachdem ich Mr. Persinger taktvoll unterrichtet und seine wärmste Zustimmung erhalten hatte, schrieb ich Enesco und Busch von meiner Absicht. Konzertkünstler sind gewöhnlich von Oktober bis Mai auf Tournee. Enesco lud Yehudi ein, Frühjahr und Sommer 1929 mit ihm in Paris zu verbringen; Professor Busch schrieb, er würde sich freuen, Yehudi zur gleichen Zeit und bis Oktober als Schüler bei sich in Basel zu begrüßen. Yehudi würde die meiste Zeit mit Busch verbringen, aber auch von Zeit zu Zeit Studien und Musizieren mit Enesco fortsetzen können.

Wenn wir wie geplant im März 1929 nach Europa aufbrechen würden, hätten wir dort drei freie Monate, die wir nach Lust und Laune verbringen könnten, bevor es nach Basel ging. Da Yehudi schon lange den von Persinger geschürten Ehrgeiz hatte, die drei Violinkonzerte von Bach, Beethoven und Brahms – die drei großen B – auf einmal mit einem großen Orchester unter einem Dirigenten zu spielen, und da er eine Dauereinladung von den Berliner Philharmonikern hatte, schrieb ich Wolff & Sachs, den Agenten dieses Orchesters. Ich schlug ihnen die drei B vor, und zwar möglichst unter Fritz Busch, den Yehudi bevorzugte. Sie telegraphierten ihre freudige Zustimmung und fügten hinzu, sie hätten Fritz Buschs Zusage zu dem Konzert, das am 12. April 1929 stattfinden sollte.

Davor lagen aber noch ein Abschiedskonzert im Civic Auditorium in San Francisco am 5. Dezember 1928 und Yehudis erste Amerikatournee in Begleitung von Persinger. Ich fuhr mit als Yehudis Manager und Sekretär. Geplant waren Orchesterkonzerte und Soloabende in Los Angeles, Minneapolis, Chicago, Washington, Cleveland, New York und drei anderen Städten – alles in drei Monaten. In den drei Orchesterkonzerten würde Yehudi in New York das Tschaikowsky-Konzert spielen, in Cleveland den Beethoven und in Minneapolis den Brahms; das Bach-Konzert E-Dur, am Klavier begleitet von Persinger, sollte er in einem Konzert gegen Ende der Tournee spielen. Kein amerikanisches Orchester und kein Konzertagent wollte ihn pro Auftritt mehr als ein Konzert spielen lassen.

Sidney Ehrman machte Yehudi wiederum ein Geschenk: seine Guadagnini aus dem Jahre 1740, die Violine, die er von seinem eigenen Vater erhalten hatte, als er Musikstudent war.

Abgesehen von Yehudis Abschiedskonzert fand vor unserer Abreise noch ein weiteres wichtiges Ereignis statt: Hepzibahs Debüt als Pianistin am 25. Oktober 1928 in der Scottish Rite Masonic Hall.

Marjory Fisher, die Musikkritikerin der ›San Francisco News‹, unterhielt sich mit Judith Blockley, einer von Hepzibahs Klavierlehrerinnen, und schrieb am 27. Oktober 1928 in einem Artikel in ›Musical America‹: »In den sieben Monaten Unterricht bei Mrs. Blockley lernte sie so viel wie durchschnittliche Schüler in vier bis fünf Jahren. Sie war unermüdlich und brachte es fertig, jede Stunde auf zwei Stunden auszudehnen, obwohl Mrs. Blockley dagegen war, da sie fürchtete, man könnte dem Kinderschutzbund melden, daß sie eine Vierjährige so lange am Klavier festhielt. Das Kind wollte jedoch nichts von Ermüdung hören.«

Alexander Fried schrieb in ›The San Francisco Chronicle‹: »Da ihr Sohn Yehudi im Alter von acht Jahren zum ersten Mal als Violinist auftrat, erlaubten Mr. und Mrs. Moshe Menuhin ihrer Tochter dasselbe als Pianistin ... Hepzibah ... zeigt eine vielversprechende Klavierbegabung. Abgesehen von der Kürze spielte sie ein Programm für Erwachsene. Das kleine Mädchen wurde fast erdrückt von dem riesigen, finsteren, schwarzen Flügel. Sie saß auf einer hohen Bank. Das Haar floß ihr in flachsblonden Locken über den Rücken und auf die rundlichen Arme, der Fuß ruhte auf einem Hocker vor einem besonders hohen Pedal ... Die Scottish Rite Hall war brechend voll ... Das Publikum spendete stürmischen Beifall. Sie nahm alles standhaft hin, ausgenommen vielleicht, als sie zögernd vor den Blumenspenden zurückwich.«

Ernest Bloch hatte uns in diesem Jahr oft besucht. Er war der erste leibhaftige Komponist, den Yehudi je gesehen hatte. Am 20. Juli 1928 schrieb er Yehudi in einem Brief:

»Am 24. reise ich auf einem kleinen Frachter nach Europa ... achtunddreißig Tage über Panama nach Marseille! Eine lange Ruhepause, die ich dringend brauche. Dann fünf Wochen mit meiner Familie in die Berge und auf demselben Weg wieder zurück nach San Francisco. Ich hoffe, Dich dann zu sehen.

Ich nehme all meine Schulbücher mit, denn ich habe wieder angefangen zu lernen, von Anfang an. Ja, Kontrapunkt, zwei Teile ... Ich habe schon mehr als 1200 Beispiele gesammelt! Und in ein paar Jahren werde ich allerhand von Musik verstehen! Ich trage meine alten Freunde und Lehrer Orlando di Lasso (1532–1594) und Josquin Despréz (1440–1521) bei mir, die beide immer noch sehr lebendig sind! Sie gehören zu denjenigen, die ich Dir eines Tages vorstellen möchte ... Und dieses Lernen, das ich seit drei Monaten betreibe und das mir unermeßlichen Gewinn bringt, wird mir beim Nachdenken über Deinen Vorschlag helfen.

Ich wäre sehr glücklich, wenn ich ein schönes Werk schreiben könnte, daß Du und Mr. Persinger spielen würdet.«

Kurz vor Yehudis Abschiedskonzert kam Mr. Bloch zu uns, um Yehudi sein ›Nigun‹ spielen zu hören. Er war so bewegt, daß er sich zu dem Werk ›Avodah‹ inspiriert fühlte, einer Jom-Kippur-Melodie, und es Yehudi widmete.[61]

Am 2. Dezember 1928 schrieb Bloch Marutha und mir:

»Ich brauchte ein ganzes Buch, um Ihnen zu sagen, was mir der Abend bei Ihnen bedeutete. Die Wahrheit ist eine so seltene Botschaft! Und die Menschen fürchten sich so sehr davor! Wir müssen durch Jahre der Dunkelheit, der Leere, des Elends gehen, um auf ein paar Minuten echten Lebens zu stoßen, in denen wir noch an die menschliche Natur glauben können ... Ich war oft, nein, meistens, so elend, so verzweifelt und so überdrüssig des hoffnungslosen Ringens, der unendlichen Grausamkeit, Dummheit und Selbstsucht, daß ich nahe daran war, mit der sogenannten Zivilisation zu brechen und mich für immer auf eine einsame Insel zurückzuziehen, fern von allem Lärm und menschlichem Kontakt, um Ruhe, Frieden und Einsamkeit zu finden, vor allem aber, um in der Tiefe meiner Seele einen Rest Glauben an die menschliche Natur zu bewahren. Denn ohne Glauben gibt es keine schöpferische Arbeit, und der Kontakt mit Menschen raubt ihn einem langsam ...

Neulich abend fühlte ich mich wie neugeboren, wie das kleine, einsame Kind, das ich mit acht Jahren war, mit seinem naiven Glauben an Schönheit, Liebe und Menschlichkeit, wie es ja auch sein soll. Ich fühlte mich wie der kleine Bruder Ihrer wundervollen Kinder. Als sie mich baten, ihnen an ihren kleinen Betten gute Nacht zu sagen, hätte ich weinen können. Wie recht Christus hatte! Nur die Kinder kennen die Wahrheit! Wir armen Menschen zerstören sie, und was wir ›Bildung‹ nennen, ist meist ihr Ende! Wir können mehr von den Kindern lernen als sie von uns. Ihre Kinder sind so ungewöhnlich und dennoch so normal, so gesund und so wahrhaftig!

Gott, die Vorsehung, das Schicksal oder ›das große Geheimnis‹, wie es die Indianer nennen[62] – doch was ist schon der Name –, hat ihnen, erlauben Sie mir die Bemerkung, auch wundervolle Eltern gegeben ... Die Jugend braucht Führung, gute Führung, und Sie wissen, welche Kostbarkeit sie ist und wie man sie pflegt ...

Als ich Yehudi letztes Jahr hörte – und wie sehr ist er seither gewachsen und gereift –, fühlte ich mich weniger einsam. Ich fühlte, da war einer, der mich einmal verstehen würde, der mich bereits verstand, der zu meiner Familie gehörte ... Es war mir ein Trost und eine Hoffnung, als Ihre kleine Tochter Mozart spielte; es war, als sei die Seele Mozarts zu ihr hinabgestiegen. Ihre kleinen Hände schienen zu wissen wie, als würden sie von einer äußeren Kraft bewegt. Und als sie Bach spielte, sah ich sie an und staunte, wie sehr sie in jenem Augenblick Bach ähnelte, nicht dem Bach, den ich von Bildern kenne, sondern dem, den ich in seiner Musik spüre.

Ich wiederhole: Wir können solche Kinder nichts lehren, aber ich wäre glücklich und stolz, ihnen als Berater, Helfer, Freund beizustehen, und dafür werde ich immer Zeit haben!

Seit dreißig Jahren vergeude ich mein Leben mit dummer, notwendiger materieller Arbeit, um mich und meine Familie zu ernähren. Meine schöpferischen Werke sind nebenbei entstanden, das einzige, was ich aus dem Scheitern meiner Existenz gerettet habe. Doch rückblickend auf die vergeudeten Jahre glaube ich, es wäre ein großer Ausgleich, wenn ich dort geben und helfen könnte, wo es wirklich sinnvoll ist. Sie brauchen mich also nur zu bitten.

Ich bereite eine Überraschung für Yehudi vor. Seit Jahren schon sollte ich die schöne Avodah-Melodie für Violine arrangieren, habe es aber immer aufgeschoben. Jetzt weiß ich, warum ... denn es wird für ihn geschehen, und ich hoffe, damit fertig zu werden, bevor Sie abreisen.«[63]

Yehudis Abschiedskonzert war ein weiterer Triumph. Alexander Fried schrieb in ›The Chronicle‹: »Einige der schonsten Augenblicke eines unvergeßlichen Abends ... kamen als der hübsche Zwölfjährige ruhig seine Violinsaiten prüfte, um zu hören, ob sie richtig gestimmt waren, und dabei mit verständnisvollem Lächeln nach rechts in die erste Reihe blickte. Dort sah man aufwärtsgerichtet das bärtige Gesicht Ernest Blochs. Der Junge versenkte sich in ›Nigun‹, eine der klangvollen hebräischen Melodien Blochs, die in ekstatischer Hingabe aufsteigt, voll Leid, aber auch voll Hoffnung. Der Violine entströmte beredter Gesang, der einen Zauber wob. Der alte Vorsänger der Synagoge kann seinen Glauben nicht tiefer empfinden als Yehudi. Sein Name paßt zu ihm ... Auf eine lebhafte Gebärde des Jungen stand Bloch strahlend auf.

Der Applaus nahm kein Ende, bis ›Nigun‹ wiederholt wurde.«

Zwei Wochen später schrieb Bloch an Yehudi: »Eines Tages werde ich ein großes Orchesterwerk für Dich schreiben, kein

Konzert, sondern ein Gedicht, in dem die Violine die Bedeutung erhält, die das Cello in meinem ›Schelomo‹ hat.«

Bevor wir San Francisco verließen, verbrachte Redfern Mason vom ›Examiner‹ einen Tag mit uns und schrieb einen Artikel mit der Überschrift ›Yehudi Menuhins tägliches Leben. Eine wichtige Lektion über praktische Erziehung‹: »Yehudis Eltern meinen, für ihre Kinder sei nur die beste Literatur, die je geschrieben wurde, gut genug. Warum Zeit verschwenden mit zweitklassigen Leuten, wenn man sich an Dante und Shakespeare erfreuen kann? Miss Rebecca Godchaux, die Yehudi in Französisch unterrichtet, gab ihm La Rochefoucauld zu lesen. Dessen prägnante, bissige Maximen entzückten den Jungen nicht nur wegen ihrer Weisheit, sondern auch wegen ihrer Ausdruckskraft. Yehudi spürt Stil in Worten ebenso wie in der Musik. Er analysierte eine Maxime so kurz und knapp wie das Original ... Yehudi kann Ihnen sagen, was Molière meinte, als er ›Die lächerlichen Preziösen‹ schrieb. Er kennt seinen Chantecler und genießt die köstliche Ironie Voltaires. Die Modernen werden nicht vernachlässigt. Yehudi hat sich mit Drummonds und Hunts ›Persistent Questions Under Public Discussion‹ auseinandergesetzt. Auch ›New World‹ von Bruce und Montgomery hat er gelesen.«

16. Yehudis erste Konzerttournee (Dezember 1928–Februar 1929)

Als Yehudi und ich den Zug nach Süden bestiegen, nahmen wir nur das Nötigste an Gepäck mit, dafür aber viele Bücher und Partituren, einen großen Umschlag mit Presseausschnitten und ein Schachspiel. Wir blieben vierzehn Tage in Los Angeles. Zur Entspannung fuhren wir Boot im Stadtpark und besuchten die Sehenswürdigkeiten in und um die Stadt, wobei wir zu Yehudis Gesellschaft oft ein paar nette Kinder mitnahmen.

Bei Yehudis Konzert im Shriners' Auditorium, das ihm neuen Beifall brachte, waren Jascha Heifetz und viele andere Berühmtheiten, darunter auch Charlie Chaplin, anwesend. Chaplin lud Yehudi, Persinger und mich ein, einen Tag bei ihm in seinen Ateliers in Hollywood zu verbringen. Er sagte für diesen Tag alle Arbeit ab und schickte seine Angestellten fort. Er führte uns persönlich herum und gab uns eine Privatvorstellung mit dem berühmten Bärtchen, Stöckchen, Hut und Gang. Aber er zeigte uns auch seine ernsthafte, philosophische Seite. Es war ein aufregendes Erlebnis.

Das war am Tag unserer Abreise, und ich wurde bereits unruhig, da ich fürchtete, wir könnten unseren Zug verpassen. Yehudi und Persinger weigerten sich, auch nur eine Minute zu versäumen und stattdessen am Bahnhof zu warten. Chaplin hielt uns bis zum letzten Augenblick fest. Dann beförderte sein Chauffeur uns und unser Gepäck mit Höchstgeschwindigkeit nach dem Bahnhof. Zweimal wurden wir von der Polizei gestoppt. Ganz knapp erreichten wir den Zug.

Die Grancino wurde langsam zu klein für Yehudis Hände und Finger. Damit Yehudi das Tschaikowski-Konzert spielen konnte, lieh Persinger bald nach unserer Ankunft in New York von der Wurlitzer Company eines der kostbarsten Instrumente aus ihrer Sammlung alter italienischer Violinen, die »Baron Vitta« von Guarneri, datiert Cremona 1730. Die neue, viel größere Violine erforderte ein ständiges Strecken und Anpassen, ein unaufhörliches Ringen um den richtigen Ton, und Yehudi hatte nur fünf Tage Zeit, um sich daran zu gewöhnen.

Es gab auch noch ein weiteres Problem. Der Dirigent Willem Mengelberg fand nicht genug Zeit, das Tschaikowski-Konzert mit Yehudi zu proben, weil er im selben Programm zwei neue

Werke vorstellen wollte. Es blieben nur fünfundzwanzig Minuten für die Probe des Konzerts, das fünfundvierzig Minuten dauerte. Selbst diese fünfundzwanzig Minuten dirigierte Mengelberg nicht selbst, weil er und das Orchester wegen einer Panne ihre Partituren neu schreiben mußten.

Yehudi hielt sich tapfer, aber die New Yorker Presse, allen voran Olin Downes von der ›New York Times‹, war kritisch. Unter Berücksichtigung der »Größe des neuen Instruments, das vielleicht zu unhandlich für seine Arme und Hände ist«, schrieb Downes: »An Stelle der mühelosen Leichtigkeit und stilistischen Feinheit des Vorjahres hörte man einige wirkungsvolle Virtuoseneffekte und einen Ton, der zwar an Klang und Farbe zugenommen, aber an Glätte und Reinheit verloren hat ... Übrigens fragt man sich, ob es erforderlich ist, einen Zwölfjährigen wie ein siebenjähriges Kind zu kleiden und nicht einmal besonders passend für einen Konzertabend in einer Großstadt. Das hat die ungewöhnliche Begabung des Ausführenden nicht nötig; auch hebt es den künstlerischen Wert seines Spiels kein bißchen.«

Yehudi trug die gleiche bequeme Kleidung, in der er ein Jahr zuvor den Beethoven gespielt hatte: ein kurzärmliges Hemd, einen sportlichen weißen Pullover und kurze blaue Sergehosen.

Charles D. Isaacson stellte den Sachverhalt in ›The Morning Telegraph‹ richtig:

»Zwei Proben mit dem Orchester waren vorgesehen. Am Tag vor dem Konzert hatte immer noch keine stattgefunden. Aber Yehudi war aufgefordert worden, am Tag des Konzerts morgens um zehn Uhr zu erscheinen. Bedauerlicherweise war Mr. Mengelberg so stark beschäftigt mit der Vorbereitung der ›Tansman Suite‹ (für die Weltpremiere), daß er nicht merkte, wie die Zeit flog. Um elf Uhr fünfunddreißig kam er zu dem Jungen. Dann wurde eine unangenehme Entdeckung gemacht. Etwa drei Wochen zuvor an der Küste hatte Yehudi seine Instrumentation des Tschaikowski-Konzerts an den Violinisten Borisoff verliehen, der es ganz plötzlich spielen sollte und kein Exemplar besaß. Borisoff hatte einige Striche gemacht ... und sie nicht wieder ausradiert. Mr. Mengelberg nahm die Noten, und Yehudi durfte fünfundzwanzig Minuten mit dem Orchester proben, ohne den Dirigenten, der seine Partitur in Ordnung brachte.

Nur fünfundzwanzig Minuten! Und keine Möglichkeit, das ganze Werk mit Mr. Mengelberg durchzugehen! Der arme Junge, sein Vater und sein Lehrer waren außer sich. Die Probenzeit war abgelaufen. Eine Verlängerung war nicht möglich. So mußte Yehudi Menuhin auftreten, ohne sich vorher mit Orchester oder Dirigent vertraut gemacht zu haben.

Das dicke Ende kam am Abend. Als das Finale begann, schlug Mengelberg ein Tempo an, das Yehudi nicht gewohnt war. Er hätte das Orchester am liebsten angehalten und gesagt: ›Meine Herren, Mr. Mengelberg, bitte! Dieses Tempo!‹ ... Er überlegte fieberhaft: Sollte er Mr. Mengelberg und das Orchester in Verlegenheit bringen und wie ein ungezogener Junge wirken? Er faßte sich ein Herz, paßte sich Mengelbergs Tempo an, schadete sich selbst und rettete die übrigen Musiker.«

Dieser Auftritt mit dem Tschaikowski-Konzert mußte Yehudi als Probe für den zweiten am folgenden Tag dienen. Als er vom Podium kam, war seine erste Bemerkung: »Schade, daß wir nicht richtig proben und uns über die Tempi und anderes verständigen konnten. Aber Mr. Mengelberg weiß, was ich will. Wartet nur bis morgen nachmittag!«

Hätte Olin Downes Yehudi am Freitagnachmittag spielen gehört, hätte er einen glänzenden Vortrag des Tschaikowski-Konzerts erlebt. Aber er war nicht da.

Über Yehudis nächsten Auftritt, diesmal in der Carnegie Hall mit dem Konzert in E-Dur von Bach, äußerte sich Downes, ebenso wie die übrigen Kritiker, lobend.

Wir beschränkten Yehudis Konzerttätigkeit auch weiterhin auf drei Monate im Jahr. In der Saison 1928–1929 erhielt er pro Konzert bereits Gagen zwischen dreitausend und fünftausend Dollar. Traurig sannen wir darüber nach, daß es viele etablierte, hervorragende, ältere und allgemein bekanntere Konzertkünstler gab, deren Gagen weit darunter lagen.

Nach dem Nachmittagskonzert am 28. mieteten wir einen Wagen und fuhren nach University Heights in der Bronx, um die Schauplätze von Yehudis ersten anderthalb Lebensjahren zu besichtigen. Ich schaute aus nach dem Wald zwischen University Heights und der Harlem River Bridge in der 207. Straße, nach den Bänken am Weg hinauf zum Campus und nach dem Apfelgarten hinter den Chemie- und Physikgebäuden. Es war nichts mehr da. Die Erweiterung der Universität schien das freie Gelände verschluckt zu haben. Die Erinnerungen an meine Studentenzeit drangen auf mich ein, und Yehudi hörte zum ersten Mal, warum wir ihn so genannt hatten. Ich zeigte ihm das Appartementhaus, in dem jüdische Mieter unerwünscht waren.

Dann besichtigten wir das Haus, in dem Marutha und ich gewohnt hatten, und den Aquädukt, an dem wir täglich Hand in Hand und alte hebräische Lieder singend entlanggewandert waren. Es war bewegend, meinem Sohn den Ort seines Ursprungs zu zeigen.

Henry Goldman, der Bankier, Menschenfreund und Kunstsammler, hatte Yehudi zum ersten Mal gehört, als er das Beethoven-Konzert mit dem New York Symphony Orchestra unter Fritz Busch spielte. Nach dem Konzert fragte Goldman Busch: »Was für eine Violine hat er?« Worauf Busch antwortete: »Yehudi Menuhin könnte Beethoven auf einem Besenstiel spielen!«

Als Goldman Yehudi das Violinkonzert von Tschaikowski mit Mengelberg und dem New York Philharmonic Orchestra spielen hörte, begeisterte ihn der Vortrag so sehr, daß er uns durch Dr. Garbat, einen gemeinsamen Freund, die Nachricht zukommen ließ, er wolle Yehudi eine Stradivari schenken. Ich war überwältigt von dem Angebot, aber ich wollte sichergehen, daß weder Yehudi noch seine Eltern irgendeinem Mäzen, der womöglich erwartete, sich in unser Leben einmischen zu dürfen, für immer verpflichtet waren. Ich zog Dr. Garbat ins Vertrauen und erklärte ihm, ich müsse zuvor mehr über Mr. Goldman wissen. Ich erfuhr, daß er eine seltene Art von Finanzier mit ungewöhnlichen geistigen und menschlichen Eigenschaften war. Ich sagte Dr. Garbat, Yehudi und ich nähmen mit großer Freude die Einladung der Goldmans zum Mittagessen an.

Mr. Goldman war ein hochgewachsener, würdiger, blinder alter Herr, dessen glänzender Verstand uns spüren ließ, daß seine Bekanntschaft ein Privileg war. Mrs. Goldman war eine liebenswürdige, erlesen gekleidete Dame. Wir freundeten uns rasch mit den beiden an. Mr. Goldman zeigte uns van Dycks »Madonna mit Kind«, Frans Hals' »Bildnis eines sitzenden Mannes« und andere prachtvolle Gemälde aus seiner Sammlung. Es war erstaunlich, wie er aus dem Gedächtnis auf jede kleine Farbnuance, auf jeden bedeutungsvollen Ausdruck der einzelnen Bilder hinwies.

Bald erfuhr ich auch, daß Mr. Goldman zwei Vorleser beschäftigte, die ihm täglich mindestens zwei Stunden Artikel und Bücher vorlasen, die seine Interessengebiete betrafen. Er klagte die seiner Meinung nach asoziale, aggressive, habgierige und unmenschliche Haltung derjenigen an, die in Amerika und anderswo große Vermögen anhäuften. Hier nun war ein Mann mit Gewissen.

Nach dem Mittagessen machte mir Mr. Goldman folgendes Angebot: »Es wird mir eine besondere Ehre sein, Yehudi eine Stradivari zu schenken. Ich möchte, daß Sie sich völlig frei und unabhängig fühlen. Tun Sie so, als bezahlten Sie das Instrument selbst. Wenn Sie das Richtige gefunden haben, schicken Sie mir die Rechnung.« Ich bat unsere Manager sofort, die Konzerttournee von Januar auf Februar und März zu verschieben, um Zeit für die Suche nach einer Stradivari zu gewinnen. Auch hätte Yehudi so die Möglichkeit, sich daran zu gewöhnen.

Bald erhielt ich Hunderte von Briefen ähnlichen Inhalts von Leuten, die glaubten, sie besäßen eine Stradivari: »Ich habe eine sehr wertvolle Violine zu verkaufen, die Ihnen gefallen wird. Sie trägt die Inschrift ›Antonius Stradivarius Cremonensis Faciebat, made in Germany‹. Wenn Sie sie kaufen wollen, teilen Sie mir bitte postwendend mit, wieviel Sie dafür bieten. Den Preis überlasse ich Ihnen, da Sie den Wert so eines alten Instruments kennen.«

Die »Stradivari« in diesem Brief war zweifellos eine der »original« alten Violinen »made in Germany«, die Henry Goldman in seiner Jugend zu Tausenden aus Deutschland importiert hatte. Er kaufte sie für zehn bis fünfzehn Dollar pro Stück und verkaufte sie en gros für fünfundzwanzig.

Natürlich gab es immer noch viele echte Stradivaris[64], und im Laufe von zehn Tagen prüfte Yehudi ein Dutzend der besten, die es in Amerika gab. Ich berichtete Mr. Goldman von den Fortschritten. Selbstverständlich war Persinger die ganze Zeit dabei. Schließlich baten wir Efrem Zimbalist, Yehudi bei der Endauswahl beizustehen. Wir hatten das Feld auf vier verringert. Yehudi spielte sie hintereinander und legte eine, die »Prinz Khevenhüller«, bewußt beiseite. Dann bat er Zimbalist, sie auszuprobieren. Zum Schluß spielte Yehudi ein Stück von Händel erst auf der »Khevenhüller«, dann auf den anderen und dann nochmals auf der »Khevenhüller«.

»Die ist es!« sagte er strahlend. »Ich liebe sie!«

Zimbalist konnte sich nicht mehr beherrschen. Er wischte sich die Tränen ab und sagte: »Yehudi hat recht. Dies ist die wunderbarste Stradivari der Welt. Aber Yehudi ist immerhin der wunderbarste Geiger der Gegenwart. Sie sind einander würdig.«

Die »Prinz Khevenhüller« gehörte Emil Herrmann, dem berühmten Geigenhändler. Sie war nie in Verwahrung gewesen, sondern hatte sich stets in den Händen ausgezeichneter Geiger befunden. Sie lebte.

Antonio Stradivari hatte sie 1733 geschaffen. Auf dem Etikett stand in des Meisters eigener Handschrift: »Gebaut in meinem neunzigsten Jahr.« Sie war auf Bestellung für Gräfin Maria von Strassoldo, die Ehefrau Khevenhüllers und eine sehr talentierte Geigerin, geschaffen worden. Im Inneren befindet sich ein schwarzes Siegel mit den vereinigten Wappen des Paares. Im Jahre 1820 wurde die Violine das Eigentum von Josef Bohm, einem Professor des Geigenspiels am Wiener Konservatorium und bekannten Konzertkünstler. Als er starb, erbte sein Neffe Louis Freiherr von Bohm sie und nahm sie mit nach Sankt Petersburg. Schließlich kaufte sie Professor Popow aus Moskau. Später gelangte sie an Emil Herrmann.

Auf der ersten der wöchentlichen Gesellschaften bei Goldmans versuchte ich, Mr. Goldman zu danken, aber er wollte davon nichts wissen.

»Lieber Mr. Menuhin, noch nie in meinem Leben habe ich für eine Anlage von sechzigtausend Dollar so viel zurückbekommen. Um diese Summe zu verdienen, brauche ich nur eine Stunde Zeit und ein paar Anrufe in der Wall Street. Was könnte ich Schöneres tun mit meinem Geld? Ich danke Ihnen, daß Sie die Geige für Ihren Sohn annehmen.«[65]

Ein Konzert im alten Poli's Theater in Washington am 22. Januar 1929, das Yehudi weiteres Lob eintrug, führte uns zum ersten Mal in die Hauptstadt. Wir blieben eine Woche und besichtigten all die berühmten Gebäude und Denkmäler. Wir wurden von Nicholas Longworth, dem Sprecher des Repräsentantenhauses, empfangen, besuchten den Senat, das Oberste Bundesgericht und die Smithsonian Institution und wurden durch Vermittlung unserer »Fremdenführerin«, der Kongreßabgeordneten Florence Kahn aus San Francisco, von Präsident Coolidge und seiner Frau ins Weiße Haus eingeladen. Der Präsident und die First Lady schienen besorgt wegen Yehudis Knien! Yehudi trug kurze Hosen und wollene Kniestrümpfe. Der Präsident ermahnte mich: »Passen Sie auf, daß sich der Junge nicht erkältet!«

Yehudi erhielt die »Prinz Khevenhüller« am 22. Januar 1929. Wir telegraphierten die Nachricht Marutha und baten sie, das Haus zu schließen und so bald wie möglich mit den Mädchen nach New York zu kommen.

Bewaffnet mit seiner »Prinz Khevenhüller« eroberte Yehudi gleich darauf Cleveland, wo er zweimal mit dem Beethoven-Konzert auftrat. James H. Rogers von ›The Cleveland Plain Dealer‹ schrieb: »Man fühlte sich, als sei etwas anwesend, das weit über unser Alltagsleben hinausgeht. Etwas Unerklärliches, Transzendentales. Etwas, das die Tiefen des Lebens berührt, die sich außerhalb unseres Verständnisvermögens befinden.«

Yehudi fühlte sich auch noch aus einem anderen Grund in Cleveland wohl: Wir hatten dort eine reizende jüdische Familie namens Geismar mit einem Sohn und zwei Töchtern kennengelernt, die etwa gleich alt wie er waren. Yehudi hatte eine große Zuneigung zu ihnen gefaßt.

Wir hatten uns darauf gefreut, auch Boston zu besuchen, wo ein Konzert für den 10. Februar 1929 geplant war, aber es sollte nicht sein. Mein zwölfjähriger Sohn erlebte dasselbe wie einige ältere Künstler: Er wurde in Boston »gesperrt« auf Grund eines Gesetzes, nach dem Personen unter sechzehn Jahren nicht ohne Sondergenehmigung öffentlich auftreten durften. Trotz zorniger Artikel in der Presse verweigerte die Behörde der Stadt die Genehmigung.

Als Yehudi am 24. Februar 1929 sein zweites Konzert in der Carnegie Hall gab, saßen unter den Zuhörern auch seine Mutter und Schwestern zusammen mit Maruthas Gästen Willa Cather und Edith Lewis. Während Marutha und die Mädchen in New York blieben, reisten Yehudi, Persinger und ich ab nach Chicago und Minneapolis, den letzten beiden Stationen unserer Tournee, wo Yehudi das Brahms-Konzert spielen sollte. Vor dem Konzert fand eine Probe statt. Es war das erste Mal, daß Yehudi den Brahms spielte, seit er ihn im Jahr zuvor mit Enesco in Paris studiert hatte. Am Abend des Konzerts gelang ihm der erste Satz einschließlich der von Enesco speziell komponierten Kadenz hervorragend. Das zum Bersten volle Haus brach in spontanen Beifall aus und nahm dann wieder Platz zum großartigen Adagio.

Yehudi fing gut an, doch kurz darauf verließ ihn sein Gedächtnis. Er hielt inne, wandte sich an Henri Verbrugghen, den Dirigenten, und flüsterte: »Bei Brahms darf man nicht mogeln!« Verbrugghen erklärte dem Publikum kurz, was los war; dann schauten er und Yehudi sich die Partitur an. Yehudi nahm seinen Bogen wieder auf, spielte das Konzert weiter und beendete es, wie sich die ›Minneapolis Tribune‹ ausdrückte, »prächtig«. Es gab einen Beifallssturm.

Die erste Amerikatournee war künstlerisch und finanziell ein großer Erfolg, aber ich gab Evans und Salter für die nächsten drei Jahre jeweils nur zweieinhalb Monate Zeit für Konzerte mit Yehudi. Er sollte nur einmal in der Woche und insgesamt nicht mehr als zehn Mal auftreten. Ich wollte ihnen zu verstehen geben, daß wir auch weiterhin keinesfalls an einer »Massenproduktion« interessiert waren. Zweitens – und das war wesentlich – bestand ich darauf, daß die Berichte über Yehudi zwar interessant, aber wahr sein mußten. Das wurde die Grundlage aller Werbung während meiner Amtszeit. Ich verlangte von den Managern, daß alles Werbematerial, ganz gleich welcher Art, mir vor der Veröffentlichung gezeigt wurde. Mr. Salter wandte ein, so etwas sei noch nie dagewesen, aber ich hielt dagegen, Yehudis Karriere sei eben einzigartig und erfordere mehr als die übliche Sorgfalt. Nach langem Hin und Her fanden wir eine zufriedenstellende Lösung, ein System, das wir bis nach Yehudis Heirat im Jahre 1938 beibehielten. Es lief so: Jedes Jahr am Anfang der üblichen Tournee durch die Vereinigten Staaten gab ich einer Reihe ausgewählter Journalisten Interviews. Ich lieferte ihnen mündliches und schriftliches Material über die Ereignisse des vergangenen Jahres.[66]

Ich hatte meinen ersten Zusammenstoß mit der Presse, als die angesehene Zeitschrift ›The New Yorker‹ einen sonst äußerst annehmbaren Artikel über uns brachte, der jedoch eine angeblich von Yehudi stammende häßliche Bemerkung über Mischa Elman enthielt. Ich mußte den Chefredakteur auffordern, diese unerhörte Unterstellung zurückzunehmen. So etwas hatte mein Sohn nie gesagt und würde er nie sagen. Der ›New Yorker‹ druckte meinen Brief am 23. März 1929 ab.

17. Deutschland (April-Mai 1929)

Wir verließen New York am 22. März 1929 mit der »Deutschland«. Die Kinder sprachen alle fließend Deutsch und fühlten sich wie zu Hause. Der Erste Ingenieur führte Yehudi und mich durch den Maschinenraum und wurde von Yehudi mit Fragen überschüttet, die weniger die Technik betrafen als vielmehr den Lohn und die Arbeitsbedingungen seiner Leute.

In Hamburg wurden wir von Louisa Wolff und Erich Sachs erwartet, den Chefs der führenden deutschen Konzertagentur. Sie gaben einen großen Empfang mit Abendgesellschaft, bei denen bedeutende Persönlichkeiten der deutschen Musikwelt anwesend waren. Die Berliner Musikwelt hatte der sehr bestimmten Louisa Wolff den Namen »Königin Louisa« gegeben; sie herrschte über das Musikleben der Hauptstadt.

Am Tage vor Yehudis erstem Konzert mit den Berliner Philharmonikern im April 1929 starb Fritz Buschs Vater. Fritz Busch konnte also nicht dirigieren. Die Direktion wollte an seiner Stelle Bruno Walter verpflichten, aber er war unauffindbar. Sachs blieb bis spätabends in seinem Büro und bemühte sich, Walter zu erreichen. Ich saß derweil in unserem Hotel und wartete auf Nachricht von Sachs. Die erste der beiden Proben hatte bereits abgesagt werden müssen.

»Du wirst nur eine Probe haben«, berichtete ich Yehudi.

»Na und?« erwiderte er – und legte sich schlafen.

Um zwei Uhr nachts meldete sich Sachs: »Ich habe soeben Bruno Walter erreicht. Er nimmt mit Vergnügen an. Probe um neun Uhr morgen früh in der Philharmonie. Gute Nacht, schlafen Sie wohl!«

Die Probe verlief wunderbar glatt. Yehudi und Bruno Walter entdeckten sofort ihre musikalische und menschliche Übereinstimmung, und das Konzert an jenem Abend wurde ein weiterer Triumph. Während der Vorstellung stand ich allein hinter der Bühne. Als sich stürmischer Beifall erhob, schaute ich durch ein Loch im Vorhang. Yehudi strahlte vor Freude. Als er seine Mutter und Schwestern in der Loge über sich entdeckte, winkte er ihnen begeistert zu. Yehudi mußte schließlich den Strom seiner Bewunderer auf der Bühne empfangen, da die Garderobe zu klein war, um sie alle zu fassen. Goldmans, Ehrmans und Sam Franko, die alle eigens wegen dieses

Konzerts nach Berlin gekommen waren, standen mit uns an Yehudis Seite.

Plötzlich richtete sich die allgemeine Aufmerksamkeit auf eine Gestalt mit leuchtenden Augen und Löwenmähne, die auf die Bühne stürzte und Yehudi umarmte und küßte. Es war Albert Einstein. Bebend vor Rührung und mit Tränen in den Augen rief er aus: »Mein lieber Yehudi, du hast mir heute abend die erste neue Lektion seit Jahren gegeben ... Ich habe etwas entdeckt! Es gibt doch noch Wunder ... Unser guter alter Jehova ist noch am Werk!«

Yehudis Vortrag der Konzerte von Beethoven, Bach und Brahms erregte den Beifall aller anwesenden Musiker und Musikkritiker.

Bruno Walter sagte: »Er ist einfach ein Genie«, und Ossip Gabrilowitsch, der Leiter des Detroit Symphony Orchestra, stimmte ihm bei. »Es gibt keinen anderen Ausdruck dafür«, sagte er. »Wunderkind würde einen falschen Eindruck erwekken. Genie ist das einzig richtige Wort.«

»Was nun, Yehudi?« wollte Walter wissen.

»Nun esse ich mein Erdbeereis«, gab Yehudi zurück.

Als die Zeitungsausschnitte der Londoner Kritiken eintrafen, fand ich darunter den folgenden Bericht der zionistischen ›Zeit‹, eines jiddischen Blattes: »Kürzlich trat in Berlin ein Wunderkind aus Eretz Israel (Palästina) auf. Sein Name ist Yehudi Menuhin, und er hat in Berlin einen tiefen Eindruck gemacht. Das Wunderkind wurde in Eretz Israel geboren; es ist ein Produkt des Landes, obwohl in Amerika erzogen. Eretz Israel darf besonders stolz auf seine Triumphe sein. Er ist das erste palästinische Kind, das die Welt erobert und seinem Land und Volk Ruhm bringt.«

Diese Falschmeldung wurde noch viele Jahre in jüdischen Zeitschriften wiederholt.

Da wir Yehudis (richtigen) dreizehnten Geburtstag in Berlin feiern und zugleich des historischen Drei-B-Konzerts mit einem Bar-Mizwa-Geschenk[67] gedenken wollten, das eines jungen Menschen würdig war, der aus eigener Kraft bewiesen hatte, daß er die geistige Reife erreicht hatte, machte ich mich in Berlin auf die Suche nach einer vollständigen Urtext-Ausgabe der berühmten Bach-Gesellschaft mit allen Werken Bachs.[68] Ich erfuhr, daß die Testamentsvollstrecker des verstorbenen Max Bruch eine vollständige sechzigbändige Ausgabe besaßen. Bruch hatte testamentarisch bestimmt, die Bücher sollten nur an einen würdigen Musiker verkauft werden. Der Wert der wunderbar erhaltenen Ausgabe war fast unschätzbar und überstieg unsere damaligen Mittel bei weitem, aber die Testamentsvollstrecker kamen uns entgegen. Wir bezahlten die Bücher in der darauffolgenden Konzertsaison.

Nach Berlin erfüllte Yehudi das Versprechen, das er Fritz Busch in New York gegeben hatte, nämlich in der Dresdner Oper zu spielen, wo Fritz Musikdirektor war. Das Publikum schien den Berliner Kritiken über den dortigen Auftritt zu mißtrauen, aber am Ende des Konzerts klatschte es genauso begeistert wie die Berliner.

Yehudi wurde in Dresden freundlich aufgenommen, vor allem von der Familie Busch. Er freundete sich mit Fritz Buschs Sohn an, der nur ein bißchen älter war. Sie spielten mit der elektrischen Eisenbahn, liefen am Ufer der Elbe entlang und unterhielten sich ausgiebig über Autos, Maschinen, Amerika und Deutschland.

Gerade rechtzeitig für ein Konzert am 23. April kehrten wir nach Berlin zurück. Abschließend kamen noch zwei Auftritte in Paris, einer am 8. Mai 1929 in der Oper, bei dem Yehudi die »drei B« mit Philippe Caubert und seinem Conservatoire spielte, und ein Soloabend am 14. Mai. Da beide Häuser am Tag der Ankündigung ausverkauft waren, baten uns das staatliche französische Conservatoire und die Ecole Normale, ihre Lehrer und Schüler bei Yehudis Proben dabeisein zu lassen. Die Bitte wurde gern gewährt. Auch die Kritiken der beiden Pariser Konzerte sprachen von »Genie«. Eine berichtete von Yehudis »unfehlbarer Technik«, eine andere von seinem »perfekten Gleichgewicht«, eine dritte von seiner Zukunft als »König der Violinisten«. Einige entdeckten den Einfluß Kreislers. Yehudi spielte Kreislers Kadenz im Beethoven-Konzert.

In Yehudis Kindheit ebenso wie in der Jugend sah ich mich manchmal gezwungen, seine Aufmerksamkeit auf alltägliche, materielle Dinge zu lenken, zum Beispiel darauf, daß man seinen Verhältnissen entsprechend leben sollte. Es war völlig zwecklos. Nicht anders erging es meinen Warnungen bezüglich seiner Gewohnheit, allen möglichen Leuten, ob würdig oder unwürdig, zu helfen. Mein väterlicher Rat wurde selten befolgt. Ich erinnere mich nur daran, daß ich mich gewöhnlich geschlagen gab angesichts seiner Unkenntnis – oder Gleichgültigkeit –, wenn es um Geld ging, und seines freundlichen Lächelns. Maruthas natürliche Unschuld und Leichtgläubigkeit waren fest verankert im Charakter der Kinder, obwohl sie dank ihrer individualistischen Erziehung alle sehr früh geistig reif wurden.

Einige Leute kritisierten unsere Kindererziehung und sagten beispielsweise: »Yehudi hätte nicht so sehr behütet werden dürfen. Er hätte mit vielen anderen Jungen und Mädchen in Berührung kommen und sich hin und wieder eine blutige Nase holen sollen ... Yehudi hätte mehr vom Leben, vom Sex erfahren sollen. Wäre er doch ins Kino gegangen, um Greta Garbo in ›Ninotschka‹ zu sehen!«

Marutha und ich ließen uns nicht einreden, wir hätten Yehudi irgend etwas Lohnendes vorenthalten. Unsere Erziehung hatte einen fröhlichen, gesunden Jungen von dreizehn hervorgebracht, der die englische, französische, deutsche und hebräische Sprache beherrschte, die beste Literatur las und soeben einen historischen musikalischen Soloauftritt mit einem führenden europäischen Orchester bewältigt hatte. Vor allem anderen aber war er ein dankbarer, liebender Sohn.

Dennoch benutzte in New York ein angeblich »sehr guter Freund der Familie«, der gebeten worden war, mit Yehudi spazierenzugehen, während Marutha die kleinen Schwestern badete, die Gelegenheit, Yehudi diesen Rat zu geben: »Du wirst wie ein Baby behandelt. Dabei arbeitest du wie ein Mann. Kämpfe um dein Recht!«

»Professor Busch wird mit dem größten Vergnügen mit Ihrem Sohn arbeiten ... Vom 1. Mai bis Ende September wird diese Arbeit ganz regelmäßig stattfinden. In den Sommermonaten Juli und August muß Ihr Sohn dem Herrn Professor in die Berge folgen ... Da der Herr Professor nicht weiß, welches Honorar Ihre finanzielle Lage Ihnen erlaubt, bittet er Sie, dasselbe zu zahlen, was Sie in Amerika gewohnt waren. Wie sehr der Herr Professor sich auf die Arbeit mit Ihrem Sohn freut, können Sie daran erkennen, daß er, der sonst nicht unterrichtet, diesmal eine Ausnahme macht.

Sekretariat Adolf Busch[69]«

Nach einem kurzen Urlaub in Baden-Baden freuten Yehudi und ich uns sehr auf den Unterricht bei dem großen und ehrfurchtgebietenden Adolf Busch. Wir hatten ihn und seine Frau bereits in Berlin kennengelernt, in der luxuriösen Suite der Goldmans im Hotel Adlon.[70] Busch, Sohn eines Geigenbauers, war selbst ein Wunderkind gewesen und hatte seinen ersten öffentlichen Auftritt mit fünf Jahren gehabt. Er hatte am Kölner Konservatorium studiert und war schon mit zwanzig Konzertmeister des Wiener Konzertvereins gewesen.

Busch, ein großer Musiker und Komponist, war ein liebenswurdiger, großzügiger, hochgewachsener und gutaussehender Mann. Leider war er Wachs in den Händen seiner Frau. Ihre Einmischung in die Beziehung zwischen ihrem Mann und uns sollte uns alle unglücklich machen.

Wir hatten uns in Basel im Hotel Drei Könige niedergelassen. Doch da wir uns nach einem eigenen Heim sehnten, begaben wir uns auf die Suche nach etwas Passendem. Inzwischen hatte Yehudi seinen Unterricht bei Busch in dessen Haus aufgenommen.

Yehudi und Busch mochten sich vom ersten Augenblick an. Yehudi liebte Buschs wissenschaftliche Denkweise, seine Liebe zum Detail, vor allem aber sein freundliches Wesen. Busch seinerseits bewunderte Yehudi aufrichtig, und zwar nicht nur wegen seiner völligen Konzentration aufs Studium, sondern auch wegen seiner musikalischen Ideen. Auch ich schloß Busch ins Herz. Er hatte etwas von einem Heiligen.

Frau Busch gab sich anfangs entgegenkommend. Aber ihre

wahren Gefühle zeigten sich bald. Eines Tages, als Yehudi im oberen Stockwerk mit Professor Busch Bach studierte, bat sie mich um ein kurzes Gespräch unter vier Augen.

»Herr Menuhin, warum ließen Sie Ihren Sohn die Konzerte von Bach, Beethoven und Brahms, die Säulen des Violinrepertoires, spielen, bevor er Gelegenheit hatte, bei meinem Mann zu studieren?« wollte sie wissen. Ich erwiderte, ihr Schwager Fritz, der Dirigent, habe uns dazu ermutigt, als er von Yehudis ehrgeizigem Plan hörte, die »drei B« in einem Konzert zu spielen.

Unbeirrt fuhr Frau Busch fort: »Warum wollen Sie und Ihre Frau ein Haus in Basel mieten? Warum kehren Sie nicht nach Amerika zurück und lassen Yehudi hier bei uns? Ich werde gut für ihn sorgen. Yehudi wird wahre Kultur lernen, ohne sich zu einem Kreisler oder Heifetz zu entwickeln, die ihre Seele für Geld an den Teufel verkauft haben. Man kann nicht zugleich ein großer Musiker und ein großer Geldverdiener sein.«

»Mein Mann ist der größte Violinist, zumindest in Europa«, rief sie aus. »Er hat die Konzerte aufgegeben, weil das Geld die Musik verdarb.«

Während Frau Busch redete, dachte ich: Wie kann ich die Fortsetzung von Yehudis Unterricht bei Busch sicherstellen, ohne daß Frau Busch Macht über das Leben unseres Sohnes gewinnt?

Am selben Tag mieteten wir ein hübsches Haus in der Gartenstraße 12. Ich war der Ansicht, wir müßten Basel zu einem Erfolg machen, komme was da wolle. Ich erzählte Marutha nichts von meinem Gespräch mit Frau Busch; sie hätte sich nur aufgeregt. Aber ich ließ durchblicken, daß Frau Busch Yehudis Eltern aus irgendwelchen Gründen nicht wohlgesonnen war.

Anfangs arbeiteten Professor Busch und Yehudi dreimal wöchentlich mehrere Stunden zusammen, aber später wurde der strenge Stundenplan gelockert.

Manchmal, wenn Busch Yehudi aufforderte: »Komm morgen nachmittag um drei Uhr«, platzte Frau Busch herein und rief dazwischen: »Nein, morgen gehört deine Zeit mir.« Das muß Busch sehr peinlich gewesen sein.

Busch konnte nicht Klavier spielen, zumindest nicht gut, so daß ein berufsmäßiger Klavierspieler her mußte, wenn im Unterricht Konzerte für Violine und Klavier von Beethoven, Mozart oder Brahms behandelt wurden. Damals wohnte Rudolf Serkin, ein vorzüglicher junger jüdischer Schüler Buschs aus Böhmen, im Hause, aber er war zu sehr mit seiner eigenen

Arbeit beschäftigt, so daß Buschs uns Hubert Giesen empfahlen, einen jungen Freund aus Stuttgart, der Buschs Begleiter geworden war, nachdem Frau Busch sich von dieser Aufgabe zurückgezogen hatte. Das war eine unerwartete Extraausgabe, und darüber hinaus fanden wir »Hubsie«, wie wir ihn nannten, keineswegs ideal, da er uns zu romantisch, undiszipliniert und unkultiviert war. Ich wollte jedoch weitere Meinungsverschiedenheiten mit Frau Busch vermeiden, und so teilte der muntere, oberflächliche, sentimentale »Hubsie« zwei Jahre unser Leben und begleitete Yehudi und mich auf allen Reisen.

Im ersten Jahr in Basel weigerte sich Marutha sogar, mit uns nach Amerika zu reisen, weil sie »Hubsie« nicht ausstehen konnte. Sie ließ ihn jedoch nie spüren, daß er in unserem Haus nicht gern gesehen war. Im zweiten Jahr begleiteten uns Marutha und die Mädchen erst dann nach New York, als ich versprochen hatte, »Hubsie« gleich nach Beendigung der Tournee zu entlassen.[71]

Ich sollte noch hinzufügen, daß »Hubsie« sich unter meiner ständigen Aufsicht gründlich auf Konzerte vorbereitete, daß er sich sein Geld ehrlich verdiente und sich anständig benahm.

Trotz aller Schwierigkeiten hatte sich Yehudis Repertoire bis zum Ende des Sommers um eine Reihe größerer und kleinerer Werke vermehrt: einige Solosonaten und Partiten von Bach, ein paar Sonaten für Violine und Klavier von Beethoven, das Violinkonzert von Dvořák und kleinere Werke. Vor allem aber beschäftigte sich Yehudi nun gründlich und wissenschaftlich mit großer Musik. Das war es, was wir bei Professor Busch gesucht hatten und was Yehudi gefunden hatte: die zuverlässige, germanisch korrekte Einstellung zur Musik.

Hepzibah und Yaltah profitierten ebenfalls musikalisch von unserem Aufenthalt in Basel. Rudolf Serkin gab Hepzibah Klavierstunden, während Frau Schramek, die bekannteste Schweizer Klavierlehrerin, Yaltah unterrichtete.

Sogar auf Serkin erstreckte sich Frau Buschs strenge Kontrolle. Manchmal lud Marutha den jungen Mann, den wir ganz besonders gern mochten, zum Essen ein.

»Nein danke, es tut mir leid, aber Frau Busch erwartet mich zu den Mahlzeiten.«

Und wie zur Bekräftigung läutete das Telefon um zwei Minuten vor zwölf: »Ist Herr Serkin noch da? Frau Busch erwartet ihn zum Mittagessen. Sofort.«[72]

Eines Tages wandte ich mich wegen der Bezahlung für Yehudis Unterricht an Frau Busch; irgendwie konnte ich mit Professor Busch selbst nicht über Geld reden. Am nächsten Tag erhielt ich einen liebenswürdigen Brief von Frau Busch, in dem unter anderem stand: »Für Yehudis Stunden wünscht mein Mann keine Bezahlung. Er betrachtet Yehudi als seinen Freund und liebt ihn wie einen Sohn. Von einem Freund oder Sohn kann man kein Geld annehmen ... Herr Serkin bittet mich, Ihnen mitzuteilen, daß er genauso fühlt. In Freundschaft, Frau Adolf Busch.«

Dieses Freundschaftszeichen war etwas Neues für mich. Ich fragte mich, ob ich Frau Busch nicht falsch beurteilt hatte. Aber das Problem des Unterrichtshonorars quälte mich weiter. Man konnte sehen, daß im Hause Busch kein Reichtum herrschte. Es kam mir unsinnig vor, für unseren Sohn wertvolle Dienste umsonst anzunehmen. Zuneigung kann man nicht bezahlen, das ist wahr, aber wenn jemand Zeit und Arbeit aufwendet, sollte er belohnt werden.

Einige Wochen später hielt mich Frau Busch nach einer Unterrichtsstunde fest.

»Es wäre nett, wenn Sie uns eine finanzielle Beihilfe für einen Londoner Schüler meines Mannes geben würden«, sagte sie.

Ich war erfreut und bot ihr sofort fünfhundert Dollar an. Frau Busch schien zufriedengestellt, aber im Oktober, kurz nachdem Yehudi, »Hubsie« und ich unsere Europatournee begonnen hatten, erhielten wir einen Brief, in dem sie uns bat, regelmäßige monatliche »Beihilfen« zu leisten. Ich schrieb zurück, daß ich nach unserer Rückkehr nach Basel und vor der Abreise nach Amerika gern mit ihr besprechen würde, wie viel ich ihr für ein Jahr zukommen lassen konnte. Ich mußte ihr auch gestehen, daß unsere finanzielle Lage im Augenblick gespannt war, da wir uns seit Yehudis Debüt mit Fritz Busch vor zwei Jahren in New York gänzlich selbst versorgten. Wir hatten das große Haus in der Gartenstraße mieten und vollständig einrichten müssen. Wir mußten ein Auto anschaffen, für den momentanen Unterhalt der Familie in Basel und den kommenden Winter im voraus sorgen, Schiffskarten für Yehudi, »Hubsie« und mich kaufen und die hohe Rechnung für die Urtext-Ausgabe von Bachs Werken, unser Geschenk an Yehudi, begleichen.

Es gab auch noch einen weiteren Anlaß für Unstimmigkeiten. Auf unserer Europatournee erzählten Yehudi und ich der Presse begeistert von Professor Busch, und ich schrieb unseren Ma-

Oben links: Shandel, Moshes Schwester, hing in ihrer Jugend revolutionären Idealen an und folgte später Moshe nach Palästina. Als sie zur Eheschließung mit einem ungeliebten Mann gezwungen wurde, beging sie Selbstmord.
Oben rechts: Yitzhak Mnuchin, der Vater von Moshe Menuhin, starb 1897 im Alter von 32 Jahren, als Moshe vierjährig war.
Rechts: Marutha im Alter von 15 Jahren als Moshe sie in Jaffa kennenlernte und sich auf den ersten Blick in sie verliebte.

Oben: Moshe und Marutha kurz nach ihrer Hochzeit. Diese Aufnahme wurde für Maruthas Mutter in Palästina gemacht. Moshe war damals noch Student an der New York University und gab Hebräischkurse, während Marutha an einer konfessionellen Schule unterrichtete.
Links: Marutha im Jahre 1916 während der Schwangerschaft mit Yehudi.

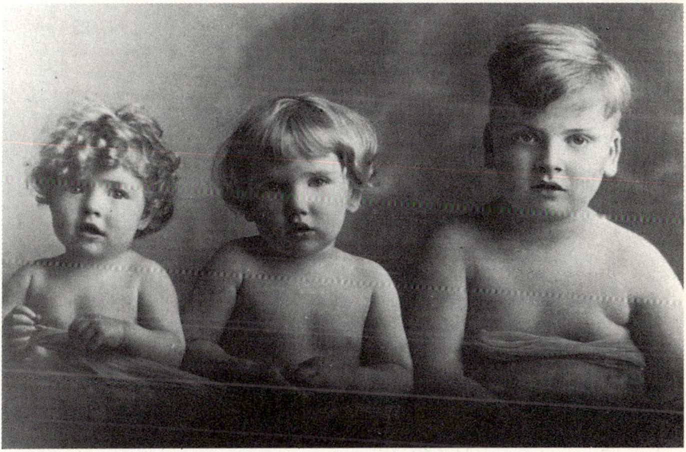

Oben: Yehudi Menuhin, geboren am 22. April 1916 im Mount Lebanon Hospital in der Bronx, im Alter von drei Monaten mit seiner Mutter.
Unten: Von links nach rechts: Yaltah, ein Jahr, Hepzibah, zweieinhalb Jahre, und Yehudi, knapp sieben Jahre.

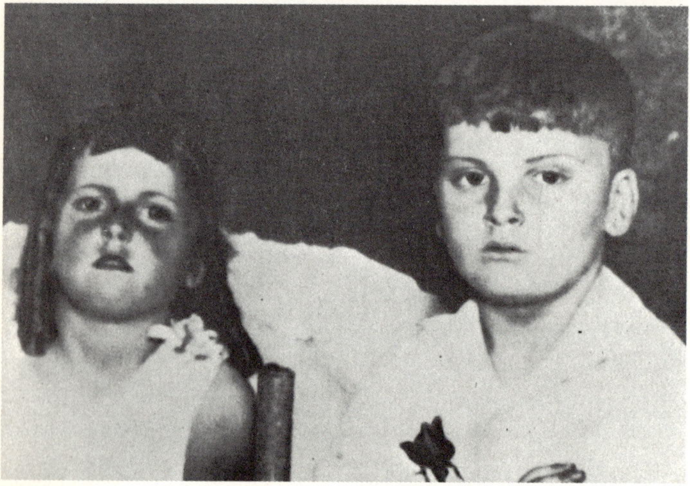

Oben: Yehudi mit der »Prinz Khevenhüller«, im 18. Jahrhundert von Antonio Stradivari gebaut, vermittelt durch Henry Goldmann.
Unten: Yehudi im Alter von sechs Jahren mit Mary Tobin anläßlich ihres dritten Geburtstags. Die »kleine Mary« war die Tochter katholischer Iren, die zu den engsten Freunden der Menuhins gehörten.

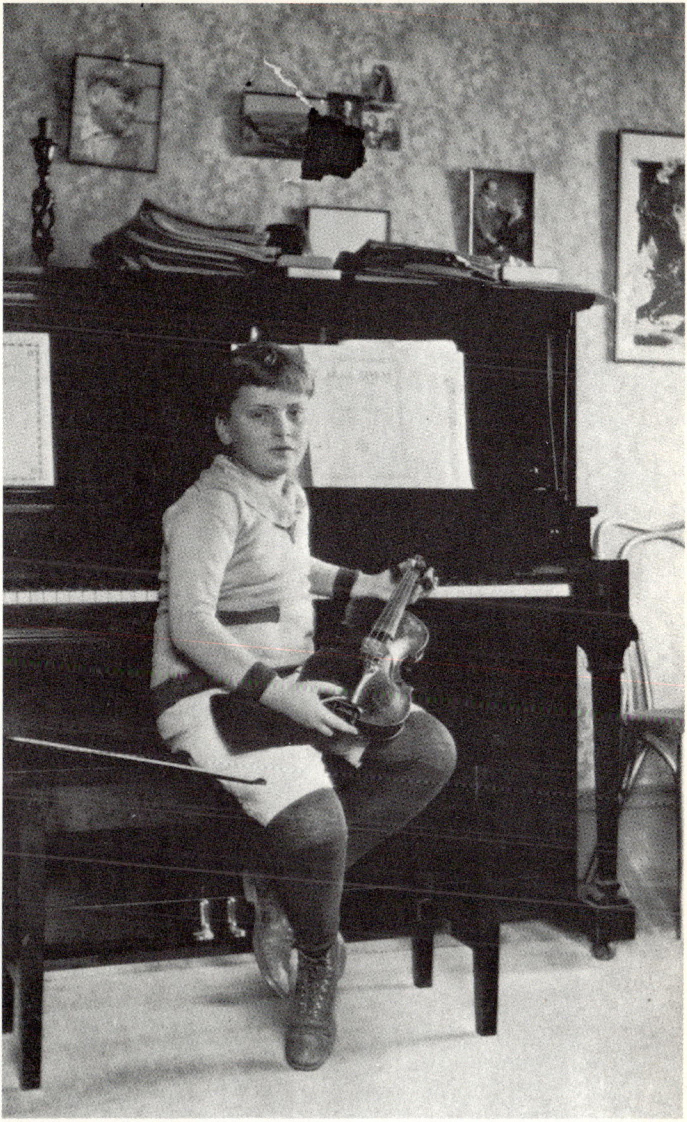

Yehudi 1924 im Heim der Menuhins an der Steiner Street in San Francisco.

Oben: Sammy Marantz, Moshes Lieblingsschüler an der Hebräisch-Schule in Elizabeth, New Jersey, lebte später mit den Menuhins in San Francisco und studierte an der University of California. Hier mit Marutha, Hepzibah (links) und Yaltah 1928 in Coney Island.
Unten links: Hepzibah im Alter von vier Jahren im Garten an der Steiner Street in San Francisco. Sie selbst versah das Foto mit einer französischen Widmung.
Unten rechts: Yaltah und Hepzibah im Tatarenkostüm 1930 in Basel.

Oben: Sidney Ehrman, der Rechtsberater der Menuhins, im Sommer 1928 mit Yehudi am Lake Tahoe in der Sierra Nevada.
Rechts: Yehudi mit seinem Lehrer Adolf Busch 1930 in Basel. Busch mußte nach Hitlers Machtergreifung auf die deutsche Staatsbürgerschaft verzichten.

Oben: Die Menuhin-Kinder und zwei ihrer Freunde 1932 in Ville d'Avray. Yehudi (hinten Mitte) und Hepzibah (vorne links) hatten sich nach ungeschickten Experimenten ihrer Schwester Yaltah (vorne rechts) aus Solidarität ebenfalls die Haare schneiden lassen.
Unten: Hepzibah und Yaltah mit ihrer Mutter 1934 in Paris.

Oben links: Yehudi beim Studium mit Enesco im Hotel Majestic in Paris 1934 (Foto Lipnitzki, Paris).
Oben rechts: Yehudi mit Georges Enesco in Bellevue bei Paris.
Rechts: Der 17jährige Yehudi und die 13jährige Hepzibah beim Üben im Hotelzimmer in Paris vor ihrem gemeinsamen Konzert in London (Foto Lipnitzki, Paris).

Yehudi an Bord der »De Grasse« während seiner ersten Atlantiküberquerung im Jahre 1926.

Yehudi mit einem Koalabären während seiner Australientournee von 1935.

Oben: »Les Fauvettes« in Ville d'Avray, wo die Familie Menuhin vom Frühjahr 1931 bis zum Herbst 1934 wohnte.
Unten: Sommer 1933: Die Familie Menuhin im Garten von »Les Fauvettes« in Gesellschaft eines englischen Freundes, des Rennstallbesitzers Edmond Somerville Tattersall.

Oben: Moshe, Marutha, Yaltah, Hepzibah und Yehudi 1936 vor ihrem Haus in Los Gatos, nachdem sie den Traum vom Haus in Alma begraben hatten.
Unten: Die ganze Familie mitsamt den Haustieren 1937 in Los Gatos (Foto Associated Press).

Moshe und Marutha im Frühjahr 1940 beim Picknick in der Hügellandschaft um Los Gatos. Die Kinder waren zu jener Zeit bereits verheiratet.

Yehudi mit Nola, seiner ersten Frau, und ihren Kindern, der vierjährigen Zamira und dem dreijährigen Krov, in Alma, Kalifornien.

Yehudi auf seiner Israel-Tournee von 1947 in Gesellschaft seiner Schwester Hepzibah (rechts) und der englischen Tänzerin Diana Gould, die später seine zweite Frau werden sollte.

Oben: 7. August 1946: Zur Feier ihres 32. Hochzeitstages posiert Marutha im weißen Schleier zusammen mit Moshe in ihrem Heim in Los Gatos.
Unten: Moshe Menuhin (rechts) mit John D. Boden in Los Gatos. Boden wurde Moshes bester Freund und blieb es zeit seines Lebens. Die Aufnahme entstand in den vierziger Jahren.

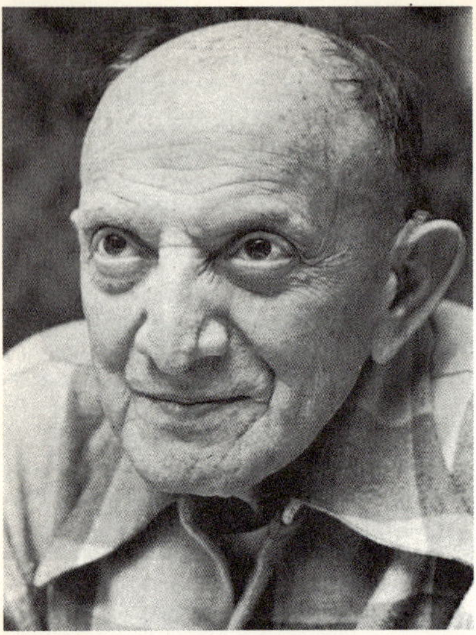

Oben: Moshe Menuhin im Alter von siebzig Jahren.
Unten: Yehudi Menuhin mit seinem Vater in den siebziger Jahren in Los Gatos. Obwohl Moshe Menuhin bereits durch verschiedene Krankheiten geschwächt war, gab er seine Gewohnheiten zu lesen, zu schreiben und zu korrespondieren nicht auf.

nagern in New York und London von meiner Bewunderung. Ich wies darauf hin, daß Busch und Serkin hervorragende musikalische Partner wären, und zeigte Busch und seiner Frau Kopien meiner Briefe. Frau Busch warf mir vor, den Namen ihres Mannes zu benutzen, um daraus Vorteile für Yehudi zu schlagen. Ich gab zurück, Yehudi brauche keine Reklame und meine Absichten seien lauter. Eines Tages im Dezember 1929 hatte ich endlich genug von Frau Buschs ewigen argwöhnischen Briefen und wandte mich direkt an Professor Busch. Das wirkte. Danach hörten wir nur noch sehr wenig von Frau Busch. Der Professor erledigte seine Korrespondenz persönlich.

Ich werde nie einen zwölf Seiten langen Brief vergessen, den er Yehudi schrieb über Musik im allgemeinen, Bach-Sonaten und Partiten, Fingersatz, Bogenführung und Interpretation. In einer Nachschrift erwähnte er, er habe sich bei einem Skiunfall einige Knochen gebrochen und sei bettlägerig. Ich dachte sofort an die finanzielle Lage der Familie Busch und sagte zu Yehudi: »Ich finde, wir sollten ihm sofort telegrafisch tausend Dollar und unsere Liebe und besten Wünsche schicken. Er wird das Geld gut gebrauchen können.«

Yehudi hielt das für eine glänzende Idee.

Ein paar Wochen später erhielt ich einen rührenden Brief:

»Ich möchte Ihnen von Herzen danken für die Hilfe, die nur von Ihnen in dieser liebenswürdigen Form kommen konnte, die es mir leicht machte, sie anzunehmen. Sie und Yehudi retteten mich in einem Augenblick, in dem es mir nicht länger möglich war, ohne die Hilfe von Freunden auszukommen. Ich hatte bereits Schulden bei der Bank gemacht. Nach so vielen Jahren harter Arbeit fällt es mir schwer, mich mit Geldproblemen beschäftigen zu müssen ... Ich freue mich darauf, wieder mit Yehudi zu arbeiten. Ich danke Ihnen für Ihre wahre Freundschaft.«

Inzwischen bat ich Jack Salter, der sich gerade geschäftlich in Europa aufhielt, einen Abstecher nach Basel zu machen und sich mit Busch über eine gemeinsame Konzerttournee mit Serkin nach Amerika zu unterhalten. Das tat er auch; er bereitete eine Vorstellung mit Toscanini und dem New York Philharmonic Orchestra vor.[73]

Das Haus in der baumbestandenen Gartenstraße hatte drei Stockwerke, einen Garten und eine Garage. Eßzimmer, Wohnräume und Küche lagen im Parterre, die Schlafzimmer im ersten Stock. Das oberste Stockwerk gehörte den beiden Dienstmädchen, unserem Pianisten und Begleiter »Hubsie« und Signorina Anna Contro, der Italienischlehrerin unserer Kinder.

Die Kinder mußten regelmäßig üben. Es gab drei Klaviere im Haus, zwei für die Mädchen und eins für »Hubsie«. Sie lernten Deutsch bei Justin Geist, einem hervorragenden Gelehrten und Pädagogen. Wir mochten ihn alle.

Signorina Contro, eine geduldige, fleißige Mittelschullehrerin aus Mailand, widmete Yaltah den größten Teil ihrer Zeit. Yaltah als die Jüngste hatte einen kleinen Komplex und vergeudete ihre gewaltige Energie mit Streichen und Launen. Yehudi und Hepzibah dagegen waren stets ordentlich, systematisch und diszipliniert; sie konzentrierten sich gänzlich auf die Aufgabe, die vor ihnen lag. Dennoch entwickelte sich Yaltah hervorragend, hauptsächlich dank der unermüdlichen Geduld und Ausdauer ihrer Mutter.

Nach vier oder fünf Wochen mit Busch hielt ich es für angebracht, ein Gespräch mit Enesco zu führen. Ich schrieb ihm nach Paris und lud ihn ein, einen Tag mit uns zu verbringen. Auf seiner nächsten Reise nach Sinaia machte er vierundzwanzig Stunden in Basel halt.

Wie immer war Enesco in seiner schlagfertigen, charmanten Art der Mittelpunkt der Gesellschaft. Der äußerst kultivierte, belesene Mann hatte eine Vorliebe für Kalauer, mit denen er uns unterhielt.

Immer wieder ertönte Enescos Sonate Nr. 2, gespielt vom Komponisten selbst auf dem Klavier, von Yehudi auf seiner Stradivari. Eine vertraute Stimmung, beherrscht von Feuer und Phantasie, von Klängen und Farben, erfüllte das Musikzimmer. Es gab kein Metronom, kein kleinliches Verweilen bei prosaischen Einzelheiten, aber Enesco konnte erkennen, welch große Fortschritte Yehudi gemacht hatte. Als die Kinder ins Bett gegangen waren, unterhielten wir uns lange über Basel. Am Ende sagte Enesco: »Bleiben Sie unbedingt zwei Jahre in Basel, wie ich Ihnen geraten habe. Aber nicht länger. Machen Sie sich keine Sorgen wegen des Einflusses der Deutschen Schule. Bedenken Sie, Yehudi wird immer Yehudi bleiben.«

Im Juni 1930 besuchte Enesco uns wieder, und Professor Busch gesellte sich dazu. Wir kamen auf Kammermusik zu sprechen. Yehudi war reif dafür. Enesco schlug vor, wir sollten uns im folgenden Jahr in oder bei Paris niederlassen.

»Dann kann Yehudi Kammermusik nach Herzenslust machen – und die Mädchen auch!«

Ein weiterer Besucher in Basel war unser lieber alter Freund Sidney M. Ehrman. Auch sein Sohn Sidney jr., der Student in Oxford war, kam zu uns. Leider erfuhren wir nur wenige Wochen später, daß Sidney jr. schwerkrank in einem Londoner Krankenhaus lag. Er wurde nicht wieder gesund.[74]

Ebenfalls zu unseren Gästen in Basel zählten Sammy Marantz, abgemagert nach der anstrengenden Anwaltsprüfung (ein Zustand, den Marutha mit ihren Kochkünsten änderte), und Jacques Thibaut und Alfred Cortot, die zu einem gemeinsamen Sonatenabend angereist waren. Bei der Ankunft litt Cortot unter einem schweren Katarrh. Marutha legte ihm ein selbstgemachtes englisches Senfpflaster auf die Brust und befahl ihm, es während der Vorstellung draufzulassen. Das half.

In Basel mieden wir alle gesellschaftlichen Kontakte. Wir hatten einfach nicht die Zeit dafür. Dennoch gewannen wir dort einen neuen Freund, Karl Pinsker, den Leiter der Schallplattenabteilung von Hug & Co. Er war ein belesener Mann und einer der größten Kenner von Musikaufnahmen. Da er mager war, versuchte Marutha, ihn ebenso aufzupäppeln wie Sammy. Er nahm vierzehn Pfund zu. Karl nannte Maruthas Fürsorge »la dictature du bonheur« (»die Diktatur des Glücks«). Um zu zeigen, wie sehr er den »Diktator des Glücks« verehrte, nannte er eine seiner Töchter Marutha. Bis zum heutigen Tag tauschen wir Berichte über das Wohlergehen unserer Familien aus.

Wir kauften einen amerikanischen Packard und unternahmen Ausflüge nach verschiedenen Teilen der Schweiz, nach Deutschland, Italien und an die französische Riviera. Dabei begleiteten uns die Lehrer der Kinder und gelegentlich Freunde, die bei uns zu Besuch waren.

Während der Zeit in Basel gingen wir auf zwei europäische und zwei amerikanische Tourneen. Die erste Reise durch Europa begann Mitte Oktober 1929 und führte uns nach München, Berlin, Köln, Frankfurt, London, Zürich, Amsterdam und Den Haag.

Auf dem Münchener Programm stand ›Nigun‹ aus Blochs Suite ›Baal Shem‹. Als der Manager das Programm erhielt, traute er seinen Augen nicht. München war das Zentrum der immer stärker werdenden Nazipartei Hitlers und des Antisemitismus. Es war Wahnsinn, ein so unverhohlen jüdisches Stück zu spielen. Täglich erhielten wir telefonische, telegrafische und briefliche Aufforderungen, ›Nigun‹ abzusetzen. Ich besprach die Angelegenheit mit Yehudi. Yehudis Antwort war einfach: »Aba[75],

›Nigun‹ ist gute Musik, anregende Musik. Mehr noch, Ernest Bloch ist unser Freund. Wenn wir dieser Hysterie nachgeben, wird man mich demnächst auffordern, meinen Namen zu ändern. Ich werde ›Nigun‹ spielen, und wenn man mich mit Gegenständen bewirft.«

Ich erklärte dem Manager die Lage und bot ihm an, das Konzert abzusagen. Hastig antwortete er, das Haus sei ausverkauft. Nur ›Nigun‹ bereite ihm Sorgen. Als wir in München ankamen, versuchte er nochmals, uns zu erklären, welchen schrecklichen Fehler wir machten, welches Risiko wir eingingen. Er hielt den Druck des Konzertprogramms bis wenige Stunden vor Beginn an und appellierte an mich als Vater, ›Nigun‹ zu streichen. Ich sagte ihm, Yehudi habe das letzte Wort und lasse sich nicht umstimmen.

Yehudi spielte das Konzert mit ganzer Seele, doch bei ›Nigun‹ ließ er sein Herz sprechen, und das so mächtig, daß das Publikum ihm stehend Beifall klatschte und da capo rief.

Hinter der Bühne, wo ich wie immer rittlings auf einem Stuhl saß und mich an der Lehne festhielt, lauschte ich mit klopfendem Herzen. Mich quälte die ständige Frage jener Zeit: »Tue ich recht, Yehudi, ein Kind, solchen Erfahrungen auszusetzen?« Immer wenn ich aufs äußerste gespannt meinen Sohn ganz allein der Welt gegenüberstehen sah, beruhigte es mich, daß er so völlig sicher und entspannt war. In Kenntnis meines eigenen, viel zu gefühlsbetonten Charakters murmelte ich dann: »Danke, allmächtiger Gott, daß du Yehudi nicht so gemacht hast wie mich.«

In einem Brief, den Yehudi seiner Mutter auf dieser Tournee aus Köln schrieb, drückte er seine Dankbarkeit aus für das, was Adolf Busch ihm gab.

»In geistiger Hinsicht kommt niemand auf der Welt an Adolf Busch heran. Er wird im Laufe der Jahre immer mehr für mich tun können – ganz besonders jetzt!«

Zwar würde Yehudis Liebe zu diesem gütigen, ernsthaften Gelehrten nie vergehen, aber ich wußte dennoch, daß Yehudi in ein paar Jahren erkennen würde, daß Enesco derjenige war, der das meiste für ihn tat. Das sollte mir Yehudi später oft bestätigen.

Yehudis erster Auftritt in London fand am 4. November 1929 in der Queen's Hall mit dem London Symphony Orchestra statt. Er spielte das Violinkonzert von Brahms unter Fritz Busch. Um unserem guten Freund Busch, der unbedingt in

London dirigieren wollte, eine Freude zu machen, hatte ich unseren Manager Lionel Powell dazu bewegt, ihn zu engagieren. Und damit Fritz Busch sein Talent als Dirigent großer sinfonischer Werke unter Beweis stellen konnte, hatte Yehudi sich bereit erklärt, diesmal nur ein einziges Stück zu spielen.

Die Londoner Behörden erlaubten nicht, daß Kinder ohne Genehmigung abends öffentlich auftraten. Nach den Vorschriften mußte sich das betreffende Kind persönlich einem Beamten vorstellen, damit dieser sich davon überzeugen konnte, daß der Auftritt freiwillig war. Ich begleitete Yehudi, und wir erhielten die Genehmigung ohne weiteres. London war nicht Boston.

Das Konzert war ein großer Triumph; so hieß es jedenfalls am nächsten Morgen in den Zeitungen. George Bernard Shaw wurde zitiert mit den Worten: »Ein Künstler wie Yehudi Menuhin läßt sogar einen Atheisten an Gott glauben.«

Während unseres Londonaufenthalts machte Yehudi seine ersten Aufnahmen für die Gramophone Company of England (His Master's Voice): die Sonate für Violine solo in C-Dur von Bach und die Sonate in D-Dur, Opus 12, Nr. 1 von Beethoven mit »Hubsie« am Klavier.[76] Bevor wir England verließen, schlossen wir Verträge ab für zwei Konzerte in der Royal Albert Hall. Yehudis Honorar betrug 2500 und 1250 Pfund Sterling (damals 12500 beziehungsweise 6250 Dollar).

Seit jener Zeit im November 1929 ist London Yehudis zweite Heimat. In der Natur der Engländer, ihrer gelassenen, kultivierten Art liegt etwas, das Yehudi stets gefiel und das ihm selbst so ähnlich ist.

Die Amerikatournee von 1929/30 dauerte zehn Wochen und führte durch zwölf Städte: New York (wo er mit Arturo Toscanini und dem New York Philharmonic Symphony Orchestra auftrat), Cincinnati, Cleveland, Detroit, Chicago, Baltimore, Pittsburgh, Kansas City, Minneapolis, Los Angeles, Portland und San Francisco, wo er an Alfred Hertz' Abschiedskonzert mit dem San Francisco Symphony Orchestra teilnahm.

Nach Minneapolis ging es westwärts. In San Francisco wohnten wir ein paar Wochen im Haus der Ehrmans, die sich beide in London am Krankenbett ihres Sohnes aufhielten. Ehrmans Chauffeur Barney fuhr uns nach Yosemite. Yehudi saß vorn und unterhielt sich mit ihm über Autofahren, Verkehr, Technik und zweifellos auch über seine heimlichen »Erfindungen«.[77] Yehudis Freunde Max Kahn und Bernard Kaufman begleiteten uns. Ein weiterer Vertrauter Yehudis, vor allem auf dem Gebiet von Autozubehör, war Dr. Carroll W. Jones, Zahnarzt und Ehemann der Musikkritikerin der ›Los Angeles Times‹. Wir verbrachten eine Woche mit diesen alten Freunden und ihrer hübschen Tochter Carolyn, die später eine ausgezeichnete Fotografin wurde.[78]

Im Zug von Portland nach Chicago trafen wir zufällig meinen alten Mentor Dr. Judah Magnes. Während der folgenden drei Tage informierte er mich in langen Gesprächen aus erster Hand über die Gewalttätigkeit im britischen Mandatsgebiet Palästina. Er war zutiefst beunruhigt über den Einfluß des politischen auf den geistigen Zionismus und fragte sich, ob in seine Hebräische Universität jemals wieder der alte Geist des Judentums einziehen würde.

Marutha kam mit Hepzibah und Yaltah nach Paris, um uns bei unserer Rückkehr nach Europa zu begrüßen. Nach einem Konzert in der Salle Pleyel fuhren wir zurück nach Basel, um unseren zweiten Frühling und Sommer mit Adolf Busch zu verbringen.

London, Paris, Zürich, Amsterdam, New York, Chicago, Los Angeles, San Francisco und, bis zur Machtergreifung der Nazis, Berlin gehörten nun fest zu unserem alljährlichen Konzertreiseplan. Auf der zweiten Europa- und Amerikatournee, in der Saison 1930/31, fügten wir Wien, Budapest, Hamburg, Leipzig und Rom hinzu, um Yehudis Gesichtskreis zu erweitern, seine Bekanntheit zu vergrößern und die Grundlage für eine weltweite Karriere zu errichten.

Wien hinterließ nicht nur wegen Yehudis Triumph im Wiener Konzerthaus einen tiefen, dauerhaften Eindruck, sondern auch wegen einer Besichtigung der neuen, von der Stadtverwaltung gebauten Arbeiterviertel mit ihren vielen Blocks attraktiver Mietshäuser. Als diese Häuser ein paar Jahre später von den Nazis gestürmt wurden, veranlaßte die Erinnerung an die dort verbrachten Stunden Yehudi zu einer »spontanen Explosion«.

Im Zug nach Budapest verspürte ich plötzlich wieder heftige Gallenschmerzen. Ich hatte darunter zuerst in San Francisco im Jahre 1929 gelitten und dann noch einmal in Basel im Sommer 1930. Ein Budapester Spezialist empfahl mir, die Gallenblase entfernen zu lassen, eine Operation, die einen einmonatigen Aufenthalt in dieser Stadt erfordert hätte. Das kam gar nicht in Frage. »Sie können eine Zeitlang so weitermachen«, meinte er, »aber Sie müssen die Diät befolgen und die Medizin einnehmen, die ich Ihnen verschreibe.«[79]

Das war nicht meine einzige Sorge in Budapest. Auf dem Konzertprogramm, das ich dem ungarischen Manager einen Monat im voraus geschickt hatte, stand auch Brahms' Sonate in G-Dur.

Es schien, als haßten die Ungarn Brahms wegen seiner Anmaßung, ungarische Tänze geschrieben zu haben. Auch erhob der Manager Einwände dagegen, daß Yehudi eine ganze Bach-Sonate für Violine allein spielte.

»Man wird Ihren Sohn steinigen!«

Wiederum blieb Yehudi fest. »Entweder spiele ich das Programm so, wie es ist, oder wir sagen ab.«

Yehudi eröffnete mit der Brahms-Sonate. Ich werde nie den Beifall vergessen, den ihm das Publikum dafür und für den Bach stehend spendete.

In der Pause schloß ich wie immer die Tür der Künstlergarderobe ab und fing an, Yehudi mit Alkohol abzureiben, bevor er ein frisches Hemd anzog, sich auf dem Sofa ausstreckte und kalten Orangensaft zu trinken bekam.

Es klopfte an der Tür. Der Manager.

»Professor Hubay ist hier und möchte Ihren Sohn sehen.«

Als wir den Namen des legendären Komponisten hörten, stürzten Yehudi und ich zur Tür. Ein vornehmer älterer Herr trat ein, küßte Yehudis Finger und schloß ihn fest in die Arme. »Yehudi«, sagte er, »du hast die Bach-Partita ganz hervorragend gespielt, aber dies« – er nannte eine bestimmte Passage – »war nicht richtig.«

Yehudi nahm seine Violine und spielte so, wie Jenö Hubay es wollte. Dann meinte er: »Professor Hubay, ich muß Ihnen leider sagen, daß Sie unrecht haben. In Bachs Urtext steht es so, wie ich es gespielt habe und wie es auch Enesco und Professor Busch spielen.«

Hubay lud uns für den nächsten Tag zum Mittagessen ein. »Wir können im Urtext nachschlagen und feststellen, wer recht hat.«

Tags darauf bei Hubay wurde ein richtiges Bankett serviert. Die Elite der ungarischen Musikwelt war gekommen, um Yehudi zu begrüßen. Hubay stand auf und hielt eine kurze Rede, in der er zugab, daß Yehudi im Recht sei und daß er selbst seine Schüler am Konservatorium jahrelang die falschen Noten gelehrt habe!

Zwischen Hubay und Yehudi entstand eine herzliche Freundschaft, die bis zu Hubays Tod im Jahre 1937 dauerte.

In Deutschland war uns auf allen Tourneen seit 1929 ein geheimnisvoller Fremder aufgefallen, der Yehudi Jahr für Jahr von Stadt zu Stadt folgte. Überall erhielt Yehudi Geschenke in die Garderobe oder ins Hotel, jedes mit einem Briefchen mit den Worten »Danke für noch ein wundervolles Konzert« und der Unterschrift »von einem deutschen Musikfreund«.

Am 30. Oktober fand ein Konzert in Mannheim statt. Rosenstock dirigierte das Mannheimer Sinfonieorchester. Hinterher stellte sich uns ein Herr vor: Dr. Ernst Schwartz, Generaldirektor der I.G. Farbenindustrie AG. Er gab sich als Yehudis geheimnisvoller Bewunderer zu erkennen und lud uns ein in seine Werke in Ludwigshafen. Wir waren überrascht, daß Dr. Schwartz über ein ganz und gar aus Fabrikarbeitern bestehendes Sinfonieorchester verfügte. An jenem Tag war Richard Strauss anwesend, um das Orchester zu dirigieren, und wir lernten ihn kennen.[80] Bei einem Konzert im November im Leipziger Gewandhaus mußte Yehudi auf Wunsch des zahlreichen Publikums Stücke von Debussy und Moszkowski zweimal spielen, aber hinterher wies mich der alte Präsident dieses berühmten Hauses zurecht: »Herr Menuhin, im Gewandhaus ist für so etwas kein Platz.«

Als Yehudi im Amsterdamer Concertgebouw die Bühne betrat, erhob sich das Publikum wie ein Mann, eine Geste, die er niemals vergessen sollte.

Auf unserer Amerikatournee jener Saison schlugen wir unser Hauptquartier in einem Appartement hoch oben im Hotel Ansonia auf, von dem aus man einen ausgedehnten Blick auf New York hatte. Marutha, Hepzibah und Yaltah blieben dort, während Yehudi und ich uns auf unsere Konzertrunde machten. Sammy Marantz stand uns bei den drei Auftritten in der Carnegie Hall selbstlos als Seitenwender des Begleiters und Adjutant in der Künstlergarderobe bei.[81]

In Toronto waren wir Hausgäste auf der Farm eines Dr. Jenkins, die nach streng wissenschaftlichen und hygienischen Richtlinien betrieben wurde, was Yehudi und mich faszinierte. Staunend erfuhren wir, daß Jenkins den Milchkühen Schallplatten mit klassischer Musik vorspielte, um ihre Milch zu verbessern, und sie mit Olivenöl massieren ließ.

Auf dieser Tournee schlossen wir auch Freundschaft mit Sergei Koussewitzky und seiner Familie, nachdem Yehudi mit dem Boston Symphony Orchestra unter der Leitung dieses Dirigenten aufgetreten war. Koussewitzkys lebten in Boston und Paris und besuchten uns häufig, als wir uns in Ville d'Avray dicht bei Paris niedergelassen hatten. In San Francisco genossen wir wieder einmal die großzügige Gastfreundschaft der Ehrmans. Manchmal wurde es direkt peinlich. Als Yehudi und ich einmal bei ihnen zu Gast waren, ließ ich mir bei einem der besten Zahnärzte San Franciscos eine Brücke einsetzen. Die Rechnung dafür war hoch. Als ich sie bezahlen wollte, sagte man mir: »Tut uns leid, Mr. Menuhin, aber das hat Mrs. Ehrman schon erledigt.«

Um uns das Interesse der wichtigsten Konzertmanager und Musikveranstalter Europas und Nordamerikas zu erhalten, aber auch um Verbindung mit Südamerika, Australien, Neuseeland, Südafrika, Japan und anderen Ländern anzuknüpfen, deren dringenden Einladungen an Yehudi wir noch nicht folgen konnten, pflegte ich Kopien von Yehudis Konzertprogrammen, Zeitungskritiken und Interviews zu versenden. Das machte sich später in Form von Engagements bezahlt.

19. Ville d'Avray (1931–1935)

Im Frühjahr 1931 reisten wir zu Schiff nach Frankreich und ließen uns in dem reizenden Dorf Ville d'Avray im Wald von St. Cloud zwischen Paris und Versailles nieder. Yehudi fuhr ständig zwischen unserem Domizil und Enescos beiden Wohnungen in Bellevue und Rue de Clichy 26 in Paris hin und her, um mit ihm »Musik zu machen«. Von nun an bis 1935 dauerte ihre Zusammenarbeit jedes Jahr bis in die Herbst- und Wintermonate. In unserem Haus fanden Kammermusik-Konzerte statt, bei denen Pierre Monteux, Viola, und Maurice Eisenberg am Cembalo mit Yehudi und Enesco musizierten. Es gab Auftritte in der Salle Pleyel in Paris und Plattenaufnahmen von Konzerten, bei denen Enesco dirigierte, und von Kammermusik, die Yehudi entweder mit Hepzibah oder mit Hepzibah und Eisenberg spielte. In unserem zweiten Jahr in Ville d'Avray begann erst Hepzibah und dann Yaltah, Quartette und Quintette mit anderen Mitgliedern der Kammermusikgruppe zu spielen.

Marcel Ciampi, der bekannte französische Pianist, gab ihnen regelmäßig Unterricht. Auch Yaltah hatte einen Lehrer, Nin Culmel, einen ernsthaften jungen Musikstudenten, der einen guten Einfluß auf sie hatte.[82]

Die allgemeine Ausbildung unserer Kinder wurde zu Hause fortgesetzt. Für den Französischunterricht engagierten wir Félix und Pierre Bertaux, Vater und Sohn, beide Professoren an der Sorbonne. Félix las und diskutierte Descartes, Voltaire und andere Schriftsteller mit Yehudi. Pierre lehrte die Mädchen allgemeine französische Literatur. Die beiden Bertaux waren auch in deutscher Literatur bewandert, so daß der Unterricht unserer Kinder ein Lehrgang in vergleichender Literaturgeschichte war. Dann gab es Herrn Loschinsky, einen russischen Gelehrten, der in Paris lebte und unsere Kinder während der ganzen Zeit in Ville d'Avray in Russisch unterrichtete. Außerdem hatten sie italienische und spanische Lehrer, darunter Anna Contro, die in ihren Sommerferien aus Mailand herbeikam, und Gustavo Duran, einen Studenten aus Madrid.

Während Enescos alljährlicher Sommerferien in Rumänien fuhren wir zu unserer eigenen Erholung nach Ospedaletti nicht weit von San Remo an der italienischen Riviera. Von da aus pflegten Yehudi und ich für zehn Tage voll Musik und Theater nach Salzburg zu fahren. Auf einer dieser Reisen lernten wir Fritz Kreisler und seine Frau kennen. Es sah so aus, als trage uns Frau Kreisler immer noch einen unglückseligen Zwischenfall aus London von 1926 nach. Damals hatte der Presseagent des dortigen Konzertmanagers Yehudi bei unserer Ankunft ohne vorherige Absprache einen kleinen Hund in die Arme gedrückt und ein Foto gemacht. Das hatte er der Presse gegeben mit dem Hinweis, diesen Hund wolle Yehudi Kreisler schenken als Ersatz für einen Hund, den dieser kürzlich verloren hatte.

Es gab aber auch noch einen anderen Grund, weshalb Frau Kreisler anfangs so zurückhaltend war. Eines Tages bemerkte sie zu mir: »Mein Mann hat schon eine lange Laufbahn hinter sich, aber wir können uns keinen großen Packard leisten wie Sie. Wir fahren nur einen Ford.«

Das Eis zwischen uns schmolz jedoch bald.

Auf dem Rückweg nach Ospedaletti machten wir in Mailand halt, um Toscanini zu besuchen, der uns freundlich aufnahm. In Ospedaletti verbrachten wir einige Zeit mit Schwimmen, Sonnenbaden, Lesen und Wandern in den Bergen oder Autofahrten entlang der französischen und italienischen Riviera. Die Kinder lasen Dantes ›Göttliche Komödie‹ mit Signorina Anna. Am Ende der Ferien fuhren wir hinauf nach Sils Maria ins liebliche Engadin, wo wir etwa zehn Tage blieben. Marutha hielt diese Verbindung von Seeluft und Baden mit Bergluft und Wanderungen für sehr gesund. Wir taten es alle Jahre wieder.

Vor der Rückkehr nach Paris verbrachten wir zwei Monate in Basel, um uns auf die Konzertreisen der folgenden Saison vorzubereiten. Yehudi arbeitete intensiv mit seinem neuen Begleiter Dyck, den wir durch unsere Berliner Manager engagiert hatten. Der Unterricht bei Professor Busch war beendet. Er machte sich bereit für sein erstes Auftreten in New York mit Toscanini und den New Yorker Philharmonikern.

Im Oktober dieses Jahres fielen die meisten Konzerte aus, da Yehudi plötzlich ins Krankenhaus mußte, um sich den Blinddarm entfernen zu lassen. Am 31. Oktober waren wir beide wieder unterwegs. In den folgenden neun Wochen gab Yehudi sechs Orchesterkonzerte und sieben Soloabende, darunter ein unvergeßliches »Doppel« im Leipziger Gewandhaus mit dem Gewandhausorchester unter Bruno Walter. Der Beifallsturm nach der Abendvorstellung war unbeschreiblich. Bruno Walter legte die Hand aufs Herz und rief aus: »Wunderbar! Göttlich!

Genial!« Er umarmte und küßte Yehudi. Zum Schluß tat er etwas für das Gewandhaus Unerhörtes und bat Yehudi um eine Zugabe. Und Yehudi spielte, wie er es bei solchen Gelegenheiten gewohnt war, eine Solosonate von Bach.

Nach dem Konzert gab der Direktor des Gewandhauses Yehudi zu Ehren ein Bankett bei sich zu Hause. Ich beschrieb es am nächsten Tag in einem Bericht an Marutha: »Über einhundert deutsche Größen aus Kunst, Wissenschaft, Musik und Politik waren zu Ehren unseres Yehudi geladen. Die Enkel des großen Felix Mendelssohn-Bartholdy waren da, um Yehudi für seinen wunderbaren Vortrag des herrlichen Konzerts ihres Großvaters zu danken. Erwin Bumke, Präsident des Reichsgerichts, war anwesend und hielt eine Rede, die mich zutiefst ergriff. ›Wissen Sie, mein Herr‹, wandte er sich an mich, ›daß ich und gewiß auch alle anderen Anwesenden heute zum allerersten Mal im Leben mit Gottes größter Naturerscheinung, dem größten Genie, das vermutlich je auf Erden gelebt hat, in Berührung gekommen sind? Wir danken Ihnen, Yehudis Eltern!‹ ...

Professor Straube, der heute Johann Sebastian Bachs Stellung an der Leipziger Thomaskirche einnimmt, sagte einfach: ›Dies ist das großartigste Konzert, das ich in meinem Leben gehört habe!‹«

Nach einem Konzert in Basel baten wir Sam Franko, der sich gerade in Berlin aufhielt, telegrafisch, ein paar der besten jungen Pianisten einzuladen, sich um den Posten als Yehudis Begleiter zu bewerben. Für den darauffolgenden Auftritt, der in Brüssel stattfinden sollte, engagierten wir einen ausgezeichneten belgischen Pianisten.

Als wir in der belgischen Hauptstadt ankamen, hatte Yehudi eine starke Erkältung und Halsschmerzen. Ich bat ihn, das Konzert abzusagen, aber das kam für ihn nicht in Frage. In der Pause stürzte der Manager aufgeregt in die Garderobe.

»Ihre Majestät möchte Ihren Sohn kennenlernen. Bitte, bringen Sie ihn in ihre Loge.«

»Es tut mir leid«, antwortete ich, »aber Sie müssen Ihre Majestät bitten, meinen Sohn zu entschuldigen. Er ist stark erkältet und muß sich ausruhen.«

Ein paar Minuten später, als ich Yehudi gerade das Hemd auszog, um ihm seine Alkoholabreibung zu geben, kam Königin Elisabeth von Belgien herein, entschuldigte sich und bestand darauf, mir beim Abreiben zu helfen!

Yehudis nächster Programmpunkt war ein Wohltätigkeitskonzert zugunsten bedürftiger Musiker in Berlin. Aus den Bewerbern um die Stellung als Yehudis Begleiter wählten wir Arthur Balsam aus. Er erwies sich als hervorragender Pianist. Sam Franko hatte seine Aufgabe, die Bewerber zu sieben, gut erledigt. Als Yehudi und ich im Winter 1931/32 auf Amerikatournee waren, blieben Marutha und die Mädchen in Rom. Sam Franko leistete ihnen dort eine Zeitlang Gesellschaft.

Der 17. und 18. Februar 1932 waren die Daten, an denen Yehudi das Brahms-Konzert mit Bruno Walter und dem New York Philharmonic Orchestra spielen sollte. Dieses Konzert war das erste Werk, das Yehudi mit Enesco durchgenommen hatte. Künstler nehmen Proben oftmals leicht, und sei es nur, um nicht zu viel Schwung und Energie zu verschwenden, sondern sie für das Konzert aufzusparen. Enesco, der sich die Probe anhörte, war sehr unzufrieden mit Yehudi. Er folgte Yehudi und mir ins Hotel und nahm kein Blatt vor den Mund.

»So kannst du das Brahms-Konzert heute abend nicht spielen, mein lieber Yehudi! Das geht einfach nicht. Wir müssen es noch einmal ganz durchnehmen.«

»Aber wir sind doch alle zum Mittagessen verabredet!«

»Das Mittagessen ist mir egal. Wir müssen uns jetzt oder später noch einmal gründlich mit dem Stück beschäftigen.«

An jenem Nachmittag arbeiteten die beiden hart. Enesco spielte die Orchesterpartien auf dem Klavier. Am Abend nach dem Konzert konnte Enesco sagen: »Yehudi war großartig; er ist Brahms vollkommen gerecht geworden.«

Wenn wir alle wieder in Ville d'Avray beisammen waren, führten wir ein geregeltes, glückliches Leben. Wir hatten wunderbare Hilfen im Haus: unsere teure Bigina, die Köchin, und ihren kleinen, fröhlichen Mann Ferruccio, den Hausknecht. Die beiden waren Italiener, anhänglich, ehrlich und fleißig. Die Kinder wurden großartige Radfahrer und erforschten die ländliche Umgebung; mit unserem Wagen machten wir häufig Ausfahrten nach historischen Städten und Schlössern und natürlich nach Paris. Oft setzten Ferruccio und ich uns bei Tagesanbruch in den Wagen und fuhren nach den Hallen, dem »Bauch von Paris«, um Lebensmittel einzukaufen. Schwer beladen mit einem halben Lamm, riesigen krabbelnden Hummern und Kisten voll frischem Obst und Gemüse kehrten wir heim.

In der Familie Menuhin gab es keinen Müßiggang. Fortschritt durch Unterricht, Lektüre, Musizieren und Üben war die Devise. Lebensfreude und Wachstum mußten immer im Einklang sein. Dabei herrschte jedoch keine Eile, ganz im Gegenteil! Es ging darum, die Aufgaben interessant zu machen, Neues begierig aufzunehmen. Auch heute noch halte ich einen Tag für verloren oder verschwendet, an dem ich nicht irgendeine Leistung vorweisen kann, und sei sie noch so bescheiden, wie zum Beispiel bei der Gartenarbeit oder beim Analysieren eines gesellschaftlichen oder menschlichen Problems. Marutha dachte genauso bei der Erziehung der Kinder.

Eines Tages im Frühjahr brachte die kleine Yaltah sich und ihre Geschwister in eine peinliche Lage. Einige Zeit zuvor, in Rom, hatte Marutha sich die Haare abrasieren lassen müssen, da sie sie wegen einer Nervenentzündung in den Armen nicht richtig kämmen und bürsten konnte. Sie hatte sich eine Perücke aus ihrem eigenen Haar machen lassen. Am Tag bevor wir alle auf ein großes Fest anläßlich der Hochzeit von Ehrmans Tochter Esther mit Claude Lazard gehen wollten, schloß sich Yaltah in ihrem Schlafzimmer ein und schnitt sich die Haare, um hübscher auszusehen. Als sie fertig war, sah ihr Kopf schrecklich aus. Weinend vor Angst und Verzweiflung stürzte sie ins Zimmer ihrer Mutter. Marutha versuchte, sie zu trösten, und versprach ihr, das Problem noch am selben Tag nach dem Mittagessen zu lösen, doch als Ferruccio zum Servieren hereinkam und Yaltahs Frisur erblickte, ließ er vor Schreck einen Teller mit Spargel fallen. Später rief Marutha Yehudi und Hepzibah in ihr Zimmer und bat sie inständig um ein »großes Opfer«: sich die Haare abschneiden zu lassen, damit alle drei gleich aussahen. Yehudi und Hepzibah, kameradschaftlich wie immer, waren einverstanden, und Marutha vollbrachte das Werk mit einer elektrischen Haarschneidemaschine. Glücklicherweise standen in den nächsten fünf Monaten keine Konzerte auf dem Programm.

Dieses Ereignis wurde in einer gewissen »authentischen« Biographie Yehudis verdreht. Es sollte der Eindruck entstehen, als habe Marutha Yaltahs Haare zur Strafe geschoren und als hätten sich Bruder und Schwester die ihren aus Protest gegenseitig abgeschnitten. Der Autor erfand einen reizenden Schluß: Marutha habe von ihren Kindern gelernt, was Mitleid sei, und sich dann als Buße den eigenen Kopf scheren lassen!

Yehudi hatte seine erste Plattenaufnahme eines Konzerts mit Orchesterbegleitung im November 1931 in London gemacht.[83] Im Dezember desselben Jahres spielte er ein Drei-Konzerte-

Konzert in Paris: das Konzert für zwei Violinen von Bach, das Konzert Nr. 7 von Mozart und das Beethoven-Konzert. Die Gramophone Company of England hörte davon. Besonderes Interesse fanden dort die Berichte über Yehudis Vortrag des Konzerts für zwei Violinen. Er willigte ein, es genauso aufnehmen zu lassen, wie er es in Paris gespielt hatte, nämlich mit Enesco als Partner und dem Orchestre Symphonique de Paris unter Pierre Monteux. Aber er stellte eine Bedingung: keine Aufnahmen mit Orchester ohne Enesco als Dirigenten oder, falls dieser nicht konnte, ohne Monteux.

Bei den Aufnahmen im Juni 1932 gab mir Fred Gaisberg, Direktor der Künstler- und Repertoireabteilung der Gramophone Company of England, der eigens zu diesem Ereignis nach Paris gekommen war, die Partitur des Violinkonzerts von Sir Edward Elgar. Er bat darum, Yehudi möge es studieren, damit es noch im selben Jahr aufgenommen und zugleich in der Royal Albert Hall gespielt werden könne. Yehudi und ich sollten ein paar Tage vor dem Aufnahmedatum im Juli nach London kommen. Dann würde Elgar gern mit Yehudi korrepetieren und das Orchester sowohl bei der Aufnahme als auch später bei dem Konzert in der Royal Albert Hall dirigieren.

Yehudi schaute sich die Partitur an. Sie gefiel ihm sehr. Enesco ging es ebenso. Nach zwei Sitzungen meisterte Yehudi sie. Ich fragte Enesco, was er davon hielte, wenn das Werk Yehudis Pariser Publikum vorgestellt würde, mit Sir Edward als Dirigenten. Die Pariser hatten bisher noch keinen Gefallen an Elgars Musik oder an englischer Musik überhaupt gefunden, aber Enesco ließ sich nicht entmutigen.

»Wir werden dafür sorgen, daß Paris sie mag!« rief er aus.

Sogleich machte Yehudi den Vorschlag, im Frühjahr 1933 in Paris ein Programm mit drei Konzerten für Violine und Orchester zu spielen: das Bach-Konzert in E-Dur, die ›Symphonie espagnole‹ von Lalo und das Konzert von Elgar. Enesco sollte die Werke von Bach und Lalo dirigieren, Sir Edward sein eigenes. Ich brauche wohl nicht zu erwähnen, daß Gaisberg und Elgar jubelten, als sie das erfuhren. Als Yehudi und ich im Juli 1932 in London ankamen und Sir Edward in unserer Suite im Grosvenor House trafen, fanden wir uns sofort sympathisch. Drei Tage waren für die Korrepetition bestimmt, doch als Yehudi zu spielen anfing in der Erwartung, der Komponist würde ihn hier und da mit Verbesserungen und Vorschlägen unterbrechen, sagte Sir Edward kein Wort bis zur Mitte des ersten Satzes. Dann stand er sehr erregt auf, umarmte Yehudi und rief: »So gut habe ich es noch nie gehört. Spiele nicht weiter. Ich weiß, die Aufnahme wird wundervoll. Und jetzt laß uns hinausgehen in die Stadt, zum Rennen oder sonstwohin!«

Damit war das »Korrepetieren« beendet.

Die Aufnahme, die in einem Studio stattfand, in dem sich Bewunderer Elgars drängten, dauerte anderthalb Tage. Der fünfundsiebzigjährige Elgar war voller Schwung und Energie.[84] Das Konzert in der Royal Albert Hall fand statt am Samstagnachmittag, dem 20. November 1932. Sir Thomas Beecham leitete das Orchester in den Konzerten von Bach und Mozart, Sir Edward in seinem eigenen. Es war ein großer Erfolg. Drei Tage danach schrieb mir Sir Edward: »Ich muß Ihnen sagen, daß ich überwältigt war von der ›Majestät‹, mit der Yehudi spielte. Seine liebenswürdige Offenheit mir gegenüber (die ich höher schätze als alles andere) und Ihre große Rücksichtnahme und Freundlichkeit sind angenehme Erinnerungen. Was Paris im Mai betrifft, so bin ich an dem von Ihnen genannten Datum, dem 31. Mai, frei. Aber ich will ganz offen sein und frage Sie, ob es nicht eine Gefahr für Yehudis ungeheure Berühmtheit und sein Ansehen ist, wenn er mit mir spielt. Natürlich ist es mir eine große Ehre und Freude, Yehudi zu begleiten, doch während ich mich mit den Musikern aller Länder gut verstehe, hält die Presse und mit ihr das Publikum nichts von englischen Musikern, und so fürchte ich, daß mein Auftreten in Paris Ihnen mehr schaden als nützen wird. Die Presse wird sicher der Meinung sein, Yehudi mache einen Fehler, indem er mit einem ziemlich schlechten Musiker (mir) auftritt. Ich bin zu einsichtig, um mich verletzt zu fühlen von der gutgemeinten Geringschätzigkeit meiner Fähigkeiten, aber ich könnte es nicht ertragen, wenn Yehudi für etwas verantwortlich gemacht wird, das nicht erstklassig ist.«

Was sollte ich dazu sagen? Ich zitiere aus meiner Antwort: »Georges Enesco, der Ihr Konzert liebt, sollte es dirigieren. Aber Yehudi, der Sie so verehrt, wollte Sie persönlich seinen zahlreichen Bewunderern in Paris vorstellen und bei dieser Gelegenheit die Freude und Ehre haben, Sie wiederzusehen. Ihr persönlicher Charme, lieber Freund, ist der Grund, weshalb Yehudi mich bat, Sie als Dirigenten Ihres eigenen Werkes einzuladen und Enesco zu bewegen, Ihnen die Leitung der dritten Nummer zu überlassen.«

Am 12. Dezember gab Yehudi ein Konzert in Birmingham

nicht weit von Sir Edwards Haus in Worcester, und Sir Edward lud uns zum Abendessen ein. Es war ein großartiges Mahl. Wir setzten uns zu Tisch mit Marco und Mina, Sir Edwards heißgeliebten Hunden. Sie saßen auf Stühlen rechts und links neben ihrem Herrn und fraßen ihm aus der Hand.

Am 12. März, als wir auf Tournee in Amerika waren, schrieb Sir Edward Yehudi: »Nichts hat mir mehr Vergnügen bereitet als die Berichte von Deinen Triumphen in Amerika ... Hier war alles etwas trübe und farblos, und eine Woche voll Schnee und Kälte hat uns nicht heiterer gemacht. Marco gefiel das gar nicht, und ich mußte seiner Hundeseele das Wetter lang und breit erklären. Aber jetzt kommen die ersten Blumen heraus, und wir haben viel Sonnenschein und spüren den Frühling. Der englische Frühling ist anders als alle anderen, er dauert lange. In Amerika kommt er mit einem Knall und in Deutschland auch. Zumindest sagte Sterndale Bennett, ein Freund Schumanns und Mendelssohns: ›Die Deutschen schreiben so viel über den Frühling, weil es so wenig davon gibt.‹

Ich erwarte die Nachricht von Deiner sicheren Heimkehr und wünsche, ich könnte einen anständigen Seegang mit Dir erleben – das liebe ich. Mein Großonkel war einer dieser Übermenschen – ein Doverlotse –, und ich habe reichlich Meer im Blut.«

Die Gramophone Company brachte die Platten mit dem Elgar-Konzert ein paar Wochen vor der Vorstellung in Paris mit viel Reklame heraus. Das Interesse nahm gewaltig zu. Der französische Präsident, viele Minister und alle in Paris vertretenen Botschafter hatten sich angesagt, um den bekannten englischen Komponisten zu ehren. Das Ereignis nahm internationale Dimensionen an, und von der Pariser Gleichgültigkeit gegenüber englischer Musik war nichts mehr zu spüren. Als Yehudi, der auf der Probe mit allen Fasern seines Herzens spielte, zur herrlichen Kadenz des Werkes kam, spendeten die Mitglieder des Orchesters stürmischen Beifall, und einige riefen: »Wunderbar!«

Im zweiten Satz hatte Elgar ein paar Takte gefunden, nach denen man »Ye-hu-di Me-nu-hin« singen konnte. Er schrieb die Silben darüber und sagte: »Siehst du, mein Junge, ich habe schon zehn Jahre vor deiner Geburt an dich gedacht; ich habe lange zuvor von dir geträumt!«

Nach der Probe mit Yehudi und dem Orchester fuhren wir mit ihm und Fred Gaisberg nach Ville d'Avray zum Mittagessen im Garten. Sir Edward, froh und unbekümmert, faßte

Yehudi, Hepzibah und Yaltah bei den Händen und tanzte mit ihnen um den Tisch. Beim Essen unterhielt er uns mit lustigen Geschichten. Nach einem Mittagsschläfchen brach er auf nach Grez-sur-Loing, um Delius zu besuchen.

Das Galakonzert war ein gewaltiger Triumph für Sir Edward, Yehudi und Enesco. Am Tag darauf flogen Sir Edward und Gaisberg heim. Es war ein wichtiger Tag für Elgar, denn auf ihn fielen das Derby und sein 76. Geburtstag. König Georg V. krönte ihn, indem er seinem »Master of the King's Music« den Verdienstorden verlieh. Eine Woche danach schrieb Sir Edward wieder einen Brief an Yehudi, Marutha und mich. Er dankte Yehudi für die künstlerische Wiedergabe seines Konzerts mit den Worten:

»Du hast es Dir zu eigen gemacht. Dein Spiel letzte Woche war irgendwie noch großartiger als im vergangenen Jahr, obwohl ich damals nicht geglaubt hätte, Du könntest Dich verbessern ... Herr Koussewitzky teilt mir mit, daß Du nach Boston gehst und das Konzert dort mit ihm spielen wirst. Er hat mich gebeten, ebenfalls zu kommen, aber wegen meiner zweiten Sinfonie. Ich habe Herrn Enesco rasch eine Zeile geschrieben, um ihm für all seine Freundlichkeit zu danken. Er ist ein ausgezeichneter Musiker!

Goodbye, mein lieber Junge! Dein Dich liebender Freund Edward Elgar.«

Der ›Daily Telegraph‹, der einige Briefe Elgars abdruckte, fügte den folgenden Kommentar hinzu: »Beim Lesen dieser Briefe fragt man sich, ob je ein junger Künstler solche Segenswünsche erfahren hat wie die Bewunderung und Zuneigung eines Elgar, der sie so bewegend darbringt am Abend seines langen, ruhmreichen Lebens.«

Sir Edward starb am 23. Februar 1934.

Seit 1925, als meine Gallenblasenbeschwerden begannen, hatte ich versucht, meine Schmerzen vor der Familie zu verbergen. Nach dem Anfall in Budapest hatte ich einfach so wenig wie möglich gegessen, in der Hoffnung, eine Operation so lange hinauszuschieben, bis Yehudi achtzehn Jahre alt geworden war. Die Zahl 18, im Hebräischen eine Glückszahl, bedeutete mir viel seit meiner frühen Kindheit. Die beiden Buchstaben des hebräischen Wortes »Leben« stehen auch für die Zahlen Acht und Zehn, also achtzehn. Achtzehn bedeutet auf hebräisch darüber hinaus Reife und Männlichkeit und weist damit auf die

Bereitschaft hin, zu heiraten und die Verantwortung für eine Familie zu übernehmen. Im Falle meines Todes wollte ich, daß Yehudi bereit war, das Amt als Beschützer der Familie zu übernehmen. In jenen Tagen war eine Gallenblasenoperation eine gefährliche Sache, und in schweren Fällen wie meinem kamen viele Patienten nicht durch. Als wir Anfang 1933 in den Vereinigten Staaten ankamen, hatten wir Ferruccio dabei. Mein Essen wurde mit größter Sorgfalt zubereitet, aber um ganz sicher zu gehen, aß ich immer noch so wenig wie möglich. Yehudi hatte genug zu tun, auch ohne sich um mich kümmern zu müssen.

Eines Tages Ende Januar in New York fiel ich aus reiner Schwäche in Ohnmacht. Zwei Ärzte mußten mich ziemlich lange bearbeiten, bis ich wieder zu Bewußtsein kam. Ich mußte jeden Gedanken daran aufgeben, Yehudi zum nächsten Konzert zu begleiten. Er fuhr mit Mutter und Schwestern und mit seinem Manager Jack Salter, während ich mich im Hotel Ansonia ausruhte. In Philadelphia ließ Marutha einen Steinway ins Hotelzimmer stellen, damit die Mädchen üben konnten, und engagierte ein junges Mädchen, das ihnen Shakespeare vorlas.

Ein paar Tage nach der Rückkehr der Familie machten Yehudi und ich uns wieder auf, um vier Konzertengagements zu erfüllen, die in Louisville, Kentucky, endeten. Dort verspürte ich starke Schmerzen in der Brust. Im Zug zurück nach New York schnappten Jack Salter und ich ein wenig Luft im Aussichtswagen, als ich jemanden sagen hörte: »Das ist Yehudi Menuhins Vater. Der alte Knabe sieht aus, als mache er es nicht mehr lange.«

Am nächsten Morgen sah Yehudi blaß und erschöpft aus.

»Was ist los?« wollte ich wissen.

»Deine Gesundheit macht mir Sorgen. Ich habe deswegen heute nacht nicht viel geschlafen. Schau, ich habe eine Notiz für dich geschrieben.«

Auf einem Hotelbriefbogen hatte Yehudi eine Notiz verfaßt mit der Überschrift »Es muß geschehen!!!« Auf der linken Seite standen sechs schwerwiegende Gründe »für« eine sofortige Operation, auf der rechten sechs Nullen »wider«. Das war's. Ich erkannte schlagartig, daß Yehudi, falls mich der Teufel holen sollte, fähig sein würde, für Mutter und Schwestern zu sorgen und rasch die Grundlagen seiner Karriere zu lernen, obwohl er noch keine siebzehn Jahre alt war.

Ich begleitete Yehudi noch auf zwei Konzerte außerhalb der

Stadt, doch bevor wir New York verließen, meldete ich mich für den 4. März zur Operation an. An diesem Tag würden Marutha, die Mädchen und Jack Salter mit Yehudi in Boston sein zu seinem dortigen Konzert. Dann schrieb ich folgenden Brief:

»Lieber Yehudi!

Du wirst älter, und ich bin jetzt und noch für eine Weile ein hilfloser Invalide. In den nächsten Wochen steht Dir eine interessante Erfahrung bevor; Du wirst nicht nur für Dich selber sorgen, sondern auch beweisen müssen, daß Du ernsthaft und zuverlässig die Verantwortung für Deine kleine, große Mutter und Deine jüngeren Schwestern übernehmen kannst. Deine Karriere liegt ganz und gar in Deinen Händen. Vermeide Fehler! Arbeite aufmerksam, ruhe Dich gründlich aus, lebe gesund, denke rein, wert und ernsthaft. Du bist ein Mann!

Und nun einige vermischte Gedanken, die mir in den Sinn kommen, während ich in Eile meine Aufgaben erledige, damit ich es mir in den zwei bis drei Tagen vor der Operation leicht machen kann: Wenn Du New York für irgendein Konzert verläßt, schaue stets genau in Deine Mappe, ob Du auch alle Noten für Violine und Klavier dabei hast. Wenn Du nach Washington, Baltimore, Cleveland und Richmond fährst, denke an die Orchesterpartien und die Partitur der ›Symphonie espagnole‹ von Lalo. Vor jedem Konzert, bevor Du ins Konzertgebäude fährst, packe alles Nötige ein. Die Liste liegt bei.[85] Nach dem Konzert in Boston übe täglich allein und mit Balsam das volle New Yorker Konzertprogramm. Täglich! Vor allem die Stücke von Bach, Elgar und Mozart sowie die neuen, aber auch die Zugaben, zu denen Du Dich entschlossen hast. Täglich! Täglich! Verlasse Dich nicht allzu sehr auf Dein großes Talent! Nach dem Konzert in Richmond beschäftige Dich gründlich, sehr gründlich mit den Konzerten von Bach, Mozart und Beethoven!

Deine Zeitungstasche wird auf dem laufenden sein, wenn ich wieder gesund bin. Ich werde wie immer alle Zeitungen lesen, anstreichen und ausschneiden. Sie werden Dich diesmal nur ein bißchen später erreichen als sonst.

Ich wünsche Dir, daß Deine Konzerte künstlerisch und musikalisch hundertprozentig erfolgreich sind!

Mit Liebe und aufrichtigen Segenswünschen von Deinem Vater, Manager, Kammerdiener, Berater und, allem voran, Freund

Abamo«

Bevor ich das Krankenhaus aufsuchte, ging ich zur Fifth Avenue Bank und hinterlegte dort fünftausend Dollar für Marutha, von denen sie abheben konnte, was sie in Boston brauchte. Am nächsten Tag im Krankenhaus erfuhr ich, daß die Fifth Avenue Bank wie alle anderen Banken geschlossen worden war. Es war die Zeit der Weltwirtschaftskrise, und Franklin D. Roosevelt stand kurz davor, sein Amt als Präsident anzutreten. Ich war ein großer Bewunderer von FDR und begierig darauf zu erfahren, was er vorhatte. Ich bat den Chirurgen, die Operation eine halbe Stunde aufzuschieben und mir ein Exemplar der ›New York Times‹ holen zu lassen. Der Chirurg war ein guter Psychologe. Ich erhielt die Zeitung. Kaum hatte ich FDRs Rede und seinen Vertrauensaufruf gelesen, meldete ich, die Operation könne beginnen. Innerhalb von zwei Wochen gewann ich Gewicht und Kräfte langsam zurück, und am 18. Tag konnte ich die Reisen mit Yehudi wieder aufnehmen.

Yehudi begann seine Plattenaufnahmen des Sommers 1933 mit einem Wagnis: einer gemeinsamen Aufnahme von Mozarts Sonate Nr. 42 in A-Dur mit Hepzibah – natürlich für die Gramophone Company of England. Die Platte erhielt den ›Prix Candide‹ für die beste in Frankreich produzierte Aufnahme des Jahres 1933. Im Jahr zuvor hatten Yehudi und Enesco ihn mit dem Konzert für zwei Violinen von Bach gewonnen. Der Preis, eine hohe Geldsumme, wurde in beiden Fällen zugunsten bedürftiger französischer Musiker gespendet.

Mitten in einer Plattenaufnahme in Paris stellte Yehudi fest, daß seine »Strad« nicht so reagierte wie sonst. Das nächstliegende Problem wurde dadurch gelöst, daß er sich die berühmte Guarneri von Ysaye lieh, während die »Strad« dem bekannten französischen Geigenbaumeister Emile Français übergeben wurde. Français' Unternehmen lieferte dem Pariser Conservatoire seit Generationen, das heißt seit seiner Gründung im Jahre 1795 durch Nicolas Lupot, offizielle Fachleute und Berater.

Monsieur Français stellte fest, daß eins der siebzig verschiedenen Holzteile, aus denen die Violine gebaut war, ersetzt werden mußte. Beim Auseinandernehmen der »Strad« für die Reparatur hatte er die einzigartige Gelegenheit, jedes Stückchen genau zu messen und zu wiegen. Aus Bewunderung für Yehudi erbot sich Français, eine Nachbildung des Instruments zu bauen, aber eine, die nicht nur das Auge erfreuen sollte. Yehudi war einverstanden und erhielt im Februar 1936 ein Instrument, das ganz genauso aussah wie seine »Prinz Khevenhüller« und darüber hinaus nach einer Reifezeit von weniger als zwei Jahren Publikum und Kritiker täuschte, wenn Yehudi es mit seiner »Khevenhüller« vertauschte.[86]

Bei einem der von zwanzig bis drei Uhr früh dauernden Kammermusikabende, die 1933 bei uns in Ville d'Avray stattfanden, war Ernest Bloch anwesend, und die musikalische Atmosphäre wurde so feierlich wie in einer Synagoge. Er hatte gerade sein berühmtes ›Sacred Service‹ fertig komponiert und spielte diese große jüdische Messe zum ersten Mal. Enesco und andere Gäste waren anwesend. Yehudi hat das Ereignis beschrieben: »Sie standen alle um das alte Klavier herum, während Bloch auf die Tasten hämmerte und mit seiner hohen Stimme krächzte. Wir waren alle tief bewegt.«

Ende Juli waren wir bereit für lange Ferien. Wir kauften ein neues Auto, einen Delage, und fuhren in den Süden, zuerst an die französische Riviera und dann nach Ospedaletti, unserem liebsten Urlaubsort. Nach einem Monat Schwimmen, Wandern, Lesen, Feigenessen und Sonnenbaden machten wir uns auf in die Schweiz, nach Sils Maria im Engadin. Dort mieteten wir ein dreihundert Jahre altes Bauernhaus und ließen Bigina und Herrn Loschinsky kommen. Zwei Klaviere wurden aus Zürich herbeigeschafft. Wir bezogen Milch, Sahne und Käse von einem Nachbarn, der drei Kühe und fünf Ziegen hatte;[87] ein paar Legehennen lieferten Eier. Der Nachbar schlachtete ein Lamm; das Fleisch lagerten wir im Keller, den ein eiskalter, von einem Gletscher gespeister Bach kühlte. Ein italienischer Händler brachte uns täglich frisches Obst und Gemüse.

Die Wanderer auf den Bergpfaden in der Nähe des Hauses konnten unsere Kinder kaum von unseren bäuerlichen Nachbarn unterscheiden, bis Yehudi eines Tages auf die Idee kam, »nur mal eben seine Finger auszuprobieren«. Kaum hatte er seine Violine zur Hand genommen, gingen die Mädchen an ihre Klaviere. Bald versammelten sich täglich Bewunderer aus den Reihen der fremden Urlaubsgäste und Einheimischen um unsere bescheidene Hütte. Sie standen draußen und lauschten hingerissen der Musik. Es dauerte nicht lange, da entdeckten wir, daß Gregor Piatigorsky, der berühmte Cellist, Wladimir Horowitz, der Pianist, Bruno Walter, Emil Ludwig und andere alte Freunde ebenfalls in oder bei Sils Maria Ferien machten. Wir veranstalteten musikalische Abende in unserem Haus. Meistens waren es Trios, gespielt von Yehudi, Piatigorsky und Horowitz oder mit Hepzibah oder Bruno Walter am Klavier. Oft hatten wir zwanzig bis dreißig Gäste, zu viele, um bequem sitzen zu können, aber Marutha, Ferruccio und Bigina meisterten die Lage mühelos und servierten ein warmes Buffet genau wie in Ville d'Avray. Oft wurde heiß diskutiert über Fragen wie »Krieg und Frieden«, »die National Recovery Administration in den USA«[88] und »die Verschlimmerung der Lage in Nazideutschland«.

Irgendwie erfuhr der Londoner ›Daily Telegraph‹ von den »Trios am Fex-Gletscher« und schickte einen Sonderkorrespondenten. Wir luden ihn ein. Hier ein Teil seines Berichts:

»Der Mond war voll, und der Wind strich sanft durch die kiefernbestandenen Alpen. Ein silbriger Wasserfall stürzte sich viele hundert Meter tief in den unten vorbeiziehenden Fluß. Auf den Alpenwiesen wanderten braune Rinder, deren Glocken bei jeder Bewegung hell erklangen. Sonst war alles still.

Unsere Gastgeber im Chalet hatten uns eins jener ›al fresco‹-Abendessen serviert, die anscheinend nur in einem fremden Land möglich sind. Hier gab es keine Pariser Abendkleider, keine glänzenden Juwelen, keine gestärkte Hemdbrust und keinen Abendanzug, keinen großen Konzertsaal mit dem aufgeregten Stimmengewirr einer erwartungsvollen Menschenmenge – sondern nur ein kleines ländliches Fest von fünfzehn Personen, die freien Eintritt hatten, die sich setzten, wo sie Platz fanden, auf Stühlen, in lauschigen Ecken oder auf Tischen in dem kiefernholzgetäfelten Raum, der als Musiksalon diente.

So also versammelte sich unser kleines Publikum. Noten wurden hereingebracht und auf dem Tisch gestapelt. Notenständer wurden aufgestellt und eine störende Beleuchtung über dem Klavier befestigt. Wie wir entzückt feststellten, sollte das Programm Trios von Schubert und Brahms, Sonaten von Mozart und Beethoven enthalten ...

Flüchtige Bilder entstanden in unseren Seelen – zu den Tönen der Musik schmückte jeder einzelne sie aus mit eigenen Phantasien und inneren Reaktionen. Trio folgte auf Trio, Sonate auf Sonate, doch ach, auch solche Nächte gehen einmal zu Ende. Wir sagten uns gute Nacht, und wer aufbrechen mußte, zog Mantel oder Umhang an. Mit Fackeln in den Händen zogen wir heimwärts auf hellen Bergstraßen und durch Fichtenwälder.«

Dieser Bericht veranlaßte die Gramophone Company, angeregt durch den stets wachsamen Fred Gaisberg, mich mit Telegrammen und Briefen zu überschütten, in denen ich gebeten wurde, Yehudi, Piatigorsky und Horowitz dazu zu bewegen, alle Trios aufzunehmen. Yehudi und Piatigorsky waren entzückt, aber Horowitz sträubte sich. Er fürchtete, es würde seiner Karriere schaden, wenn er als Teil eines Trios auftrat, selbst wenn es sich um eine Plattenaufnahme mit Yehudi und Piatigorsky handelte. Wie die anderen war er ein wohlbekannter Solist, der Kammermusik und andere Musikarten wunderbar spielte, aber die Sorge um seine Karriere kam mir übertrieben vor. Wir sprachen darüber, als wir mit anderen Mitgliedern unserer Gruppe zu einem Picknick auf den Gletscher stiegen.[89] Lange vor dem Ende der Wanderung machte Horowitz kehrt, um für seine Karriere zu üben.

In jenem Sommer und Frühherbst in den Alpen bereitete Yehudi sich auf die Aufführung der vollständigen Urtext-Ausgabe von Paganinis Konzert für Violine und Orchester D-Dur vor. Herr Strecker von dem Mainzer Verlag B. Schott's Söhne hatte ihm Kopien davon geschenkt. Das war ein gewaltiges und kühnes Unterfangen, denn er mußte sich zuerst vom Einfluß der Wilhelmj-Ausgabe[90] befreien, die er mit Persinger studiert hatte. Es war faszinierend zu hören, wie er erst die alte, dann die neue Version spielte, die beiden verglich und dann immer wieder polierte und büffelte, bis er endlich zufrieden war.

Sein Vortrag des Stückes in London im Dezember jenes Jahres trug ihm neue Lorbeeren von den Kritikern ein. Einer von ihnen fand es bemerkenswert, daß ein Junge von siebzehn »die tiefen, tückischen Harmoniemeere des Paganini-Konzerts meisterte.«

Im Jahre 1932 hatten wir uns verpflichtet, im Herbst des folgenden Jahres zu einer ausgedehnten Tournee nach Deutschland zurückzukehren. Der wichtigste Punkt war Yehudis erstes Auftreten mit Furtwängler und den Berliner Philharmonikern. Aber inzwischen hatten sich in Deutschland schreckliche Dinge ereignet: Hitlers Wahl zum Reichskanzler, der Reichstagsbrand und die Errichtung einer Nazidiktatur. Es hatten bereits Juden Stellung und Besitz verloren, Angst und Spannung waren groß in ganz Deutschland, vor allem unter den liberalen und jüdischen Teilen der Bevölkerung.

Die Wahlen, die Hitler über fünfzig Prozent der Stimmen brachten, fanden am Tag nach meiner Gallenblasenoperation statt. Sobald ich dazu in der Lage war, holte ich die versäumten Nachrichten auf und beschäftigte mich mit den entsetzlichen Ereignissen in Deutschland. Am 15. März hatte ich bereits vom

Krankenhausbett die folgende Mitteilung an Wolff & Sachs, unsere Berliner Agenten, telegraphiert: »Bitte, kündigen Sie Yehudi nicht an für Konzerte in Berlin. Vielleicht überspringen wir Deutschland in dieser Saison ... Schreibe bald, schließe aber nichts ab vor Juni. Grüße, Menuhin.«

Das Telegramm war ein Schlag für die Hoffnungen und Pläne der Berliner Philharmoniker. Furtwängler hatte damit gerechnet, daß Yehudi ein- oder zweimal zwei Konzerte geben würde.

Im März, April und Mai 1933 hatte ich erschreckende vertrauliche Berichte von Erich Sachs, der selber Jude war, über die wachsende Gesetzlosigkeit in Deutschland erhalten. Sachs hatte seine Stellung bei Wolff & Sachs aufgeben und Haus und Habe zu Schleuderpreisen verkaufen müssen. Auf dem Höhepunkt seiner Karriere als einem der bekanntesten Konzertmanager der Welt wurde er plötzlich ins Nichts geworfen. Ihm blieb nur noch die Aussicht, seinen jüdischen Schicksalsgenossen auf dem Weg nach Palästina zu folgen. Seine ehemalige Partnerin Frau Wolff, eine Katholikin, schrieb mir voll Schmerz: »Sie können sich denken, mit wieviel Herzeleid und Aufregung wir uns der Notwendigkeit fügen mußten (und wie unfaßlich es mir erschien), die Zusammenarbeit mit Herrn Sachs, mit dem ich durch langjährige gemeinsame Arbeit verbunden war, zu unterbrechen – hoffentlich nicht auf lange Dauer.«

In der Hoffnung auf ein Wunder, auf die Rückkehr ihres Landes zur Normalität, bat sie mich, meinen Entschluß zu überdenken, aber von Sachs bekam ich den Rat, ein paar Monate abzuwarten. Er beschrieb mir, wie ehemalige Freunde und Geschäftspartner die gesetzlosen Zustände in Deutschland und seine bedrängte Lage als Jude ausgenutzt und ihn mit Prozessen und Ansprüchen verfolgt hatten, die eher in den Dschungel paßten als in ein zivilisiertes Land. Sachs hoffte, er könne nach Paris oder Palästina (das damals unter britischem Mandat stand) gehen und dort eine neue Agentur rund um den Namen Yehudi Menuhin aufbauen, aber dann hörte die Korrespondenz plötzlich auf. Bis heute weiß ich nicht, was aus diesem vortrefflichen Juden geworden ist. Frau Wolff fuhr fort, mich zu bitten: »Wir wissen, wie sehr Sie Deutschland lieben. Vergessen Sie bitte nicht, daß Deutschland und die Deutschen Yehudi ins Herz geschlossen haben! ... Ganz Deutschland wird Yehudis Rückkehr als großen historischen Augenblick feiern. Wir können Ihnen versichern, daß auch die Regierung diesen Schritt begrüßen wird. Ein Konzert von Yehudi Menuhin in Deutschland in diesem Stadium würde ein neues Kapitel internationaler Beziehungen beginnen ... Sie leisten einen unschätzbaren Dienst.«[91]

Furtwängler wandte sich direkt an Yehudi: »Wirst Du mir die große Freude machen und mit mir in den Philharmonischen Konzerten in Berlin auftreten? Wenn Du diese Einladung annimmst, erfüllst Du nicht nur einen meiner heißesten Wünsche, sondern zeigst auch der Welt, daß die Fäden, die das musikalische Deutschland mit der Außenwelt verbinden, noch nicht gänzlich zerrissen sind! Wir Künstler müssen uns aus der Politik heraushalten, selbst wenn die Politiker es uns schwer machen!«

In einem Telegramm antwortete ich: »Lieber Maestro und Freund! Wir sehen keine Möglichkeit, Yehudi die ihm gewährte Ausnahme annehmen zu lassen. Mit unendlichem Bedauern, aber großer Hoffnung auf eine bessere Gelegenheit in allernächster Zukunft.«

Und in einem Nachfaßbrief gab ich folgende Erläuterung: »Sobald der Kunst auf menschlich und gesellschaftlich gleicher Ebene gedient werden kann, wird Yehudi überglücklich sein, jeden nur möglichen Dienst dem Land und dem Volk zu leisten, das wir für das zivilisierteste, kultivierteste und musikliebendste der Welt halten!«

Furtwängler antwortete am 4. Juli 1933: »Mit größtem Bedauern erhielt ich Ihr Telegramm und den nachfolgenden Brief. Sie scheinen nicht zu verstehen, daß meine Einladung an Künstler wie Yehudi Menuhin und Bronislaw Huberman keine Ausnahme ist, sondern der Anfang der Normalisierung unseres Musiklebens sein sollte, die unsere Regierung zu bewirken hofft. Wenn diese Normalisierung etwas langsamer vorangeht als angenommen, dann sind dafür zum großen Teil diejenigen verantwortlich, die mir ihre Hilfe versagten. Ich bin ganz sicher, daß, wenn Sie sich anders entschlossen hätten, weitere Städte dem Beispiel der Berliner Philharmonischen Konzerte gefolgt wären, und dies um so mehr, als der Weg allen offensteht, wie Sie beiliegendem zweiten Communiqué der Regierung entnehmen können. Nun aber ist die Lage anders geworden durch alle diejenigen, die abgesagt haben. Meine Bemühungen, die Kunst von der Politik zu trennen, waren umsonst, und mir bleibt nichts anderes übrig, als mein tiefstes Bedauern auszudrücken.«

Spätestens 1934 spürte auch der unschuldige, arglose Furtwängler, wie stark sich der Staat in seine rein künstlerische Welt einmischte, und zog die Konsequenzen, indem er von seinem Posten als Leiter der Berliner Philharmoniker zurücktrat. Von nun an war er nur noch Gastdirigent, engagierte das Orchester und bezahlte es aus den Konzerteinnahmen. Gleichzeitig bemühte er sich um eine musikalische Stellung im Ausland, möglichst in den Vereinigten Staaten.

Im Jahre 1934 gaben Yehudi und Hepzibah ihre ersten gemeinsamen Konzerte. Trotz ihrer Seltenheit setzten sie dennoch Hepzibahs »Karriere« innerhalb der von ihrer Mutter verordneten Grenzen in Gang. Ich stimmte Marutha hierin voll und ganz zu. Der ›London Daily Telegraph‹ beschrieb ein Interview mit mir, dem damaligen »Familiensprachrohr«: »Er nennt es ›spaßig‹, daß Hepzibah über hundert Angebote für Konzertengagements vorliegen, ohne daß sie ein einziges Konzert gegeben hat. Gleichzeitig haben er und Frau Menuhin nicht die Absicht, aus ihrer Tochter Hepzibah einen echten ›Konzerttroubadour‹ zu machen. Dennoch wollen sie der Jugend ihren Willen lassen. Yehudi und Hepzibah möchten gern ein paar Sonatenkonzerte geben. Wahrscheinlich werden die Eltern ihnen je eins in Paris, London und New York erlauben. Aber nur unter der Bedingung, daß dann Schluß ist. Moshe Menuhin erklärte, er und seine Frau seien ›konservativ, was weibliche Karrieren und Lebensglück betrifft‹.«

Yehudi und Hepzibah spielten ihre drei gemeinsamen Sonatenkonzerte sehr erfolgreich. Ein Jahr darauf lockerten Marutha und ich unsere strengen Grundsätze bezüglich Hepzibahs Auftreten. Sie durfte die Konzertreise mit Yehudi durch dieselben drei Städte wiederholen.

In seiner Kritik des Konzerts vom Dezember 1934 schrieb Olin Downes von der ›New York Times‹: »Ihr Publikum brach in einen so stürmischen und langen Beifall aus, wie man ihn letztlich selten in dieser Stadt gehört hat. Die Huldigung war verdient.«

Er fügte hinzu: »Es ist gut zu wissen, daß die Eltern Menuhin ihre Tochter trotz ihres offensichtlichen Talents und Erfolgs nicht auf eine professionelle Laufbahn schicken wollen. Auch wird Hepzibah nicht mit Yehudi auf seiner bevorstehenden Welttournee auftreten. Übrigens kann mittlerweile auch Yaltah, das dritte und jüngste Kind, ein Chopin-Konzert spielen. Es scheint auf der Welt doch noch intelligente Leute zu geben, die dem Lockruf von Geld und Ruhm widerstehen. Diese Kinder haben Glück mit ihren Eltern.«

Yehudi und Arturo Toscanini hatten sich bei dem Konzert in der Carnegie Hall vom Februar 1930 kennengelernt. Im Jahre 1931 hatten sie sich in Mailand wiedergesehen. Im April 1932 stellten Yehudi, sein Begleiter Arthur Balsam und ich fest, daß auch Toscanini an Bord der »Ile de France« von New York nach Europa reiste. Bevor das Schiff den Hafen verließ, entdeckte Toscanini Yehudi, umarmte und küßte ihn und rief aus: »Wir müssen ein wenig musizieren auf der Überfahrt!« Yehudi war begeistert. Die Schiffsoffiziere stellten uns einen Musiksalon zur Verfügung, und so erklangen jeden Morgen Stücke von Bach, Mozart, Beethoven und Brahms.

Einmal fragte Yehudi Toscanini, ob er schon das Violinkonzert in D-Dur Nr. 7 von Mozart gehört habe, das Enesco bekanntgemacht hatte und das Yehudi seit 1927 spielte. Toscanini antwortete: »Nein, wieso? Soviel ich weiß, gibt es von Mozart nur sechs Violinkonzerte.«

»Das, Maestro, behaupten Violinisten und Dirigenten seit Jahren. Sie behaupten es immer noch, obwohl das siebte, das reifste Konzert Mozarts, längst entdeckt und gespielt worden ist. Manche wagen sogar zu sagen, es sei kein echter Mozart. Bitte, hören Sie es sich einmal an.«

Yehudi spielte das Konzert Nr. 7 von Mozart, und Balsam begleitete ihn nach der Orchesterpartitur. Toscanini, der Balsam die Seiten wendete, wurde immer erregter und rief schließlich aus: »Wundervoll, ein echter Mozart! Mozart in seiner besten Form!«

Toscanini lobte die Leichtigkeit, mit der Balsam Orchesterpartien aufs Klavier transponierte. Er zählte Balsam zu den besten Pianisten, die er kannte.

Am letzten Tag der Überfahrt kam Toscanini als Abgesandter der Offiziere und Passagiere des Schiffes in unsere Kabine und bat Yehudi, ein Konzert zugunsten des Seemannsfonds zu geben. Yehudi stimmte sofort zu, jedoch unter der Bedingung, daß nicht nur die Musikliebhaber der Ersten Klasse eingeladen würden, sondern auch die der Zweiten und Touristenklasse. Das Konzert war ein gewaltiger Erfolg, und die Spenden beliefen sich auf vierzigtausend Franc, damals eine Menge Geld.

Die nächste Begegnung mit Toscanini fand bei ihm in Mailand statt, als wir im Dezember 1932 für ein Konzert dorthin kamen. Das war ein paar Wochen nachdem Toscanini von Mussolinis Schergen zusammengeschlagen worden war, weil er sich bei einem seiner Konzerte geweigert hatte, die faschistische Hymne »Giovinezza« zu spielen.

Ich erinnere mich genau an einige Bemerkungen, die Toscanini damals auf einem Spaziergang machte. Er behauptete von einem weltberühmten Violinisten, er spiele den letzten Satz des Mendelssohn-Konzerts, als habe Mendelssohn ihn als Geschwindigkeitsübung, als eine Art Perpetuum mobile komponiert. Und über einen weltberühmten Pianisten sagte er, dieser habe zwar in New York und Paris ein großes Publikum, sei aber kein wirklich guter Musiker. Er fügte hinzu: »Nehmen Sie andererseits Gieseking. Er spielt auf einem Baldwin, aber hören Sie nur, was er darauf zustande bringt. Der Musiker zählt, nicht das Klavier. Und der Dirigent, nicht das Orchester.«

Toscanini war ein großer Bewunderer Giesekings, aber auch Enescos, den er »ein Vorbild für jeden Musiker« nannte.

Kurz vor unserem Besuch bei Toscanini in Mailand spielte Yehudi die Fuge aus Bachs Sonate für Violine solo in C-Dur im zum Bersten vollen Augusteum in Rom, als eine Stimme aus einer oberen Mittelloge laut und deutlich sagte: »Che noioso!« (Wie langweilig!). Es war niemand anders als Mussolinis Minister für Kultur. Aus mehreren Ecken des Saales richtete sich ärgerliches Zischen gegen die Loge. Als Yehudi fertig war, brach ein Beifall los, wie ich ihn an diesem Ort noch nie gehört hatte. Die Demonstration hatte einen doppelten Effekt: Sie war für Yehudi und gegen den Minister des faschistischen Italien.

Am Abend des Konzerts wich Toscanini außer auf dem Podium nicht von Yehudis Seite. In der Pause eilte er zu mir hinter die Bühne mit der Bitte: »Darf ich heute abend Yehudis Papa sein, sein Hemd wechseln, ihn abreiben und ihm seinen Orangensaft geben?«

Als Toscanini seine selbstauferlegten Pflichten erfüllte, schaute er mich beifallheischend an und fragte: »Recht so, Herr Menuhin?«[92]

Während unseres langen Aufenthalts in New York im Winter 1933 besuchten Yehudi und ich Toscanini ein- oder zweimal wöchentlich in seiner Suite im Hotel Astor.

»Spiele, so lange du willst, so lange du kannst«, pflegte er zu rufen. Von Zeit zu Zeit hielt Yehudi inne und verlangte: »Kritisieren Sie mich, Herr Toscanini!« Aber die einzige Antwort, die er erhielt, war eine gefühlvolle Umarmung, ein Kuß und der Ausruf: »Bravo! Perfetto!«

Eines Tages, als Yehudi ihm das Beethoven-Konzert vorspielte, läutete das Telefon. Toscanini entschuldigte sich und ging ins Zimmer seiner Frau, um sie zu bitten, auf das Telefon achtzugeben, bis er und Yehudi fertig musiziert hatten. Ein paar Minuten später läutete das Telefon wieder, als Yehudi gerade den himmlischen langsamen Satz begonnen hatte. Toscanini hielt inne und ging wutentbrannt wieder zu seiner Frau. Zehn Minuten danach läutete das Telefon zum dritten Mal. Das war zuviel für Toscanini. Er stürzte zum Telefon, gab ihm einen Tritt und riß die Leitung aus der Wand. Ein großes Stück Putz krachte auf den Boden. Dann senkten sich Ruhe und Frieden auf Toscanini. Gefaßt sagte er zu Yehudi: »Caro, laß uns nochmal mit dem zweiten Satz anfangen.«

Im Dezember 1933 reiste Toscanini mit uns auf dem italienischen Dampfer »Rex« von Genua nach New York. Es war eine sehr stürmische Überfahrt, doch während Marutha, die Mädchen und ich in unseren Kojen blieben, waren Yehudi und Toscanini wohlauf und machten ausgedehnte Spaziergänge oder musizierten stundenlang.

Yehudis erste Rundfunkübertragung sollte am 7. Januar 1934 mit dem Cadillac Symphony Orchestra (in Wirklichkeit dem New York Symphony Orchestra) unter der Leitung von Walter Damrosch stattfinden. Toscanini hatte versprochen, ins Studio zu kommen, um sich Yehudi anzuhören. Bevor wir in New York ankamen, erkrankte Yehudi an einem schlimmen Katarrh, und es wurde ihm nahegelegt, die Sendung abzusagen oder zu verschieben. Aber davon wollte er absolut nichts wissen.

»Toscanini kommt ins Studio!«

Yehudi gab eine erregende Vorstellung von Lalos ›Symphonie espagnole‹ mit einem von Maruthas englischen Senfpflastern auf der Brust. Ein paar Minuten vor der Zeit war er fertig. Auf die dringenden Bitten des Programmdirektors suchte ich die Noten des ›Sarasate Zapateado‹ heraus, die ich stets bei mir hatte, und Yehudi beendete es gerade rechtzeitig vor Beginn der Werbesendung.

Endlich kam der große Tag, dem Yehudi so erwartungsvoll entgegengesehen hatte – der Tag des Beethoven-Konzerts mit Toscanini und dem New York Philharmonic-Orchestra. Es wurde ein großartiger und unvergeßlicher Erfolg.

Wir hatten mit unseren Konzertagenten abgemacht, daß Yehudi nicht mehr als einmal im Jahr im Rundfunk auftreten sollte, und dann nur bei einem nationalen Sender. Das stand in all unseren Verträgen, aber plötzlich entdeckten wir, daß eins der Konzerte, für die Yehudi im März 1934 mit dem Philadelphia Orchestra unter Leopold Stokowski verpflichtet worden war, landesweit von der Gesellschaft CBS übertragen werden sollte. Das widersprach dem Vertrag, den wir mit dem Cadillac Symphony Orchestra über ein Konzert im Januar 1934 abgeschlossen hatten. Das Philadelphia Orchestra versicherte uns, Yehudis Programmteil werde nicht gesendet werden, doch als die CBS-Werbung für das Konzert heraus war, kündigte sie Yehudi mit dem Beethoven-Konzert an. Das brachte uns in arge Verlegenheit. Wir durften die Millionen nicht enttäuschen, die an jenem Abend an ihren Radios auf Yehudi warteten. Aber was würden die Dirigenten sagen, darunter auch unser Freund Toscanini, deren Einladungen zu ihren Konzertsendungen Yehudi abgelehnt hatte? Es gab keinen wirklich zufriedenstellenden Ausweg aus der Klemme. Wir beschlossen, daß Yehudi die drei Konzerte spielen, aber sein Honorar von dreitausend Dollar dem Philadelphia Orchestra zur Verfügung stellen sollte. Unsere Agenten bestanden jedoch darauf, daß CBS ihm einen Rundfunkzuschlag zahlte, der nach Verhandlungen auf 4500 Dollar festgesetzt wurde.

Die Konzerte waren herrlich. Zufällig lauschte Professor Einstein in der Universität Princeton der Rundfunkübertragung und war davon so angeregt, daß er Yehudi schrieb: »Mein geliebter und verehrter Yehudi Menuhin! Vorgestern hörte ich Dich im Radio die Konzerte von Bach und Beethoven spielen. Es war ein einmaliges Erlebnis, denn kein anderer Violinist kann so spielen wie Du! In Liebe und Ehrerbietung, Dein A. Einstein.«

Als Zugabe nach dem Beethoven-Konzert im Rundfunk hatte Yehudi den langsamen Satz des Konzerts in E-Dur von Bach gespielt. Er endet mit einem Pianissimo, das feierlich und fast lautlos gedacht ist und daher von Solist und Orchester nur eine ganz geringe Lautstärke fordert. Yehudi hatte Stokowski bei der Probe darauf hingewiesen. Der Urtext verlangte es so. Aber anstatt sein Orchester zu dämpfen, holte Stokowski ein gewaltiges, donnerndes Finale heraus, das Yehudi mit Abscheu erfüllte. Als Yehudi sah, wie sich Stokowskis Hände zum lauten Forte erhoben, senkte er seine Violine, und sei es nur, um den unangebrachten Lärm um die Stimme einer einzigen Geige zu verringern. Dennoch teile ich die Ansicht Enescos, der selbst eine schlechte Erfahrung mit dem Dirigenten des Philadelphia Orchestra gemacht hatte, daß Stokowski ein Genie war.

Ein weiteres wichtiges Konzert jener Zeit fand am 8. April 1934 in San Francisco statt. Es war ein Wohltätigkeitskonzert, mit dem Geld beschafft werden sollte, damit die Symphony Association einen erstklassigen Dirigenten als Ersatz für den pensionierten Alfred Hertz berufen konnte. Hertz bot an, das Konzert unentgeltlich zu dirigieren.

Wir überquerten den Kontinent einzig und allein wegen des Wohltätigkeitskonzerts, ohne andere Engagements an der Westküste anzunehmen, doch nach der Rückkehr nach Ville d'Avray erreichten mich Gerüchte, daß die Einnahmen für die Rückzahlung alter Schulden verwendet würden.

Ich beschloß, nicht zu protestieren, sondern etwas Konstruktives zu unternehmen. Ich wollte die Symphony Association dazu bewegen, Pierre Monteux mit der Aufgabe der Umbildung des Orchesters zu betrauen. Monteux war oft in unserem Haus gewesen und hatte zusammen mit Yehudi und Enesco Kammermusik gespielt. Er hatte sich in Boston, Holland und Paris einen ausgezeichneten Ruf verschafft und wurde mittlerweile als »Orchesterbauer« bezeichnet. Wir zweifelten nicht daran, daß die Musikfreunde San Franciscos diesem großen Musiker und liebenswürdigen Mann dieselbe Zuneigung erweisen würden wie Alfred Hertz.

Damals, im Jahre 1934, in San Francisco kauften Yehudi und ich ein Grundstück in Alma, einer kleinen Stadt in den Bergen von Santa Cruz in der Nähe von Los Gatos, auf dem wir später einmal ein Haus für die Familie bauen wollten.[93] Es lag auf der Ostseite eines engen Gebirgspasses und war einmal der Besitz von Richard Walton Tully. Hier hatte er seine ›Rose of the Rancho‹ geschrieben. Nicht weit entfernt lag John Steinbecks Berghütte, in der er damals gerade an den ›Früchten des Zorns‹ arbeitete. Die herrliche Landschaft, die Mammutbäume, die Berge ringsumher nahmen uns ein für diesen Ort. Bis zu unserer Rückkehr im folgenden Jahr, nach der Welttournee und einem weiteren Aufenthalt bei Enesco in Paris, sollte hier ein Haus gebaut werden.

Yehudi hatte angefangen, mit einigen berühmten Persönlichkeiten über Themen zu korrespondieren, die ihm am Herzen lagen. Nun, mit achtzehn Jahren, wandte er sich an Albert Einstein und fragte ihn, was er als Pazifist dazu sage, daß fortschrittliche und liberale Staaten aufrüsteten und ihre jungen Männer zum Kriegsdienst einzogen. Einstein antwortete:

»Ich bin immer noch derselbe glühende Pazifist, aber ich habe erkannt, daß sich der Rest der europäischen demokratischen Länder keine Abrüstung leisten kann, solange es keine wirksame internationale Garantie gegen einen Angriff gibt und so lange das Regime in Deutschland seine Nachbarn bedroht. Ich bedaure diesen Standpunkt, aber nichts ist gefährlicher, als die Augen vor einer entsetzlichen und bedrohlichen Realität zu verschließen.

Es scheint mir, als glaubten allzu viele ehrenwerte Pazifisten, die Forderung nach Abrüstung allein sei schon ein Ende oder eine Leistung. Man muß davon ausgehen, daß echte Sicherheit die Schaffung einer internationalen Macht von überlegener Stärke erfordert. Dieser Weg ist in meinen Augen keine sehr glückliche Lösung, da jede Art von Gewalt verächtlich ist, aber ich bin davon überzeugt, daß es keinen anderen Weg gibt. Wenn diese Sicherheit mit Hilfe einer internationalen Polizeimacht erreicht ist und eine gewisse Zeit lang eine Realität bleibt, dann, und nur dann, wird sie sich durch Gewohnheit nach und nach dauerhaft festigen, so daß die Polizeimacht verringert werden kann. Vollständige Abrüstung ist ein Ding der Unmöglichkeit!

Solange in Europa noch keine Gefahr drohte von Mächten, die sich systematisch und mit allen psychologischen Mitteln auf den Krieg vorbereiteten, von Diktaturen, die jede Hoffnung auf Pazifismus erstickten, bestand Aussicht auf einen Sieg des Pazifismus durch allgemeine Kriegsdienstverweigerung aus Gewissensgründen. Ich habe an dieses Mittel geglaubt, bis die kürzlichen Ereignisse und Veränderungen es frucht- und hoffnungslos machten, diesem Weg zu folgen. Das würde heute leider nur bedeuten, daß man in die Hände von Diktatoren spielt, die unsere liberalen Nationen zerstören würden. A. Einstein.«

Yehudi hatte Einstein ohne mein Wissen geschrieben. Ich hatte nichts dagegen. »Achte die Kindheit« war die Familiendevise.

Ein weiterer »geheimer« Brief ging an den sowjetischen Botschafter in den Vereinigten Staaten, Alexander Trojanowsky[94], und betraf die Untätigkeit der Sowjetregierung bei den kürzlichen faschistischen Angriffen auf die Wiener Arbeiterviertel, die wir 1930 besichtigt hatten. Sie waren vollständig zertrümmert worden. Trojanowsky beglückwünschte Yehudi zu seinen Auftritten mit dem Philadelphia Orchestra, von denen er einen miterlebt hatte, und lud uns in die Botschaft ein. Wir speisten dort mit ihm und seiner charmanten Frau, als wir im Februar 1935 wieder einmal zu einem Konzert in Washington waren. Wir blieben drei Stunden und durften uns wie zu Hause fühlen. Das Abendessen war üppig, zu jedem Gang wurde der passende Wein serviert. Jeder Tischgast hatte seinen eigenen Diener. Nach dem Essen ließ Yehudi einen Schwall von Fragen los, die ihn schon seit langem beunruhigt hatten. Trojanowsky beantwortete sie diplomatisch und geduldig, darunter auch eine nach den grausamen Hinrichtungen, die in Rußland stattfanden, vor allem die einiger Väter der Russischen Revolution. Trojanowsky antwortete darauf: »Es gibt das Sprichwort: ›Man kann kein Omelett machen, ohne ein paar Eier zu zerbrechen.‹«

Was sonst hätte er sagen können?

Zum Glück sieht es in Rußland heute anders aus als unter Stalin. Ich habe das Gefühl, daß der Kommunismus, sofern eine internationale Abmachung dem russischen Volk Frieden und Sicherheit gewährt, vom Totalitarismus hinfinden wird zu einer liberalen Form des Kapitalismus, der seinerseits eine Menge von den radikalen Wirtschaftsbegriffen des Kommunismus lernen und einige sogar für den eigenen Gebrauch übernehmen kann.

20. Unsere erste Welttournee (1934–1935)

Im Sommer und Herbst 1934 waren alle Kinder glücklich beschäftigt mit Kammermusik und ihrem Unterricht. Yehudi nahm in Paris das Paganini-Konzert (im vollständigen Urtext) und das ›Adelaide-Konzert‹ von Mozart auf. Monteux leitete das Orchester. Allein nahm Yehudi weitere Sonaten und Partiten von Bach auf, mit Hepzibah die Sonate Nr. 2 von Schumann.

Nach langen Ferien in Ospedaletti und Sils Maria gingen wir im Oktober mit der ganzen Familie auf unsere Welttournee. Sie dauerte bis November 1935 und führte uns in die Hauptstädte Europas und die größten Städte der Vereinigten Staaten, nach Hawaii und in alle wichtigen Städte Australiens, Neuseelands und Südafrikas. Insgesamt waren es einhundertzehn Konzerte in zweiundsiebzig Städten! Außer in den Vereinigten Staaten leitete ich die Tournee selbst, verhandelte direkt mit den örtlichen Managern und kümmerte mich um alle Einzelheiten wie Beförderung, Gepäck, Hotels, Presse, Kartenverkauf, Finanzen und Eintreibung der Gagen.

In San Francisco, im März 1935, mußten wir mit ein wenig Erpressung nachhelfen, damit die Stadt das nötige Geld für einen neuen ständigen Dirigenten ihres Sinfonieorchesters beschaffte. Ich hatte der dortigen Symphony Association Pierre Monteux vorgeschlagen, aber es war nichts Konkretes geschehen. Wir hatten uns drei Wochen in unserer alten Heimat gegönnt, um auszuruhen und alte Freunde wiederzusehen. Außerdem hatten wir vorgehabt, Yehudi und Hepzibah ein gemeinsames Konzert im Opernhaus geben zu lassen, doch kurz nach unserer Ankunft hielt ich eine Pressekonferenz und verkündete, wir machten diesen Plan rückgängig aus Protest gegen die mangelnde Unterstützung der Stadt für ihr Sinfonieorchester. Das führte zum Ziel. Nicht lange danach erhob die Stadt eine kleine Sondersteuer von ihren Bürgern als Beihilfe für das Orchester, und Pierre Monteux wurde engagiert. Bald belebten sich der Geist des Orchesters und die Treue des Publikums neu, und das Ensemble konnte seinen Platz unter den großen amerikanischen Orchestern wieder einnehmen.

Bei einer kurzen Zwischenstation in Los Angeles auf dem Weg nach Honolulu besuchten uns ungeladen mehrere Filmleute aus Hollywood. Riesige Blumensträuße kündigten ihr Erscheinen an. Sie hatten schon vorher versucht, uns zu bewegen, Yehudi das Filmen zu erlauben. Die Vitaphone Company wollte ihn für eine Neuauflage von »Humoreske« oder ein ähnliches Rührstück. Als ich eine Gage von 100000 Dollar zuzüglich aller Spesen ablehnte, brüllte mich ein erboster Filmmann an: »Sie sind ein verantwortungsloser stolzer Bettler! Anständige Eltern greifen zu, wenn das Glück an ihre Tür klopft und ihren Kindern finanzielle Sicherheit bringt!«

Dann gab es die zwei freundlichen Herren von den Paramount Studios, die sich nicht abweisen ließen. Bevor sie gingen, gaben sie mir den Entwurf einer Story mit dem Titel ›Der Weg allen Fleisches‹. Ich schrieb ihnen aus Honolulu: »Zwischen Yehudis Kunst, seiner Mission, seinem Interesse an der Musik und Ihrem Gebiet der Unterhaltung gähnt ein Abgrund, den kein noch so geschickter und begabter Drehbuchautor überbrücken kann ... Weil wir Sie als Menschen achten und Ihre Zeit für kostbar halten, sage ich Ihnen ganz offen und ehrlich, was ich von der Geschichte halte, bevor ich wage, sie Yehudi zu zeigen oder vorzulesen.«

Von Honolulu reisten wir auf der »Mariposa« nach Australien. In Melbourne gab er elf Konzerte, in Sydney zehn, in Adelaide eins, in Brisbane zwei und in Perth drei. In Neuseeland fanden vier Konzerte in Auckland statt, drei in Wellington, zwei in Christchurch und eins in Dunedin. In ihrer eigenen, unnachahmlichen Ausdrucksweise schrieb die Zeitschrift ›Variety‹: »Dort unten war Yehudi ein echter Knüller ... Der Junge ist der größte Kassenerfolg, der je importiert wurde.«

Die Australientournee verband Yehudi sogar noch enger mit seiner Mutter. Sie war sein wichtigster Lehrer; die beiden lasen gemeinsam russische und italienische Bücher. Marutha beaufsichtigte sogar Yehudis tägliche Übungen. Damals besaß Yehudi eine große Tasche mit mehreren Fächern, die Marutha ihm gemacht hatte. Als Yehudi heiratete, gab er uns die Tasche zur Aufbewahrung. Wir haben sie heute noch. Erst als ich anfing, dies Buch zu schreiben, öffnete ich sie und schaute hinein. Darin waren Umschläge mit der Aufschrift *Gedanken, Erfindungen* und *Allgemeine Korrespondenz*. Seine »Gedanken« müssen ihn ungeheuer beschäftigt haben. Es gab davon Hunderte, auf Zettel gekritzelt. Hier sind ein paar:

»Bevor du irgend etwas sagst, stelle dir vor, was geschehen würde, wenn jemand anders es sagte.«

»Eine rühmliche Ausnahme ist der Mensch, der sich, nicht andere, beherrscht, der einen klaren Kopf behält in der Menge, der ernst bleibt, wenn er vielleicht lieber lustig wäre, und der auch im Unglück lächelt; der sich in der Herde zurückhält und allein frei und natürlich ist.«

»Einem Jünger droht die Gefahr, allzu dogmatisch zu werden. Da er nicht die zur Reife führenden Erfahrungen gemacht hat, die er braucht, um Schlüsse zu ziehen, schluckt er einfach vorgekaute Katechismen.«

»Unsere Vorfahren waren edler, weil sie sich nicht bemühten, ihre Gefühle zu verbergen, sondern ihnen freien Lauf ließen. In diesem Sinn geht die größte Heuchelei Hand in Hand mit der höchsten Kultur.«

In Yehudis Reisetasche fand ich eine auf Briefpapier des Hotels Esplanade in Perth, Westaustralien, geschriebene sechsseitige Abhandlung über Maschinen, Drähte und Bohrer: »Automatischer Bergbau in jeder Tiefe«. Dabei hatten wir noch nie ein Bergwerk besucht!

Unsere Fahrt von Adelaide nach Perth verlief äußerst luxuriös. Ich hatte bei der Eisenbahngesellschaft den Sonderwagen bestellt, der für den Australienbesuch des Prinzen von Wales gebaut worden war. Wir hatten ihn ganz für uns allein einschließlich der Dienste von Koch und Butler.

Die Fahrt durch die endlose Wüste war herrlich, ausgenommen ein Halt an einer Wasserfüllstation. Als sich der Zug langsam der Station näherte, strömten Dutzende von Ureinwohnern herbei und bettelten um Nahrung. Unsere Kinder plünderten nicht nur die Küchenvorräte, sondern auch unsere eigenen, die wir für die Reise angeschafft hatten, und warfen den Ureinwohnern Nahrungsmittel zu, bis der Koch einschritt und meinte, wenn das so weiterginge, würden wir nicht genug behalten für den Rest der Reise. Mir fiel auf, daß die offenbar halbverhungerten Australier unsere Orangen und Bananen mit der Schale aßen!

In jenem Abschnitt meines Lebens entwickelte ich mich zum ausgesprochenen Fachmann für Kassenfragen, Eintrittspreise, Konzerteinnahmen, Verträge und Einkommenssteuern. In Australien erlebte ich eine ganz neue Version des Kartenverkaufs. Die Karten für die ersten paar Konzerte in Sydney und Melbourne trugen aufgedruckte Preise, aber auf dem größten Teil der Tournee richteten sich die Preise nach Angebot und Nachfrage. Die meisten Karten wurden erst zwei bis drei Stunden vor Konzertbeginn verkauft. Auf den Karten standen nur der Name des Künstlers, das Datum und der Ort. Preis und Sitznummer wurden an der Kasse eingesetzt. Der Kartenverkäufer richtete sich nach einem Plan des Hauses, nach der Länge der Schlange vor der Kasse und der Stimmung der Wartenden, mit anderen Worten, nach der Marktlage! Ich achtete darauf, daß ich bei Preisänderungen zuerst gefragt wurde. Wir sorgten nach Kräften dafür, daß niemand umkehren mußte, weil er nicht genug Geld hatte.

Wir kamen ein paar Tage vor Jom Kippur in Johannesburg an. Yehudis Eröffnungskonzert sollte am Jom-Kippur-Abend (natürlich nach Sonnenuntergang) stattfinden. Am Morgen bat mich der dortige Manager, mit ihm nach dem Colosseum hinüberzugehen, um zu prüfen, ob alles in Ordnung sei. Es sah sehr gut aus, ausgenommen eine erschreckende Anzahl von Standaschern, die überall, auch auf der Bühne, verteilt waren. »Rauchen die Leute in Südafrika während eines Konzerts?« wollte ich wissen.

»Allerdings.«

»Aber mein Sohn kann nicht in Rauchwolken spielen!«

»Das läßt sich leider nicht ändern!«

»Wir müssen es ändern!«

Ich sagte ihm, er müsse gedruckte Hinweise in die Programme stecken und auf die Sitze legen lassen. Außerdem müsse er vor Beginn des Konzerts eine diesbezügliche Ankündigung machen.

»Aber Herr Menuhin, heute ist Jom Kippur, und die Drucker in Johannesburg sind fast alle Juden.«

»Wir sind hier nicht in Jerusalem. Es wird Ihnen doch gelingen, einen nichtjüdischen Drucker aufzutreiben!«

Er fand einen Drucker, und weder bei diesem noch bei irgendeinem anderen Konzert Yehudis wurde geraucht. Die Zeitungen brachten unser Anliegen als »Sensationsbericht«.

Wir hatten vier ausverkaufte Konzerte in Johannesburg, zwei in Kapstadt und je eins in Durban, Pretoria und Moritzburg. Das Konzert in Port Elizabeth mußten wir absagen, da wir uns in der East-Geduld-Goldmine, 1300 Meter unter der Erdoberfläche, alle erkältet hatten.

Wir hatten stets vorgehabt, uns nach der Welttournee ein ganzes Jahr »zur Ruhe zu setzen«. Aber inzwischen hatte sich Yehudis Meinung geändert. In einer spätabendlichen Unterhaltung mit Marutha und mir sagte er: »Die Tournee war wundervoll. Es war faszinierend, Menschen verschiedener Nationen und Rassen kennenzulernen, hochgebildete Menschen und ganz einfache. Aber jetzt träume ich von etwas anderem: zwei Jahre Studium, Meditation und Forschung, dazu Erweiterung und Vertiefung meiner Musikkenntnisse. Beifall und sogenannte Triumphe sind mir nicht genug. Es gibt so viel zu lernen, zu tun. Ich möchte in der Musikliteratur stöbern ... Es ist jetzt an der Zeit, daß ich mich freischwimme, obwohl ich mit unserem lieben Enesco weiterarbeiten werde. Ich möchte zwei Jahre auf unserer Ranch in Kalifornien leben, aber auch eine Zeitlang bei Enesco in Paris. Glaubt ihr, wir können es uns leisten?«

Wir stimmten Yehudis Plan ohne Zögern zu. Der Entschluß verbreitete Entsetzen bei unseren amerikanischen Managern, aber nach anfänglichem Wehklagen nahmen sie ihn gnädig hin und waren entzückt zu erfahren, daß sie ein gemeinsames Sonatenkonzert von Yehudi und Hepzibah ankündigen durften. Es sollte im März 1936 in New York stattfinden, wo wir auf dem Weg nach Los Gatos Station machen wollten. Um ihre Angst vor den Folgen des zweijährigen »Ruhestands« für Yehudis Laufbahn zu mildern, durften Evans und Salter auch einen Vertrag mit General Motors für eine einzige Rundfunkübertragung in derselben Woche unterzeichnen, des weiteren einen für Januar 1937 und einen mit Ford für Februar 1937. Die Honorare waren die höchsten, die es bis dahin gegeben hatte.

Vor der ersten dieser Verpflichtungen gaben Yehudi und Hepzibah gemeinsame Sonatenkonzerte in Paris und London und machten mehrere Plattenaufnahmen in Paris, darunter einige mit dem Cellisten Maurice Eisenberg. Wir wohnten im Hotel Majestic, und Yehudi verlebte von Dezember 1935 bis März 1936 drei glückliche Monate gründlichen Studierens mit Enesco.

Yehudis gemeinsames Sonatenkonzert mit Hepzibah in New York fand großen Anklang. Yehudi stand kurz vor seinem zwanzigsten Geburtstag. Er kaufte sich ein Cadillac-Kabriolett, um mit seinen Freunden durch die Berge von Santa Cruz fahren zu können. Für uns hatten wir den Delage aus Frankreich mitgebracht.

Mein Bericht über die Welttournee wäre unvollständig ohne eine Beschreibung des Abends des 12. November 1935. Wir fuhren mit der »Warwick Castle« von Kapstadt nach Southampton und befanden uns mitten auf dem Atlantik irgendwo zwischen den Kanarischen Inseln und Madeira. Es war mein 42.

Geburtstag, und Marutha und die Kinder hatten mir zu Ehren eine Überraschungsparty arrangiert. Die Rede, die Yehudi auf französisch hielt und die ein Kompliment an seine Mutter und mich war, wird mir unvergeßlich bleiben. Ich erwähne dies, weil es Licht auf Yehudis Leben in dem Zeitabschnitt von neunzehn bis zwanzig Jahren wirft, als er schon außerordentlich reif und obendrein glücklich war und keinesfalls das »eingesperrte Tier, das gelegentlich den Drang verspürte, aus seinem Käfig auszubrechen«, wie einige Verleumder damals behaupteten. In dieser Rede sagte Yehudi unter anderem:

»Mein lieber Vater!

Dieser Tag ist für uns so etwas wie die Erstürmung der Bastille oder der Unabhängigkeitstag ... Unsere schöne und glückliche Gemeinschaft ist die Frucht eurer Seelen, eine unvergängliche Frucht, die uns stets Genuß bereitet. Ihretwegen stehen wir in eurer Schuld, und diese Schuld ist unser Glück ... Ihr seid es, du und Mutter, ihr beide ganz allein, die dieses Glück erarbeitet haben ... Wir verdanken es allein euch und euren Opfern.«

21. Los Gatos (1936–1938)

Unser neues Haus in Kalifornien sollte bei unserer Rückkehr in die Vereinigten Staaten zum Einzug bereit sein, aber schon bei unserer Ankunft in New York erreichten uns Gerüchte von einem Sturm, der die Verwirklichung dieses Traums bedrohte.

Mitte März 1936 erfuhren wir von unserem Bauunternehmer, daß er für die Fertigstellung des Hauses weitere zwei Wochen benötigte. Etwa zur gleichen Zeit berichteten Zeitungen im ganzen Land mit riesigen Schlagzeilen, wir hätten in Alma ein entführungssicheres Haus für Yehudi gebaut. Ein Artikel im Lokalblatt von Los Gatos wußte zu berichten: »Seine Besitzung ... soll über die neuesten Sicherheitsvorkehrungen gegen Gangster und Gangstermethoden verfügen. Nicht einmal Alcatraz hat einen so sicheren elektrischen Schutz gegen unerwünschte Eindringlinge.«

Haarsträubende Geschichten folgten. Selby Oppenheimer schrieb: »Ich habe nicht herauskriegen können, wer diesen Blödsinn verbreitet hat ... Offenbar steckt jemand aus Alma dahinter.«

Ob es ein dummer Streich oder ein Racheakt irgendeiner verärgerten oder enttäuschten Person war, habe ich nie erfahren, aber die Folgen waren verhängnisvoll. Die Geschichten erweckten in uns die Furcht vor Kindesraub; der Fall Lindbergh war noch zu frisch im Gedächtnis. Nach mancher schlaflosen Nacht schrieb ich an J. Edgar Hoover, den Chef des FBI, und legte einige Zeitungsausschnitte bei. Hoover antwortete: »Sie können versichert sein, daß ich bereit bin, Ihnen persönlich auf jede nur mögliche Weise zu helfen, falls Sie einmal in eine Lage kommen sollten, in der Sie die Hilfe meiner Behörde benötigen.« Er gab mir den Namen des San Franciscoer Sonderagenten W. L. Listerman, den er angewiesen hatte, mir seine sofortige Aufmerksamkeit zu schenken. Das beruhigte mich etwas. Wir verließen New York und fuhren voller Hoffnung, wenn auch nicht ganz ohne Besorgnis, nach Alma.

In Los Gatos begrüßte uns strahlendes Frühlingswetter. Wir fuhren direkt ins Hotel Lyndon. Bald erfuhren wir, daß unsere Möbel aus Ville d'Avray angekommen waren und in unser neues Heim transportiert werden konnten. Am folgenden Tag fuhren wir die neue, holperige aber brauchbare Bergstraße hinauf, die der alte Amos Smead, ein Bauunternehmer aus der Gegend, für uns gebaut hatte. Wir parkten auf dem kleinen Plateau, auf dem das Haus stand, und schauten uns das überwältigende Panorama der umliegenden Berge an. Dann erforschten wir das Haus. Es hatte Schlaf- und Badezimmer für die ganze Familie, ein hübsches, wenn auch kleines Wohnzimmer mit Blick auf die Berge und eine winzige, mit den modernsten Geräten ausgestattete Küche. Es fehlte aber jeglicher Platz für Gäste oder Personal, es fehlten schattige Bäume. Wir gingen hinaus und schauten auf die Wildnis ringsumher. Ich sah Marutha an und sie mich.

»Moshe«, sagte sie, »hierher kann ich meine Kinder nicht bringen. Es ist wunderschön, aber so einsam und abgelegen. Es ist zu gefährlich. Es kann nicht unser Heim sein.«

Ich konnte nichts sagen. Mein Herz war schwer, denn ich hatte es an Alma verloren, an den Traum, an den ich mich seit dem ersten Blick auf die Berge von Santa Cruz geklammert hatte, aber ich durfte meinen persönlichen Gefühlen nicht den Vorrang geben vor den Ängsten und Sorgen einer Mutter. Ich fühlte mich geschlagen, beraubt; noch lange danach fuhr ich zweimal wöchentlich hinauf nach Alma, um Bäume und Blumen zu pflanzen, um rund um das Haus zu wässern und Unkraut zu jäten und mich dann hinzusetzen, die Berge anzuschauen und zu meditieren. So baute ich meine innere Spannung ab. Auf diesem Hügel begrub ich all meine persönlichen, unschuldigen, schicksalhaften Träume, meine Poesie, meine Romantik, meine Verbundenheit mit Erde und Natur.[95]

Es war klar, daß wir innerhalb der Stadtgrenze von Los Gatos einen sicheren Ort finden mußten, aber ich hatte die Lust an der Jagd nach einem Haus verloren und überließ sie gänzlich Marutha und Yehudi. Vier anstrengende Wochen im Hotel Lyndon verstrichen, aber dann, eines Tages, fanden sie ein Haus auf einem Hügel über der Stadt. Es lag direkt neben dem Novizenhaus von Los Gatos, einer jesuitischen Vorschule, und wirkte ganz bescheiden, abgesehen davon, daß es von einem Morgen Land umgeben war. Wir ließen sofort ein Schwimmbad bauen und ein paar Verbesserungen ausführen, damit unsere Kinder ihre Freunde einladen konnten. Wir stellten einen Gärtner und eine Köchin ein, und das Leben wurde wieder leicht und entspannt. Das neue Haus erfüllte all unsere Ansprüche außer meinem alten Traum, in den Bergen von Santa Cruz zu leben – anstatt sie nur anschauen zu können![96]

Dann schickte der Himmel einen Sonnenstrahl in der Person

von Pater Dunn, dem Rektor des Novizenhauses. Er wußte, weshalb wir auf unser Berghaus verzichtet hatten, und bot uns die uneingeschränkte Benutzung seines Grundstücks mit Obst- und Blumengärten, Wegen und Pfaden an. Das bedeutete, daß Yehudi und seine Schwestern ihre Freunde spätabends die Bergpfade hinaufführen konnten, um den Vollmond am östlichen Himmel aufgehen zu sehen. Sie konnten die Berge in völliger Sicherheit erforschen und mitternächtliche Feste unter Myriaden leuchtender Sterne feiern.[97]

Das Schwimmbad wurde innerhalb einer Woche fertig. Die verlockenden Bergpfade, das wohltuende Klima, der Aufenthaltsraum, der auch als kleines Theater und Ballsaal benutzt werden konnte, die schattigen Rasenflächen mit dem Federballplatz und den Pingpongtischen, Yehudis Cadillac-Kabriolett, in dem er und seine Freunde alte Kutschwege erforschten, auf denen noch nie ein Automobil gefahren war, all dies beschäftigte unsere Kinder körperlich und geistig. Sie hatten Zeit zum Wandern, Ruhen, Lesen, Schwimmen und Sonnenbaden. In den Jahren 1936 und 1937 besuchten uns viele Jungen und Mädchen für kurze oder längere Zeit: Beveridge und Ferguson Webster aus Pittsburgh, zwei gute Pianisten; Marie Louise Bine und ihre Schwester Barbara aus San Francisco; Max Kahn und seine Nichte Ida Fertig; Bernard Kaufman und seine Schwester Joyce; Daniel Fleg aus Paris; Shirley Kay, die reizende Tochter unserer liebsten Freunde Joseph und Ann Kay aus Berkeley; und schließlich Rosalie Leventritt, die Yehudis Herzen am nächsten stand. Marutha und ich überließen die jungen Leute außer bei den Mahlzeiten meistens sich selbst.

Im Januar 1937 verließen wir allesamt Los Gatos und fuhren nach New York, wo wir wegen einer Rundfunkübertragung, die am 24. Januar stattfinden sollte, etwas über einen Monat blieben. Die Heimreise Ende Februar wollten wir wegen des zweiten Rundfunkkonzerts unterbrechen. Der Zug nach Osten hielt in Berkeley, und unsere Freunde, die Kays, kamen mit ihrer Tochter Shirley ein paar Minuten herein. Impulsiv sagte Yehudi: »Komm mit uns nach New York, Shirley. Wir werden gut für dich sorgen. Komm, sei kein Feigling!«

Shirley sah ihn verblüfft an: »Aber ich habe nichts anzuziehen, ich habe nicht einmal eine Zahnbürste!«

»Das macht nichts! Ich kaufe dir, was du brauchst.« Und er hielt sie fest. Da rief der Schaffner: »Alle Besucher aussteigen!«

Die Kays zögerten, verabschiedeten sich dann aber rasch. Der Augenblick für Shirley und Yehudi war vorbei.

Im dahinrasenden Zug diskutierten Yehudi und seine Schwestern über das, was geschehen war. Auch ich grübele manchmal darüber nach, wie anders Yehudis Leben verlaufen wäre, wenn Shirley Kay damals mit ihm nach New York gekommen wäre oder wenn er sich in Lydia Perera aus New York verliebt hätte, die mir unter all seinen Jugendfreundinnen am besten gefiel.

In New York erfreuten wir uns bald der Gesellschaft alter Freunde, darunter Georges Enesco und Willa Cather. Aber nicht alle unsere dortigen Begegnungen waren so angenehm. Ein Reporter der ›New York Post‹ kam lange nach Schluß einer Pressekonferenz, die wir in unserem Hotelappartement über Yehudis und Hepzibahs gemeinsamen Rundfunkauftritt für die Ford Motor Company abgehalten hatten. Breit grinsend erzählte er mancherlei, anstatt mir Fragen zu stellen. Angesichts meiner wachsenden Ungeduld fragte er abschließend: »Stimmt es, daß Ihre Kinder den Fords Musikunterricht gaben und daß sie nur Sonaten spielen?« Ich merkte nicht, daß dies eine Falle war und daß ich mich für eine bereits fertige Phantasiegeschichte hergab, ganz gleich, was ich auch sagte.

»Yehudi und Hepzibah spielen bei gemeinsamen öffentlichen Auftritten ausschließlich Sonaten«, antwortete ich ihm.

Später erkannte ich, daß es besser gewesen wäre, wenn ich ihn gefragt hätte, wonach er angle, oder wenn ich ihn ohne Antwort hinausgeworfen hätte, denn schon nach einer guten Stunde erschien das Blatt mit der folgenden Geschichte in den Zeitungskiosken:

»Die Herren Ford – Henry und Edsel – erhielten in den letzten Tagen ›musikalischen Intensivunterricht‹ ... Das verriet uns heute Moshe Menuhin, Vater und Manager von Yehudi Menuhin ... ›Die Herren Henry und Edsel Ford haben uns wochenlang gebeten, ein Konzert zu geben‹, sagte Menuhin sen. ›Anfangs zögerten wir, aber dann meinte Yehudi, er würde gern ein Konzert geben, aber nur unter der Bedingung, daß er mit seiner Schwester spielen könne. Die beiden Fords stimmten zu. Dann stellte Yehudi eine weitere Bedingung. Er sagte, er wolle keine populären Stücke spielen, sondern ausschließlich Sonaten für Violine und Klavier ... Die Herren Henry und Edsel Ford gaben offen zu, sie wüßten nicht, was Sonaten seien. Also erklärten wir es ihnen. Man kann durchaus sagen, sie erhielten musikalischen Intensivunterricht. Die beiden Fords waren sehr vernünftig und sachlich. Sie meinten, da Yehudi höhere Honorare erhalte als alle anderen Konzertkünstler der Welt, müsse er gut sein. Sie freuten sich auf ihn, auf die Sonaten und das ganze Drum und Dran ...‹

Menuhin der Ältere lehnte es ab, den Betrag zu nennen, räumte jedoch ein, er sei der höchste, der je einem Künstler oder einer Künstlergruppe gezahlt worden sei.«

In Wirklichkeit kannten wir die Familie Ford überhaupt nicht, sondern lernten sie erst drei Wochen später in Detroit kennen. Ich hatte an den Verhandlungen nicht teilgenommen, sondern sie waren von unseren Agenten geführt worden. Es hatte nie Zweifel bezüglich der Musik gegeben, die Yehudi und Hepzibah spielen sollten, und alles, was ich über die musikalischen Kenntnisse der Familie Ford wußte, war, daß Henry Ford kostbare alte italienische Violinen sammelte. Daher hatte ich stets angenommen, daß er etwas von guter Musik verstand und hätte die mir zugeschriebenen Bemerkungen nicht einmal im Traum gemacht. Als alle drei Generationen der Familie Ford uns in unserem Hotel in Detroit besuchten, waren wir von ihnen ganz bezaubert.

Es gibt nichts Schöneres als Kalifornien, wenn die Aprikosen-, Pfirsich- und Kirschbäume blühen. Die Erde erwacht plötzlich, die Rasenflächen beleben sich, und überall macht sich ein neuer Wachstumszyklus bemerkbar, während oben auf den Gipfeln der Berge noch Schnee liegt. Nach unserer Rückkehr in der ersten Märzwoche nahmen wir unser ruhiges Leben wieder auf.

Es fiel nur ein einziger Schatten auf unsere Zufriedenheit: Hollywood und seine ständigen Angebote. Je heftiger ich sie abwehrte, um so heftiger wurde ich in der nationalen Presse angegriffen und beschuldigt, den Schwierigen zu spielen. Hollywood weigerte sich, mein Nein zu akzeptieren. Boris Morros führte eine ganze Liste großer Künstler an, die willens waren, ihre Talente dem Kino »anzuvertrauen«: »Wenn der junge Maestro so sehr beunruhigt ist über die ›Prostitution‹ der Kunst auf der Leinwand, dann könnte er seiner eigenen Kunst einen großen Dienst erweisen, indem er die Filmkunst durch seine Mitarbeit veredelt.«

Ein Journalist schrieb: »Gigli spielte in dem Film ›Auf ewig Dein‹; ... Jascha Heifetz wird bald zu sehen sein in ›Das große Musikfestival‹ ... und jetzt behaupten aufmerksame Beobachter, Yehudi Menuhin werde der Versuchung eines Angebots über mehr als eine halbe Million Dollar erliegen und in einem Film mit dem Titel ›Humoreske‹ auftreten.«

Hollywoods Klatschtante Louella O. Parsons meinte: »Offenbar nimmt Paramount Yehudis Abfuhr nicht allzu ernst, denn sie hat Gil Gabriel ... mit einer Story beauftragt, die das Interesse der Menuhins wecken soll. Albert Lewin ... denkt an einen Film, in dem Yehudi seine Schwester Hepzibah, die Klavier spielt, zur Partnerin haben wird.«

Aber am deutlichsten erinnere ich mich aus jener Zeit an das Erwachen von Liebe und Romantik im Herzen unserer Kinder. Es war ein Vergnügen, Yehudi und Rosalie Leventritt zuzusehen, wie sie in dem Saal, der das Schwimmbad überblickte, mit glänzenden Augen und Freude in den jungen Herzen Tango tanzten. Ich sah eine Träne in Rosalies Augen, als Yehudi ihr Ende des Sommers 1937 am Oakland Pier Lebewohl sagte. Vielleicht träumte Rosalie – und Yehudi auch – auf der Heimreise nach New York von einer gemeinsamen Zukunft. Indessen beherzigte Yehudi den Rat seiner beiden Vertrauten Marutha und Willa Cather, bei der Wahl seiner Lebenspartnerin klug und vorsichtig zu sein.

Trotz aller Romantik, trotz ewigem Sonnenschein und blauem Himmel vernachlässigte Yehudi nie seine erste Liebe – die Musik. Jeden Morgen widmete er bestimmte Stunden dem Studium. Für die kommende Saison wählte er Werke aus, die er mit Enesco durchgenommen, aber noch nicht öffentlich gespielt hatte, wie zum Beispiel das Violinkonzert in f-Moll von Lalo, die Sonaten von Pizzetti und Lekeu, die Fantasie von Robert Schumann. Dann, im April 1937, ereignete sich etwas Besonderes. Yehudi hatte gerade angefangen, sich eingehend mit dem Original von Schumanns Fantasie, Opus 131,[98] zu beschäftigen, als er die Fotokopien von zwei unbekannten Konzerten erhielt: den vollständigen Urtext eines »verschwundenen« Violinkonzerts von Schumann und Paganinis Zweites Violinkonzert in b-Moll. Die Gaben kamen von einem großen Bewunderer Yehudis, dem deutschen Musikverleger Wilhelm Strecker von B. Schott's Söhne. Strekker bat Yehudi, das Schumann-Konzert genau zu prüfen und dann seine Meinung über die »Konzertwürdigkeit« des Werkes abzugeben. Er berichtete, es sei Ende September, Anfang Oktober 1853 für Joseph Joachim komponiert und ihm gewidmet worden, doch habe dieser es nie öffentlich gespielt. Joachim habe sich berufen gefühlt, die Veröffentlichung –

und jede öffentliche Aufführung – bis hundert Jahre nach Schumanns Tod zu verbieten.

Schumann komponierte das Konzert gegen Ende seines Lebens, als sein Gemüt noch gesund war, sein Herz »fröhlich, aber ernst« und sein Einfallsreichtum ungeschmälert. Er bat Joachim inständig, es noch im selben Jahr zu spielen, aber Joachim machte Ausflüchte, und Schumanns Gemüt versank rasch in die Melancholie, aus der es nie wieder auftauchte.

Geheimnisvolles Dunkel umhüllte Joachims Entschluß, das Konzert nicht öffentlich zu spielen, obwohl er es privat viele Male tat. Ebenso unverständlich war das Verbot, das er in seinem Testament aussprach. Joachim starb 1907, und noch im selben Jahr wurden das Konzert und alle anderen Schumann-Manuskripte, Tagebücher und Effekten der Preußischen Staatsbibliothek übergeben. Joachims Erben verlangten, daß sein Wunsch erfüllt werde.

Joachims Verhalten ist schwer verständlich. In vielen Briefen lobt er das Konzert begeistert. Er muß es eingehend studiert haben mit seinem engen Freund Brahms, mit dem er stets zusammenarbeitete. In einem langen Brief an seinen Biographen Andreas Moser versuchte er eine Erklärung, die jedoch kaum zufriedenstellend ist: »Bestimmte Seiten (wie könnte es anders sein?) zeugen von der tiefen Empfindsamkeit des Komponisten, doch treten daher die schwächeren Stellen unglücklicherweise um so deutlicher hervor.« Er fühlte sich verpflichtet, das Andenken an seinen Freund zu schützen, und konnte »die Veröffentlichung des Werkes nicht gestatten, so sehr sie das Publikum auch wünschte!«

Die Geschichte vom verschwundenen Konzert ging mit einer sonderbaren Wendung zu Ende. Joachims Großnichten, die Schwestern Yelli d'Aaranyi und Adila Fachiri, beide Geigerinnen, behaupteten, Geisterbotschaften erhalten zu haben, in denen Joachim seine Intoleranz zugegeben und Schumann die »Exhumierung« seines Werkes gefordert habe.

Als Yehudi das Manuskript zu Ende studiert hatte, leuchteten seine Augen, und seine Begeisterung war grenzenlos. Am auffälligsten erschien ihm die große thematische Ähnlichkeit zwischen diesem Konzert und dem Violinkonzert von Brahms. Er zog Hepzibah ans Klavier, damit sie ihn begleite, und die beiden spielten es immer wieder. Für Yehudi war es große Schumannsche Musik – klagend, romantisch, reif und lyrisch, so, wie nur Schumann sie schreiben konnte. Dann holten sie den

Brahms herbei. Welch seltsame Ähnlichkeiten, welch herrliche und gewaltige Gegensätze: hier echt Schumann, da echt Brahms und dennoch blutsverwandt. Der Brahms hatte bereits seinen Platz am Firmament der klassischen Musik eingenommen, während der Schumann lebendig begraben war. Yehudi schwor, ihn ans Licht zu holen. Er schrieb Strecker einen langen, begeisterten Brief, in dem er eine genaue Erklärung verlangte, warum das Werk nicht sofort veröffentlicht und gespielt werden konnte. Er bat Strecker inständig, sein möglichstes zu tun, um sich die nötigen Rechte für die sofortige Veröffentlichung und für eine öffentliche Aufführung in der kommenden Saison, im September oder Oktober 1937, zu sichern. Yehudis Brief beflügelte Strecker so sehr, daß er beschloß, alle Hindernisse zu überwinden. Er erzielte eine Verständigung mit Professor Schünemann, dem Kustos der Preußischen Staatsbibliothek; er erhielt die Erlaubnis von Joachims Sohn zur Veröffentlichung des Manuskripts; er einigte sich mit Schumanns sechsundachtzigjähriger, in der Schweiz lebenden Tochter und mit den übrigen Erben.

Alles schien in Ordnung. Aber wir hatten die Rechnung ohne Adolf Hitler gemacht. Kaum war in Deutschland bekannt geworden, daß Yehudi Menuhin das Konzert spielen sollte, da mischte sich die Rassenpolitik ein. Nazideutschland konnte einem Juden nicht erlauben, das wiederentdeckte Schumann-Konzert vor einem reinrassigen deutschen Geiger zu spielen. Yehudi wollte das Konzert Anfang Oktober mit dem San Francisco Symphony Orchestra spielen, aber die Nazis befahlen Strecker, ihm die Orchesterpartien nicht auszuhändigen. Zahlreiche Telegramme aus Deutschland schoben Yehudis Auftritt immer wieder auf. Schließlich wurde das Konzert zuerst am 26. November 1937 in Berlin von dem deutschen Violinisten Georg Kulenkampff gespielt. Es wurde im amerikanischen Rundfunk übertragen, und Yehudi hörte natürlich zu. Die ›New York Times‹ erkundigte sich bei Yehudi nach seiner Meinung über das Spiel Kulenkampffs und berichtete: »Yehudi Menuhin bedauerte, daß der Violinist nicht die Originalversion spielte. Er war der Ansicht, die Korrektur des Konzerts sei vielleicht ein Versuch, virtuoser zu wirken ... Schumann braucht keine Bearbeitung.«

Strecker hatte Yehudi eine Kopie der von Kulenkampff gespielten Version geschickt – »für die Praxis überarbeitet und herausgegeben von einem bekannten Komponisten/Musiker unserer Zeit« – und ihn um seine Meinung gebeten. Yehudi schaute hinein und verlangte sofort, ich solle Strecker telegrafieren. Er dürfe allein den Urtext drucken lassen und könne versichert sein, daß Yehudi nichts anderes spielen werde. Strecker willigte ein. Yehudi spielte das Konzert zum ersten Mal mit Klavierbegleitung bei seinem Auftritt in der Carnegie Hall am 6. Dezember 1937; die erste Orchesteraufführung fand am 23. Dezember 1937 in St. Louis statt und wurde am 26. Dezember wiederholt.[99]

Nicht nur die Flut von Erlassen aus Nazideutschland sorgte damals in Los Gatos für Aufregung. Das tat auch die zarte Romanze mit Rosalie Leventritt, das taten Tanzvergnügungen und Theateraufführungen. Die Kinder hatten den Brauch eingeführt, an unserem Hochzeitstag, am 7. August, ein Stück aufzuführen, und eine Familientruppe gebildet, in der jeder mitmachen mußte, der gerade zu Besuch war. Und dann waren da ihre lustigen Streiche. Ein paar Wochen vor Beginn der Konzertreise schenkte Yehudi all seinen Freunden Giftsumachblätter fürs Knopfloch und trug natürlich selber auch eins. Marutha war die Oberschwester und pflegte die armen Opfer mit lindernden Arzneien. Yehudi begann seine Tournee mit einem juckenden Ausschlag zwischen den Fingern.

Marutha und ich wären liebend gern in Los Gatos geblieben, wenn nicht die Kinder uns auf ihrer Konzertrunde gebraucht hätten. Und sie sehnten sich, nach Europa zurückzukehren.

Hepzibahs Fortschritte in der Musik waren für uns alle erfreulich, aber insbesondere Marutha hegte Befürchtungen, was die Zukunft unserer ältesten Tochter bringen würde. Sie erzählte Carolyn Anspacher vom ›San Francisco Chronicle‹: »Hepzibah wünscht sich Soloauftritte und eine eigene Karriere. Ich finde, sie sollte lieber glücklich als berühmt sein. Für Frauen gibt es nur einen Weg zur Unsterblichkeit, und der besteht aus einem Heim und Kindern. Karrierefrauen müssen auf die wichtigsten Dinge im Leben verzichten und merken dies erst, wenn es zu spät ist.«

Miss Anspacher berichtete ihren Lesern: »In der kommenden Saison wird Hepzibah achtmal in gemeinsamen Sonatenkonzerten mit ihrem Bruder auftreten. In acht Hauptstädten der Welt wird dieses erstaunliche Paar spielen, das enger verbunden sein soll, als Mozart und seine Schwester es waren. Bei jedem Auftritt wird Marutha Menuhin hoffen und beten, daß Hepzibah von der ›schrecklichen‹ Seuche der Popularität verschont bleibt.«

Das New Yorker Wochenblatt ›The American Hebrew‹ forderte Yehudi und Hepzibah auf, ein paar Zeilen zu schreiben über »die Aufgabe, Vorurteile abzubauen und ein besseres Verständnis zwischen Angehörigen verschiedener Glaubensbekenntnisse zu schaffen.« Die beiden baten mich, für sie zu antworten. Hier ist eine kleine Auswahl meiner Gedanken:

»Wir haben wegen ein paar lauter, angriffslustiger Minderheiten, die sich vom Blut Israels ernähren, keine Vorurteile gegen die christliche Welt.

Wir rühmen uns unserer glorreichen Geschichte ebenso wenig, wie wir die ganze christliche Welt nur deswegen verdammen, weil Judenhasser Kapital schlagen aus ein paar jüdischen Schuften, die ihre arglosen nichtjüdischen Brüder übervorteilen oder übervorteilt haben.

Weder wir (meine Frau und ich) noch unsere Kinder haben bei unseren Unternehmungen im Ausland jemals auch nur das kleinste Zeichen von Rassenvorurteilen entdeckt. Die meisten Lehrer, Freunde und Manager unserer Kinder, die Mehrheit ihres Publikums überall auf der Welt sind Nichtjuden! Dennoch hat uns niemand auch nur eine Spur von Vorurteil oder Ablehnung gezeigt, weil wir Juden sind. Die Öffentlichkeit in Melbourne (oder München, als Deutschland noch auf der Landkarte unserer Konzertreisen stand), London, Paris, Rom, Florenz, Amsterdam, Zürich oder Johannesburg liebt Yehudi als Künstler und vergißt darüber völlig sein Judentum, seine amerikanische Staatsbürgerschaft und seine Jugend.

In der Welt und Atmosphäre der Musik hat die allgemeine Menschheit ihren allgemeinen Nenner gefunden. Ebenso wie Bach, Mozart, Beethoven Universalisten waren, sind es auch ihre Interpreten: Toscanini, Enesco, Koussewitzky, Kreisler, Menuhin ... Sie verbinden die Menschheit zu einer allgemeinen Bruderschaft, in der Vorurteile keinen Platz haben.

Sicherlich, es gibt Grausamkeit, Vorurteile, Verfolgung. Und je mehr wirtschaftliche und nationalistische Schranken die Welt trennen, desto höher erhebt das Vorurteil sein Haupt ...

Wir träumen von einer allgemeinen Bruderschaft der Menschheit, von einer höheren Kultur, die zwar dem dahinschwindenden Nationalismus einiges verdankt, aber sich entwickeln wird zu einem Universalismus, einem einzigen geistigen Erbe, in dem das Gute aller Kulturen, aller Glaubensrichtungen, aller Philosophien verschmilzt.«

22. Junge Liebe (1937–1938)

Yehudi eröffnete die Saison 1937/38 am 30. September 1937 in San Francisco, wobei er zum ersten Mal im Frack auftrat. Da er am 22. April 1937 einundzwanzig Jahre alt geworden war, gingen seine Einnahmen bereits direkt auf sein eigenes Bankkonto. Bald sollte er auch auf anderen Gebieten seine Reife beweisen.

Nachdem er in Städten quer durch die Vereinigten Staaten und dann in England, Schottland und Irland gespielt hatte, gab er am 6. März 1938 ein Orchesterkonzert in der Royal Albert Hall mit dem London Philharmonic Orchestra unter Sir Henry Wood.

Unter den Hunderten, die hinterher vor der Künstlergarderobe standen, befand sich auch Sir Bernhard Heinze, der Dirigent des Melbourne Symphony Orchestra. Er brachte zwei junge Australier mit, ein Geschwisterpaar namens Lindsay und Nola Nicholas, die Yehudi bereits in den Konzerten erlebt hatten, die er vier Jahre zuvor in der Melbourne Town Hall gegeben hatte. Menschen kamen und gingen, aber die Nicholas' blieben und unterhielten sich angeregt mit Yehudi und Hepzibah. Es stellte sich heraus, daß wir alle im selben Hotel, dem Grosvenor House, wohnten, und die vier jungen Leute verabredeten sich für später in der Suite der Geschwister Nicholas. Die beiden wollten Filme von ihrer australischen Schaffarm vorführen. Natürlich schloß die Einladung auch Yaltah, Marutha und mich ein. Da ich ein paar Zeitungsleuten Interviews versprochen hatte, mußte ich ablehnen, aber die anderen nahmen an. Marutha und die Kinder kehrten erst um Mitternacht in unsere Suite zurück, und ich spürte sofort, daß Yehudi und Hepzibah gehobener Stimmung waren. Ihre Augen leuchteten. Als die kleine Yaltah beiläufig erwähnte, daß Nola Nicholas Marutha um die Erlaubnis gebeten hatte, sie *Mammina*[100] zu nennen, erfüllte sich mein Herz mit Vorahnungen. Ich hatte mich stets davor gefürchtet, daß Yehudi sich blitzartig verlieben, daß eine flüchtige Bekanntschaft zu einer unbesonnenen Heirat führen würde. Ich hatte damals nichts gegen frühe Ehen (in dieser Hinsicht bin ich heute klüger!), dafür aber um so mehr gegen übereilte Verbindungen mit relativ fremden Leuten. Zugegeben, Marutha und ich hatten sehr jung und sehr rasch und unerwartet geheiratet, aber schließlich hatten wir uns schon seit über vier Jahren gekannt.

Ich vermutete, daß in der Garderobe der Albert Hall ein romantischer Funke übergesprungen war, der sich in der Suite der Geschwister Nicholas zum Feuer ausgewachsen hatte, aber ich konnte mir nicht vorstellen, daß Yehudi es nach seinen Erfahrungen in Los Gatos und New York so eilig haben würde. Ich erinnerte mich daran, wie er seine Mutter und Willa Cather wegen seiner ersten Liebe Rosalie Leventritt um Rat gefragt hatte, und nahm an, er würde sich trotz Miss Nicholas' Charme und Schönheit auch weiterhin danach richten. Aber ich hatte mich getäuscht. Jener Sonntag war der Anfang vom Ende der wunderbaren Einigkeit zwischen Mo-Ma-Ye-He-Ya, wie wir uns zusammenfassend nannten. Es gibt für Eltern nichts Schöneres, als zu erleben, wie in ihren Kindern die Liebe erwacht, aber Ehen, die unter einem schlechten Stern stehen, können selbst die zärtlichsten und treuesten Eltern unglücklich machen.

Nach dem Soloabend in der Albert Hall blieben wir alle noch etwa vierzehn Tage in England; Yehudi mußte noch einige Konzerte in der Provinz geben und einen gemeinsamen Sonatenabend mit Hepzibah in der Queen's Hall.

Während er und ich außerhalb Londons waren, benutzte Miss Nicholas die Gelegenheit, ihre neue *Mammina* oft im Grosvenor House zu besuchen. Marutha erinnert sich daran, wie lieb, gut und bescheiden Nola sich benahm. Als Yehudi und Hepzibah Plattenaufnahmen in London machten, kamen Lindsay und Nola jedesmal mit uns ins Studio. Lindsay war ein echter Musikliebhaber und pflegte bei den Aufnahmen die Seiten für Hepzibah und Yehudi zu wenden. Es waren beschwingte, romantische Stunden, die uns allen Freude machten. Ich betrachtete das Ganze als Kameradschaft unter jungen Leuten. Yehudi und Nola gelang es einmal, sich nach Kew Gardens davonzustehlen, aber das war auch das einzige Mal, daß der arme Junge mit ihr allein war.

Darauf folgten Konzerte in Amsterdam, Zürich und Paris. Am Tag unserer Ankunft in Holland rief Yehudi Nola in London an und machte ihr einen Heiratsantrag. Sie nahm an, aber unter der Bedingung, daß die beiden die Zustimmung ihres Vaters abwarteten, der gerade mit seiner frisch angetrauten zweiten Frau auf dem Weg von Australien nach London war. Bei diesem Stand der Dinge und mit dem Verdacht, daß sich zwischen Hepzibah und Lindsay etwas Ähnliches anbahnte, luden wir die beiden jungen Australier ein, mit uns zwei Wochen Urlaub in Sorrent zu machen.

Frühling in Sorrent! Es gibt keine romantischere Kulisse für Verliebte. Die jungen Leute verbrachten viel Zeit allein, aber eines Abends stiegen wir alle zusammen hinauf auf den Vesuv und wanderten vorsichtig zwischen Felsspalten umher, in denen glühende Lava floß. Später speisten wir im Dachrestaurant des Hotels Cucumela zu den Klängen sentimentaler Musik, wobei die jungen Leute zärtlich miteinander flüsterten. Alles wirkte natürlich und romantisch. Außer in diesen Ferien reisten unsere Kinder niemals allein mit Nola und Lindsay, bevor sie verheiratet waren.

Am 26. Mai 1938, zwei Monate, nachdem er sie kennengelernt hatte, heiratete Yehudi die reizende, lebhafte Nola Nicholas im Caxton Hall-Standesamt in London. Vier Monate später heiratete Hepzibah Nolas liebenswürdigen, gutaussehenden Bruder. Der Bürgermeister von Los Gatos nahm die Trauung auf dem Rasen unseres Hauses vor.

Ich erinnere mich stets mit Schmerzen an die Liebesabenteuer, die Yaltah im Alter von sechzehneinhalb Jahren erlebte. In London und im romantischen Sorrent hatte sich ihr Komplex als drittes Kind wieder gemeldet. Als sie ihre beiden Geschwister so über beide Ohren verliebt sah, entdeckte sie ihre Zuneigung zu einem charmanten Londoner Jungen namens Keith Pulvermacher. Während Yehudi und ich durch die englische Provinz reisten, planten Yaltah und Keith, nach Gretna Green durchzubrennen, um Yehudi und Hepzibah zuvorzukommen.

Keith war ein netter, ernsthafter englisch-jüdischer Junge aus einer uns gut bekannten, in London sehr angesehenen Familie, aber Yaltah war in unseren Augen immer noch ein Kind. Sie konnte Sprachen, dichtete hervorragend auf Französisch, schrieb glänzende Briefe und spielte wunderbar Klavier, war aber in jeder anderen Hinsicht völlig unreif. Die Maßnahmen, die wir ergriffen, um ihre Heirat zu verhindern, erschienen uns gerechtfertigt, aber Yaltah war schrecklich unglücklich, als die »Affäre Keith« in aller Stille begraben wurde.

Inzwischen hatte Hepzibah einem ihrer Freunde in Amerika von ihrer Liebe zu Lindsay Nicholas geschrieben. Der junge Mann, ein reizender junger Rechtsanwalt namens William Stix, liebte zweifellos sowohl Hepzibah als auch Yaltah, hatte jedoch angenommen, daß sie beide zu jung für die Ehe seien. Als er sah, daß Hepzibah ihm weggeschnappt wurde, beschloß er, keine Zeit mehr zu verlieren, und rief Yaltah aus St. Louis, Missouri, an, als wir in Amsterdam waren. Yaltah fühlte sich geschmeichelt durch das Ferngespräch, und als sie seinen Heiratsantrag hörte, nahm sie auf der Stelle an. Ihren Londoner Bewerber hatte sie schon vergessen. Glühende Briefe flogen hin und her über den Atlantik, und im Juni 1938, als wir auf dem Weg nach Los Gatos in New York halt machten, heiratete Yaltah William Stix und zog zu ihm nach Washington, wo er für die Regierung arbeitete. Die Ehe hielt nur ein paar Monate.

Daheim in Los Gatos überließen Marutha und ich das Haupthaus Yehudi und Nola und zogen in einen Teil des Gästehauses, das gerade erweitert wurde, um die Sippe Nicholas aufnehmen zu können, die bald zu Hepzibahs und Lindsays Hochzeit über unser verhältnismäßig kleines Heim herfallen würde. Sie blieb eine ganze Weile und bestand aus dem Vater, seiner jungen Frau, seiner zweiten Tochter samt Ehemann, Baby und Kindermädchen sowie Lindsays jüngerem Bruder und dessen Hauslehrer. Sie verbreiteten sich bis in unsere verlassene Berghütte in Alma, die für sie geöffnet wurde. Wir stellten zusätzliches Dienstpersonal für sie an.

Marutha und ich hatten uns vorgestellt, Yehudi würde sich in Alma niederlassen, wenn er verheiratet wäre. Deshalb hatten wir den Besitz behalten, nachdem wir das Haus in Los Gatos, in dem wir nun wohnten, gekauft hatten. Wir wünschten uns, daß er die ruhige, aber kräftigende Lebensweise beibehielte, die wir ihn gelehrt hatten und die es ihm ermöglichen würde, sich als Musiker und Mensch weiterzuentwickeln. Wir wußten nicht, wie seine junge, die Abwechslung liebende Frau mit der Rolle fertigwerden würde, die dieser Plan ihr zudachte. Schließlich hatte sie gerade erst begonnen, die Freuden des gesellschaftlichen Treibens der dreißiger Jahre zu genießen. Mutterlos von Kindheit an, war sie von ihrem Vater George R. Nicholas erzogen worden, einem ehemaligen Apotheker aus Melbourne. Er hatte einen Ersatz für Aspirin erfunden, das damals im Ersten Weltkrieg praktisch nicht aufzutreiben gewesen war, und damit ein Vermögen verdient. Seine Antwort auf die Knappheit hieß Aspro.

Yehudis Ehe mit Nola sollte nur neun Jahre dauern, doch während der ganzen Zeit entwickelte er seine Kunst und sein Repertoire ständig weiter.

Es war den fanatischeren Organen der jüdischen Presse nicht entgangen, daß Yehudi und Hepzibah Christen geheiratet hatten. Erst die jiddischen und hebräischen Zeitungen, dann die anglojüdischen Zeitschriften richteten wütende Angriffe gegen uns, die bei Marutha und mir anfingen, aber bald auf Yehudi übergingen. Ein Autor namens S. Zirelson schrieb einen Artikel, der in mehreren jüdischen Zeitungen abgedruckt wurde und meistens eingeleitet wurde mit den Worten: »Der Autor dieses Artikels kennt die Familie Menuhin gut.« Wir hatten noch nie von ihm gehört.

Zirelson fing an mit einer Beschreibung der Hochzeiten in London und Los Gatos und fuhr dann fort: »Unter diesen Umständen ist der Name Yehudi nur noch reine Ironie ... Moshe Menuhin und seine Frau Marutha sind schuld an dieser Tragödie, an diesem Massenexodus aus der jüdischen Herde. Ohne ihren zügellosen Ehrgeiz, den Juden zu entfliehen und die soziale Leiter hinaufzusteigen, hätte sich der junge, anständige und ernsthafte Yehudi mit jemandem seines Glaubens verbunden, hätte die bezaubernde Hepzibah niemals einen so assimilierenden Schritt getan.

Die Eltern Menuhin haben diesen Schritt so gut und so entschlossen geplant, daß den Kindern nichts anderes übrig blieb, als mitzumachen. Die Menuhins haben ihren Kindern jeden Kontakt mit Juden und jüdischem Leben verboten ... Sie waren so besessen von dem Verlangen, in die nichtjüdische Gesellschaft einzubrechen, daß sie sich nicht nur als Nichtjuden bezeichnen, sondern sogar als Tataren! ...

›Mein Vater war ein Tatar und wurde auf der Krim geboren wie einst seine Vorfahren. Auch ich bin auf der Krim in der Stadt Jalta geboren. Meine Mutter war Italienerin, mein Mann ist Jude. Diese Mischung aus alten Traditionen drückt sich aus im Blut der Kinder.‹ Dies ist ein Auszug aus einem Artikel, der in der Märznummer von ›The Woman's Home Companion‹ erschien und von Marutha Menuhin geschrieben wurde.

Die Menuhins schätzen ihre Herkunft jedoch schon lange gering. Mit jedem Schritt aufwärts auf der Leiter von Yehudis Ruhm ließ Moshe Menuhin eine Schar fallengelassener Freunde hinter sich. Je enger der Virtuose mit begüterten und einflußreichen Leuten in Berührung kam, um so entschlossener wandte er seinen früheren Gefährten den Rücken.

Das Verlangen der Menuhins, ihrer Herkunft zu entfliehen, erkennt man am besten daran, daß Yehudi niemals Palästina besucht hat, das Land, in dem sein Vater geboren wurde und das ihm geistige Nahrung gab. Warum? Weil Yehudi in Palästina für ein rein jüdisches Publikum spielen würde, und das, sagt Moshe Menuhin ›wäre nicht gut für ihn‹ ... Diese Erklärung gab er, als Yehudi in Ägypten war, nur sechs Stunden Fahrt von Palästina entfernt.«[101]

Wie nicht anders zu erwarten, schloß sich ein bekannter Rabbiner dem Angriff an. Rabbi Louis Newman schrieb eine Spalte, die in mehreren jüdischen Zeitungen zugleich veröffentlicht wurde. Ich gebe hier einen Auszug aus dem langen Artikel: »Kürzlich wurde das lesende Publikum erbaut durch die Vermählung der drei jungen Menuhins, und jeder wünscht ihnen wohl. Aber Juden und nachdenkliche Nichtjuden haben zweifellos entrüstet aufgeblickt, als sie lasen, daß die Feiern zivil waren und von nichtjüdischen Beamten ausgeführt wurden. Und der Höhepunkt war am Samstagnachmittag, dem 16. Juli, um 16 Uhr erreicht, als Hepzibah von einem Zivilbeamten in einer zivilen Feier getraut wurde ... Es erhebt sich die Frage: Warum verletzen die Menuhins die Gefühle der Gruppe, der sie unwiderruflich angehören, durch eine Trauung am Samstagnachmittag? Meines Wissens hat es nicht einmal unter den angepaßtesten Juden der Westküste jemals eine Trauung am Sabbatnachmittag gegeben ... Ich frage mich auch, was Juden in aller Welt sagen werden, wenn sie erfahren, daß der Yehudi, dem sie Beifall spendeten, und die Familie, der er angehört, die Sache Israels so gering schätzen, daß sie diese *Hillul Haschem* (Entweihung) begehen.«

Gegen diese und andere Schmähungen richtete ich zwei offene Briefe. Den einen schickte ich an ›The Daily Forward‹, die wichtigste jiddische Tageszeitung, deren Chefredakteur Abraham Cahan ich sehr bewunderte, den anderen an verschiedene anglo-jüdische Zeitschriften. Ich versuchte, wenigstens die Tatsachen geradezurücken. So hatte beispielsweise Marutha nie in ihrem Leben einen Zeitschriftenartikel geschrieben, und schon gar nicht den in ›The Woman's Home Companion‹. In dem Brief an ›The Daily Forward‹ schrieb ich unter anderem: »Es stimmt genau, daß einige frühe Vorfahren meiner Frau vor Generationen den jüdischen Glauben angenommen haben. Das Kapitel der Karäer von der Krim ist vielen Gelehrten wohlbekannt ... Freunde und Leute, die die Menuhins kennen, würden sie niemals verdächtigen, plötzlich gesellschaftliche Aufsteiger und ehrgeizige Eltern zu werden ... Die Wahrheit ist, daß wir ›verrückten‹ Menuhins weder zu Hause noch draußen gesellschaftlich verkehren im konventionellen Sinn ... Heute wie vor zwanzig Jahren ... führen wir bewußt ein zurückgezogenes Leben, das meine Frau und ich dem glänzenden, leeren und verfehlten Leben der reichen Leute ringsumher vorziehen ...

In diesen Tagen schwarzer Hitler und Zabotinskys einerseits und der sich wehrenden freien Menschheit andererseits ist ein Jude, der einen jüdischen Bruder verflucht und brandmarkt, weil er einen verständnisvollen Christen heiratet, genauso vorsintflutlich und abscheulich wie die gemeinen Verbrecher, die jetzt das arme Deutschland regieren und die mit Ächtung, Peitsche und Konzentrationslager die wahnsinnigen Theorien rassischer Überlegenheit predigen.«

In meinem Brief an die anglo-jüdischen Zeitschriften bat ich die Leser, folgende Tatsachen zu berücksichtigen: »Wir Menuhins kennen keinen Mann namens Zirelson, haben ihn nie getroffen oder gesprochen ... Seit dem Jahre 1913, als ich ein Junge war und von Palästina über Ägypten und Frankreich nach Amerika reiste, haben zwischen mir und Ägypten oder Palästina stets mindestens fünfzehnhundert Meilen gelegen. Das gilt auch für meinen Sohn Yehudi ... Wir haben niemals einen einzigen unserer alten jüdischen Freunde aufgegeben, nicht eine der alten, aber treuen orthodoxen Familien aus der ›guten alten Zeit‹, da ich Direktor der hebräischen Schulen in San Francisco war. Sie besuchen uns immer noch oft und wir sie. Mehr als die Hälfte der Freunde, die dieses Wochenende bei uns verbringen, sind Mitglieder orthodoxer Synagogen ...

Die Menuhins ... Eltern und Kinder ... sind sowohl öffentlich als auch privat bewußte, stolze, aufrechte Juden. Sie halten Ehre und Geschichte ihres geistigen Erbes hoch. Als Yehudi und Hepzibah dem Ruf ihrer Herzen folgten, ließen sie ihr Volk und ihren Glauben keinen Augenblick im Stich. Sie traten nicht zum Glauben ihrer Partner über und werden sich auch in Zukunft nichts anderem verpflichtet fühlen als der Zuneigung, Unterstützung und Treue gegenüber ihrem eigenen jüdischen Volk, wo immer sie auch sein mögen.«

Meine kräftigen Entgegnungen machten den Angriffen in der jüdischen Presse vorübergehend ein Ende, aber das Gift schlummerte weiter im Herzen vieler Juden, und die Episode regte den Appetit einiger Klatschweiber an, die über die »Abtrünnigkeit« der Menuhins zu keifen begannen. Eine Freundin erzählte, sie habe in einem jüdischen Damenclub in Oakland, Kalifornien, eine Frau zurechtweisen müssen, die behauptet hatte, sie wisse, daß Yehudi zum katholischen Glauben übergetreten sei! Die Angriffe gingen weiter, wo immer mein Sohn oder ich uns zu einer jüdischen Streitfrage äußerten. In den letzten Jahren gewann Yehudi seine Stellung als »Hohepriester« in der jüdischen Welt zurück, besonders in Israel; jüdische Redakteure drückten ihre Beschämung und ihr Bedauern aus über das, was sie zwischen 1938 und den frühen fünfziger Jahren über Yehudi veröffentlicht hatten. Ich dagegen bin in den Augen vieler ein unverbesserlicher »schlechter Jude« geblieben, vor allem seit ich dem American Council for Judaism, einer antizionistischen Vereinigung, beigetreten bin und es gewagt habe, die anachronistischen Worte und Taten der fanatischen »jüdischen« Nationalisten schriftlich bloßzustellen.

Yehudis erste Konzertreise durch die USA als verheirateter Mann begann in Los Angeles, wo er die Saison der Symphony Association mit einem Soloauftritt unter Otto Klemperer eröffnete. Unser Vertrag mit der Association war ein Jahr alt, und die Einzelheiten des Konzerts waren wochenlang vorher von Mrs. Leiland Atherton Irish, der Managerin des Orchesters, und mir ausgearbeitet worden. Mrs. Irish hatte alle Vereinbarungen schriftlich bestätigt, aber in einem Brief vom 25. Oktober fügte sie hinzu: »Nun komme ich zu einer äußerst wichtigen Entscheidung, die getroffen werden muß. Wir haben einen Vertrag mit der AGMA unterzeichnet. Daher muß jeder Künstler, der auf unserem Podium auftritt, Mitglied dieser Organisation sein. Wir haben keine andere Wahl, als Yehudi zu bitten, vor seinem Auftritt Mitglied der AGMA zu werden.«

Gleichzeitig erreichte uns aus dem Hauptquartier der AGMA in New York ein Brief: »Wie Sie vielleicht wissen, hat die Southern California Symphony Association ihren Vertrag mit der AGMA verlängert. Er schreibt vor, daß alle Solisten, die mit dem Los Angeles Symphony Orchestra auftreten, Mitglieder dieser Organisation sein müssen. Ich würde mich freuen, wenn Sie das Anmeldeformular zusammen mit einem Scheck für die Aufnahmegebühr und den Mitgliederbeitrag zurücksenden würden, damit wir Ihnen Ihren Mitgliederausweis unserer Organisation zuschicken können.«

Die AGMA war die American Guild of Musical Artists (Amerikanische Musiker-Vereinigung). Sie war ein paar Jahre zuvor von Jascha Heifetz und einigen anderen Solisten gegründet worden. Heifetz war nun ihr Vizepräsident.

Wir entdeckten, daß der Vertrag zwischen der AGMA und dem Los Angeles Symphony Orchestra eine zehnprozentige Befreiung von dieser Bestimmung enthielt, damit auch Nichtmitglieder der AGMA mit dem Orchester auftreten konnten, und daß Yehudis Name bei der Verlängerung des Vertrags zwischen Symphony Association und AGMA besonders erwähnt worden war.

Yehudi formulierte unsere Antwort auf Mrs. Irishs Brief selbst: »Ich fahre fort mit meinen Plänen, als sei nichts geschehen, und erwarte, daß die Bedingungen meines im vergangenen

Jahr ohne Nennung der AGMA unterzeichneten Vertrags erfüllt werden.«

Als die Nachricht davon die AGMA erreichte, sperrte sie den Auftritt des Orchesters mit Yehudi. Sie wollte ihm keine Befreiung, keine Ausnahme gewähren und gab eine öffentliche Erklärung ab: »Menuhin sagte, er finde es entwürdigend, uns beizutreten ... wir hingegen können keine Ausnahme machen und zulassen, daß das Los Angeles Symphony Orchestra mit dem Nichtmitglied Menuhin auftritt.«

Die ›New York Times‹ veröffentlichte Yehudis Antwort: »Ich bin überrascht und verletzt von der Behauptung der AGMA, ich hätte mich geweigert, ihr beizutreten mit der Begründung, dies würde mich ›erniedrigen‹. Das stimmt nicht. Ich habe gesagt, daß man mir berichtet habe, andere Künstler seien zur Mitgliedschaft in der AGMA gezwungen worden, und daß ich ein solches Vorgehen als erniedrigend für einen Künstler betrachte ...

Ich habe nichts gegen Vereine ... aber als Künstler, der nur auf dem Konzertpodium auftritt, bin ich aufrichtig überzeugt, daß ein Verein für mich keine Funktion hat ... Toscanini, Kreisler, Rachmaninoff, Paderewski, Hoffman und andere – sogar Dr. Otto Klemperer, unter dessen Taktstock ich in Los Angeles spielen soll – sind keine Mitglieder der AGMA.«[102]

Die Direktion der Southern California Symphony Association – Leute, die nicht mit sich spaßen ließen – teilte der Presse mit, daß sie beabsichtige, den mit Yehudi unterzeichneten Vertrag zu erfüllen.

Die Konzerte waren ein Erfolg. Vier Tage später kehrten wir nach Los Angeles zurück wegen eines Konzerts am selben Ort. Am Tag der Veranstaltung suchte uns Mr. Behymer, unser dortiger Manager, auf. Er war empört, weil ein Mitglied der AGMA sein Geld zurückhaben wollte. Anscheinend war den örtlichen AGMA-Mitgliedern gesagt worden, sie müßten 100 Dollar Strafe zahlen, wenn sie das Menuhin-Konzert besuchten. Ob das ein absichtlich verbreitetes Gerücht war, um die Leute vom Konzertbesuch abzuschrecken, oder ein echter Befehl der AGMA, erfuhren wir nie, aber viele AGMA-Mitglieder verlangten ihr Geld zurück. Der Kartenverkauf wurde dadurch nicht beeinträchtigt. Die zurückgegebenen Karten waren schnell verkauft, viele an AGMA-Mitglieder, die sich nicht einschüchtern ließen. Das Konzert war ausverkauft. Innerhalb einer Woche nach der Niederlage der AGMA erhielt jeder wichtige Konzertkünstler in Amerika von Jack Salter und mir einen genauen Bericht über die Vorgänge.

Was stand hinter dem Krieg der AGMA gegen Yehudi? Um den 1. April 1936 hatte uns Heifetz in New York angerufen und uns gebeten, ihn in einer »wichtigen Geschäftsangelegenheit« zu empfangen. Er erzählte uns fast zwei Stunden von der AGMA, die damals kurz vor ihrer Gründung stand. Unter Heifetz' Argumenten stach eins hervor: Die Konzertmanager waren der Feind; ihre Macht mußte eingeschränkt werden. Ich sagte Heifetz, wir hätten ausgezeichnete Beziehungen zu unseren Managern; sie seien unsere Partner. Ich fragte ihn: »Wenn Solisten überhaupt so etwas wie eine Organisation zu ihrem Schutz benötigen, sollte es dann nicht eine sein, die ausschließlich für sie da ist, anstatt einer, die sich um Lohn, Arbeitszeit und Arbeitsbedingungen kümmert, also um Dinge, die einen Solisten gar nicht betreffen? Wenn die AGMA aber andererseits eine von der American Federation of Labor genehmigte Gewerkschaft sein soll, was haben Sie dann einzuwenden gegen die bereits bestehende Musikergewerkschaft, die American Federation of Musicians?«

Ich setzte noch eine Frage an Heifetz hinzu: »Welche beruflichen Gemeinsamkeiten gibt es denn zwischen freien Konzertsolisten, die keinen Arbeitgeber kennen, und Musikern, die für Lohn arbeiten und gemeinsame Interessen gegenüber ihren Arbeitgebern haben? Wie und warum wollen Sie so gegensätzliche Gruppen zusammenbringen?«

Es gelang mir nicht, ihm eine zufriedenstellende Antwort zu entlocken. Trotzdem trennten wir uns freundschaftlich. Wir hatten Heifetz schon vorher öfter getroffen. Yehudi und ich hielten ihn für einen hervorragenden Künstler, und als ich mich schriftlich für seinen Besuch bedankte, fügte ich hinzu: »Wir erkennen hoch an, wie ernsthaft und intelligent Sie sich für Ihre Vereinigung einsetzen. Yehudis Reaktion entspricht jedoch unserer Familientradition: Individualismus! Individualismus ist die ungeschriebene Regel, und wir können uns nicht dazu überwinden, diesen langjährigen, erprobten Familiengrundsatz zu brechen.«

Inzwischen spielten diejenigen jiddischen und anglo-jüdischen Zeitschriften, die uns immer noch wegen der Mischehen anprangerten, die alberne Gewerkschaftssache hoch. Traditionsgemäß und mit Recht nahm die jiddische Presse Partei für die ausgebeuteten nichtorganisierten Arbeiter in den düsteren

Fabriken New Yorks, Chicagos und Los Angeles', so daß es den Feinden der Menuhins vorgekommen sein muß, als würde ihnen Yehudi auf einem silbernen Tablett angeboten – entlarvt als Schwarzarbeiter und Gewerkschaftsgegner. Ich fand es bezeichnend, daß Yehudis Kritiker nicht auch Toscanini, Stokowski, Stock, Enesco, Kreisler, Nelson Eddy und John Charles Thomas angriffen. Auch sie hatten sich geweigert, der AGMA beizutreten.

Die AGMA erkannte plötzlich, daß sie sich mit ihren Angriffen gegen Yehudi einen neuen und sehr gefährlichen Feind geschaffen hatte. Es war James C. (»Little Caesar«) Petrillo, der Präsident der 260000 Mitglieder starken American Federation of Musicians. Die AFM hatte eine wichtige Rolle bei der Verbesserung des Loses ihrer Mitglieder gespielt, die als große Masse der Musiker in Orchestern und Bands unter erniedrigenden Löhnen und Arbeitsbedingungen litten. Am 5. August 1940 schrieb Petrillo den AGMA-Mitgliedern eine Warnung, in der er darauf hinwies, daß die von der American Federation of Labor, dem größten amerikanischen Gewerkschaftsverband, bewilligten Satzungen der AFM allen Instrumentalisten die Mitgliedschaft in der AFM vorschrieben. Wenn auch die AFM bis dato nicht versucht habe, fuhr er fort, die Konzertsolisten zu organisieren, da sie »in der Lage seien, für sich selbst zu sorgen«, so zwinge doch die Tatsache, daß einige dieser Instrumentalisten eine eigene Gewerkschaft, die AGMA, gegründet hätten, die AFM dazu, alle diese Musiker zum Austritt aus der AGMA und zum Eintritt in die AFM aufzufordern.

Weiterhin teilte Petrillo der AGMA mit, er habe alle Rundfunksender, Filmstudios, Sinfonieorchester und Vorverkaufsstellen warnend darauf hingewiesen, daß »diese Leute (AGMA-Mitglieder) von der AFM nicht anerkannt werden« und daß es »Mitgliedern der AFM nicht gestattet ist, ihnen bei irgendeinem Auftritt Dienste zu leisten, es sei denn, sie träten der AFM bis zum Labor Day 1940 bei«.

Der Fehdehandschuh war geworfen, und als der Rechtsstreit zwischen AFM und AGMA den Obersten Gerichtshof erreicht hatte, siegte die AFM. Petrillo stellte ein Ultimatum, in dem er alle Instrumentalisten aufforderte, bis zum 1. März 1941 seiner Gewerkschaft beizutreten.

Yehudi war ebensowenig daran interessiert, in die AFM einzutreten, wie er es bei der AGMA gewesen war; er betrachtete sich immer noch als unabhängigen Musiker. Ich möchte unbedingt klarstellen, daß Petrillo niemals versucht hat, auch nur einen einzigen von Yehudis Auftritten in Amerika zu verhindern, um ihn dadurch zum Eintritt in seine AFM zu bewegen. Stattdessen führte er geduldig lange, respektvolle Diskussionen per Brief oder Telefon und mehrmals auch bei persönlichen Treffen. Das ging über ein Jahr so. Yehudi erinnerte Petrillo an seine eigenen Worte: »Die AFM hat sich von Anfang an nicht mit Konzertkünstlern befaßt – und das mit Recht.«

Yehudi spielte weiterhin mit amerikanischen Sinfonieorchestern, ohne in die AFM einzutreten; der 1. März 1941, Stichtag für den Eintritt in die AFM, war vergangen, und Petrillo unternahm nichts gegen ihn. Aber der Druck auf Petrillo nahm zu, vor allem weil praktisch alle Solisten, Heifetz eingeschlossen, der AFM beigetreten waren. Dieser Druck sollte seinen Höhepunkt im März 1942 erreichen, als Yehudi für einen Auftritt mit dem Boston Symphony Orchestra verpflichtet war, dessen Mitglieder nicht in der AFM waren. Petrillo zog einen Aufruf an die Gewerkschaften der Bühnenarbeiter und Elektriker in Betracht, ihre Mitglieder zum Streik gegen das »Schwarzarbeiter«-Orchester aufzurufen. Aus eigenem Antrieb machte ich mich auf nach dem Hotel Waldorf Astoria, wo Petrillo wohnte, um mit ihm zu reden. In dem Bericht, den ich Yehudi noch am gleichen Tag schrieb, hielt ich wortwörtlich fest, was Petrillo mir gesagt hatte:

»Sie wissen, lieber Mr. Menuhin, ich mag Ihren Sohn gern. Er ist ein Gentleman, ein liebenswerter, prächtiger Bursche. Er lebt sein eigenes Leben, kümmert sich um seine eigenen Angelegenheiten, macht keine Winkelzüge, arbeitet hart und lebt und läßt andere leben. Er hatte und hat Recht mit seinen Grundsätzen und seiner Einstellung. Habe ich nicht den kindischen Solisten gesagt, daß ich sie nicht haben wollte? Solange sie mir nicht meine Jungen wegnehmen – Lohnempfänger, ob Instrumentalisten oder Dirigenten –, wäre ich glücklich, wenn ich, wie bisher, auch die nächsten fünfzig Jahre ohne sie leben könnte. Nun denn; dieser*** (ein grobes Eigenschaftswort) Tibbett und dieser*** (ein noch gröberes Eigenschaftswort) Heifetz wollten mich unbedingt bekämpfen. Das hat uns 50000 Dollar gekostet. Dann mußten wir noch einmal von vorn anfangen ... Nun, lieber Mr. Menuhin, wir haben sie alle bekommen, jeden einzelnen dieser*** (grobe Eigenschaftswörter) Konzertsolisten.

Ich war unerhört geduldig mit Ihrem Sohn. Ich bin es immer noch. Ich mag ihn gern. Aber die Burschen in der Gewerkschaft und die Konzertkünstler, die unserer Gewerkschaft beigetreten sind, wollen unbedingt, daß ich mich durchsetze bei Ihrem Sohn und Gewalt anwende. Nein, ich werde es nicht tun, aber es gibt zwei Möglichkeiten, die Angelegenheit so in Ordnung zu bringen, daß wir Ihren Sohn in Ruhe lassen können. Entweder verleihen wir ihm die Ehrenmitgliedschaft (o, wie gern täte ich das, aber es würde nur zu Eifersuchtsszenen führen und zu Beschuldigungen, ich würde Ihren Sohn dafür belohnen, daß er nicht freiwillig eingetreten ist) oder (die zweite Möglichkeit ist die beste, und ich flehe Sie an, mir diesen Gefallen zu tun) Sie lassen Ihren Sohn diese Karte unterschreiben und ersparen es uns, gegen ihn vorzugehen. Sollte Ihr Sohn finden, wir behandelten ihn schlecht, kann er unter Protest austreten. Ich habe seine Laufbahn, seine Freundlichkeit stets verfolgt. Ich schätze und ehre ihn. Ich werde ihn so gut behandeln, wie er es verdient. Tun Sie mir nur den Gefallen und lassen Sie ihn unsere Mitgliedskarte unterschreiben.«

Ich versprach Petrillo, Yehudi seine Worte zu übermitteln. Dann erklärte ich ihm, daß die ausgezeichnete Pittsburgher Konzertmanagerin Miss May Beegle, die den von ihr gebuchten Solisten und Orchestern stets Garantie leistete, ruiniert würde, wenn er die Bühnenarbeiter und Elektriker dazu aufriefe, das Konzert des Boston Symphony Orchestra zu bestreiken. Darunter würde auch die Sache der guten Musik in dieser Stadt leiden. Ich bat ihn, Miss Beegle dieses eine Konzert mit dem Boston Symphony Orchestra zu erlauben und rechtzeitig vorher Bescheid zu sagen, wenn er sich bei künftigen Gelegenheiten für Streik entscheide. Petrillo sagte den geplanten Streik in Pittsburgh sofort telefonisch ab. Dann wandte er sich zu mir und sagte: »Sie sehen, Mr. Menuhin, daß wir menschlich und anständig sind und nicht so wie diese Bande, die Ihrem Sohn in Los Angeles so übel mitgespielt hat.«

Bald darauf schrieb mir Petrillo, daß er sich erst ganz am Ende seines Kampfes mit der AGMA gestattet habe, Yehudi um seinen Beitritt in die AFM zu ersuchen; er bat mich um Verständnis für seine Lage. Am 29. Mai 1942 trat Yehudi in die Ortsgruppe von San Francisco, die Nr. 6 der American Federation of Musicians, ein und ist bis heute darin geblieben.[103]

Und nun zurück zur Tournee von 1938/39: Nola begleitete uns auf dem Weg nach Osten. Die Zeit, die wir in den kleineren Städten verbringen mußten, war für sie nicht sehr vergnüglich, aber bald waren wir in New York mit seinen Theatern und seinem gesellschaftlichen Leben. Das gefiel ihr. Sie war in ihrem Element. Zuerst wohnten die beiden in einer Suite im Savoy Plaza und später in einem Appartement im Hampshire House.

Anfang 1939 reisten wir zusammen mit Yehudis holländischem Begleiter Hendrich Endt auf der »Queen Mary« nach England. Absichtlich setzte ich mich mit Endt an einen anderen Tisch im Speisesaal. Bevor wir Southampton erreichten, schrieb ich Nola ein Briefchen, in dem ich ihr mitteilte, daß wir in London in getrennten Hotels wohnen würden. Ich fügte hinzu:

»Vergiß nicht einen einzigen Augenblick, nicht einen einzigen Tag, daß Yehudi sich auf einer anstrengenden Konzertreise befindet, die Seelenruhe, Entspannung, Schlaf und Arbeit erfordert. Um gesund zu bleiben, um seine Stellung und seinen Ruf vor dem Angesicht der Welt zu bewahren, um erfolgreich fortzufahren und das Interesse und die Nachfrage der Welt nach seinen Diensten wachzuhalten, darf er seine Zeit und Kraft nicht mit gesellschaftlichen ›Verpflichtungen‹ vergeuden und sich um jeden kümmern, den Ihr kennt oder kanntet. Yehudi hat eine höhere, edlere Verpflichtung gegenüber seinem Schicksal, seiner Kunst, seiner Welt der Musik, der er sich geweiht hat! Zu diesem Zweck müssen wir alle bereit sein, ihm zu dienen, ihn zu schonen und ihn zu behüten.

Erlaube nicht, daß das Telefon, die Türglocke, die Gesellschaft, die Neugierigen Yehudi auch nur eine Minute seiner Zeit, eine Unze seiner Kraft wegnehmen. Wenn Ihr beide (oder Yehudi allein) Euch zur Ruhe begebt, vergiß nicht, das Telefon abschalten zu lasen, und hänge ein ›Bitte nicht stören‹-Schild an Yehudis Tür. Das Nervensystem verlangt das.«

Am Sonntagnachmittag, dem 16. April 1939, gab Yehudi in der Londoner Royal Albert Hall ein Wohltätigkeitskonzert »zugunsten deutscher und österreichischer jüdischer Flüchtlinge, Frauen und Kinder, unschuldiger Opfer der Verfolgung«. Er spielte drei Konzerte mit dem London Philharmonic Orchestra unter der Leitung von Sir Henry Wood. Im Programmheft stand der Satz: »Deutschlands Söhne Bach, Beethoven und Bruch sollen mit ihren Violinkonzerten dazu beitragen, die barbarischen Brutalitäten wieder gutzumachen, die einem unschuldigen, leidenden Volk, dem Sündenbock der Geschichte, zugefügt werden.« Eine riesige Geldsumme kam zusammen für die gute Sache.

In England begann Yehudi, ohne mich in die großen und kleinen Städte der Provinz zu reisen. Das geschah auf meinen

Wunsch, denn ich wollte, daß er seine Unabhängigkeit entwikkelte. Nola begleitete ihn zu ein paar Engagements. Ich blieb in London und genoß meine neue Freiheit. Zum ersten Mal in meinem Leben ging ich Tag für Tag und Abend für Abend in Museen und Theater. Ich unterhielt mich glänzend.

In Holland und Frankreich hielt ich mich ebenfalls fern von Yehudi und Nola. Ich tat meine Arbeit, ging zu den Proben und erledigte meine Korrespondenz. Unmittelbar nach dem letzten Konzert in Paris nahm ich noch vor Yehudi und Nola ein Schiff nach New York und eilte dann nach Los Gatos.

Yehudi und Nola verbrachten den Sommer und Herbst 1939 in Alma. Wir hatten ihnen den dortigen Besitz übergeben, und sie bauten das kleine, kompakte Haus in ein großes, luxuriöses um. Das Grundstück wurde landschaftlich verschönt. Unser treuer Gärtner Lino Nannini hatte bereits hohe Schattenbäume vor dem Haus gepflanzt.[104]

Am Freitag, dem 29. September 1939 schenkte Nola Yehudi in San Francisco ihr erstes Kind, eine Tochter, die sie Zamira nannten. Ich mußte laut lachen, als Yehudi mir von dem Honorar erzählte, das er dem Geburtshelfer gezahlt hatte: »Ich fragte den Doktor, was ich ihm schulde. Er sagte: ›Oh, das überlasse ich Ihnen, Mr. Menuhin!‹

Nun, ich dachte daran, daß meine niedrigste Konzertgage 2000 Dollar beträgt, und so gab ich ihm einen Scheck über 2000 Dollar.«

»Aber Yehudi«, wandte ich ein, »der Doktor kann mühelos fünf Babys pro Tag holen; kannst du fünf Konzerte am Tag geben?«

Im folgenden Jahr, als Yehudi aus Australien die Geburt seines Sohnes Krov meldete, vergaß er nicht zu erwähnen, daß der dortige Geburtshelfer ihm 35 australische Pfund, etwa einhundert Dollar, berechnet hatte!

Zwei Tage nach Zamiras Geburt eröffnete Yehudi seine Konzertsaison 1939/40 im Opernhaus von San Francisco mit einem Solovortrag, den der Musikkritiker Alfred Frankenstein als den schönsten bezeichnete, den er je von Yehudi gehört hatte: »Herrlicher, strahlender Ton, makellose, brillante Technik, kraftvolles musikalisches Können und poetische Raffinesse.« Die Ehe hatte keinen nachteiligen Einfluß auf das Fortkommen unseres Sohnes in seiner erwählten Kunst.

Der Ausbruch des Krieges in Europa Anfang September 1939 verhinderte die geplante Welttournee. Alles, was wir retten konnten, war der australische Teil; dorthin konnte man noch sicher mit amerikanischen Schiffen reisen. Wir begannen, Neuland wie zum Beispiel Lateinamerika ernsthaft in Erwägung zu ziehen.

Bald nachdem die Konzertreise durch die USA beendet war, gingen Yehudi, Nola, Zamira und ihr Kindermädchen, Yehudis Begleiter und Yaltah auf eine Konzertreise nach Australien, die auch ein langes, frohes Wiedersehen mit Hepzibah und Lindsay brachte. Als Yehudi und seine Truppe, zu der inzwischen auch Krov gehörte, nach Los Angeles zurückkehrten, fragte ich ihn rundheraus: »Willst du, daß ich weiterhin mit euch reise, oder kommst du ohne mich zurecht?«

Yehudis Antwort war: »Aba, du reist doch gern, und ich hasse es, in kleinen Städten allein zu sein.« So machte ich mich also wieder mit ihm auf den Weg. Ich schickte Marutha und Yaltah allein nach New York, und Yehudi tat dasselbe mit Nola, den Babys und dem Kindermädchen. Yehudi und ich reisten langsam ostwärts durch die Städte, in denen er Engagements hatte. Auf dieser Reise achtete ich besonders sorgfältig darauf, daß Yehudi allein mit der Presse fertig wurde. Ich hielt mich gänzlich zurück.

Seit Beginn der Saison 1938/39 hatte ich nicht mehr an den jährlich erscheinenden ›Yehudi Menuhin Press Books‹ mitgewirkt. Das entsprach einer Abmachung zwischen Yehudi und Grace Aaronson Salter, einer anmaßenden Werbefrau, die kürzlich unseren treuen amerikanischen Konzertmanager Jack Salter[105] geheiratet und sich bei Nola und Yehudi und sogar bei Marutha eingeschmeichelt hatte. Ich gewöhnte mir an, Mrs. Salter »GAS« zu nennen. Yehudi war fest davon überzeugt, daß er den Salters mit dieser Abmachung zu einem willkommenen Nebenverdienst verhalf; ich schloß mich den Wünschen meines großzügigen Sohnes an. Bald aber wurde ich immer unruhiger über die sonderbaren Zeitungsartikel, die ich von unserem Zeitungsausschnittbüro erhielt. Einige waren richtig widerlich. Es gab Bilder von Yehudi, umgeben von Tauben, Pferden, Schlangen und Kätzchen, und Geschichten, denen zu entnehmen war, er habe eine Taube das Taktschlagen mit den Flügeln gelehrt, oder der Anblick eines Schlangenbeschwörers habe ihn dazu angeregt, Tieren und Vögeln vorzuspielen. Es gab Schlagzeilen wie: »Mutter des Wunderkinds zaubert in der Küche« und »Gemischte Kost für berühmten Violinisten«, und ein Artikel brachte Maruthas angeblich besten Rezepte: »Gebackene Eier in Tomaten« und »Spinat mit Zungenröllchen«, »Apfel-Igel«. So etwas hatte Marutha nie gekocht!

Dann gab es einen »Yehudi-Menuhin-Dekalog: Zehn Gebote für Zuhörer von einem bekannten Violinisten«. Am schlimmsten waren die riesengroßen Plakate mit dem Slogan, den GAS und ihr nachgiebiger Ehemann auf das Titelblatt der neuen ›Yehudi Menuhin Press Books‹ gesetzt hatten: »Gestern ein Wunderkind. Heute ein Genie. Morgen unsterblich.«

In Magidoffs Biographie meines Sohnes wird die Erfindung dieser dreisten, überheblichen Slogans mir zugeschrieben. Willa Cather soll Yehudi gescholten haben, weil er seinem Vater eine so unwürdige Sprache erlaubt habe, worauf dieser geantwortet haben soll: »Lieber lasse ich mich von der ganzen Welt auslachen, als daß ich meines Vaters Gefühle verletze.«

In Wirklichkeit hatte ich nichts zu tun mit der Vorbereitung und Veröffentlichung dieses Werbematerials. Ich hatte Willa Cather gesagt, wie ordinär ich es fand. Wenn Yehudi annahm, ich sei dafür verantwortlich, dann war er vielleicht zu beschäftigt, um sich zu überlegen, wer dahinter steckte, und hatte vergessen, daß GAS im Büro ihres Mannes allein verantwortlich war für seine Publicity. Sie hatte aus Freiheit Willkür gemacht und weder mir noch Yehudi ihre Pläne und Schöpfungen zur Begutachtung vorgelegt.

Eines Tages im November 1940 ging ich in Jack Salters Büro in New York und verlangte alle neuen Pressebücher zu sehen. Ich war entsetzt. Ich wies Jack darauf hin, daß es zwischen ihm und mir zum Bruch kommen würde, wenn es so weiterginge. Etwa zur gleichen Zeit löste sich die Partnerschaft zwischen Evans und Salter, die eine der besten und angesehensten Amerikas gewesen war, auf, vielleicht auf Betreiben von GAS. Yehudi »gehörte« nun der Firma Jack Salter Artists Management, Inc., einer Abteilung von Columbia Concerts, Inc.

Im Dezember 1940 war ich mit Yehudi wegen eines Konzertabends in Toledo, Ohio. Früh an jenem Nachmittag, als wir durch die Felder vor der Stadt wanderten, sagte Yehudi ganz plötzlich: »Aba, würdest du deine wunderbare Arbeit als mein Agent zu Hause und in New York fortsetzen, aber von nun an nicht mehr mit mir reisen?«

»Selbstverständlich, Yehudi!« antwortete ich. »Ich werde alles tun, was du willst.« Ich wollte ihn nicht drängen, mir seine Gründe zu nennen. Das hätte seiner Konzentration auf die Musik des Abends geschadet. Wir hatten beide Tränen in den Augen.

In New York, wo Yehudi, Nola und die Babys im luxuriösen Hampshire House wohnten, Marutha und ich im bescheidenen Hotel Salisbury, herrschte Feiertagsstimmung. Es war Weihnachten. Trotzdem mußte ich mit Yehudi einige dringende Geschäftsangelegenheiten wegen der Südamerikatournee und ein paar Jahresabrechnungen unserer Manager besprechen. Weder er noch ich bemerkten, daß Nola sich in unserer Nähe aufhielt und unserem Gespräch lauschte. Plötzlich platzte sie heraus: »Yehudi, was hat Aba mit deinem Geschäft, mit deinem Geld zu tun?«

Yehudi erklärte ihr, daß ich für meinen Anteil arbeitete und wichtige Dienste für seine Laufbahn leistete, aber nun verstand ich endlich seine unerwartete, sonderbare Bitte in Toledo.

Als Yehudi sich wieder auf den Weg machte, allein, schrieb ich ihm ein paar Dinge auf, die er nicht vergessen durfte und die ich stets für ihn erledigt hatte – praktische Angelegenheiten, wie zum Beispiel die Aufbewahrung von Rechnungen und Schecks für die Einkommenssteuer und Ratschläge für den Umgang mit den Ansprüchen der Gesellschaft.

Als die Südamerikatournee herangekommen war, hatte Yehudi seine Meinung geändert. Er bat mich und nicht die Salters, ihn zu begleiten. Dann, im Februar 1941, gab er GAS den Laufpaß, und wir ließen all ihre Pressebücher vernichten.

Die Tournee durch Südamerika – Brasilien, Uruguay und Argentinien – war wunderbar, abgesehen davon, daß Marutha uns fehlte. Sie wäre gern mitgekommen, aber Yaltah erlebte gerade eine Liebesgeschichte und wollte trotz unserer dringenden Bitten nicht fort. Um bei ihr zu bleiben, verzichtete Marutha in letzter Minute auf die Reise, so daß ich allein mit Yehudi, Nola und unserem Klavierbegleiter abfuhr.

Ich stürzte mich mit Leib und Seele in die neue Umgebung. Ich fühlte mich einsam, war jedoch froh darüber, Yehudi wieder richtig nützen zu können beim Aufbau einer soliden Grundlage für zukünftige Südamerikatourneen.

Die Tournee war ein überwältigender Erfolg. Allein in Buenos Aires gab Yehudi zehn ausverkaufte Konzerte hintereinander. Ich sorgte dafür, daß ihm jeglicher Ärger ferngehalten wurde, damit er genug Zeit hatte für die Konzentration auf seine Musik und sich mit Nola entspannen konnte bei Ausfahrten aufs Land und Theaterbesuchen. Es gelang uns sogar, vier klas sische jüdische Theaterstücke anzuschauen; sie wurden von dem berühmten jiddischen Schauspieler Maurice Schwartz und seiner New Yorker Truppe gegeben, die ebenfalls in Südamerika unterwegs waren. Wir legten unsere Konzerte so, daß sie sich nicht mit den jiddischen Aufführungen überschnitten. Sie waren eine Offenbarung für Yehudi, weil er in New York nie Zeit für so etwas gefunden hatte; er war stets zu beschäftigt gewesen. Auch Nola gefielen die jiddischen Stücke sehr. Eines davon war ›Sender Bank‹ von Scholem Aleichem, das Schwartz am 11. Juni 1941 im Teatro Soleil Yehudi zu Ehren gab. Dankbar schrieb Yehudi Schwartz einen Brief, der die Verbundenheit unserer ganzen Familie mit der echten jüdischen Kultur zum Ausdruck brachte:

»Wahrscheinlich können nur Sie völlig verstehen, wie tief meine Bewegung neulich war. Die besonderen und unauflöslichen Bande zwischen der Masse Menschen, die gewöhnlich Juden genannt werden, und mir, sind mir seit langem bewußt, und der Gedanke daran hat mich stets tief bewegt. Aber mit großer Dankbarkeit gegenüber Ihrem Genie gebe ich zu, daß ich zum ersten Mal in die echte Anwesenheit dieses Gefühls versetzt wurde!«

Nach einer unerhört erfolgreichen Tournee kehrten wir nach Los Gatos zurück und verlebten einen herrlich entspannten Sommer daheim. Yehudi, Nola und ihre Kinder genossen das neue Schwimmbad, das ich während unserer Tournee hatte bauen lassen. Sie bekamen es zur Feier ihres dritten Hochzeitstages.

24. Yehudi zieht in den Krieg (1939–1945)

Der Zweite Weltkrieg warf immer finsterere Schatten auf unser Leben. Pearl Harbor machte all unsere Pläne für anderthalb Jahre Pause zunichte. Yehudi stürzte sich in ein aufreibendes Leben voller Konzerte für die Truppen in Europa und auf den Kriegsschauplätzen von Pazifik und Atlantik. Er spielte in Lagern, Lazaretten und Munitionsfabriken. Das ging weit über das Kriegsende hinaus fast pausenlos so weiter. Professionelle Konzerte wurden nebensächlich. Ich zog mich zurück von meinem Posten als Yehudis Manager, Presseagent und Reisebegleiter. Er übernahm die gesamte Leitung seiner professionellen und Kriegskonzerte selbst und zog seine in- und ausländischen Manager zur Durchführung heran. Er hielt mich stets genau auf dem laufenden über seine Pläne, Reisewege, Konzertprogramme, Plattenaufnahmen und natürlich über seine Verträge. Marutha und ich reisten nach New York, um seine dortigen Konzerte zu besuchen.

Ich führte auch weiterhin Geschäftsbesprechungen mit unseren amerikanischen Managern, aber meine Aufgaben beschränkten sich während des Krieges auf Yehudis Gagen, »Bücher« und Steuerangelegenheiten. Er war mir dankbar dafür, aber wenn er irgend etwas für falsch hielt, ließ er es mich in deutlicher Form wissen.

Ich bin wahrscheinlich der einzige Mensch auf der Welt (ich wünschte, es wären mehr!), der Yehudis unverhohlenen Unwillen erfahren hat. Einige seiner Ausbrüche empfand ich als ungerecht, aber sie dienten ihm als Ventil, vielleicht das einzige, das er hatte. Ich war immer tief unglücklich, wenn ich Yehudis Zorn erregt hatte, aber ich war auch stolz darauf, daß er an mir wenigstens einen völlig unparteiischen Freund hatte, auf dessen uneingeschränkte Treue, Ergebenheit und Verständnis er immer zählen konnte und der ihn nie ausnutzen würde, ganz gleich, wie stark die Verstimmung zwischen uns beiden war. Was mich betrifft, so habe ich an meines Sohnes wahrer, tiefer Liebe zu mir und seiner Mutter nie gezweifelt.

In Australien, das sich wie Großbritannien seit September 1939 mit Deutschland im Krieg befand, widmete sich Hepzibah dem Kampf gegen den Faschismus mit Wohltätigkeitskonzerten und Auftritten für Organisationen, die sich für alliierte Soldaten und ihre Familien, Verwundete und Flüchtlinge einsetzten. 1940 unterstützte Yehudi sie dabei.

Auf dem Weg zu einem Engagement in Mexico City überschritt Yehudi gerade die amerikanisch-mexikanische Grenze in El Paso, als die Japaner Pearl Harbor angriffen. Die Musterungskommission von Los Gatos teilte ihn ein in Klasse 3A, das heißt, daß er als Verheirateter mit Kindern vorläufig vom Militärdienst zurückgestellt war, aber er sollte in den nächsten vier Jahren mehr Kriegsschauplätze sehen als mancher Mann in Uniform. Von den 160 Konzerten, die er 1942 gab, waren mehr als hundert Kriegskonzerte. 1943 flog er in einem Royal Air Force-Bomber nach England, um dort für britische und amerikanische Soldaten und für Wohltätigkeitsorganisationen zu spielen. Eines der Wohltätigkeitskonzerte war für das »Freie Frankreich«. Hinterher heftete General de Gaulle Yehudi das Croix de Lorraine an die Brust und versprach ihm, ihn nach der Befreiung von Paris als ersten internationalen Konzertkünstler dorthin einzuladen.

Die Zahl der Kriegskonzerte, die Yehudi gab, verdoppelte und verdreifachte sich jedes Jahr. Im März und April 1944 fanden 64 in Alaska und auf den Aleuten statt. Danach trat er vor Soldaten des Heeres und der Luftwaffe im Zentral-Pazifik auf und anschließend, nach einer kurzen Erholungspause daheim in Alma, in England. Die Befreiung von Paris am 5. August 1944 bot ihm die Gelegenheit, General de Gaulle an sein Versprechen zu erinnern. Das Konzert fand am 7. Oktober 1944 in der Pariser Oper statt, und zwar nachmittags, weil Gas und Elektrizität noch nicht wieder funktionierten. Es begann mit der Marseillaise, gefolgt von Lalos ›Symphonie espagnole‹, dem Violinkonzert von Beethoven und dem von Mendelssohn, das während der Besetzung durch die Nazis nicht gespielt werden durfte, weil der Komponist Jude war.

Fünf Tage später kehrte Yehudi in die Vereinigten Staaten zurück.

Die Fotos in den New Yorker Zeitungen zeigten Yehudi mit seinen Kindern, aber ohne Nola. Niemand weiß, was in den Herzen verheirateter Leute vorgeht, die den äußeren Schein wahren, ihr Herzweh aber für sich behalten. Yehudi ließ nie ein lebendes Wesen an seinem Kummer teilnehmen, ausgenommen seine Schwester Hepzibah. Doch trotz des äußeren Scheins war deutlich zu sehen, daß zwischen Januar und Oktober 1944 hinsichtlich Nolas irgend etwas in Yehudi zerbrochen war. Das war im Januar noch nicht so gewesen. In einem Brief aus Charlotte, North Carolina, hatte er uns begeistert von seinem Familienleben geschrieben: »Im Juni oder Juli wollen wir mit den Kindern hinunter nach Mexiko fahren und uns einmal richtig amüsieren. Wir wollen durch das Land reisen, in Acapulco baden und mit den Leners, Doratis usw. Kammermusik spielen.«

Nach einer Konzertsaison in den Vereinigten Staaten einschließlich eines Auftritts mit dem San Francisco Symphony Orchestra für die Delegierten der Gründungskonferenz der Vereinten Nationen am 28. August 1945 reiste Yehudi wieder nach Europa. Der Krieg war zu Ende, aber es waren immer noch Truppen dort, die unterhalten werden sollten – und die Überlebenden der Konzentrationslager. Nach seinem Auftritt in einem Wohltätigkeitskonzert für sie im Juli 1945 in der Royal Albert Hall in London fuhr er nach Deutschland und spielte Konzerte und Sonaten in Belsen, Dachau, Buchenwald und anderen Konzentrationslagern, wo die kürzlich befreiten überlebenden Gefangenen nun in den Kasernen ihrer SS-Bewacher hausten.

»Es war herzzerreißend«, berichtete er uns später.

Auf Einladung der sowjetischen Organisation für Kulturaustausch machte Yehudi einen kurzen, aber höchst interessanten Abstecher nach Moskau. Die Moskauer Musikliebhaber spendeten ihm stürmischen Beifall. Er wurde gefeiert, reichlich bewirtet und bekam jeden Wunsch erfüllt. Er führte lange Gespräche mit Oistrach und Schostakowitsch und überredete die sowjetischen Behörden, ihn telefonisch mit Georges Enesco in Rumänien zu verbinden. Enesco bat Yehudi, so bald wie möglich nach Bukarest zu kommen und mit ihm eine Reihe Wohltätigkeitskonzerte zu spielen. Selbstverständlich versprach Yehudi es ihm.

Yehudi flog in einem russischen Transportflugzeug von Moskau nach Berlin. Seine Mitreisenden waren eine gemischte Gesellschaft, hauptsächlich Russen. »Sehr bald kam der unvermeidliche Wodka zum Vorschein«, berichtete er. »Ich wurde zu der Party eingeladen. Wir tranken alle aus einer Flasche ... Dann packten wir Räucherfisch und Käse aus. Beim Trinken fingen die Russen an zu singen ... Sie baten mich zu spielen und schoben mir die Violine unters Kinn. Und so spielte ich zum Dröhnen der Motoren, nach reichlich Wodka und mit fettigen Fingern, alle russischen Lieder, die mir einfielen – ›Schwarze Augen‹, ›Wolgaschiffer‹, alles ... Es war ein großartiger Flug.«

Von Berlin kehrte Yehudi nach London zurück und nahm teil an der Entstehung des Films ›The Magic Bow‹, der vom Leben Paganinis handelte. Lange schon hatte ihn J. Arthur Rank von der Firma Gainsborough Pictures bedrängt, am Drehbuch des Films mitzuwirken. Yehudi war sehr an dem Projekt interessiert gewesen, wollte aber seine Truppenkonzerte und Wohltätigkeitsveranstaltungen nicht vernachlässigen. Als das Ende des Krieges in Sicht war, hatte er versprochen, im Herbst 1945 an den Dreharbeiten teilzunehmen, wenn er nicht in die Luftwaffe der Vereinigten Staaten eingezogen würde. Die Hauptrolle des Films spielte Stewart Granger.

Schon im Frühjahr 1945 hatte Yehudi einige Ideen für das Drehbuch geliefert, die sich auf gründliche Beschäftigung mit dem Leben Paganinis stützten, wie zum Beispiel seine stürmische Liebesgeschichte mit der italienischen Sängerin Bianchi und seine Gewohnheit, die Vorstellungen mit einer Nachahmung von Bauernhofgeräuschen zu beenden. Yehudi ließ sich getreulich aufnehmen für den Film. Auch die ›Moses-Fantasie‹ spielte er genauso wie der große Meister, dem bei einem öffentlichen Auftritt drei Saiten gerissen waren, auf einer Saite.

Es dauerte sechs Wochen, bis Yehudi acht sorgfältig ausgearbeitete, insgesamt 45 Minuten dauernde Violinprogramme für ›The Magic Bow‹ aufgenommen hatte. Für die Großaufnahmen seiner Hände trug er die Kostüme Stewart Grangers. Ich schaute mir den Film an, als er nach San Francisco kam. Er gefiel mir sehr.

25. Das Ende einer Ehe (1945–1947)

In London verbrachte Yehudi 1945 viel Zeit mit Diana Gould, einer schönen jungen Ballettänzerin. Ihre Mutter, Lady Harcourt, selbst eine bekannte Musikerin, war befreundet mit einer entfernten Verwandten Maruthas. Yehudi hatte Diana im September 1944 bei einem früheren Londonaufenthalt kennengelernt und sich bald darauf in sie verliebt. Seine Frau Nola und die beiden Kinder Zamira und Krov, sechs und fünf Jahre alt, waren in Australien. Nun, im Spätherbst 1945, beschloß er, dorthin zu fahren. Er sagte seine längst geplante US-Tournee ab und brachte seine Agenten dazu, rasch eine Konzertreise nach Australien für Dezember zu arrangieren. Aus irgendeinem Grund änderte er jedoch seine Meinung, machte alles rückgängig und ließ die Amerikatournee wieder ansagen, auf der er zum ersten Mal als Dirigent auftreten sollte. Nola und die Kinder waren in den Vereinigten Staaten nicht mit dabei, trafen ihn jedoch im April 1946 in London und fuhren im nächsten Monat mit ihm nach Bukarest. Dort gab er mit seinem alten Mentor Georges Enesco sieben Konzerte in zehn Tagen zugunsten des rumänischen Roten Kreuzes, des jüdischen Waisenhauses, der Philharmonie und des Jüdischen Weltkongresses.

Yehudis Amerikatournee 1946 begann im September. Nola und die Kinder begleiteten ihn nach New York, doch als er nach dreimonatigem Umherziehen kurz vor Weihnachten nach Alma kam, fehlten sie. Sie waren in New York geblieben, wo sich auch Miss Gould aufhielt.

Wir waren mit den Vorbereitungen für unsere übliche Weihnachtsparty mit den Kindern beschäftigt. Hepzibah und Lindsay kamen aus Australien mit ihren beiden kleinen Söhnen Kronrad und Marston. Auch Yaltah, ihr zweiter Mann Benjamin Rolfe und ihr Söhnchen Lionel waren unsere Gäste.

Am Heiligabend stieg unser lieber Freund Ezra Shapeero, als Weihnachtsmann verkleidet, mit einem riesigen Sack voller Geschenke vom Dach herab, und das Fest begann.

Inzwischen war Miss Gould an die amerikanische Westküste gekommen. Sie wohnte in der Nähe von Alma bei Freunden, zwei begabten Künstlern und Kunsthandwerkern namens George Dennison und Frank Ingerson. Bei ihnen hatte Yehudi zum ersten Mal von Diana gehört. Yehudi brachte sie mit zu unserer Weihnachtsfeier. Wir fanden sie bezaubernd, klug und zielstrebig. Wir wußten noch nicht genau, was gespielt wurde, und da sich auch Nolas Bruder bei uns aufhielt, war die Lage ziemlich heikel.

Kurz nach den Ferien brach Yehudi auf nach einem geheimen Zufluchtsort in Florida, wo er und Hepzibah sich auf eine gemeinsame Konzertreise durch Europa vorbereiten wollten. Lindsay, der mit ihm zusammen aufbrach, trennte sich irgendwo unterwegs von ihm, um nach New York zu fahren und mit Nola zu reden. Hepzibah und ihre Söhne blieben noch etwa eine Woche bei uns, bevor sie sich mit Yehudi in Florida treffen wollten. Da kam Lindsay zurück aus New York von seinen Gesprächen mit Nola. Es mußte ihm gelungen sein, sie davon zu überzeugen, daß sie Yehudi an Diana verloren hatte. Diana eilte nach Florida, ebenso wie Yaltah und ihr Sohn Lionel, während Lindsay »Kron« und »Marsty« mit sich zurück nach Australien nahm.

Nach der gespannten Atmosphäre des weihnachtlichen Familientreffens, im Ungewissen darüber, was wirklich los war, fühlten Marutha und ich uns tief unglücklich über die Unruhe im Leben unseres Sohnes. Wir machten eine kurze Reise nach Mexiko, um unsere innere Spannung zu lösen.

Im folgenden Jahr erfreuten wir uns an den wundervollen Berichten, die uns aus Europa über Yehudis und Hepzibahs Auftritte erreichten – und mußten die bitteren Kritiken und Drohungen einiger jüdischer Mitbürger über uns ergehen lassen, weil Yehudi vor deutschem Publikum aufgetreten war. Es wurde ein Boykott organisiert gegen ein Konzert in einem Lager für Displaced Persons, in dem er zuvor herzlichen Beifall empfangen hatte. In Berlin gab er Konzerte mit Furtwängler und den Berliner Philharmonikern, die unter der Schirmherrschaft des Berliner Oberrabbiners zugunsten der übriggebliebenen jüdischen Gemeinde veranstaltet wurden. Yehudi und Furtwängler hatten sich endlich in jenem Sommer bei den Luzerner Musikfestwochen kennengelernt. Sie machten eine Schallplattenaufnahme des Beethoven-Konzerts mit dem Luzerner Festspiel-Sinfonieorchester. Damals hatten die Alliierten Furtwängler bereits offiziell und restlos von der Anklage freigesprochen, die Nationalsozialisten unterstützt und mit ihnen zusammengearbeitet zu haben.

Diana war mit Yehudi in Berlin. Am 19. Oktober, ein paar Tage, nachdem die Scheidung von Nola ausgesprochen war, heirateten sie.

26. Die Affäre Furtwängler (1945–1954)

Bei seinem Berlinbesuch im Jahre 1945 benutzte Yehudi die Gelegenheit, sich bei deutschen Musikern nach Wilhelm Furtwängler zu erkundigen, dem berühmten Dirigenten und Orchesterleiter, der sich 1933 so verzweifelt darum bemüht hatte, daß Yehudi sein Engagement mit den Berliner Philharmonikern erfüllte. Die alliierten Besatzungsbehörden hatten Furtwängler verboten, die Leitung der Berliner Philharmoniker wieder aufzunehmen oder irgendeine andere Stellung in der deutschen Musikwelt anzutreten, da er beschuldigt wurde, mit den Nationalsozialisten zusammengearbeitet zu haben.

Alles, was Yehudi von seinen deutschen Freunden, darunter auch jüdischen Musikern, erfahren, und alles, was ich Artikeln über Furtwängler in Zeitungen und Musikzeitschriften seit 1933 entnommen hatte, überzeugte uns davon, daß der Bann, den die Alliierten über diesen großen deutschen Dirigenten gesprochen hatten, nicht gerechtfertigt war. Unser Glaube an ihn wurde später durch weitere Beweise gestützt, die ich dank eines Briefwechsels mit Dr. Daniel Gillis erhielt, dem amerikanischen Gelehrten, der sich jahrelang eingehend mit Furtwänglers Leben beschäftigt und dem Frau Furtwängler Einsicht in seine Korrespondenz gewährt hatte.[106]

Wilhelm Furtwängler war der NSDAP trotz starken Drucks nie beigetreten und hatte die jüdischen Mitglieder seines Orchesters, der Berliner Philharmoniker, so lange behalten, wie er konnte. Ein Jahr nach seinem vergeblichen Versuch, Yehudi zur Erfüllung seines Engagements für die Saison 1933 zu bewegen, bot er der nationalsozialistischen Regierung die Stirn, indem er Paul Hindemiths Oper ›Mathis der Maler‹ ins Programm der Berliner Staatsoper, deren Direktor er ebenfalls war, aufnahm. Hindemith war von den Nationalsozialisten wegen seiner Verbindung zu Juden, seiner Mitgliedschaft in einer internationalen Organisation atonaler Komponisten und einer Parodie auf einen dem Herzen der Nationalsozialisten teuren bayerischen Militärmarsch auf die Boykottliste der Reichskulturkammer gesetzt worden.

Hermann Göring, preußischer Ministerpräsident und Reichsluftfahrtminister, befahl die Absetzung von ›Mathis der Maler‹ und richtete mit Zustimmung von Joseph Goebbels, Reichsminister für Volksaufklärung und Propaganda, und Alfred Rosenberg, Leiter des Außenpolitischen Amtes der NSDAP, im ›Völkischen Beobachter‹ und anderen Parteiblättern einen Strom von Angriffen gegen Furtwängler.[107] Als Antwort darauf schrieb Furtwängler einen Artikel in der ›Deutschen Allgemeinen Zeitung‹, in dem er Hindemith und sein Werk verteidigte, und gab bekannt, daß er von allen offiziellen Ämtern zurücktreten würde, wenn die Angriffe weitergingen. Sie gingen weiter. Zu den ersten zählte eine von Goebbels unterzeichnete Antwort auf Furtwänglers Artikel. Furtwängler führte seine Drohung aus. Von nun an dirigierte er die Berliner Philharmoniker nur noch als Privatmann und verpflichtete das Orchester persönlich für jeden Auftritt.

Zwei Jahre später weigerte er sich bei einem Treffen mit Hitler, seinen Namen und sein Talent für Propagandazwecke herzugeben. Wütend über die Abfuhr drohte der Diktator, Furtwängler ins Konzentrationslager zu schicken. Kühl gab Furtwängler zur Antwort: »In diesem Fall, Herr Reichskanzler, werde ich in guter Gesellschaft sein.«[108]

Irgendwie, wahrscheinlich wegen seines hervorragenden Rufes in der Musikwelt, überlebte Furtwängler diese und andere Drohungen und tat weiterhin alles, um die Musik in Deutschland von der Politik zu trennen. Im Gegensatz zu anderen Musikern hob er auf dem Podium nie den Arm zum Hitlergruß. Er weigerte sich auch, die Berliner Philharmoniker auf Reisen in besetzte Länder zu begleiten, weil er den politischen Zielen der Nationalsozialisten nicht dienen wollte.

Denjenigen, die ihn wegen seines Bleibens in Deutschland kritisierten, antwortete er: »Jeder muß das Schicksal tragen, an das er gebunden ist durch eine Zeit, eine Rasse oder eine Nationalität. Ich bin ein Deutscher, auf deutschem Boden geboren. Als Musiker muß ich die Aufgaben dieses Landes erfüllen. Meine künstlerischen Vorfahren waren deutsche Musiker, und ich bebaue einen Boden, der sich seit zwei Jahrhunderten fortwährend als fruchtbar erwiesen hat.«

Furtwängler war nicht abgeneigt, eine Zeitlang einen musikalischen Posten im Ausland anzunehmen, aber er wollte unbedingt in Verbindung mit der deutschen Musikwelt bleiben, indem er dort jedes Jahr Konzerte dirigierte. Als das New York Philharmonic Orchestra Furtwängler 1936 auf Empfehlung Toscaninis einlud, Toscaninis Nachfolge zu übernehmen, unter der Bedingung, daß er zwar in Deutschland dirigieren, aber keine offiziellen Ämter mehr bekleiden dürfe, fiel es ihm nicht schwer anzunehmen.

Seine Berufung erregte einen Proteststurm gewisser jüdischer Kreise in New York, die drohten, das Orchester zu boykottieren, und behaupteten, Furtwängler sei ein Repräsentant des nationalsozialistischen Regimes. Daniel Gillis, Professor am College von Haverford, Pennsylvania, beschrieb mir die Umstände in einem Brief: »Zwei Dinge machten Furtwänglers Lage in New York hoffnungslos: 1. Göring, dessen Projekt die Berliner Staatsoper war, hatte sich zwei Jahre bemüht, Furtwängler dazu zu bewegen, den Direktorposten, von dem er 1934 zurückgetreten war, wieder einzunehmen. Da es ihm nicht gelang, griff Göring zu einer List: Er erklärte öffentlich, Furtwängler habe die Stellung als Direktor der Staatsoper angenommen. Der Beirat des New York Philharmonic Orchestra, mit Recht entsetzt, fragte Furtwängler, der gerade Urlaub in Ägypten machte, ob er richtig gehört habe. Furtwängler antwortete, er sei nicht Direktor des Opernhauses und habe auch nicht vor, es zu werden. 2. Der zweite Grund für den Widerstand gegen Furtwängler in New York war Hitlers Eindringen ins Rheinland, das eine allgemeine antinationalsozialistische Reaktion auslöste. Trotz alldem stand der Beirat fest hinter seinem Kandidaten. Aber Furtwängler selbst erkannte, wie stark die Abneigung in New York gegen ihn war, und trat zurück.«

Ein Jahr später, 1937, fand Toscanini, daß er noch zu jung sei, um das regelmäßige Dirigieren aufzugeben, und so schufen RCA Victor und NBC für ihn das NBC Symphony Orchestra. Er war wieder im Geschäft, und Furtwängler war wieder ein Rivale. Als Toscanini und Furtwängler im August 1937 in Salzburg zusammentrafen, war diese Tatsache nicht zu übersehen. Gillis sagt dazu: »Toscanini beschuldigte Furtwängler, ein Nazi zu sein, denn, wie er sich ausdrückte, ›jeder, der in Deutschland bleibt und dirigiert, ist ein Nazi‹.« Nach dem Krieg weigerte sich Toscanini, nach Salzburg zu kommen, wenn Furtwängler dort sei. Furtwänglers Feinde waren unfähig einzusehen, daß im nationalsozialistischen Deutschland den Menschen unter der mörderischen Diktatur nur noch die Musik geblieben war und daß die Nicht-Nazis Furtwängler als ihr Symbol der Freiheit und Integrität betrachteten – und des Deutschtums im guten Sinne. Furtwängler muß sich unfähig gefühlt haben, diese Deutschen im Stich zu lassen, die ihn nötiger brauchten als je zuvor. Es gab auch noch einen anderen Umstand, den Furtwängler berücksichtigen mußte: Die Nazis hatten gedroht, seine alte Mutter einzusperren, wenn er es wagte auszuwandern.

Trotz der Gefahr für seine Familie und sich selbst benutzte Furtwängler seinen restlichen Einfluß, um anderen, vor allem jüdischen Musikern, zu helfen. Einer davon war der Geiger Carl Flesch, den die Gestapo in Holland verhaftet hatte. Furtwängler richtete es ein, daß Flesch und seine Frau in die Schweiz gehen konnten. Zu den anderen, die er retten half, zählten Robert Henreid, Guido Adler, Issai Dobrowen, Felix Lederer, Victor Zuckerkandel und Mark Hindricks Leuschner.

Als sich der Zweite Weltkrieg seinem Ende näherte, erreichte das Mißtrauen der Nationalsozialisten gegenüber Furtwängler einen kritischen Punkt. Gillis berichtet: »Seit November 1944 war Furtwängler von der Gestapo beschattet worden. Sein letztes Konzert in Berlin fand im Januar 1945 statt ... Reichsminister Albert Speer hatte ihn gewarnt, sein Leben sei in Gefahr. Er riet ihm, von seinen geplanten Konzerten in Wien und Zürich nicht wieder nach Deutschland zurückzukehren ... In Wien besuchte Furtwängler den Schweizer Konsul und berichtete ihm, was er gehört hatte. Aus eigener Machtbefugnis gab ihm der Konsul eine Einreiseerlaubnis in die Schweiz ... Furtwängler verließ Wien um fünf Uhr nachmittags und reiste auf Umwegen in ein Dorf an der Grenze, wo er sich versteckte, bis sein Paß gültig wurde ...

Furtwänglers Sekretärin Agathe von Thiedemann wurde von der Gestapo festgenommen und verhört, aber da Furtwängler ihr nicht gesagt hatte, was er plante, konnten sie nichts aus ihr herausbekommen. Furtwängler überschritt die Grenze ... Das deutsche Außenministerium verlangte seine Auslieferung. Die Schweizer Regierung gewährte ihm Asyl.

1947 erzählte ein ehemaliger Mitarbeiter Speers Furtwängler, Speer habe Furtwänglers Namen auf der Liquidierungsliste gesehen und zwei Telegramme in die Schweiz geschickt, in denen er Furtwängler aufforderte, nicht wieder nach Deutschland zurückzukehren. Die Telegramme haben ihn nie erreicht. In jenen chaotischen letzten Kriegstagen wurden viele bekannte Berliner hingerichtet, und Furtwängler hätte zweifellos dasselbe Schicksal erlebt, wenn er geblieben wäre.«

Als Furtwängler nach dem Krieg versuchte, seine Stellung in der deutschen Musik wieder einzunehmen, stieß er auf den Widerstand politisch gesinnter Generäle der Besatzungsmacht, die zweifelsohne von Furtwänglers Feinden in ihrem Land unter

Druck gesetzt wurden. Er wurde beschuldigt, die Nationalsozialisten unterstützt zu haben. Gillis beschreibt den Leidensweg folgendermaßen: »Drei Kommissionen im März und Juni 1946 und dann der Entnazifizierungsausschuß (obwohl Furtwängler nie in der Partei gewesen war und diese Maßnahme juristisch eigentlich gar nicht in Frage kam) befürworteten, daß Furtwängler die Berliner Philharmoniker dirigierte. Aber die Amerikaner konnten sich nicht entschließen ... Anscheinend hatte es in den amerikanischen Reihen einen Kampf gegeben, den die Freunde Furtwänglers gewonnen hatten. Doch obwohl die Amerikaner reichlich Beweise für Furtwänglers Unschuld und für seinen Mut bei der Rettung vieler Juden hatten, verboten sie ihm noch fast zwei weitere Jahre zu arbeiten ... Die Russen hätten Furtwängler gern die Staatsoper übertragen ... aber er wartete lieber, bis ihn die Alliierten freisprachen, damit er mit seinen Berliner Philharmonikern arbeiten konnte.«

Als Yehudi im Dezember 1945 nach New York zurückkehrte, bewaffnet mit genaueren Informationen aus zuverlässigen deutschen Quellen über Furtwänglers Betätigung während der Nazizeit, gab er eine Pressekonferenz, in der er Furtwänglers Leumund verteidigte. Das versetzte die jiddischen Zeitungen in helle Empörung. Die ›New York Times‹ veröffentlichte eine Erklärung von Ira Hirschman, einem ehemaligen Mitglied des Beirats des New York Philharmonic Orchestra, der 1936 den Feldzug gegen Furtwänglers Ernennung zum Direktor angeführt hatte. Darin sagte er: »Es erscheint unglaublich, daß im gleichen Augenblick, da die Dienstherren Mr. Furtwänglers vor einem internationalen Prozeß wegen Massenschlächterei stehen, irgend jemand einem ihrer Mitverschwörer eine reine Weste bescheinigt ... Das amerikanische Volk wird nicht zulassen, daß unsere Luft verpestet wird von einem Musiker, der den Nazigrößen ergeben diente. Sollte es Bestrebungen geben, den Nazi Furtwängler nach Amerika zu holen, wird er auf wohlorganisierten Widerstand und Opposition stoßen. Das amerikanische Musikleben wird auch ohne Furtwängler gedeihen. Wir sind empört bei dem Gedanken, dieser Nazi könne Amerika überfallen.«[109]

Yehudi reagierte mit einem eigenen Brief an die ›New York Times‹, in dem er darauf hinwies, daß einige jüdische Mitglieder der Berliner Philharmoniker, denen Furtwängler beim Verlassen Deutschlands geholfen hatte, nun im New York Philharmonic Orchestra spielten. Er schrieb: »Zweifellos ist es falsch,

Furtwängler, über den die Meinung geteilt ist, ohne fairen Prozeß zu verdammen. Ich habe nie gesagt, Furtwängler solle in dieses Land kommen ... Aber es sollte ihm gestattet sein, seinem eigenen Land zu dienen, deutsche Orchester zu dirigieren und Deutschen die beste Musik zu geben.«

Yehudi wußte, daß Furtwängler erst dann wieder in Deutschland dirigieren durfte, wenn er offiziell von der Anklage der Zusammenarbeit mit den Nationalsozialisten freigesprochen war. So wandte er sich direkt an die amerikanische Militärregierung in Berlin mit der Bitte, ihre Einwände gegen Furtwänglers Wiedereinsetzung als Direktor der Berliner Philharmoniker fallenzulassen. Als Furtwängler endlich entlastet war und seinen alten Posten wieder eingenommen hatte, wurde Yehudi eingeladen, bei seinen Eröffnungskonzerten in Deutschland zu spielen. Danach wurde Furtwängler auch in Paris, London und anderen europäischen Musikzentren freudig begrüßt.

Ira Hirschman aber ließ sich nicht überzeugen. Dasselbe galt auch für Mordecai Danzis von der jiddischen Zeitung ›Day‹, der schrieb: »Der Ärger mit diesem Violinvirtuosen ist, daß er so einen stolzen jüdischen Namen trägt, aber eine Schwäche hat für die deutschen Kannibalen ... Menuhin spielte eine große Rolle bei der Ehrenrettung und Entlastung Furtwänglers. Wenn Furtwängler heute wieder dirigiert, dann hat er Yehudi Menuhin viel zu danken, dem jüdischen Fiedler, der im Land Israel geboren wurde[110] und dessen Vater zu prahlen pflegte (bevor er sich in die Ränge der Nichtjuden katzbuckelte), daß er ein Absolvent des Herzlia-Gymnasiums in Tel Aviv sei ... Unser Yehudi ging nach Deutschland, um für unsere Feinde zu fiedeln ... Seine Konzerte dienten allen möglichen Wohltätigkeitszwecken – zum Beispiel der Beschaffung von Geld zum Ankauf von Musikinstrumenten für deutsche Musiker.[111] ...) Die meisten Besucher dieser Konzerte waren gestern noch Nazis, die direkt oder indirekt mithalfen, Millionen von Juden zu ermorden, und die bei der nächsten Gelegenheit dieselben schrecklichen Bestialitäten wieder tun würden, denn es gibt keine anderen Deutschen.«

Obwohl solche Geschichten in jiddischen Zeitungen in New York, Montreal, Buenos Aires und Johannesburg erschienen, sprachen sich inzwischen immer mehr bekannte Persönlichkeiten für Furtwängler aus: Albert Schweitzer, Pablo Casals, Ernest Ansermet, Bruno Walter, Pierre Monteux, Charles Munch, Otto Klemperer, Fritz Kreisler, Joseph Szigeti, Erica Morini,

Leopold Stokowski, Leo Blech, Nadia Boulanger, Sir Thomas Beecham, Sir Adrian Boult, Edwin Fischer, Dimitri Mitropoulos, Max Reinhardt, Paul Hindemith, Arthur Honegger, Hugo Kohlberg (der jüdische Konzertmeister der Berliner Philharmoniker), Fritz Sedlach (der jüdische Konzertmeister der Wiener Philharmoniker), Myra Hess, Neville Cardus und Claudia Cassidy.

Die alten Anklagen gegen Furtwängler wurden jedoch wieder ausgegraben, als das Chicago Symphony Orchestra Ende 1948 bekanntgab, es werde ihn für einen Teil der Saison 1949/50 engagieren. Lily Pons, ihr damaliger Mann André Kostelanetz, Isaac Stern, Wladimir Horowitz und Arthur Rubinstein erklärten öffentlich, sie würden das Orchester boykottieren, wenn es Furtwänglers Berufung nicht rückgängig machte. Yehudi trat dem entgegen, indem er seinerseits mit Boykott drohte, wenn das Orchester nachgäbe. Die Wogen glätteten sich, als Furtwängler freiwillig zurücktrat, um dem Orchester »weitere Ungelegenheiten zu ersparen«.

In einer Erklärung zur Lage wies Edward L. Ryerson, Präsident der Chicago Orchestral Association, darauf hin, daß Rudolf Pechel, Chefredakteur der ›Deutschen Rundschau‹ und einer der Führer des deutschen Widerstands gegen den Nationalsozialismus, erklärt habe, Wilhelm Furtwängler sei der einzige deutsche Musiker, den er zu den seinen zähle.

Obwohl es später nochmals Pläne gab, Furtwängler in die Vereinigten Staaten zu holen, wurde bis zu seinem Tode am 30. November 1954 keiner in die Tat umgesetzt.

Albert Schweitzer sagte dazu: »Er verließ die Welt nach einem großartig erfüllten Lebenswerk. Gemeinsam mit anderen erinnern wir uns der kostbaren Stunden, in denen er uns herrliche Musik gab. Wir bleiben ihm in Dankbarkeit verbunden. Und wir, die wir das Vorrecht hatten, ihn zu kennen, behalten ihn nicht nur als großen Künstler im Gedächtnis, sondern auch als teuren, edlen Menschen. In einer Zeit der Unterwürfigkeit blieb er ungebeugt und ertrug Verfolgung mit Würde und Mut. Auch als Mensch hatte er große Bedeutung für seine Zeit. Wir danken ihm auch dafür, daß er sich selber treu blieb.«[112]

27. Familie und Freunde in der Fremde (1950–1955)

Abgesehen von gelegentlichen Treffen hielten Marutha und ich uns über das Leben unserer Kinder, das sie weit auseinander geführt hatte, durch Briefe und Presseberichte über ihre Konzerte auf dem laufenden. Ihre musikalischen Karrieren führten sie jedoch von Zeit zu Zeit zusammen.

Die Angriffe der New Yorker jiddischen Zeitungen auf Yehudi hatten die Juden in Israel gegen ihn aufgehetzt. Als im Jahre 1950 bekannt wurde, daß er das Land besuchen wollte, entbrannte ein nationaler Streit darüber, ob er willkommen geheißen oder boykottiert werden sollte. Befürchtungen wurden laut, Fanatiker könnten den Vortragssaal in Tel Aviv, in dem die Eröffnungsvorstellung seiner Tournee stattfinden sollte, in die Luft sprengen.

Im Jahre 1940, acht Jahre vor der Gründung des Staates Israel, hatte Yehudi in der Carnegie Hall ein Sonderkonzert zugunsten des Jerusalemer Konservatoriums gegeben. Dem waren zahlreiche Wohltätigkeitsveranstaltungen überall auf der Welt für kulturelle und wirtschaftliche Zwecke in Israel gefolgt. Von Kindheit an hatte er mich begeistert über die Pioniere im alten Palästina reden gehört, über die Idealisten, die dorthin zogen, um ihre Seelen durch eine neue Art von Gemeinschaftsleben zu erlösen. Jetzt wollte er mit eigenen Augen sehen, wie die Juden dort lebten und arbeiteten.

Nach einem Essen, das der Londoner Anglo-Israeli Club Ende 1949 Yehudi zu Ehren gab, drängte ihn H. L. Austin, ein Mitglied des Parlaments, Israel zu besuchen. Daraufhin erklärte Yehudi, er hoffe, Israel im Mai 1950 zu besuchen. Seine Gefühle für Israel, sagte er, verdanke er seinem Vater.

Im Januar 1950 gab er ein Wohltätigkeitskonzert zugunsten des Joint Palestine Appeal Charitable Trust. Im Februar folgte ein zweites, diesmal für den Jewish National Fund. Beide Veranstaltungen waren ausverkauft. Von England flog er nach Südafrika zu einer großen Tournee. Mehrere seiner Konzerte in Johannesburg waren für die South African Friends of The Israel Orchestra and Habimah Theatre und andere kulturelle oder wohltätige Institutionen in Israel. All dies war völlig normal; Yehudi hatte Ähnliches seit dem Beginn des Zweiten Weltkriegs getan und tut es auch weiterhin.

Bei seinem ersten Auftritt in Israel hätte Yehudi gern mit einem israelischen Orchester gespielt, mußte sich jedoch mit einem Solovortrag zufriedengeben.

Zufällig konnte Hepzibah von Australien herüberkommen und gemeinsam mit ihm auftreten.

Ein amüsanter Zwischenfall ereignete sich in Rom, als Yehudi dort auf dem Weg von Südafrika nach Israel haltmachte. Er hatte abgemacht, dort auf der Zwischenstation ein Konzert zu geben. Die Vorstellung war ausverkauft, und viele wurden abgewiesen, darunter auch der oberste Zollinspektor des Flughafens. Als Yehudi weiterfliegen wollte und durch den Zoll ging, saß der Inspektor selbst am Tisch.

»Was haben Sie in dem Kasten?«

Yehudi erklärte, der Kasten enthalte seine Stradivari. Er mußte ihn öffnen.

»Wer sind Sie?« fragte der Inspektor streng.

»Ich bin Yehudi Menuhin.«

»Das sagen alle Geigenschmuggler«, behauptete der Inspektor.

Yehudi zog seinen Paß hervor, aber der Inspektor sagte kühl: »Diese Leute haben alle gefälschte Dokumente. Wenn Sie wirklich Yehudi Menuhin sind, beweisen Sie es!«

Yehudi nahm die Stradivari heraus und spielte das stets beliebte ›Caprice Viennois‹, das ihm passend erschien für ein Publikum, das mittlerweile aus den übrigen Zollbeamten sowie mehreren hundert entzückten Zuhörern bestand. Der Zollinspektor war immer noch nicht zufrieden.

»Signore, Sie spielen gut, aber nicht gut genug für Yehudi Menuhin. Zufällig ist mir bekannt, daß Menuhin Bach-Sonaten für Violine solo spielt. Lassen Sie uns einmal so etwas hören.«

Yehudi mußte sich fügen. Als er geendet hatte, kamen von allen Seiten begeisterte Bravorufe. Der Inspektor entschuldigte sich wortreich, dankte Yehudi und flüsterte ihm auf dem Weg zum Flugzeug zu: »Caro Signore Menuhin, das war ein abgekartetes Spiel – wegen einer Wette. Es gibt Hunderte von Musikstudenten in Rom, die für Ihr Konzert heute abend keine Karten mehr bekommen haben. Wir vom Zoll sind ebenfalls leer ausgegangen. Da wir wußten, daß Sie heute fliegen würden, haben wir eine kleine Posse inszeniert. Wir sind so froh, daß es geklappt hat! Gott segne Sie! Und, bitte, verzeihen Sie uns!«

Die abgewiesenen Musikstudenten waren unter den Zuhörern gewesen.

Ein paar Tage vor Yehudis Ankunft in Israel berichtete die jiddische New Yorker Tageszeitung ›Forward‹: »Die bevorstehende Ankunft des berühmten Geigers hat eine bitterböse öffentliche Diskussion ausgelöst. Das Thema ist nicht neu: Ist der große Künstler ein Verräter seines Volkes, der deshalb boykottiert werden sollte? Oder sollte man seine ›Sünden‹ vergessen? Oder hat er gar nicht gesündigt?«

In Israel gab es grelle Schlagzeilen: »Menuhin spaltet die Israelis«, »Menuhins Tournee könnte Aufruhr bewirken«, und eine Zeitung berichtete, es werde behauptet, Yehudi habe keine Verbindung mehr zum Judentum. Die israelische Presse verdammte Yehudi jedoch keineswegs einstimmig. Die einflußreiche Tageszeitung ›Ha'aretz‹ brachte einen Leitartikel, der sein Auftreten in Deutschland standhaft verteidigte.

Bei seiner Ankunft in Israel sagte Yehudi auf einer Pressekonferenz: »Ich bin als Jude geboren und bin ein Jude geblieben. Ich komme nach Israel, um mich hier genauso wie anderswo mit den Juden zu identifizieren.«

Am Flughafen und im Hotel erhielten Yehudi und Hepzibah Polizeischutz. Der Saal, in dem die erste Vorstellung stattfinden sollte, wurde schwer bewacht und abgesperrt, und nur wer eine Eintrittskarte hatte, durfte hinein. Am nächsten Morgen brachten viele Zeitungen der Welt den folgenden AP-Bericht: »Gestern abend kam es in Israel beim ersten dortigen Konzert des Violinvirtuosen Yehudi Menuhin, den die israelische Presse wegen seiner Nachkriegsauftritte in Deutschland scharf angegriffen hatte, nicht zu den erwarteten feindseligen Demonstrationen. Stattdessen spendeten 1500 Zuhörer, die pro Kopf 14 Dollar Eintritt bezahlt hatten, dem berühmten jüdischen Geiger und seiner Schwester Hepzibah, der Pianistin, freundlichen Beifall.«

Hepzibah hatte ihren internationalen Ruf als Konzertpianistin bewahrt, obwohl sie mit Lindsay Nicholas, einem mittlerweile wohlhabenden australischen Schaffarmer, verheiratet war und zwei Kinder hatte. Anfang der fünfziger Jahre aber fühlte sie sich aus tiefempfundener Sorge um die Unterdrückten der Erde zu dem in Österreich geborenen sozial engagierten Richard Hauser hingezogen, der sich in London niedergelassen hatte, aber nach Australien übergesiedelt war, um sich dort sozialen Aufgaben zu widmen. Hepzibah trennte sich von Lindsay und heiratete Hauser, um sich wie er den Bedürfnissen der Ärmsten der Armen im Londoner East End zu widmen.

Die beiden teilten die ungünstigen Lebensbedingungen ihrer Schützlinge. Das versetzte uns in große Sorge um Hepzibahs Gesundheit.

Ab 1953 waren wir auch um Georges Enesco besorgt, der in jenem Jahr einen lähmenden Schlaganfall erlitten hatte und in sehr beschränkten Verhältnissen in seiner Wohnung in der Rue de Clichy lebte. Er starb am 4. Mai 1955. Kränze von Regierungen, Organisationen und Bewunderern, darunter auch von Yehudi, bedeckten die Fahrzeuge des Trauerzuges, der sich von der rumänischen orthodoxen Kirche der französischen Hauptstadt nach dem Friedhof bewegte. Antikommunisten rissen einen Kranz der rumänischen Regierung, die Enesco jahrelang vergeblich gebeten hatte, aus dem Exil in die Heimat zurückzukehren, vom Leichenwagen. Es kam zu einer Prügelei, und die Polizei mußte einschreiten. Enescos Witwe, die Prinzessin Cantacuzène, die tief verschleiert vorn auf dem Leichenwagen saß, hielt sich die Augen zu. Als der Bestattungsunternehmer versuchte, den Kranz, oder das, was davon übriggeblieben war, zu reparieren, wurde er ihm weggerissen und zerfetzt.

Als ich das las, fiel mir etwas ein, das Enesco mir geschrieben hatte, als wir nach dem Zweiten Weltkrieg wieder Verbindung aufgenommen hatten: »Ich empfinde nichts als Ekel vor der Politik, vor allem in ihrer heutigen Form. Lang lebe die Musik! Lang lebe die Kunst! Lang lebe der Intellektualismus! Nieder mit den Politikern!«

Mitte der fünfziger Jahre zog Yehudi ganz nach Europa. Er kaufte sich zuerst ein Haus in Gstaad in der Schweiz und dann ein weiteres in London. Er nahm regen Anteil am europäischen Musikleben, vor allem an Festspielen wie denen von Bath und Gstaad, und bildete das Bath Festival Chamber Music Orchestra. Er begann, Bachs Musik unbegleitet in Kathedralen und Kirchen zu spielen und überließ die Einnahmen wohltätigen Zwecken wie dem Wiederaufbau von Kirchen, der National Spastics Society und Christian Action, einer Organisation, die sich im besonderen mit Rassenfragen in Afrika befaßte. Er wurde Präsident der National Trust Concerts Society of England und 1964 Mitglied des Beratungsausschusses des Commonwealth Arts Festival. Er wurde zum Preisrichter des internationalen Musikwettbewerbs der verstorbenen Königin Elisabeth von Belgien in Brüssel berufen. Er gab regelmäßig Sommerkurse an Nadia Boulangers American School in Fontainebleau und unterrichtete auch in Dartington Hall in England. Im Jahre 1964 endlich gründete er seine eigene Schule für musikalisch begabte Kinder aus aller Welt in Stoke d'Abernon südlich von London.

Kurz vor unserer goldenen Hochzeit am 7. August 1964 erhielten Marutha und ich einen Brief von Yehudi, der uns viel Freude machte:

»Liebste Aba und Mammina,

In wenigen Tagen werdet Ihr Euren fünfzigsten Hochzeitstag feiern, und ich habe mir für diesen großen Tag etwas Besonderes ausgedacht ... Gestern ließ ich drei begabte Kinder probespielen, von denen ein achtjähriger Junge alle Anlagen zu haben scheint: Charakter, Beherrschung, Gehör, Gedächtnis, Rhythmus usw. ... Nigel Kennedy ... Ich will ein Stipendium ins Leben rufen mit dem Namen MMM (Moshe-Marutha-Menuhin)-Stipendium ... für das Kind, das es am meisten verdient, in die Schule aufgenommen zu werden ... Ich versuche nur, das weiterzugeben, was Ihr für mich getan habt, deshalb halte ich es für richtig. Ich hoffe, Ihr seid einverstanden.«

An seinem zweiten neuen Wohnsitz Gstaad gründete Yehudi die Yehudi-Menuhin-Musikakademie, in der fortgeschrittene Musikschüler das ganze Jahr hindurch unterrichtet werden. Von diesen Talenten zehrt die Camerata Lysy in Gstaad.

Auch auf anderen Gebieten war Yehudi in seinen neuen Heimatländern tätig. Um nur ein paar zu nennen: Er war Mitbegründer eines Geschäfts für biologische Lebensmittel in London; er wurde Bevollmächtigter einer Lehranstalt für restaurierende Handwerke wie Möbelreparatur, Buchbinderei und Teppichweberei, und er arbeitete mit in einer wahrhaft erstaunlichen Anzahl und Vielfalt von Organisationen, darunter einigen zionistischen.

28. Die Affäre Magidoff (1955)

Im Jahre 1955 kam eine Biographie meines Sohnes Yehudi Menuhin, geschrieben von Robert Magidoff, in den Vereinigten Staaten heraus. Eine britische Ausgabe erschien später, ebenso wie eine Reihe von Übersetzungen in andere Sprachen.

In dem Buch wurden Marutha und ich als schreckliche, tyrannische und dumme Eltern geschildert. Die Liste unserer Fehler und Verbrechen nahm kein Ende. Von Marutha wurde behauptet, sie habe »jede Initiative ihrer Kinder im Keim erstickt«, während ich als eine Art Einfaltspinsel dargestellt wurde, als »Prinzgemahl«, der nicht mehr zu sagen hatte als seine Frau erlaubte, als Fußabtreter, der sich alles gefallen ließ.

Ein Kritiker, der dem Autor des Buches glaubte, daß wir »Yehudi Menuhin fast ruiniert« hätten, schrieb: »Es spricht für Yehudis geistige Größe, daß er es überlebt hat, ohne seine beiden Eltern zu hassen. Die meisten von uns könnten nicht so edel sein.«

Unter den Leuten, die zur Rezension des Buches aufgefordert wurden, waren jedoch auch einige, die Yehudis Laufbahn viele Jahre verfolgt und alle Mitglieder unserer Familie gründlich kennengelernt hatten. Zu diesen gehörte Alexander Fried, der Musikredakteur des ›San Francisco Examiner‹. Er schrieb: »Wenn Sie schon einmal an einer Drehbuchkonferenz teilgenommen haben, dann haben Sie vielleicht erlebt, daß der Filmproduzent vor seinen Autoren ausruft: ›Der Konflikt! Wo bleibt der Konflikt? Ohne Konflikt ist die ganze Story nichts wert!‹ So ein Hollywoodgedanke muß Robert Magidoff geleitet haben, als er ›Yehudi Menuhin: Der Mensch und der Musiker‹ schrieb. Der große Konflikt, den sich Magidoff (mit Hilfe anderer) für seine Zwecke zusammenphantasiert hat, existiert meiner Meinung nach nicht. Einige von uns ›waren dabei‹, wie man so sagt. Wir haben Yehudis ganze Laufbahn aus unmittelbarer Nähe verfolgt und konnten eine grundlegende Tatsache beobachten: Yehudis Eltern waren ihm ganz und gar keine Last. Er und sein Biograph sollten ihnen vielmehr unendlich dankbar sein, daß sie einen solchen Menschen, eine solche Persönlichkeit aus ihm gemacht haben.«

Yehudi selbst scheint derselben Meinung zu sein. Am 18. September 1956 schrieb er Marutha aus Gstaad: »Eigentlich sind meine heutige Neigung, mein Geschmack und meine Ansichten alle die natürliche Folge Eurer Erziehung. Ich kann fast alles zurückverfolgen bis zu dem Samen, den Ihr so weitsichtig und freudig in meinen frühen Jahren gelegt habt.«

Als Louis Persinger in Magidoffs Buch las, Yehudi hätte Arpeggios und Tonleitern bei Ysaye lernen sollen, weil niemand anders – weder Anker noch Persinger, Enesco oder Busch – diese geheimen Grundlagen kannte oder lehrte, wurde er wütend und schrieb uns, er habe sie sehr wohl mit Yehudi geübt, und zwar sowohl selbständig als auch mit Hilfe »praktisch der gesamten Standardliteratur über Etüden, Capriccios usw. und technischer Bücher jeder Art«.

Außerdem, betonte er, habe er für Yehudi »eine ganze Folge von Tonleitern« geschrieben, damit Yehudi »Terzen in allen Tonarten spielen lernte, einschließlich der melodischen, harmonischen und kleinen Terz, ohne nach jeder Tonart innezuhalten«.

Ich zweifle nicht daran, daß unser Sohn bei Persinger in den Händen eines ausgezeichneten Verwalters der Kenntnisse des großen Meisters Ysaye war. Wir hatten Persinger gewählt, weil er ein treuer Schüler Ysayes gewesen war, als dieser in der Blüte seines Lebens stand. Und ich bin davon überzeugt, daß wir genauso richtig handelten, als wir Enesco und Busch zur Fortsetzung von Yehudis musikalischer Erziehung wählten. Trotzdem wird uns in einem auf der ganzen Welt gelesenen Buch vorgeworfen, wir hätten nicht für die geeigneten Lehrer gesorgt.

Es wird auch behauptet, wir hätten ihm nicht erlaubt, »weltklug« zu werden. Als Beweis für seine Naivität wurde angeführt, er sei »herangewachsen, ohne zu wissen, wer Greta Garbo ist«.

In einem Interview, das Tex McCrary und Jinx Falkenburg für die ›New York Herald Tribune‹ im Mai 1951 mit Yehudi machten, verriet er etwas Interessantes:

»Im Alter von drei Jahren beschloß ich mit dem ganzen Ernst eines erwachsenen Mannes, der ein Ordensgelübde ablegt, Geiger zu werden ... Als ich ein Junge war, hörte ich kein Radio, ging nicht ins Kino und las keine Comics. Nicht, weil meine Eltern glaubten, so etwas würde aus mir einen jugendlichen Verbrecher machen, sondern weil diese Dinge nicht die richtige Atmosphäre schufen, in der sich eine musikalische Persönlichkeit entwickeln konnte ... Meine Eltern, die wußten, wie gern ich ein guter Geiger werden wollte, erkannten, daß ich fast am Rande gefühlsmäßiger Frustration leben mußte, wenn ich ›unter Dampf‹ bleiben sollte. Sie wußten, daß ich mir keine Zerstreuung, kein Ventil leisten durfte, die den Druck senkten. Ich würde eben von Zeit zu Zeit ein Konzert geben und den Dampf dabei ablassen.«

In Magidoffs Buch liest man:

»Die Geschichte Yehudi Menuhins ist eine Geschichte von ungeheurem Erfolg und beinahem Zusammenbruch ... Der Geiger schwankte, eine unvermeidliche Folge der Ansichten seiner Eltern ... Es gereicht Menuhin zu großer Ehre, daß es ihm gelang, ein reifer, aufgeklärter Erwachsener zu werden, denn nur wenige Menschen stehen eine solche hemmungslose Affenliebe schlimmster Sorte durch.

Genau in dem tragischen Augenblick, als der 31jährige Yehudi Menuhin hoffnungslos festsaß im Sumpf einer endlosen Jugend, schickte Gott ihm Miss Diana Gould. Sie zog ihn heraus und machte einen Mann aus ihm.«

Kein Wunder, daß die Literaturzeitschrift ›The Saturday Review‹ kommentierte: »Der Held (Yehudi Menuhin) bleibt drei Viertel des Buches hindurch ein Jüngling.«

Was das innere, persönliche Gleichgewicht zwischen Sohn und Eltern betrifft, so gebe ich mich zufrieden mit einer Erklärung, die Yehudi vor einiger Zeit im australischen Fernsehen machte: »Ich habe wirklich viel Glück gehabt bei der Wahl meiner Eltern.«

Ab 1941 und den ganzen Krieg hindurch betrachtete ich mich immer noch als jung und stark. Ich suchte nach einem Ventil für die überschüssige Energie, die ich, wie ich annahm, besaß. Yehudi war in Anspruch genommen von seinen Konzerten für die Alliierten, und für mich blieb nur noch ein wenig Verwaltungsarbeit übrig. Marutha und ich kauften eine sechs Morgen große Ranch außerhalb von Los Gatos und nannten sie »Rancho Yaltah«. Ich stürzte mich hinein mit dem ganzen Eifer eines Bekehrten und schob alle anderen Pflichten beiseite. Die arme Marutha betrachtete sich langsam als »Ranch-Witwe«. Ich setzte mir in den Kopf, jeder Quadratmeter unserer sechs Morgen müsse Nahrung für uns und für Freunde und Nachbarn hervorbringen. Das sollte mein Beitrag zum Sieg sein. Ich pflanzte junge Obstbäume – Avocado-, Orangen-, Zitronen-, Limonen-, Pfirsich-, Aprikosen- und Nektarinenbäume. Ich baute Artischocken, Kopfsalat, Zwiebeln, Tomaten, Paprikaschoten, Auberginen, Kohl und andere Gemüse an und zog meine Lieblingsblumen, Rittersporn und Transvaal-Maßliebchen.

Ich hatte ein Gewächshaus, in dem ich meine eigenen Sämlinge zog, und Hühnerhäuser mit Junggeflügel und Legehennen. Es gab auch Puten auf der Ranch und eine Ziege, damit Marutha ihren geliebten Ziegenkäse herstellen konnte. Der Boden mußte gedüngt und mit dem eigenen Trecker gepflügt, die Pflanzen gesprüht und der Rasen gemäht werden. Es gab eine Menge zu büffeln über Bodenverhältnisse, Erträge und Pflanzenschutzmittel. Dann standen wir vor der schwierigen Aufgabe, unsere Erzeugnisse loszuwerden. Wir mußten fast darum betteln, daß man uns etwas abnahm.

Ich hatte mein Interesse an den Verhältnissen in Palästina, dem Land meiner Jugend, und an dem, was die Zionisten dort – und in den Vereinigten Staaten – planten, nicht verloren. Vom 6. bis 11. Mai 1942 hatten sich sechshundert Zionisten aus Palästina, Europa und den Vereinigten Staaten im neuen New Yorker Hotel Biltmore getroffen, angeblich, um »das jüdische Problem der Heimatlosigkeit« zu lösen. Ich sage »angeblich«, weil die Zionisten später, als die Vereinigten Staaten und die größeren Mitglieder des Britischen Commonwealth einen Plan zur Wiederansiedlung der jüdischen Überlebenden des Holocaust auf ihren Gebieten entwickelten, Präsident Roosevelt drängten, diesen Plan fallenzulassen.[113]

Ein führender britischer Zionist, der Labour-Politiker und Regierungsminister Richard Crossman, schrieb darüber: »Die Zionisten sind kolossal ... Ihr Hauptziel ist nicht, die Juden lebend aus Europa herauszuholen, sondern sie nach Palästina zu bringen.«[114] Ein anderer Zionist erklärte: »Der Zionismus ist keine Flüchtlingsbewegung, sondern er will den jüdischen Staat für die jüdische Nation im Land Israel wieder aufbauen.«

Chaim Weizmann und David Ben Gurion, führende Mitglieder des Zionistischen Weltkongresses, und Nahum Goldmann, damals in dessen Exekutivausschuß, wohnten der Versammlung in New York bei. Gedrängt von Ben Gurion und Rabbi Abba Hillel Silver aus Cleveland verlangte die Konferenz, der Jewish Agency solle die Kontrolle über die Einwanderung nach Palästina übertragen und das Land in ein jüdisches Commonwealth mit eigener Nationalflagge und eigenem Militär umgewandelt werden.

Moshe Smilansky, ein alter zionistischer Siedler von nüchternerer und liberalerer Gesinnung, beschrieb die Unruhe, in die die sogenannte Biltmore-Deklaration die Juden in Palästina versetzte:

»Eine gewisse absolutistische Atmosphäre hat sich über das Leben in den jüdischen Siedlungen gelegt ... Seit den Tagen des Hotels Biltmore gibt es keine Gedanken- und Redefreiheit mehr. Schriftgelehrte haben sich in Widderhörner verwandelt, die die von oben diktierten Parolen hinausposaunen. Jeder, der wagt, eine eigene Meinung zu haben, wird als Verräter betrachtet ...

Die Aussicht auf den moralischen Fluch, der auf jedem Miniaturstaat liegt, erschreckt mich sogar noch mehr als der wirtschaftliche. Wir sind gottlob noch sehr weit von einem Staat entfernt.«[115]

Albert Einstein, ein Assimilist wie ich, erzählte meinem Freund Dr. Alfred Lilienthal einmal, daß er nie für die Gründung des Staates Israel gewesen sei. Ich hatte das bereits einer Erklärung entnommen, die Einstein abgegeben hatte, als das Gerede von einer Teilung Palästinas in einen jüdischen und einen arabischen Staat aufkam.

Als Reaktion auf das »Biltmore-Programm« schloß sich Moshe Smilansky in Palästina mit Dr. Judah Magnes, Prof. Martin Buber, Prof. Ernest Simon, Dr. S. Shereshevsky, Reb Binyomin und anderen zusammen. Sie riefen die Vereinigung Ichud ins Leben, die sich einsetzt für die »jüdisch-arabische Verständigung in einem binationalen Palästina, beruhend auf der Gleichheit der beiden Völker, und für die Verständigung des binationalen Palästina mit den Nachbarländern.« Ichud nahm seine Arbeit für die »jüdisch-arabische« Annäherung, für Frieden und Brüderlichkeit in Palästina sofort auf.

In den Vereinigten Staaten trafen sich im Juni 1942 in Atlantic City zweiundneunzig Reformrabbiner, die der Woge euphorischer Unterstützung der Zionisten entgegentreten wollten, und gaben ein Manifest heraus, das mit den Worten begann: »Der Tag ist gekommen, an dem wir ›halt!‹ rufen müssen! Die Nötigung des amerikanischen Judentums zu einer jüdischen Flagge, einer jüdischen Armee und einem Staat in Israel sowie einer doppelten Staatsangehörigkeit in Amerika ist mehr, als wir hinnehmen können.« Am 31. August 1943 gründeten sie das American Council for Judaism (ACJ). Ihre Grundsatzerklärung enthielt den Absatz:

»Im Licht unserer weltumspannenden Auslegung der jüdischen Geschichte und des jüdischen Schicksals und zugleich aufgrund unserer Sorge um das Wohlergehen und den Status der in anderen Teilen der Welt lebenden Juden können wir den politischen Nachdruck weder billigen noch unterstützen, der augenblicklich im zionistischen Programm an erster Stelle steht. Wir können daraus nur entnehmen, daß der jüdische Nationalismus danach strebt, unsere Mitmenschen zu verwirren hinsichtlich unserer Stellung und Funktion in der Gesellschaft. Auch lenkt er die Aufmerksamkeit von unserer historischen Rolle, als religiöse Gemeinschaft zu leben, wo immer wir uns aufhalten, ab.«

Die treibenden Kräfte hinter dem ACJ waren Rabbi Dr. Louis Wolsey aus Philadelphia, Rabbi Dr. Morris Lazaron aus Baltimore, Rabbi Dr. Elmer Berger aus Flint, Michigan, und so prominente amerikanische jüdische Laien wie Lessing Rosenwald aus Philadelphia, der erste Präsident des Rates, und Clarence L. Coleman jr. Rabbi Elmer Berger wurde Direktor und Bill Gottlieb, ein ausgezeichneter Autor, Publicitydirektor und außerdem Chefredakteur der gelehrten Zeitschrift ›Issues‹ sowie eines Informationsblattes mit dem Titel ›Brief‹.

Das waren Juden nach meinem Herzen. Ich trat dem ACJ 1945 bei, nahm rege teil an seinen Angelegenheiten und schrieb schließlich auch ein paar Artikel für ›Issues‹.

1947, als Präsident Truman sich überlegte, welche Politik die Vereinigten Staaten in der Frage eines neuen jüdischen Staates in Palästina verfolgen sollten, fragte er führende amerikanische Juden um Rat. Sie waren fast alle überzeugte Zionisten. Dem ACJ wurde nicht gestattet, dem Präsidenten seine Ansichten vorzutragen. Ein Mitglied, das dennoch bis zu Truman vordringen konnte, entpuppte sich als heimlicher Zionist.

Ein ganz anderer Typ auf dem amerikanischen jüdischen Schauplatz – einer, den ich bald sehr bewunderte und unterstützte – war William Zuckerman, der seine eigene antizionistische Zeitschrift, den ›Jewish Newsletter‹, gründete, nachdem er mit dem Zionismus gebrochen hatte. Davor hatte er ihm viele Jahre als Korrespondent der jiddischen Zeitungen ›Daily Forward‹ und ›Morning Journal‹, beide in New York, und des ›Jewish Chronicle‹ in London gedient. Er hatte Chaim Weizmann, den Präsidenten der Zionistischen Organisation, als Pressesekretär begleitet, als dieser eine Rundreise durch die Vereinigten Staaten machte. Fast bis zum Tage seines Todes im Oktober 1961 veröffentlichte der mutige Mr. Zuckerman sein wertvolles Informationsblatt trotz gewaltiger Schwierigkeiten und großem Druck weiter. Leider gab es damals niemanden, der den ›Jewish Newsletter‹ weiterführen konnte.

Professor Morris B. Cohen war eine weitere bedeutende Gestalt in unseren Reihen, denen sich bald Zehntausende amerikanischer Juden anschlossen. Viele mehr waren gleichgesinnt, wagten jedoch nicht, frei heraus zu sprechen, weil sie Vergeltungsmaßnahmen aller Art gegen sich und ihre Familien fürchteten. In seinem Buch ›A Dreamer's Journey‹ drückte Professor Cohen aus, was meiner Meinung nach die meisten liberalen amerikanischen Juden tief im Herzen fühlen, selbst wenn es augenblicklich nur verhältnismäßig wenige zugeben:

»Ich kenne keine religiöse Überzeugung bei den Juden, die es nicht bis zu einem gewissen Grad auch bei anderen Menschen gibt. Juden sind zuerst einmal Menschen und Juden nur zufällig ... Wir sind kein heimatloses Volk. Wir haben geholfen, unsere amerikanische Heimat aufzubauen. Die überwältigende Mehrheit der jüdischen Einwanderer und ihrer Nachkommen in diesem Land hat ihr Leben den Grundregeln der amerikanischen Demokratie verpflichtet, nach denen hier in den Vereinigten Staaten Männer und Frauen unterschiedlichster Herkunft zusammenarbeiten und ihren Beitrag zu einer großen Kultur leisten können ... Die Zionisten lassen im Grunde die

Rassenideologie der Antisemiten gelten, ziehen daraus jedoch andere Schlüsse: Statt der Germanen sind die Juden die reinere und überlegenere Rasse.«

Inzwischen war Rabbi Elmer Berger so stark beschäftigt mit Vorlesungen und Schriften für das American Council for Judaism, daß er seinen Posten als Sekretär an Leonard Sussman, einen weiteren hervorragenden Juden, abtreten mußte und Vizepräsident wurde. Seine Bücher ›The Jewish Dilemma‹, ›A Partisan History of Judaism‹, ›Who Knows Better Must Say So‹ und ›Judaism or Jewish Nationalism‹ machten ihn zum geistigen Führer des Antizionismus in Amerika.

Nach fünfundzwanzig Jahren an der Spitze des ACJ sah Rabbi Berger, daß der Druck der Zionisten auf die Leiter der Organisation Wirkung zeigte. Sussman trat 1966 zurück. Nach dem Junikrieg von 1967, der die Kontrolle Israels über arabisches Gebiet so dramatisch erweiterte, erhielten die Mitarbeiter des ACJ Weisung, keine Kritik am Staat Israel und seiner Politik mehr zu üben. Von da an mußte sich das ACJ darauf beschränken, das Judentum in den Vereinigten Staaten zu bewahren. Bei einem Essen, das in San Francisco für Norton Mezvinsky, den neuen Sekretär des ACJ, gegeben wurde, hörte ich ihn sagen: »Die Juden in Palästina haben dieselben Ansprüche wie die Araber.« Für mich war das eine Beschönigung der verbrecherischen Taten des zionistischen Israel – des weiteren Mordens und der Vertreibung unschuldiger Araber. Ich stand auf und protestierte gegen Mezvinskys Äußerung. Mein Judentum erlaubt keine Kompromisse. »Du sollst nicht töten; du sollst nicht stehlen; du sollst nicht begehren.«

Im Vorstand des ACJ lief ein Feldzug für den Ausschluß Elmer Bergers, unterstützt von Lessing Rosenwald, einst einem der stärksten Verteidiger Dr. Bergers. Im Oktober 1968 sollte die jährliche Mitgliederversammlung stattfinden, und Elmers Amt an der Spitze stand auf dem Spiel. Ich beschloß, seine Stellung zu stärken und ihm zu helfen, den Kurs des alten Vorstands zu ändern. Den ganzen Sommer hindurch schickte ich Briefe an alle ACJ-Mitglieder, von denen ich Unterstützung erhoffte, und forderte sie auf, an der Versammlung teilzunehmen – und zu wählen! Mit vielen führte ich lange Telefongespräche. Sie kamen, spendeten Elmer Beifall für seinen Bericht und stimmten gegen die Beschlüsse des alten Vorstands. Aber die Direktoren waren noch nicht geschlagen; sie manövrierten sich zurück auf den neuen Kurs, und ein paar Monate später trat Elmer zurück. Mit ein paar treuen Freunden und Helfern gründete er eine neue Organisation, die American Jewish Alternative to Zionism, Inc. (AJAZ), die das Werk des alten ACJ weiterführte. Sie wurde nicht so bekannt wie das ACJ, zum Teil, weil die Welt, ja sogar die jüdische Gemeinde, kaum etwas von ihr erfuhr. Im ›American Jewish Year Book‹ von 1972, das eine »vollständige Liste aller nationalen jüdischen Organisationen brachte, fehlte die AJAZ, wohingegen das ACJ genannt wurde. Elmer sprach weiterhin bei Veranstaltungen im ganzen Land und besuchte uns, wenn er in unsere Gegend kam. In der Zwischenzeit blieben wir durch häufige Telefongespräche und Briefe in Verbindung.

Ein amerikanischer Jude, der seit 1949 einen eigenen Kampf für die Ideale führt, die wir teilen, ist Dr. Alfred Lilienthal, ein ehemaliger Beamter des Auswärtigen Amts. Er gab seine Laufbahn auf, um die Intrigen aufzudecken, die hinter der Annahme des Plans zur Teilung Palästinas durch die UN im November 1947 und Präsident Trumans sofortige Anerkennung Israels im Mai 1948 standen. Sein Artikel ›Israel's Flag is Not Mine‹ von 1949 in ›Reader's Digest‹ und seine seither erschienenen Bücher sind wahre Wunder an gründlicher Beobachtung und erhellender Dokumentation. Zu ihnen zählen ›What Price Israel‹ (1953), ›There Goes the Middle East‹ (1957), ›The Other Side of the Coin‹ (1965) und ›The Zionist Connection‹ (1978). Seit Jahren gibt er das ausgezeichnete Informationsblatt ›Middle East Perspective‹ heraus.

Alfred und ich wurden gute Freunde. Er gilt als schroff, aber ich weiß, daß er Abbitte tut für Worte, die er in der Hitze des Gefechts gesagt hat und die Leute verletzt haben, die er achtet. Er hätte einmal Anstoß nehmen können an mir, als ich mich in der Fragestunde nach einem Vortrag, den er am San Jose College gab, von meinem Platz unter den Zuhörern erhob.[116] Ein Student schien mit einer Antwort Dr. Lilienthals nicht zufrieden zu sein. Dreist stand ich auf und bat Alfred um die Erlaubnis, die Frage des Studenten beantworten zu dürfen. Als er es mir erlaubte, hielt ich eine wahrscheinlich allzu lange und flammende Rede. Ich erhielt Beifall, aber Marutha, die mit dabei war, schalt mich später wegen meines unfeinen Benehmens.

In Israel selbst erhoben sich weitere Kritiker des Zionismus zu einem ritterlichen Kampf. Viele von ihnen gingen jedoch nach Europa, um ihn von dort weiterzuführen. Von denen, die geblieben sind, gehört meiner Meinung nach Dr. Israel Shahak,

Leiter der Abteilung für organische Chemie an der Hebrew University und Präsident der Israeli League for Human and Civil Rights (Israelische Liga für menschliche und bürgerliche Rechte) an vorderste Stelle. Als Überlebender der Zerstörung des Warschauer Gettos und des Konzentrationslagers Bergen-Belsen ging er Ende des Zweiten Weltkriegs nach Palästina und besuchte meine alte Schule, das Herzlia-Gymnasium, das er als überzeugter Zionist verließ. Der Junikrieg von 1967 veranlaßte ihn jedoch, seine zionistische Überzeugung zu revidieren. Er wandelte sich zum Verteidiger der Rechte der unterdrückten Palästinenser und zum Antizionisten. Er begann auch, regelmäßig Bücher, Schultexte, Artikel und Reden israelischer Zionisten ins Englische zu übersetzen. Er schickt sie an Interessenten im Ausland, die gern wissen möchten, was die Zionisten wirklich vorhaben. Die ausländische Presse hat es stets sorgfältig vermieden, so etwas zu bringen, denn die auf Hebräisch geäußerten oder niedergeschriebenen Gedanken zionistischer Führer, Ideologen und »Erzieher« könnten die Freunde im Ausland verstimmen und möglicherweise veranlassen, ihre finanzielle, politische und militärische Unterstützung Israels einzuschränken. Dr. Shahak hat diesen Kurs offen und tapfer weiter verfolgt – trotz zahlreicher Belästigungen, Drohungen und Versuche, seine Bürgerrechts-Organisation zu zerschlagen. Ich unterstützte seine Bemühungen mit aller Kraft. Ich freute mich, als er eingeladen wurde, vor einem Ausschuß des amerikanischen Kongresses über die Lage in den israelisch besetzten arabischen Gebieten zu sprechen, aber ich bin traurig, wenn ich daran denke, wie wenig Aufmerksamkeit seinen Worten zuteil wurde. Er besuchte mich in Los Gatos. Ich war sehr beeindruckt, und ich halte ihn für den größten lebenden jüdischen Führer. Seine Communiqués und Bücher[117] sind wertvolle Quellen für jeden, der ernsthaft an den Problemen des Nahen Ostens interessiert ist.

Hochachtung empfinde ich auch vor den jungen Israelis, die sich lieber ins Gefängnis sperren lassen als Militärdienst zu leisten, vor Soldaten, die Einsätze in den besetzten arabischen Gebieten verweigern, vor Israelis aller Altersstufen in der ›Peace Now‹ – Bewegung, vor Reservegeneral Peled, der nach Gerechtigkeit für die Palästinenser rief, und vor Nathan Chofshi, einem Israeli, der in William Zuckermans Informationsblatt ›Jewish Newsletter‹ vom Februar 1959 mit den Worten zitiert wurde: »Wir sind gekommen und haben aus den eingeborenen

Arabern elende Flüchtlinge gemacht. Trotzdem wagen wir es, sie zu verleumden und ihren Namen zu beschmutzen. Anstatt uns zu schämen und einen Teil des Schadens wiedergutzumachen, rechtfertigen wir unsere Schandtaten und versuchen sogar, sie zu verherrlichen.«

Genauso fühle auch ich. Leider erreichen solche Erklärungen nur die kleine Minderheit, die Schriften liest wie Bill Zuckermans Informationsblatt (das nicht mehr existiert), Alfred Lilienthals ›Middle East Perspective‹, AMEUs (Americans for Middle East Understanding) ›Link‹, die ausgezeichnete, in London von meinem Freund Michael Adams herausgegebene Zeitschrift ›Middle East International‹ und Eric Rouleaus Artikel in ›Le Monde‹.

Nur selten erhalten diejenigen Juden, welche die wahren menschlichen Werte des Judentums vertreten und sich dem Mißbrauch unseres Glaubens für zionistische politische Zwecke widersetzen, die Möglichkeit, in den Massenmedien Einfluß auf die Öffentlichkeit zu nehmen, wie zum Beispiel mit Kommentaren oder Interviews in Rundfunk und Fernsehen. So gut geschrieben, sorgfältig dokumentiert und objektiv die Bücher, die sie schreiben, auch sind, sie lassen sich schwer veröffentlichen, und wenn sie es schaffen, werden sie kaum jemals in den größeren Zeitungen, Zeitschriften und Literaturjournalen besprochen. Kaum ein Buchladen führt sie oder stellt sie aus im Schaufenster oder auf dem Ladentisch. Ich habe sogar von einem Fall gehört, in dem ein Buchhändler sich weigerte, so ein Buch für einen Kunden zu bestellen. So erging es einem Buch von einem ehemaligen fanatischen Zionisten, dem verstorbenen bekannten Film- und Bühnenautor Ben Hecht, der aufdecken wollte, was er über zionistische Kollaboration mit den Nationalsozialisten in den dreißiger Jahren und im Zweiten Weltkrieg erfahren hatte. Das Buch hieß ›Perfidy‹. Ich freue mich, daß ein junger amerikanischer Jude namens Lenni Brenner ein neues Buch über das gleiche Thema vorbereitet.[118]

1954 erlitt ich einen Herzanfall. Als ich mich erholt hatte, verlangte Marutha kategorisch, daß die Ranch verkauft und das Haus in der Kimble Avenue in Los Gatos, in dem wir heute leben, gekauft wurde. Das war der richtige Zeitpunkt, mit dieser Autobiographie anzufangen. Zuerst aber mußten wir das primitive alte Haus in ein bequemes Heim verwandeln und auf unseren 4000 Quadratmetern Land Obstbäume pflanzen. Als das erledigt war, hatte ich eigentlich vor, mich eine Zeitlang auszuruhen, zu lesen und Schallplatten zu hören. Am 12. November 1955, meinem 62. Geburtstag, lag plötzlich Robert Magidoffs Yehudi-Biographie vor mir. Ich war darüber so entsetzt, daß ich meine Autobiographie keine Minute länger aufschieben wollte. Als Yehudi von meiner Absicht hörte, schickte er mir als Geburtstagsgeschenk eine elektrische Schreibmaschine. Ich gab sie zurück mit den Worten:

»Du hast mir das schönste Geburtstagsgeschenk am Sonntag in Montalvo gemacht, als Du so vollkommen und so vergeistigt spieltest! Das hatte eine heilsame Wirkung. Ich danke Dir von ganzem Herzen!

Die teure neue elektrische Schreibmaschine ist jedoch eine andere Sache. Ich weiß Deinen Leichtsinn und Deine Verschwendung zu würdigen. Die Geste ist lieb ... aber ich kann die Schreibmaschine nicht annehmen. Ich muß sie zurückgeben. Oh, wie gern würde ich Dir sagen, daß dies ein froher Geburtstag ist. Auch wenn es unbescheiden klingt, finde ich, daß Deine Mutter und ich nicht nur einen unbeschwerten Geburtstag verdient haben, sondern auch ein unbeschwertes Alter. Leider fragt man sich, wenn man die Biographie liest, deren Veröffentlichung Du so leichtsinnig zugestimmt hast, was für Bestien Deine Eltern sind. Man fragt sich, wer dafür verantwortlich ist, was Du tief innerlich warst, bist und sein wirst. Waren es nicht Deiner Mutter Milch, wahre Liebe und Zuneigung, die es Dir ermöglichten und in Zukunft ermöglichen werden, alle Schwierigkeiten zu überwinden, durchzuhalten und das Schicksal zu erfüllen, das Dir von Geburt an bevorstand?

Ich weiß, unter welchem Druck Du lebst, und ich bin mir im klaren darüber, daß es für Dich zu spät ist, der Welt mitzuteilen, welch schamloses Zerrbild jede Seite, jeder Absatz von Magidoffs Buch bietet. Welche Verdrehungen, Lügen, Vorurteile, welches Gift und welche Zügellosigkeit des Autors, uns, diese ›Schurken‹, zu verleumden! ... Das sind leider Schmerzen, Enttäuschungen, Quellen der Traurigkeit, die unser Alter für immer überschatten werden.«

Einige Zeit nach Erscheinen des Buches kam Magidoff selbst nach Los Gatos, um uns um Verzeihung zu bitten. Er hatte gemerkt, daß die ihm zugespielten Informationen, aufgrund deren er Marutha und mich am schärfsten kritisiert hatte, irreführend oder falsch gewesen waren. Ich sagte ihm, ich wüßte seinen Besuch zu würdigen, aber der Schaden sei bereits geschehen. Er hätte seine Quellen prüfen müssen. Immerhin hatte er sich bereits als Auslandskorrespondent, Schriftsteller und Dichter ausgezeichnet. Als er mit unserem Fahrer nach dem Bahnhof von San Jose fuhr, wirkte er sehr verzweifelt. Später hörte ich, daß er Professor für Russisch an meiner Alma mater, der Universität von New York, geworden und im Februar 1970 bei einem Aufenthalt in der Schweiz gestorben war.

In den neun Jahren nach dem Erscheinen von Magidoffs Buch schrieb ich Briefe an Zeitungen und ein paar Artikel, darunter einen, ›The Lavon Affair‹, der in ›Issues‹, der Zeitschrift des American Council for Judaism, veröffentlicht wurde, aber die meiste Zeit verbrachte ich damit, dieses Buch zu schreiben und Nachforschungen dafür anzustellen. Bald nachdem ich angefangen hatte, merkte ich, daß ich nicht nur die Geschichte der Menuhins erzählte, sondern auch eine Bestandsaufnahme machte von meinem Leben als Jude und von der neuen Welt, die sich entwickelte. Es dämmerte mir, daß zwei Themen zutage traten, die in zwei getrennten Büchern behandelt werden mußten: zum einen die Geschichte der Familie Menuhin, vorläufig ›Die Menuhins‹ betitelt, zum anderen ein Bericht über die Verdrehung und Ausnutzung des Judentums für politische Zwecke in diesem Jahrhundert. Ich teilte das Manuskript erst, als ich es nach achtjähriger Arbeit beendet hatte. Inzwischen vernachlässigte ich meine Freunde und meinen Garten, der bald nicht mehr das grüne Paradies von einst war.

Nach einer kurzen Atempause, in der ich mir die Zeit nahm, unsere Apfelbäume zur Erzielung einer Rekordernte mit Pflanzenschutzmitteln zu besprühen, machte ich mich an die Aufgabe, mein Manuskript zu teilen und als zwei Bücher neu zu schreiben. Das erste – meine Analyse der Widersprüche zwischen Zionismus und Judentum – erschien 1965 auf meine Kosten bei Exposition Press unter dem Titel ›The Decadence of Judaism in Our Time‹ (Die Dekadenz des Judentums in unserer Zeit). In seiner Besprechung meines Buches räumte die im allgemeinen pro-zionistische Londoner ›Jewish Chronicle‹ ein:

»Moshe Menuhins Eignung zur Aufzeichnung seiner ›geistigen Abenteuer‹ ist bemerkenswert, ja sogar einzigartig. Dieses Buch ist ein unverhohlener, wütender Frontalangriff auf den politischen Zionismus. Kein Leser dieses Buches wird daran zweifeln, daß der Autor es todernst meint. Wir schulden ihm zumindest dafür Dank, daß er Angaben macht, die in Büchern von Zionisten selten enthalten sind.«

Vier Jahre danach wurde das Buch vom Institute of Palestine

Studies in Beirut neu aufgelegt.[119] Es wurde auf den neuesten Stand gebracht mit dem Nachtrag ›Quo Vadis Zionist Israel‹.

Inzwischen hatte ich weitere Artikel geschrieben: ›The Stifling and Smearing of a Dissenter‹, 1966 in ›Issues‹, und zwei Abhandlungen über die Ermordung Folke Bernadottes durch Zionisten, 1968 in ›The Arab World‹; Bernadotte, UN-Beauftragter in Palästina, hatte gegen Ende des Zweiten Weltkriegs Tausende von Juden vor dem Tod in nationalsozialistischen Konzentrationslagern gerettet. Später, in den siebziger Jahren, erlaubte ich der Arabischen Liga, meinen Artikel ›The Stifling and Smearing of a Dissenter‹, dem ich einen neu geschriebenen testamentarischen Essay hinzugefügt hatte, als kleines Buch neu zu drucken. Ich nannte das Buch ›Jewish Critics of Zionism‹.

Ich bin nicht nur von Zionisten, sondern auch von Freunden gescholten worden, weil ich arabischen Zeitschriften wie ›The Arab World‹ und arabischen Institutionen wie der Arabischen Liga, dem Institute for Palestine Studies und der Association of Arab-American University Graduates erlaubte, einige meiner Schriften zu veröffentlichen. Warum sollte ich es den Arabern verbieten? Wenn ich es täte, beugte ich mich einem Vorurteil. Ich habe in jüdischen Zeitschriften veröffentlicht – und würde es mit Freuden öfter tun –, wenn man mich dazu aufforderte. Die Mitarbeiter der arabischen Zeitschriften und Institutionen, die meine Arbeiten herausbrachten, waren Männer und Frauen, die ich wegen ihrer Anständigkeit und Bildung hoch schätze. Ich weigere mich, ihr Angebot eines Forums für meine Meinung nur deshalb abzulehnen, weil sie Araber sind. Oder würde sich einer meiner Leser weigern, für eine Zeitung oder Zeitschrift zu schreiben, weil der Chefredakteur oder Herausgeber Jude ist? Ich will es nicht hoffen.

Wohlmeinende Leute fragten, warum ich mich so offen und so nachdrücklich gegen den Zionismus und gegen Israel gewandt habe, von dem viele – außer mir – meinen, es vertrete die Interessen des jüdischen Volkes, meines Volkes, und garantiere sogar unser Überleben. Die Erklärung ist einfach. Sie liegt in dem, was ich dem jüdischen Leben und den jüdischen Werten habe zustoßen sehen. Sie wurden von einer falschen Doktrin vergiftet, und ich litt Seelenqualen. Der israelische Militarismus, die diskriminierende, repressive Behandlung der arabisch-moslemischen und christlichen Mitbürger, die Expansionspolitik stießen mich ab. Bevor ich ›The Decadence of Judaism in Our Time‹ zu schreiben begann, war ich über Israels expansionistische Kriege von 1948 und 1956 entsetzt gewesen, und meine Ansichten wurden durch das Vorgehen im Sechs-Tage-Krieg von 1967 bestätigt. Israel benahm sich, als wäre es eine Großmacht. Es suchte alle Juden der Welt mit seiner Politik der Alijjah in die eroberten Gebiete zu ziehen. Mit Massenmord und Terrorismus hatte es Hunderttausende unschuldiger Palästinenser aus ihrer Heimat vertrieben und ihnen dann ungeachtet internationaler Abkommen und trotz Versprechungen an die UN beim Beitritt in diese internationale Organisation die Rückkehr verweigert. Dies alles mußte aufgezeigt, die *geistigen* Ansprüche des Zionismus mußten entlarvt werden. Sie waren eine traurige Entartung einer großen prophetischen Religion. Als Jude durfte man nicht schweigen. Schweigen bedeutet Zustimmung.

Dank meinen Schriften, hauptsächlich meinem Buch, und trotz der Schranken, die sie einem breiten Publikum fernhielten, lernte ich einen immer größeren Kreis von Menschen, Juden und Nichtjuden, kennen. Durch meine Verbindungen zu Leuten wie dem in Jerusalem geborenen Professor Walid Khalidi von der Amerikanischen Universität in Beirut, dem Gründer und Leiter des Institute of Palestine Studies, entdeckte ich auch die Welt der arabischen Intellektuellen. Er schickte mir seine großartige Studie ›From Haven to Conquest‹ mit einer persönlichen Widmung, die mir recht unverdient vorkam: »Für Moshe Menuhin, Gewissen des Judentums, Baumeister des zukünftigen Friedens in Palästina zwischen den beiden sich am nächsten stehenden Völkern der Welt. In Bewunderung und Zuneigung, Walid Khalidi, Beirut, 6. Oktober 1971«. Ich war tief gerührt.

Professor Khalidi war nur der erste von vielen arabischen Gelehrten, die mir schrieben. Ihre auffälligsten Eigenschaften sind Selbstlosigkeit, Großzügigkeit und strenge Objektivität. Um sie sich zu bewahren, überwanden sie mit außerordentlicher Selbstdisziplin die Verbitterung über tiefes persönliches Leid: den Verlust von Familie und Besitz in der Heimat und Jahre der Entbehrung.

Es gibt einen weiteren palästinischen Araber, den ich hoch verehre und bewundere: Yassir Arafat. Er ist eine außergewöhnliche Persönlichkeit. Auf wunderbare Weise hat er es verstanden, viele Jahre eine Koalition aus Konservativen, Radikalen, Moslems, Christen, Ungläubigen, Bauern, Arbeitern, Ladenbesitzern, Lehrern, Ärzten, Technikern, Bankiers, Juristen und Grundbesitzern zusammenzuhalten – alles im Namen der nationalen Befreiung.

Ich fühlte mich sehr geehrt, als mir der Briefträger eines Tages einen Brief von diesem großen Palästinenser brachte.

31. Januar 1975

»Lieber Mr. Menuhin!

Ihre Monographie ›Jewish Critics of Zionism‹ habe ich dankend erhalten, gründlich gelesen und genossen. Auch Ihr voriges Buch ›The Decadence of Judaism in Our Time‹ habe ich gelesen und war sehr beeindruckt von der darin bewiesenen Gelehrsamkeit, aber auch von der großen Bedeutung, die es hat als Grundlage für eine logische Lösung einer großen geschichtlichen Tragödie, der Judenverfolgung und des Antisemitismus. Sie können sicher sein, daß das palästinische Volk, das die Last der Sühne für diese historische Ungerechtigkeit tragen muß, aufrichtigen Anteil an Ihren Gedanken nimmt und sie zu würdigen weiß.

Ich stimme zutiefst überein mit Ihnen und den vielen anderen jüdischen Dissidenten, die ihre Stimme mutig erheben, um die Anhänger des jüdischen Glaubens vor den Fallstricken des Zionismus zu bewahren. Der hohe Preis, den Sie alle für Ihre unerschrockene Haltung bezahlen, zeichnet Sie als Symbole des Mutes und der moralischen Integrität in einer unruhigen Welt aus. Sie kann nur von einigen klugen Wenigen gerettet werden, die ein Martyrium auf sich nehmen, um ihren Mitmenschen zu helfen. Gott schütze sie alle.

Ihr ergebener Yassir Arafat.«

Wenn ich den Zorn der Zionisten in Amerika mit meinem Buch und meinen Artikeln erregte – von meiner Freundschaft mit Arabern ganz zu schweigen – dann waren es in der Bundesrepublik Deutschland meine Beiträge für die rechtsgerichtete ›Deutsche National-Zeitung‹, die mir Ärger brachten, und keinesfalls nur von Zionisten, obwohl sie es waren, die diese Gelegenheit benutzten, um mich zu verleumden und als Kollaborateur von Nazis und Neonazis hinzustellen. Angesichts der langen und engen Zusammenarbeit der Zionisten mit den Nationalsozialisten und anderen europäischen Faschisten in den dreißiger Jahren und bis tief in den Zweiten Weltkrieg hinein[120] ist dies die reine Ironie, aber ich glaube, meine Leser haben das Recht zu erfahren, wie meine Verbindung mit der ›Deutschen National-Zeitung‹ zustande kam.

Meine Antwort wäre unvollkommen ohne Hinweis auf meine damalige Naivität und Verzweiflung. Bei meinen Versuchen, einen Verlag für die beiden Bücher zu finden, die aus dem Manuskript hervorgegangen waren, an dem ich seit 1958 gearbeitet hatte, war ich auf den erbitterten Widerstand meines Sohnes und meiner Frau gestoßen. Da ich einsah, daß zumindest Maruthas Bedenken sich gegen die Veröffentlichung unserer persönlichen Lebensgeschichte richteten, hatte ich den Teil des Manuskripts, auf dem dieses Buch beruht, zurückgehalten und mich nur um die Veröffentlichung meines Werks über die Widersprüche zwischen Zionismus und Judentum gekümmert. Wie nicht anders zu erwarten, fand ›The Decadence of Judaism in Our Time‹ außerhalb eines kleinen Kreises von Antizionisten nur begrenzte Aufmerksamkeit, und das nicht nur, weil kaum Werbung dafür betrieben wurde außer der, die ich aus eigener Tasche bezahlen konnte. Wie man bei einem nicht subventionierten Buch vielleicht verstehen kann, wurde es von den Rezensenten der größeren Zeitungen und Zeitschriften nicht beachtet und von kaum einem Buchladen geführt.

Nach all der Arbeit, die ich hineingesteckt hatte, war das entmutigend. Es sah so aus, als gäbe es – vor allem in Amerika – kein Medium, ob jüdisch oder nichtjüdisch, durch das ich die breite Öffentlichkeit auf die Wahrheiten, die ich verkünden wollte, aufmerksam machen konnte. Der jüdischen Welt wurde in jenen Tagen befohlen: »Tue, was Ben Gurion sagt.« Aber ich war ein Amerikaner und kein israelischer Untertan. Ich fühlte mich frustriert. Alles Jüdische in mir empörte sich gegen das, was aus dem Judentum geworden war in dem Palästina, das ich in meiner Jugend so gut gekannt hatte.

Eines Tages im Februar 1966 erhielt ich einen Brief von einem Mann, von dem ich noch nie gehört hatte. Er hieß Dr. Gerhard Frey, und sein Briefpapier wies ihn als Chefredakteur der ›Deutschen National-Zeitung‹ aus.

»Lieber Herr Menuhin,

die ›Deutsche National-Zeitung‹ ist das zweitgrößte politische Wochenblatt Westdeutschlands und nimmt als ein führendes unabhängiges Organ vieler hunderttausend Deutscher, die sich einer verfassungsmäßigen Demokratie verpflichtet fühlen, seit langem starkes Interesse an Ihrer Arbeit. Wir sind sicher, daß Sie der Aussöhnung zwischen Nationen im allgemeinen und Deutschen und Juden im besonderen einen großen Dienst leisten würden, wenn Sie für die ›National-Zeitung‹ schrieben ...

Wir sind an Ihrer persönlichen Meinung interessiert, die wir ohne Änderungen veröffentlichen würden ...

Nachdem mehr als zwei Jahrzehnte vergangen sind, ist es nun an der Zeit, die Beziehungen zwischen Deutschen und Juden wie auch zwischen Westdeutschland und dem Staat Israel zu verbessern ... Nach unserer Ansicht wird der vielfältige Druck, dem die Deutschen vor allem von Seiten zionistischer Kreise ausgesetzt sind ... die Beziehungen zwischen Deutschen und Juden für Generationen vergiften, und das wollen wir verhindern ... Ich stimme vollkommen überein mit den Ideen und Ansichten, die Sie in Ihrem Buch ›The Decadence of Judaism in Our Time‹ ausdrücken. Ich halte Ihre Philosophie für ausgezeichnet und überzeugend.

Ich weiß, wie sehr die ›National-Zeitung‹ verleumdet wird und daß man gelegentlich von ›unversöhnlichen und ewigen Nazis‹ spricht. Wie niederträchtig all diese Anschuldigungen sind, kann man schon daran erkennen, daß ich dreiunddreißig Jahre alt bin, daß ich aus einer antinationalsozialistischen Familie stamme usw. ... Dies scheint der Kern aller Verleumdungen zu sein: Wer nicht so handelt, wie es die militanten Zionisten wollen, wird als Antisemit und Nazi abgestempelt.«

Ich beschloß, es einmal mit der ›National-Zeitung‹ zu versuchen, zu schreiben, was ich auch in einer jüdischen Zeitschrift geschrieben haben würde, wenn mir eine den Platz dafür eingeräumt hatte. Mein erster Artikel in Freys Zeitung erschien am 5. August 1966. Ich schrieb über die Erziehung, die mein Großvater mir gegeben hatte und die sich gründete auf das prophetische Judentum und die Leitsätze »Übe Gerechtigkeit« und »Liebe deinen Nächsten wie dich selbst«. Ich pries Universalismus und Menschlichkeit statt eines Vaterlandes als Grundlage unserer Religon. Ich schrieb über den größten aller hebräischen Schriftsteller, Achad ha-Am, der am Ende von Theodor Herzls Basler Zionistenkongreß niedergeschrieben hatte:

»Gestern in Basel saß ich einsam unter meinen Brüdern wie ein Trauernder auf einer Hochzeit ... Diese neue Begeisterung ist eine künstliche, und das Ergebnis trügerischer Hoffnungen wird Verzweiflung sein ... Die Rettung Israels (des jüdischen Volkes) werden Propheten bringen und keine Diplomaten.«[121]

Ich zitierte Martin Buber, Professor der Hebräischen Universität im Ruhestand, der unter anderem sagte:

»Als wir nach Palästina zurückkehrten, war die entscheidende Frage: Wollen wir dorthin kommen als Verbündete, als

Freunde, als Brüder, als Mitglieder der zukünftigen Völkergemeinschaft des Nahen Ostens oder als Vertreter von Kolonialismus und Imperialismus? ... Die Mehrheit des jüdischen Volkes zog es vor, von Hitler zu lernen anstatt von uns ... Hitler bewies, daß die Geschichte nicht den Weg des Geistes geht, sondern den der Macht, und daß ein Volk, wenn es mächtig genug ist, ungestraft töten kann ... Das war die Lage, die wir bekämpfen mußten ...

Nur ein innerer Umsturz hat die Macht, unsere Menschen von der inneren Krankheit des grundlosen Hasses (auf die Araber) zu heilen.

Dieser Haß wird uns eines Tages völlig zerstören. Erst dann werden jung und alt in unserem Land erkennen, wie groß unsere Verantwortung für die bedauernswerten arabischen Flüchtlinge war, in deren Städten wir Juden von weither ansiedelten, deren Häuser wir geerbt haben, deren Felder wir nun bestellen, deren Obstgärten und Weinbergen wir Früchte verdanken und in deren Städten, die wir raubten, wir unsere Häuser der Erziehung, der Wohlfahrt und des Gebets errichteten, während wir uns brüsten, ›das Volk der Bibel und das Licht der Nationen‹ zu sein.«

Ich zitierte keinen geringeren Geist als Albert Einstein, der in seinem Buch ›Aus meinen späteren Jahren‹ einging auf »die verhängnisvolle Krankheit unserer Zeit: übertriebenen Nationalismus und blinden Haß«.

»Ich würde viel lieber ein vernünftiges Abkommen mit den Arabern (in Palästina) auf der Grundlage friedlichen Zusammenlebens sehen als die Gründung eines jüdischen Staates. Abgesehen von praktischen Erwägungen sträubt sich meine Kenntnis vom inneren Wesen des Judentums gegen die Vorstellung eines jüdischen Staates mit Grenzen, einer Armee und einem gewissen Ausmaß weltlicher Macht, wie bescheiden auch immer. Ich fürchte mich vor dem inneren Schaden, den das Judentum davontragen wird, vor allem durch die Entwicklung eines kleinlichen Nationalismus im Inneren eines jüdischen Staates. Wir sind keine Juden der makkabäischen Zeit mehr! Die Rückkehr zu einer Nation im politischen Sinn des Wortes wäre gleichbedeutend mit der Abkehr vom geistigen Wesen unserer Gemeinschaft, die wir der Genialität unserer Propheten verdanken.«

Ein weiteres Thema, das ich behandelte, war das Massaker an mindestens 254 unschuldigen arabischen Männern, Frauen und

Kindern des Dorfes Deir Yassin am 9. und 10. April 1948. Sie wurden kaltblütig niedergemetzelt, ihre verstümmelten Leichname in einen Brunnenschacht geworfen oder verbrannt. Die wenigen übriggebliebenen Einwohner wurden auf Lastwagen in den jüdischen Teil Jerusalems befördert und durch die Stadt geschleppt, wo sie verhöhnt und bespuckt wurden, bevor man sie wie bei den Nazis in einen Steinbruch brachte und allesamt hinrichtete. Die Täter waren die Terroristen von ETZEL (Militärisch-nationale Organisation), angeführt von Menachem Begin; ich zitiere seinen Bericht über diesen »Sieg« und dessen Folgen: »Panik übermannte die Araber von Eretz Israel. Überall im Land flohen sie in Angst und Schrecken mit dem Ruf ›Deir Yassin‹. Die gesamten jüdischen Streitkräfte drangen vor durch Haifa wie ein Messer durch Butter ... Das Massaker war nicht nur gerechtfertigt, sondern es hätte auch gar keinen Staat Israel geben können ohne den Sieg von Deir Yassin.«

Ich berichtete auch von dem nachfolgenden Mord an mehreren Dutzend jüdischer Zivilisten, darunter einigen Ärzten und Krankenschwestern, die in einem Militärkonvoi auf den Scopusberg fuhren und aus dem Hinterhalt von palästinischen Widerstandskämpfern überfallen wurden. Das mag die Antwort auf das unglaubliche Massaker von Deir Yassin gewesen sein.[122]

Ich schrieb ausführlich über die Entschließung der UN zur Teilung Palästinas vom 29. November 1947, wie durch Druck der Zionisten auf gewisse Mitgliedsstaaten die unmenschliche Teilung zustandekam. Damals bestand nur ein Drittel der Bevölkerung aus Juden, die knapp sechs Prozent des Landes besaßen. Nach dem Teilungsplan erhielten sie jedoch sechsundfünfzig Prozent Palästinas, darunter den größten Teil des fruchtbaren Ackerlands, für ihren neuen zionistischen Staat.[123] Aber die Zionisten waren immer noch nicht zufrieden. Sie wollten alles – und mehr, wie die Geschichte gezeigt hat. Mit Terrorismus und Massenmord wie in Deir Yassin zwangen sie 700000 moslemische und christliche arabische Palästinenser zur Flucht aus der Heimat. Arabische Städte wurden gänzlich entvölkert, um Platz zu schaffen für Ansiedler aus Europa oder für andere zionistische Zwecke.[124]

Die naziähnlichen politischen und rassistischen Maßnahmen der Zionisten beunruhigten mich seit den Tagen der Biltmore-Deklaration. Moshe Dayan, David Ben Gurion und andere israelische Führer sprachen oft von der Eroberung des ganzen arabischen Palästina. Jeder vernünftige Mensch hätte sehen müssen, daß es den Juden nichts als Ärger bringen würde, wenn sie 750 Millionen Moslems in Asien und Afrika gegen sich aufbrächten. Mehr als tausend Jahre hatten Juden in der Welt des Islams weitgehend unbehelligt gelebt. Es war ein Verbrechen, diese Beziehung zu vergiften – aber genau das taten die Zionisten.

Fast drei Jahre schrieb ich in diesem Sinne regelmäßig für die ›Deutsche National-Zeitung‹, aber ich wurde immer unglücklicher über die erzkonservativen Artikel, mit denen Dr. Frey sein Blatt füllte. Es störte mich, daß liberale Zeitungen, die ich achtete, mit meiner Verbindung zu ihm nicht einverstanden waren. Aber er war das einzige Ventil, das ich hatte. Die jüdische Presse verdammte mich ganz, und selbst Yehudi kritisierte einiges von dem, was ich sagte. Er wurde mit folgenden Worten zitiert: »In seiner Jugend war mein Vater ein überzeugter Zionist ... Dann sah er Entwicklungen, die er fürchtete: Das Gebaren Israels wie eine Weltmacht ... die Intrigen ... die Unduldsamkeit der nationalistischen Gesinnung ... Was er sagt, ist immer übertrieben, immer hitzig, immer voller Vorurteile, aber vieles davon stimmt.«

Meine persönlichen Beziehungen zu Dr. Frey waren sehr herzlich. Gutgläubig gab ich mich der Illusion hin, ich könnte seine Ansichten verändern, so daß er großzügiger und weniger nationalistisch würde. In seinen Briefen behandelte er mich fast so, als sei ich sein geistiger Mentor. Er ernannte mich zum »Berater für Kulturpolitik« seines Blattes.

Zwei interessante deutsche Juden nahmen auf meine Artikel in Freys Zeitung hin einen Briefwechsel mit mir auf. Der eine war der Leiter einer jüdischen Organisation in Deutschland, der andere ein bekannter Professor der Staatswissenschaften. (Beide baten mich, in diesem Buch nicht namentlich erwähnt zu werden.) Sie sprachen mir ihre Anerkennung aus für den Standpunkt, den ich in meinen Artikeln vertrat.

Der Professor schrieb: »Ich glaube, Ihre Beiträge in der ›Deutschen National-Zeitung‹ spiegeln ein hohes Maß jenes Geistes wider, den die Propheten Amos und Micha predigten und den das Judentum vertreten sollte ... Ich beglückwünsche Sie zu Ihren Artikeln in der NZ. Lassen Sie sich bei Ihrer Arbeit nicht stören.« Aber dann fuhr er fort: »Ich teile jedoch nicht Ihre Ansicht über die gerechte Sache der Araber. Es ist meine feste Überzeugung, so sehr ich auch Antizionist bin, daß die Republik Israel alle Gebiete behalten sollte, die sie der Vereinigten Arabischen Republik, Syrien und Jordanien abgenommen hat.«

Als Antwort auf meine Frage, wie Dr. Freys Gefühle gegenüber Juden seien, schrieb mir der Professor am 18. März 1968: »Die Behauptung, er (Dr. Frey) sei ein Nazi oder Antisemit, ist völlig absurd. Tatsache ist, daß Dr. Frey Leute anprangert, die unter Hitler sehr aktive Nazis waren ... Es stimmt jedoch, daß Dr. Frey ein fanatischer und militanter Verfechter deutscher Ansprüche auf Gebiete ist, die längst verloren sind.«

Mein zweiter jüdischer Briefpartner in Deutschland in Sachen ›National-Zeitung‹ bestätigte, was der Professor hinsichtlich der Einstellung dieses Blattes zu Juden gesagt hatte. Er schrieb mir:

»Die ›National-Zeitung‹ ist *nicht* antisemitisch, und das sogar als einziges Blatt in diesem Land ... Ich selbst schreibe nur deshalb nicht in der ›National-Zeitung‹, um mir den Zugang zur allgemeinen Presse offenzuhalten ... Ich stimme Ihren Schriften, Grundsätzen, Methoden und Aktivitäten voll und ganz zu.«

Ich fühlte mich bestätigt in meinem Entschluß, der ›Deutschen National-Zeitung‹ die Veröffentlichung meiner Artikel zu gestatten.

Natürlich hatten die Zionisten etwas dagegen, und ich erfuhr, daß sie das deutsche Justizministerium bestürmten, meine Schriften offiziell zu verbieten. Das gelang ihnen offenbar nicht, aber der gewaltige politische und juristische Druck, den sie auf die Zeitung selbst ausübten, schien Erfolg zu haben, denn ich merkte, daß meine Artikel redigiert wurden. Vor allem meine heftige Kritik an Israel wurde abgeschwächt. Meine Artikel über die Lage in Vietnam und Kambodscha blieben ebenfalls nicht ungeschoren. Es gab auch einen weiteren ernsthaften Grund zur Besorgnis: Die ›Deutsche National-Zeitung‹ stellte sich an die Spitze einer bösartigen Hetzkampagne gegen Willy Brandt, den ich uneingeschränkt bewunderte.

Im Verlauf der deutschen Bundestagswahl von 1969 wurden die Angriffe der ›National-Zeitung‹ auf Willy Brandt trotz meiner Proteste immer wütender, und so beschloß ich meinen Rücktritt. Am 5. September 1970 schrieb ich meinen letzten Brief an Dr. Frey. Darin hieß es:

»Ich bin jetzt zu dem Schluß gekommen, daß es mir niemals möglich sein wird, Ihre heftige Abneigung gegen alle, die liberale, sogenannte linke oder allgemein menschliche Ansichten hinsichtlich der Schaffung von Frieden und Gerechtigkeit auf der Grundlage von Zusammenarbeit und Toleranz vertreten, zu beeinflussen. Holen Sie tief Luft, lieber Dr. Frey, bevor Sie folgendes lesen: In unserer unseligen, blutenden, verwundeten und leidenden zivilisierten Welt gibt es keinen Staatsmann, der es so wert wäre, die Menschheit und sein eigenes Volk auf den Weg zu Frieden und Wohlstand zu führen, wie Willy Brandt. Er zeigt der Welt, daß das neue Deutschland seine Lektion gelernt hat und daß es ein Licht der Nationen werden kann, ja sogar schon im Begriff ist, es zu werden.«

Am 25. September 1970 erschien folgende gemeinsam unterzeichnete Erklärung, mit der ich ein- für allemal darauf verzichtete, mich für ein organisiertes Kollektiv einspannen zu lassen:

»Dr. Gerhard Frey als Herausgeber der DNZ und Moshe Menuhin als Berater für Kulturpolitik treffen folgende Vereinbarung: 1. Herr Menuhin betrachtet die politische Linie der DNZ hinsichtlich Israels und des Zionismus als nicht militant genug und als kompromißbereit. 2. Herr Menuhin billigt den unnachgiebigen Feldzug der DNZ gegen die Ostpolitik der Regierung Brandt nicht. Er hält vielmehr die Politik der augenblicklichen Regierung für gut und richtig. 3. Aus oben erwähnten Gründen tritt Herr Menuhin als Berater der DNZ zurück. 4. Ungeachtet der Meinungsverschiedenheiten bestätigen Herr Menuhin und Dr. Frey ihre unveränderte, enge persönliche Freundschaft.«

Inzwischen waren auch dem Leiter der Gruppe deutscher Juden, meinem Briefpartner, ernsthafte Bedenken gegen meine Mitarbeit an der ›Deutschen National-Zeitung‹ gekommen. In einem Brief vom August 1970 schrieb er mir: »Mittlerweile, lieber Moshe, hält jeder Dich für verantwortlich für die albernen, idiotischen Angriffe auf Männer wie Brandt und Scheel.«

Er wollte, daß ich mich mit einem Paukenschlag von Dr. Frey trennte. Die Art und Weise, wie ich mich verabschiedete, mißfiel ihm, und sein ganzer Ton mir gegenüber änderte sich. Das machte meine Verzweiflung über die Juden von heute nur noch größer. Erst in den achtziger Jahren sah ich einen Lichtblick am Ende des langen, dunklen Tunnels, in den die Welt durch die Balfour-Deklaration gestoßen worden war.

Ich habe auch in den siebziger und achtziger Jahren nicht aufgehört, einen großen Kreis von Freunden und Bekannten, Politikern und Zeitungsleuten über die politische Lage des Nahen Ostens zu informieren. Doch das Betätigungsfeld, das mich neben diesem Buch vielleicht am tiefsten befriedigte, war die Reihe aus elf einstündigen Gesprächen,[125] die ich mit meinem walisischen Freund Colin D. Edwards auf Band aufnahm. Edwards, politischer Korrespondent und Dokumentarfilmer, berichtete viele Jahre über den Nahen Osten, vor allem über die Zunahme des palästinischen Widerstands, aber auch über Befreiungsbewegungen in anderen Teilen der Welt. Unsere Reihe wurde von Pacificia gesendet, einer Kette nicht kommerzieller, von Hörern finanzierter Rundfunkstationen in den Vereinigten Staaten und – bis zur Auflösung seiner Tonband-Abteilung im Jahre 1981 – vom University of California Extension Media Center in Berkeley auf Bändern und Kassetten an Universitäten, Schulen und Büchereien verschickt.

Waren alle Bemühungen von Antizionisten wie mir umsonst? Sind sie ins Bewußtsein unserer jüdischen Mitbürger vorgedrungen? Es beruhigt mich ein wenig, daß Nahum Goldmann, lange das Haupt des Jewish World Congress, seit einiger Zeit dasselbe sagt wie wir. Das geht aus der Rede hervor, die er auf einem Symposium hielt, das im November 1979 in Washington stattfand:

»Die Zeit arbeitet immer mehr gegen Israel und für die Araber. Im Falle eines nochmaligen Konflikts, der gewalttätiger und verheerender sein wird als die vorherigen, muß bedacht werden, daß die Welt sich den Nahen Osten ohne Israel vorstellen kann, nicht aber ohne die Araber ... Die größte Gefahr für Israels Existenz sind heute weder die Araber noch die PLO noch die feindlichen Staaten auf der ganzen Welt, sondern die Untergrabung seiner moralischen Kraft und der Verlust einer minimalen Übereinstimmung auf allen wichtigen Gebieten ... Täglich verliert Israel etwas mehr von seiner moralischen Qualifikation und sinkt herab zu einem kleinen, streitbaren Staat, der seine Möglichkeiten überschätzt, seinem Image und der Meinung der nichtjüdischen Welt keine Aufmerksamkeit mehr schenkt und so die Achtung und Bewunderung des größeren Teils der Welt verliert, was wiederum seine Auswirkung auf die Solidarität der jüdischen Diaspora hat.«

Das erinnert mich auch an den Ausspruch eines früheren Führers der zionistischen Weltbewegung, Chaim Weizmanns, der Israels erster Präsident wurde: »Unser Land wird danach beurteilt, wie es die Araber behandelt.«

Um unseren achtzigsten Geburtstag herum hatten Marutha und ich mit allerlei Gebrechen zu kämpfen. Meine Stimmbänder gaben nach, so daß mir das Sprechen längere Zeit Schmerzen bereitete. In diesem Zustand führte ich die sechzehn Stunden lange Unterhaltung mit Colin Edwards, aus der unsere elf einstündigen Sendungen hervorgingen. Ich unterzog mich Operationen, nach denen ich tagsüber öfter ruhen mußte, und gegen meine Herzbeschwerden nahm ich häufig Nitroglyzerintabletten ein. Aber da ich mir meine Zeit jeden Tag sorgfältig einteilte, konnte ich einen umfangreichen Briefwechsel aufrechterhalten, meinen Pflichten in Haus und Garten nachkommen und hin und wieder einen politischen Artikel schreiben.

Früher pflegten Yehudi und ich stunden-, manchmal tagelang über seinen beruflichen und finanziellen Angelegenheiten zu sitzen, aber nun, mit 87, habe ich mich von dieser Aufgabe zurückgezogen. Ich beschäftige mich nur noch brieflich damit oder ein- bis zweimal im Jahr, wenn er uns besucht. Er schickt uns von überall her seine Reisepläne, ruft uns häufig an und besucht uns, so oft er kann. Ich rate ihm immer wieder, »kürzer zu treten«.

Auch Marutha mußte sich Operationen unterziehen, darunter einer, die bei Damen ihres Alters häufig ist: dem Einsetzen einer neuen metallenen Hüfte. Sie hatte sich ihre Hüfte gebrochen, als sie auf dem Weg durch das Badezimmer in die Küche über einen elektrischen Heizofen gestolpert war. Sie ist eine richtige Nachteule geworden, liest nachts und nimmt gelegentlich einen kleinen Imbiß zu sich. Dr. Frank Griffin, unser Orthopäde, kam gleich nach dem Unfall und schickte sie ins Krankenhaus. Bald war sie wieder auf den Beinen. Marutha läßt sich nicht so leicht unterkriegen. Heute läuft sie schon wieder kilometerweit an ihrem Stock. Uns beiden macht grauer Star zu schaffen, was besonders unangenehm ist, weil wir so versessen auf Gedrucktes sind, aber wir werden trotzdem immer noch mit Lesen und Schreiben fertig.

Was die Probleme des hohen Alters betrifft, so haben wir eine Quelle der Hilfe und des Trostes gefunden, auf die wir uns stets verlassen können: die Familie Lynott, vor allem Mrs. Rita Lynott und ihre Töchter Stephanie und Elizabeth. Die Lynotts sind eine irisch-katholische Familie und wohnen ganz in unserer Nähe in der Kimble Avenue. Mr. Lynott ist Ingenieur bei IBM. Wir lernten sie etwa 1965 kennen, als ihr damals zehnjähriger Sohn Tony unser »Hilfsgärtner« wurde und mir bei der Pflege unserer 4000 Quadratmeter Rasenflächen, Bäume, Wege, Blumen- und Gemüsebeete zur Hand ging. Rasch entwickelte sich eine enge Freundschaft, die bei unseren zunehmenden körperlichen Gebrechen sogar so weit ging, daß die überaus großherzige Mrs. Lynott für uns einkaufte, Marutha mit dem Auto spazierenfuhr – zum Beispiel zu einer kranken Freundin in einem weit entfernten Pflegeheim – und, wenn wir Gäste hatten und nicht mehr mit dem Kochen fertig wurden, manchmal ein Dutzend Hühnerbrüstchen und einen leckeren Nachtisch in ihrer eigenen Küche zubereitete und herüberbrachte. Dies alles besorgte sie neben ihrem eigenen Haushalt mit acht Kindern und vielen guten Werken für bedürftige Menschen. Ich erinnere mich, daß sie einer alleinstehenden alten Dame beistand, der die Kraftwerke schon das Gas und den elektrischen Strom abgestellt hatten. Mit zunehmendem Alter übernahmen Stephanie und Elizabeth, die wir wie Adoptivtöchter lieben, diese gutnachbarlichen Werke, die ihre Mutter aus christlicher Nächstenliebe getan hatte. Sie erfüllten diese Worte mit einem echten Sinn.

1979 zeigte mir unser Buchhändler die Vorankündigung eines Buches mit dem Titel ›The Menuhins‹, geschrieben von Lionel Menuhin Rolfe, dem ältesten Sohn unserer Tochter Yaltah, die sich wie ihre Geschwister Yehudi und Hepzibah in London niedergelassen hatte. Der Schock, den Titel meiner Autobiographie vorweggenommen zu sehen, war nichts gegen das, was ich empfand, als ich Lionels Darstellung unseres Lebens und Maruthas Rolle darin las. Ein kurzer Abschnitt vermittelt einen Eindruck, wie schwer ihm die Bewältigung des Stoffes gefallen war: »Meine Mutter war das ungeliebteste der (Menuhin-)Kinder ... Als junges Mädchen mußte sie Geschirr spülen und nähen, während ihre Geschwister Geige und Klavier übten ...«

Das war eine bösartige Unterstellung.

Ich wußte, daß Yehudi Lionel jahrelang unterstützt hatte, und schrieb meinem Sohn sofort. Seine Antwort war: »Ich kann Deine schmerzliche Reaktion auf Lionels Buch gut verstehen ... Auch ich habe Dir mit meiner Billigung des Magidoff-Buches und meinen Beiträgen dazu Schmerzen bereitet, wenn auch völlig unbewußt und ohne Schuld.«

Bald mußte ich erfahren, daß er Lionels Buch schon als Manuskript gelesen und ihm dabei geholfen hatte. Ich fand jedoch einige Erleichterung in einem Brief, den Yehudi mir schrieb, als er an seiner eigenen Autobiographie ›Unvollendete Reise‹ arbeitete. »Liebster Aba, ich hoffe, daß die Autobiographie, die ich dieser Tage diktiere, Dir und Mammina den Trost bringen wird, den Ihr verdient.«

Als ich das gelesen hatte, beschloß ich sofort, die Briefe zu vernichten, in denen unser Sohn mich gedrängt hatte, mein Buch, dieses Buch, nicht zu veröffentlichen.

Der Leser muß unbedingt wissen, daß mein Sohn Yehudi Menuhin für nichts von dem, was ich in dieser Autobiographie schreibe, verantwortlich ist, außer für die Zitate, die ich dem entnehme, was er selber geschrieben oder gesagt hat. Er und ich sind zwei geistig völlig unabhängige Menschen.

Marutha ist in all unseren Prüfungen und Leiden sie selbst geblieben: eine starke, unabhängige, eigenständige Persönlichkeit. Sie ist heute kein bißchen anders als damals, mit sechzehn Jahren, als ich sie kennenlernte. Sie war damals schon ein reifer Mensch und ist unsere Burg und unser Anker geblieben. Sie gab ihr Leben und ihr Herzblut fröhlich und ausschließlich unseren Kindern. Geld spielte für sie als Erzieherin nie eine Rolle. Eine Million Dollar hätte sie nicht beeinflussen können, was ihre Pflichten und Rechte als Mutter betraf. Sie ist eine Gebende, wie sie im Buche steht, niemals eine Nehmende. Kaum erwähnt ein Freund, ein Nachbar oder ein völlig Fremder beiläufig irgend ein persönliches Problem, schon macht sie dieses Problem, von dem sie eine Minute zuvor noch nichts ahnte, zu ihrem eigenen, als wäre sie die Mutter aller Beladenen. Mit welch einer Frau habe ich ein langes Leben geteilt!

Jeden Morgen, wenn ich erwache und meine Augen aufhebe zu den Bergen, die uns von drei Seiten umgeben, und mich dann umwende, um hinabzuschauen ins Tal von Santa Clara, wenn die frische Brise vom nur 30 Kilometer entfernten Pazifik durch die stets geöffneten Fenster meines Schlafzimmers weht und die helle Sonne auf das grüne Land ringsumher scheint, dann danke ich meinem gütigen Geschick.

Zuweilen werde ich sentimental, besonders jetzt, wo ich mich dem Ende der Achtziger nähere. Obwohl ich fast völlig taub bin, spiele ich mein Lieblingstonband ab. Darauf sind fünf Stücke, die unsere Kinder für die alte Gramophone Company of England aufnahmen, als sie sehr, sehr jung waren. Es sind der langsame Satz aus dem Violinkonzert in E-Dur von Bach, das Yehudi in Paris mit dem Pariser Sinfonieorchester unter Enescos Leitung aufnahm; der letzte Satz des Tschaikowsky-Trios, gespielt von Yehudi, Hepzibah und Maurice Eisenberg; das Andante sostenuto aus einer Mozart-Sonate in B-Dur, gespielt von Yehudi und Yaltah; die ›Songs My Mother Taught Me‹ von Dvořák-Persinger; und den ›*Kaddisch*‹ – das hebräische Totengebet – gespielt von Yehudi.

Nachwort: Hepzibah Menuhin

Am 1. Januar 1981 starb unsere geliebte Hepzibah in London, wo sie viele Jahre unter entsetzlichen Bedingungen in einem Elendsviertel gelebt hatte. Bei ihren Bemühungen, den Benachteiligten und Vergessenen zu helfen, hatte sie meiner Meinung nach ihre Gesundheit aufs Spiel gesetzt. Sie war schon mehrere Jahre krank gewesen, schien sich jedoch nach einer Chemotherapie wieder erholt zu haben. Nur drei Wochen vor ihrem Ende erzählte sie uns am Telefon fröhlich von den gemeinsamen Konzerten, die sie in jenem Jahr mit Yehudi in Paris, London und New York geben wollte.

Der Verlust Hepzibahs ist fast nicht zu ertragen. Er macht uns die letzten Tage unseres Lebens schrecklich schwer. Worte können nicht beschreiben, was sie uns bedeutete. Ein Brief, den Yehudi uns zu ihrem Tod schrieb, und seine Huldigung an sie, die im Programmheft für das Konzert am 22. Februar 1981, das sie gemeinsam hatten geben wollen, abgedruckt wurde, sagen alles, denn die beiden hatten, wie sich Yehudi ausdrückte, »siamesische Zwillingsseelen«. Ich erhielt seine Erlaubnis, sie dieser Autobiographie als Nachwort hinzuzufügen.

Grand Hotel Hof Ragaz
CH-7310 Bad Ragaz
27. Januar 1981

Liebste Aba und Mammina!

Jeden Tag denke ich an Eure Trauer, Euren Schmerz, und fühle mich so hilflos. Ich kann ermessen, wie schwer der Verlust ist, zumal es nicht einmal das Ventil gibt, irgend jemandem die Schuld daran zu geben. Das Geschehnis ist sowohl unabänderlich als auch unfaßbar.

Die tiefe Trauer wird auch nicht durch Haß, Rache oder eine Lektion, die man daraus für die Zukunft lernen könnte, gemildert. Der Schmerz ist nackt und hoffnungslos. Er wird nie enden.

Eins der beiden köstlichsten, zuverlässigsten Teile meines Lebens – für das ich Euch stets segnen werde – ist entschwunden. Ihre irdischen Überreste sind begraben, aber alles, was sie wirklich war, ihr Mitgefühl, ihre Liebe, die tiefe Bewegung, die sie verspürte und weitergab, bleiben stärker als je und erfüllen jeden Augenblick meines musikalischen Lebens mit ihrer Anwesenheit. Ich kann nicht sagen, ob sie ging oder kam, ob sie wieder bei mir ist, näher denn je, obwohl ich nie wieder ihre Stimme hören, sie nie wiedersehen werde und nie wieder mit ihr musizieren kann. Dennoch, umgeben von der allumfassenden Liebe, die sie ausstrahlte, und die bestätigt wird durch fünfhundert Briefe und Telegramme, durch Gedenken von überallher, aus allen Schichten der Gesellschaft, fühle ich, daß sich ihre traurige Abwesenheit sogar noch stärker bemerkbar macht als es einst ihre geliebte Anwesenheit tat.

In Liebe, Yehudi.

Hepzibah Menuhin 1920–1981
von Yehudi Menuhin

Erst kürzlich erinnerte mich meine Mutter daran, daß ich meine vier Jahre nach mir geborene Schwester »bestellt« hatte. Vom ersten Augenblick ihres Lebens an war sie so gesegnet von den Göttern, daß sie den Namen »Hepzibah« erhielt, der soviel bedeutet wie »die freudig Erwartete, die Bringerin des Lichts«. Ich entsinne mich, daß schon an dem Tag, an welchem meine Eltern und ich, der vierjährige Bruder, sie in unserem Haus willkommen hießen, ein Strahlen um sie war.

Und dieser Glanz hat sie nie verlassen. Sie war einer dieser seltenen und auserwählten Menschen, für die zu leben dasselbe heißt wie zu dienen. Und das bedeutete in ihrem Sinn, daß sie größten Schmerz und höchste Angst teilen konnte mit einer Eingebung, die nur sie besaß. Mein ganzes Leben, meine Partnerschaft mit ihr hindurch, in all den Jahren, ob vom Krieg getrennt oder vereint, fühlte ich mich bevorzugt, denn niemals wurde eine »Bestellung« an die göttliche Vorsehung so reich erfüllt. Mein Stolz auf sie nahm zu im Laufe der Jahre, und sie bewies ihre Außerordentlichkeit auf jede nur mögliche Weise, als sie und ich und unsere jüngere Schwester Yaltah heranwuchsen.

Was sie anpackte, vollendete sie mit beneidenswerter Leichtigkeit und völliger Hingabe. Ich weiß nicht, ob das auf ihr sonniges Wesen zurückzuführen war, auf ihre Ausgeglichenheit und ihren mit rascher Intelligenz und Aufgeschlossenheit verbundenen unverwüstlichen Optimismus. Sie durcheilte ihren Klavierunterricht und gab ihr erstes Konzert in San Francisco im Alter von acht Jahren. Sie lernte eine Sprache nach der anderen mit einer Gründlichkeit und Geschwindigkeit, die Yaltah und ich zähneknirschend verfolgten und die uns dazu veranlaßten, sie mit geschwisterlicher Erbitterung »Madame Larousse« zu nennen. Wo wir mit Angst und Hindernissen zu kämpfen hatten, segelte Hepzibah davon auf der ruhigen See ihres bewundernswert ausgewogenen Wesens; die Schwierigkeiten, denen sie sich in ihrem späteren Leben gegenübersah, überwand sie dank dieser Eigenschaften, zu denen völlige Selbstverleugnung, ein prachtvoller Sinn für Humor, unendliche Geduld und die Gabe – eine Gottesgabe – beständiger Hoffnung hinzukamen. Darüber hinaus war sie durch und durch menschlich, leidenschaftlich und spontan, jedoch gemäßigt durch ihre Güte und angeborene Bescheidenheit.

Aus dem Schutz eines wohlgeordneten Elternhauses konnte sie mit siebzehn in die fremden Gewässer der weiten Welt aufbrechen, in die auf keiner Karte verzeichneten Meere einer Ehe, die sie von uns übrigen geographisch Tausende von Meilen trennte und sie scheinbar von allem abschnitt, was ihr früheres Leben bedeutet hatte. Und trotzdem gab es für sie nie so etwas wie einen Schnitt, denn sie war im Grunde so gefestigt, daß sie nicht entwurzelt werden konnte, sondern sich auf die neuen Erfahrungen, Aufgaben und vor allem Menschen, die sie treffen würde, freute: denn Hepzibah konnte nicht ohne Menschen leben. Obwohl sie ihren ersten Mann Lindsay Nicholas liebte und Australien mit seinen Farmern und Viehtreibern, nagte der Wohlstand, in dem sie lebte, an ihrem noch sehr jungen Herzen, denn sie kannte die Not und das Elend des Krieges in Europa und fand es immer unerträglicher, nicht dabeisein zu können. Bezeichnenderweise gründete sie die erste und einzige fahrbare Bibliothek, die Bücher ins Hinterland brachte; sie bildete sich musikalisch weiter und wurde in jenen Jahren Australiens führende Pianistin. Sie erweiterte ihre bereits beträchtlichen Kenntnisse der Kammermusik, indem sie Konzerte gab mit europäischen Musikern, die dem Holocaust entkommen waren und in Australien freundlich aufgenommen wurden. Sie spielte für zahllose wohltätige Zwecke, erweiterte ihren künstlerischen Horizont zu echtem Format und wahrer Unabhängigkeit und stellte neue Kompositionen in Australien vor, die sie mit ihrer bekannten Schnelligkeit und Leichtigkeit lernte, insbesondere die Konzerte von Bartók. Ich erinnere mich, daß sie beschloß, ihren vielen Sprachen die russische hinzuzufügen, die sie sich per Fernlehrgang selbst beibrachte. Die Prüfungen bestand sie – wie immer – mit Glanz.

Doch dies alles war nur Spielerei; sie machte sich Sorgen, und wenn es einen Dialekt gegeben hätte, in dem sie in Lindsays 50000 Schafen und seinen Rinderherden ein Gefühl für kollektives und individuelles Gewissen hätte wecken können, dann hätte sie diese Aufgabe ohne Zweifel genauso rasch, zielbewußt und begeistert in Angriff genommen wie ihre bisherigen sozialen Bemühungen. Eine Hepzibah läßt sich nicht aufhalten. Sie sehnte sich danach, draußen an der Front zu arbeiten, auf der Straße unter den Armen und Benachteiligten, den Hilf- und Hoffnungslosen, denen die Gesellschaft keine Beachtung schenkt, um sich ihre Seelenruhe zu bewahren. Sie aber, ohne Furcht vor Leid, Ekel, ja sogar Entsetzen, zerrte an der Fessel ihres bequemen Lebens und machte sich bereit zum Sprung ins Neue, Unbekannte.

Und dann traf sie Richard Hauser, den Mann, der ihr zweiter Ehemann werden sollte, einen Österreicher und britischen Staatsbürger, der die jüdischen Flüchtlingslager der britischen Armee in Rom geleitet hatte und der sich nun mit der Lösung industrieller Probleme, zum Beispiel bei der Straßenbahn in Sydney, beschäftigte. Er arbeitete sogar mehrere Wochen als Straßenbahnschaffner. Dieser Umstand, sein lebhafter Wiener Humor und sein rascher Verstand bewirkten, wie nicht anders zu erwarten, daß Hepzibah in ihm den Mann sah, mit dem sie ihr gewaltiges Verlangen, der Menschheit zu helfen, teilen konnte (selbst um den Preis, daß sie die Straßenbahn selbst hätte lenken müssen!). Sie stürzte sich in jeden Winkel, der nach dem Schimmel der Vernachlässigung roch, in jede Ecke, in der sich der Staub der Verzweiflung gesammelt hatte. Die beiden bildeten ein unabhängiges, neuartiges Gespann mit einer eigenen Auffassung von Sozialarbeit, die sich nicht um die »Ismen« kümmerte, unter denen die Soziologie, diese schwer faßbare Un-Wissenschaft, litt.

Schließlich kamen sie nach Europa und nach London, wo sie sich weiterhin mit all den Arbeiten befaßten, die für andere zu schmutzig oder zu wenig lohnend waren. Hepzibah, die stets hilfreiche, war immer noch bereit, auf den leisesten Wink mit mir aufzutreten, als gäbe es nichts, was unserer langen Verbindung im Wege stünde, keine dramatischen Probleme in Gefängniskrankenhaus, Besserungsanstalt, mit geprügelten Frauen, alleinstehenden Müttern und Vätern, unehelichen Kindern und geschundenen Pferden, die unserer langen, idealen musikalischen Partnerschaft im Wege stehen könnten.

Ich nehme an, es war ihr ausgeprägtes inneres Gleichgewicht, das sie in dieser Hinsicht einzigartig machte, und ihre Sozialarbeit (besser Liebe und Verantwortung für die Menschheit genannt), weit davon entfernt, sie von ihrem Klavierspiel abzulenken, nährte ihre Musikalität. Die Anmut und Reinheit, mit denen sie stets musizierte, gewannen nun eine Tiefe und Wärme, eine erweiterte Dimension, deren Verlust mir unerträglich ist, da sie ja nunmehr durch ihr Spiel, das sie nach langer Selbstprüfung mit ihrem Dienst an der Menschheit versöhnt hatte, so viel mehr sagen konnte.

Als ihre tödliche Krankheit sie befiel, geriet ihr unbezähmbarer Geist nie ins Wanken. Sie hielt die Flamme der Hoffnung in ihrem Herzen wach bis zuletzt und machte eine letzte Tournee nach Australien, das sie so geliebt hatte, wo sie ihre beiden prächtigen Söhne Kronrad und Marston und ihre kleinen Enkel besuchte. Tapfer kehrte sie zurück, um sich behandeln zu lassen und um mich auf unserer letzten Amerikatournee zu begleiten, stets gefaßt und klaglos, bis ihr geschwächter Körper ihrem mutigen Geist nicht länger gehorchte. Und so verließ sie uns hier in dem London, dem sie musikalisch und menschlich so viel gegeben hatte, zärtlich umsorgt von ihrem Mann, ihrem Adoptivsohn Michael und ihrer schönen Tochter Clara. So viele werden sie schmerzlich vermissen, daß ich kein Recht auf persönliche Trauer zu haben glaube, wie tief die Wunde auch sein mag und wie groß die Lücke, die ihr Tod hinterläßt. Für mich hat sie die Worte des Propheten Micha erfüllt: »Es ist dir gesagt, Mensch, was gut ist und was der Herr von dir fordert, nämlich Gottes Wort halten und Liebe üben und demütig sein vor deinem Gott.«

Danksagungen

Folgenden Personen möchte ich meinen besonderen Dank aussprechen:

Für die Bereitwilligkeit, ihre Zeit für die Durchsicht der ersten Entwürfe dieses Buches zu opfern und mir wertvolle Hinweise zu geben: dem verstorbenen Sidney M. Ehrman, Gentleman der alten Schule, Vertreter der besten Traditionen des Juristenberufes und großem Menschenfreund; Alexander Fried, dem hervorragenden Musikkritiker und Gelehrten, der meines Sohnes Laufbahn von Anfang an verfolgte und vierzig Jahre ein Freund der Familie war; Ezra Shapeero, der unser Freund war, seit er Anfang der zwanziger Jahre bei uns in der Steiner Street wohnte; Rabbi Dr. Elmer Berger, Präsident der American Jewish Alternatives to Zionism, Inc.; Dr. Henry G. Fischer, Wallace-Kurator für Ägyptologie am Metropolitan Museum in New York und Professor der Schönen Künste an der Universität New York; Pearce Davies, ehemaliger AP-Korrespondent und Chefredakteur des ›San Jose Mercury‹; Ralph Henderson, ehemaliger Mitarbeiter der Scripps-Howard-Zeitungen; und Captain John Killeen, U.S.N.

Für die echte Freundschaft, die sie meiner Frau Marutha und mir bewiesen haben, vor allem in unseren späteren Jahren (zusätzlich zu den anderen hier und andernorts in diesem Buch erwähnten geschätzten Freunden): meinem besten Freund John D. Boden und seiner verstorbenen lieben Frau Inez; unserem Hausarzt, der stets zur Stelle war, wenn wir ihn brauchten, und sei es mitten in der Nacht, Dr. Horace Jones und Frau Betty; Nordie Davies, der Frau von Pearce; »Hep« und Grace Phelps; Ted Rank; meinem Urologen und erfrischend unterhaltsamen Freund Emmett Henderson und seiner Schwester Ynes; Richard und Jeannie Wood; Professor Irving Sussman; Ralph und Martha Lee Henderson; Anny Killeen, Johns Frau; Paul und Blanche Curtis; Walton und Hildegund Wickett und ihrer Tochter Elaine, der begabten Pianistin; Konteradmiral Paul Summers und Frau Jean; Dr. Ching-chang Tsao und Frau; dem ehemaligen Bürgermeister von Los Gatos, Eugene Merrill und Frau Leona; Dr. Robert O'Reilly und Frau; William Enfield und Frau; meinem Facharzt für Hals- und Ohrenleiden Dr. Don Cleve; Ralph M. Wagner und Frau; dem Orthopäden meiner Frau Dr. Frank Griffin; unserem Augenarzt Dr. Patrick H. Marrone; meinem Herzspezialisten Dr. G. James Tobias; Dr. Frederick W. Schilla; und Frau Margaret Vassalo, einer ungewöhnlich tüchtigen Krankenschwester.

Weiterhin danke ich: Colin D. Edwards für die Bearbeitung meines Manuskripts und für die Erlaubnis, in dieser Autobiographie auf unsere gemeinsame elfteilige Rundfunksendung, deren Copyright ihm gehört, zurückgreifen zu dürfen;

unserem Sohn Yehudi Menuhin für die Erlaubnis, seinen Brief und seine Huldigung anläßlich des Todes unserer lieben Tochter Hepzibah verwenden zu dürfen;

allen Autoren oder Copyrightinhabern für die Genehmigung, die übrigen Zitate in dieses Buch aufnehmen zu dürfen;

meiner Stenotypistin Julia Lyon für ihre ausgezeichnete Arbeit und persönliche Unterstützung.

M.M.

Danksagungen des Herausgebers

Folgenden Personen möchte ich meinen Dank für ihre wertvolle Hilfe aussprechen: John Goldsmith, London, für die Redaktion; Sheldon R. Brunswick, University of California, für die Rechtschreibung der in diesem Buch enthaltenen jiddischen und hebräischen Wörter; Margaret Thalhuber und Kollegen in Berkeley für die Bearbeitung.

C.D.E.

1 Herausgeber: Das entspricht dem 10. November 1893 der christlichen Zeitrechnung. Nach dem jüdischen Kalender ist Kislew der dritte Monat nach Tischri und Marcheschwan, und das Jahr 5654, ein Schaltjahr, begann – nach dem christlichen Kalender – am 11. September 1893.
Moshe Menuhin: Als ich die amerikanische Staatsbürgerschaft annahm, mußte ich mein Geburtsdatum gemäß dem christlichen Kalender angeben. Da ich nur wußte, daß ich im Jahre 1893 geboren bin und daß der jüdische Monat Kislew irgendwann zwischen Anfang November und Anfang Dezember beginnt, gab ich aufs Geratewohl den 12. November 1893 an. Seitdem gilt der 12. November sowohl offiziell als auch im Familienkreis als mein Geburtstag.
Herausgeber: Moshe Menuhin starb am 4. Februar 1982 nach vielen Jahren schmerzhafter Krankheit im Los Gatos Community Hospital in Nord-Kalifornien.

2 Ich änderte meinen Familiennamen in Menuhin, als ich amerikanischer Staatsbürger wurde.

3 Im Gegensatz zu Mendele Moicher Sforim schrieb Scholem Aleichem nicht auf hebräisch und verwendete auch kein hebräisch angereichertes Jiddisch.

4 Herausgeber: Einige Ausführungen zum Chassidismus, die Moshe Menuhin für wichtig hielt, werden im Anhang referiert.

5 Ein orthodoxer jüdischer Junge besuchte die *Jeschiwa* – die religiöse jüdische Oberschule – bis zum heiratsfähigen Alter von achtzehn Jahren. Jüdische Mädchen waren in der Jeschiwa nicht zugelassen.
Der Talmud besteht aus Erweiterungen und Zusätzen (Kommentaren, Folklore, Legenden, Gesetzen und spekulativen Untersuchungen, Pilpul) zur Bibel. Er entstand in einem Zeitraum von fast tausend Jahren und wurde wie die Bibel offiziell besiegelt und heiliggesprochen.

6 Fast 73 Prozent der handeltreibenden Bevölkerung des Ansiedlungsgebiets waren Juden, ebenso wie über 31 Prozent der Handwerker. In anderen Teilen Rußlands, aus denen man sie nicht völlig vertrieben hatte oder in denen die Ausschließungsgesetze zum Beispiel zwischen 1859 und 1881 lockerer gehandhabt worden waren, traf man Juden als Kaufleute, Handwerker, Hebammen, Krankenschwestern, Ärzte, Zahnärzte oder Akademiker einer Reihe anderer Fachrichtungen an.

7 Ich bin ein Schneersohn der sechsten Generation. Während ich sitze und dies schreibe, regiert Rebbe Menachem Mendel Schneersohn, der gegenwärtige Lubawitscher Rabbiner, in seinem New

Yorker Hauptquartier in Brooklyn über die chassidischen Juden der Welt.

8 Liadi liegt etwa 27 Kilometer östlich von Lubawitschi.

9 Die Anzahl jüdischer Schüler in den staatlichen russischen Schulen war auf zehn Prozent begrenzt. Damals waren 4,13 Prozent der Bevölkerung des Landes Juden.

10 Zwischen dem 18. und 29. Oktober 1905 nach dem alten westlichen Kalender fanden in Rußland 690 Pogrome an 660 Orten statt, davon nur 24 Pogrome außerhalb des jüdischen Ansiedlungsgebiets. 810 Juden wurden getötet, 770 schwer verletzt. Drei Millionen Dollar wurden im Ausland gesammelt, um den Opfern und ihren Familien zu helfen.

11 Das Ende ihrer liberalen, demokratischen Träume unter Stalin und die geschickte Propaganda, die den rassistischen Zionismus als jüdischen demokratischen Sozialismus darstellte, lenkte viele junge jüdische Revolutionäre in Rußland von ihrem Ziel ab, echte russische Bürger zu werden und die Gojim von ihrem Antisemitismus zu heilen. Sie glaubten, sie brauchten Herzls »jüdischen Staat«, um anderen Europäern nachzueifern und zu kolonisieren, zu erobern und zu herrschen. Für sie hatten die Juden nur zwei Möglichkeiten: zu unterdrücken oder selbst unterdrückt zu werden. Es war tragisch.

12 Anfang dieses Jahrhunderts verließen alljährlich zwischen 100000 und 200000 Juden Rußland. In den Jahren zwischen 1900 und 1914 zogen 1500000 nach den Vereinigten Staaten, darunter sehr viele Re-Emigranten aus Palästina. Es zogen mehr Juden von Palästina nach Amerika als von Rußland nach Palästina.
In einigen westlichen Ländern wurden jüdische Einwanderer zum politischen Problem. In Großbritannien hielt Arthur James Balfour, konservativer Unterhausabgeordneter und Kabinettsmitglied (Premierminister von 1902–1907), einige der schärfsten Reden gegen die Aufnahme jüdischer Flüchtlinge aus Osteuropa. Als Außenminister verfaßte er 1917 die Balfour-Deklaration. Er war ein natürlicher Verbündeter des Zionismus wie einst von Plehwe in Rußland und wie nach ihm der deutsche Kaiser und der Süfafrikaner Malan.

13 Ich lese heute noch darin und verschenke gern Exemplare davon an Freunde.

14 Den nächsten Drachen baute ich zwanzig Jahre später. Das war in San Francisco für meinen Sohn Yehudi.

15 Großvater hatte dafür seine eigene Melodie, ein Thema mit Variationen. Jahre danach hörte mein Sohn mich die Lieder meines Großvaters singen, wenn wir lange Fahrten im Auto machten oder, noch später, wenn wir im privaten Pullmanwagen kreuz und quer durch die Vereinigten Staaten fuhren. Mein Sohn schrieb viele Themen auf. Ich hoffe, er wird eines Tages die Zeit und die Eingebung

haben, einige dieser echt jüdischen Melodien in Violinrhapsodien zu verwandeln.

16 Dieses Gebet, das jüdische Märtyrer in ihrer Todesstunde singen, heißt *Olaynu le-schabeach* (Es obliegt uns).

17 In Amerika wurde er Louis genannt.

18 Nach dem arabisch-israelischen Krieg von 1948/49 erfuhr ich, daß in Motzah ein jüdischer Bauer getötet worden war während eines Gefechts, in dem viele unschuldige Menschen ums Leben kamen, Juden, Muslime und Christen. Ich weiß nicht, ob es derselbe Mann war, den ich gekannt habe, oder vielleicht sein Sohn.

19 Ben Gurion emigrierte 1906 von Rußland nach Palästina.

20 Jahre später gab Marutha den Ring Yehudis erster Frau Nola. Als die Ehe zerbrach, bat ich Nola nur um eines: mir Shandels Ring wiederzugeben. Nola kam meiner Bitte freundlicherweise nach, und ich gab ihn Marutha zurück mit der Ermahnung, ihn zu behalten, solange sie lebe.

21 Dr. Mossinson, der im Jahre 1907 aus Europa nach Palästina kam, wurde 1912, dem Jahr, bevor ich meinen Abschluß machte, Direktor des Herzlia-Gymnasiums.

22 Der Junge, der die ganzen vier Jahre am Herzlia-Gymnasium eine Bank mit mir teilte, war der hochintelligente, wenn auch streitbare Moshe Shertok. Er änderte seinen Namen in Sharett, als 1948 der Staat Israel gegründet und er sein erster Außenminister wurde. Nach dem Abitur studierte er in Konstantinopel Rechtswissenschaft. Im Ersten Weltkrieg traten er und andere junge Zionisten freiwillig in die türkische Armee ein und kämpften im Nahen Osten gegen die Engländer. Shertok (Sharett) wurde türkischer Offizier im Stab des deutschen Kommandanten der vereinten türkisch-deutschen Streitkräfte in Palästina. Im Ersten Weltkrieg verbündeten sich die Zionistenführer in Europa mit dem deutschen Kaiser Wilhelm II. Das Hauptquartier des Weltzionismus blieb in Berlin. Später wurde Sharett Ministerpräsident von Israel.

23 Jacob Raisin: The Haskalah Movement in Russia. Jewish Publication Society of America. Copyright 1914, S. 262.

24 Aufsatz ›Sinat Olam Layam Olam‹ (Ewiger Haß gegen das ewige Volk‹), Warschau 1882.

25 Schrift ›Autoemanzipation‹, Berlin 1882.

26 Zitiert von Alex Bein in seinem Buch ›Theodor Herzl: A Biography‹ (Jewish Publications Society of America, 1941) Seite 258–259 in der Ausgabe von 1945.

27 Mitglieder des jüdischen Gewerkschaftsverbandes Histadrut, der lange unter der Führung Ben Gurions stand, blockierten die Eingänge jüdischer Unternehmen, die arabische Arbeiter beschäftigten. Sie beschimpften die Besitzer und nannten sie Verräter am jüdischen Volk, bis sie alle ihre arabischen Arbeiter durch jüdische ersetzt hatten. Das geschah natürlich zu Zeiten des britischen Man-

dats, als ein starker Strom jüdischer Auswanderer von Europa nach Palästina floß, also lange nach meiner Zeit im türkisch regierten Palästina.

28 Die meisten Plomben des arabischen Zahnarztes befinden sich heute noch in meinen Zähnen, und mein heutiger Zahnarzt meint, sie seien erstaunlich gut erhalten.

29 Fast genau sieben Jahre später, als mein Sohn Yehudi noch vor Vollendung seines sechsten Lebensjahrs die ersten öffentlichen Violinkonzerte gab, führte ich den Brauch ein, ihm am Ende jedes Konzerts ein Erdbeer-Eiscreme-Soda zu spendieren.

30 Mr. Liubarsky schloß Marutha sofort in sein Herz, und so kamen wir beide in den Genuß der herzlichen Gastfreundschaft, die er und seine Tochter Rachel uns gewährten.

31 Marutha ist eine Tatarin, wie sie im Buche steht, und hat dieses Erbe an Yehudi weitergegeben. Wenn Tataren sich etwas in den Kopf gesetzt haben, dann führen sie es auch aus. Maruthas Vorfahren waren zum Judentum übergetreten. Ihr Vater Sher lebte in Chicago. Herausgeber: Die Tataren sind ein Turkvolk, das im 13. Jahrhundert mit Dschingis Khans Goldener Horde in diese Gegend kam. Später traten die meisten zum Islam, ein paar zum Christentum über. Andere wurden Juden wie ihre Nachbarn, die Chasaren, die diesen Glauben im frühen 8. Jahrhundert auf Geheiß ihres Herrschers angenommen hatten. Im Gegensatz zu den Chasaren, den Vorfahren fast aller europäischen Juden, behielten die Tataren ihre eigene Sprache.

Marutha Sher lernte Jiddisch, die auf dem Deutschen beruhende neue, von den Chasaren entwickelte Sprache, erst in der Ehe mit Moshe Menuhin in New York, wo Jiddisch immer noch die Umgangssprache der chasarischen Juden aus Osteuropa und Deutschland war, unter denen die beiden lebten und arbeiteten. (Siehe ›The Thirteenth Tribe‹ von Arthur Koestler und andere Werke über die Chasaren.)

32 Als Marutha vier Jahre später wieder schwanger war, kaufte ich alle zwanzig Bände der Werke von Scholem Aleichem in jiddischer Sprache (The Sholem Aleichem Folksfund Edition, 1919), und so kamen auch unsere Töchter Hepzibah und Yaltah fast ihre ganze vorgeburtliche Existenz hindurch in diesen Genuß. Auch heute noch lese ich seine Geschichten hin und wieder Marutha und ein paar jiddisch sprechenden Freunden vor.

33 Im Jahre 1918 in der zionistischen Veröffentlichung ›Kadimah‹.

34 Sie wurde unter anderem vom Chefredakteur der Hearst-Presse, William Randolph Hearst jr., im ›San Francisco Examiner‹ vom 3. März 1957 zitiert.

35 Herausgeber: Im Ersten Weltkrieg befand sich das Hauptquartier der Zionistischen Weltorganisation in Berlin.

36 In Amerika nannte sich mein Bruder Louis statt Layvik.

37 Wir sahen Louis ein paar Jahre später wieder, als er »siegreich« und mit einer Ehefrau aus Palästina zurückkehrte. Er ließ sich in Petaluma, Kalifornien, dem »Eierkorb der Welt«, nieder, wo er nach ein paar Jahren des Wohlstands plötzlich an einer durch Überessen verursachten Verdauungsstörung starb. Sein Tod trat ein, weil es damals noch keinen ärztlichen Notdienst gab.

38 Bei diesen Autobussen handelte es sich um amtlich zugelassene private Limousinen oder Kleinbusse, die Passagiere für wenig Fahrgeld aufnahmen und absetzten. Sie fuhren nach Fahrplan und sollten die öffentlichen Transportmittel entlasten.

39 Meine Rede erschien in voller Länge in ›The Emanuel Jewish Weekly‹, San Francisco, am 26. August desselben Jahres. Sie hatte die Überschrift ›The Intellectual Experiences of an Immigrant‹ (Die intellektuellen Erfahrungen eines Einwanderers).

40 Yehudis Geburtstag blieb in den Unterlagen der Schulbehörde von San Francisco als 22. Januar verzeichnet. Wir feierten ihn auch an diesem Tag, bis ich das Datum Jahre später auf einer Pressekonferenz richtigstellte.

41 Leopold Auer war im alten Rußland der Lehrer von Zimbalist, Elman, Heifetz, Cecilia Hansen und vielen anderen berühmten Konzertkünstlern gewesen.

42 Ich besitze es heute noch zum Andenken.

43 Herausgeber: »Pater« Riker vertrat die Ansicht, das Gehirn der menschlichen Rasse sei durch die Juden vertreten, das Herz durch die weiße Rasse, Glieder und Hände durch die farbigen Rassen. Alle sollten die ihnen zugeteilte Rolle hinnehmen. Bevor seine Kirche ihn aus Amt und Würden entließ, war er Priester im Süden Amerikas gewesen.

44 Unsere Kinder lernten Deutsch ab 1926 bei Mr. Salinger, Spanisch ab 1932, Italienisch und Russisch ab 1933. Die Beschäftigung mit einer Sprache und ihrer Literatur wurde dank Maruthas Beherrschung all dieser Sprachen ständig fortgesetzt.

45 Etwas später übernahm Dr. Stanley Rypins, ein großer Englisch-Gelehrter, den Unterricht in englischer Literatur.

46 Ezra, der Sachverständiger des Unfall-Untersuchungsausschusses des Staates Kalifornien wurde, eignete sich besser als mancher andere, unser Leben in der Steiner Street objektiv wiederzugeben. Als Robert Magidoff sein Buch ›Yehudi Menuhin‹ schrieb, interviewte er ihn über dieses Thema. Als das Buch erschien, war Ezra so entsetzt über die Entstellungen der Tatsachen und die Art und Weise, wie seine Worte verdreht worden waren, um uns zu verleumden, daß er krank wurde.

47 Sammy Marantz blieb bis Frühherbst 1925 in Kalifornien. Dann wurde er wegen Erkrankung seines Vaters nach Elizabeth zurückgerufen, schloß sich uns aber bald wieder an – in New York.

48 Damals war Ellis Island die Wartestation der amerikanischen Einwanderungsbehörde an der Ostküste.

49 Der gute Mann hatte zu diesem Zweck die Dienste einer Zeitungsausschnitt-Agentur in Anspruch genommen. Damals wußte ich noch nicht, daß es so etwas gab, aber in den folgenden Jahren, als Yehudis Manager und Presseagent, wurde ich ein guter Kunde dieser Unternehmen.

50 In dieses Konzert schickte die ›New York Times‹ keinen Kritiker, aber das nächste ließ sie sich nicht entgehen.

51 Yehudi hatte viele Fahrlehrer, darunter auch seinen Vater, aber Barney war und blieb für ihn die höchste Autorität.

52 Im Zusammenhang mit Yehudi vermied Enesco absichtlich das Wort »lehren«. Später sagte er: »Yehudi lehrte mich ebenso viel wie ich ihn. Wir haben lediglich miteinander musiziert.«

53 Grancino war der Rivale Amatis, des Lehrers von Stradivari.

54 In San Francisco hatten sie Musikunterricht bei Juditz Blockley und Albert Elkus erhalten.

55 Yehudi hatte bereits deutlich gesagt, daß er Prinz Michael nicht kennenlernen wollte.

56 Generalmusikdirektor der Dresdner Oper und Bruder des Violinisten Adolf Busch.

57 Kurt Weinholds Vermittlung im Streit um die Konzerte, die Yehudi damals in New York spielen sollte, führte zur Freundschaft zwischen ihm und uns. Als Evans und Salter das Feld räumten, übernahm er das Amt als Yehudis persönlicher Manager. Später wurde er Präsident der Firma Columbia Artists' Management.

58 Sam Franko besuchte damals viele Konzerte von Yehudi. Er komponierte zwei Kadenzen für ihn und widmete ihm das Arrangement eines Vivaldi-Konzerts.

59 Später lernten wir, solche Dinge im Hotel zurückzulassen. Sie wurden bis zu unserem nächsten Besuch in der betreffenden Stadt in Kisten im Keller verstaut.

60 Im Bericht des ›San Francisco Chronicle‹ über das Konzert steht, es habe an Yehudis elftem Geburtstag stattgefunden. Er war jedoch schon elf, denn er hatte seinen richtigen elften Geburtstag am 22. April 1927, neun Monate zuvor, gefeiert.

61 Nachdem Yehudi Blochs Violinkonzert mit dem New York Philharmonic Orchestra gespielt hatte, machte er einen großen Umweg, um den kranken Bloch in Agate Beach, Oregon, zu besuchen. Er bestellte bei ihm zwei Werke für Violine, die Bloch kurz vor seinem Tod beendete.

62 Bloch verbrachte viel Zeit bei den Indianern New Mexicos, um ihre Kultur und Musik zu studieren.

63 ›Avodah‹ – Gottesdienst – wurde fertig, bevor wir auf Tournee gingen. Yehudi spielte dieses Werk und Blochs ›Nigun‹ in Los Angeles und danach noch viele Male.

64 Nach etwa 300 verschollenen Violinen von Antonio Stradivari, dem Meister von Cremona, wird immer noch gesucht. Er lebte von 1644 bis 1737 und hat 1036 Instrumente geschaffen, von denen noch 602 existieren. Ende der zwanziger Jahre erzielten Stradivaris bis zu 100000 Dollar.

65 In den folgenden Jahren trafen Marutha, ich und die Kinder die Familie Goldman häufig. Es waren glückliche Stunden, an die wir gern zurückdenken. Zwanzig Jahre nach Henry Goldmans Tod lasen wir eine peinliche Geschichte. Er soll Yehudi gebeten haben, in seinem Haus zu spielen, was Marutha jedoch verboten habe. Das stimmt nicht. Wenn Yehudi gebeten worden wäre, hätte er mit unserem Segen gern gespielt, wie er es auch für Ehrmans getan hat. Was wir Yehudi jedoch nicht erlaubten, war, wahllos in Privathäusern zu spielen. Wir ließen ihn nicht einmal in Palästen auftreten.

66 Nach und nach lud ich einige Schriftsteller in unser Hotel ein, um Marutha, Yehudi und seine Schwestern persönlich kennenzulernen. Unsere ganze Familie arbeitete mit an den »Public Relations«. Das letzte Wort bei Pressemappen und Artikeln sprachen stets die Manager, die dafür sorgten, daß sie wahr, anständig und menschlich interessant waren. Werbung, Plakate, Schaufensterauslagen und Rundschreiben überließen wir gänzlich unseren nationalen und örtlichen Managern.

67 *Bar Mizwa* – Sohn des Gebots – heißt der jüdische Junge, der das 13. Lebensjahr vollendet hat und damit volljährig geworden ist. Yehudi war anscheinend schon geistig reif geboren. Mein Großvater sagte in solchen Fällen, eine große Seele sei in den Körper eines neugeborenen Kindes übergegangen.

68 Yehudi bevorzugt den Urtext, die ursprüngliche, unveränderte Version eines Musikstückes. Für ihn steht Bach im Mittelpunkt der Literatur der Violinmusik.

69 Das »Sekretariat Adolf Busch« war Buschs Frau Frieda.

70 Der Multimillionär Goldman war damals angeblich einer der wichtigsten Finanzberater der deutschen Regierung.

71 Hubert Giesen wurde später Yehudis musikalischer Begleiter auf Tourneen.

72 Rudolf Serkins und Adolf Buschs gemeinsame Konzerte mit Sonaten für Klavier und Violine sollten den beiden bald viel Beifall bringen. 1935 heiratete Serkin Buschs Tochter Irène, genauso wie Busch einst die Tochter seines Professors Hugo Grüters geheiratet hatte.

73 Herausgeber: Knapp ein Jahr nach Hitlers Machtergreifung gab Adolf Busch seine deutsche Staatsangehörigkeit auf und beantragte die der Schweiz, des Landes, in dem er seit 1927 lebte. Sein Bruder Fritz, der Dirigent, verließ Deutschland im Mai 1933 und ließ sich wenig später in England nieder.

1939 zogen Adolf Busch, seine Frau Frieda, seine Tochter Irène, ihr Mann Rudolf Serkin und Buschs Bruder Hermann, Cellist und Mitglied des 1930 von Adolf Busch gegründeten Busch-Trios, in die Vereinigten Staaten. 1950 gründete Adolf Busch die Marlboro School of Music in Vermont. Dort starb er im Jahre 1952.

74 Als Yehudi sein Debüt in London gab, kämpfte Sidney jr. dort immer noch mit dem Tod. So konnten wir Mr. und Mrs. Ehrman und ihrer Tochter Esther, die sich alle bis zum Ende an Sidneys Bett befanden, ein wenig Trost spenden.

75 »Papa« auf Hebräisch.

76 Yehudi macht bis zum heutigen Tag Schallplattenaufnahmen mit der Gramophone Company of England (H.M.V.).

77 Damals waren Yehudis Taschen voller Notizen über Patente. Er fing ohne unser Wissen Briefwechsel mit General Motors und anderen Firmen sowie mit dem amerikanischen Patentamt an.

78 Herausgeber: Carolyn starb 1975 an Krebs. Die Familie Menuhin war untröstlich.

79 Dank großer Vorsicht hielt ich es noch drei weitere Jahre aus, aber dann hatte sich mein Gewicht von 80 auf 50 Kilo verringert, und ich mußte mich mitten auf der Tournee einer Operation unterziehen.

80 1934 verließ Dr. Schwartz Deutschland und ließ sich in New York nieder, wo er Präsident der Agfa-Ansco Corporation wurde. Wir trafen ihn oft im Hotel Savoy Plaza, in dem er wohnte und das unser New Yorker Hauptquartier war.

81 Sammy leistete uns diese Dienste in New York noch viele Jahre.

82 Viel später wurde Nin Culmel Leiter der musikalischen Fakultät der University of California in Berkeley.

83 Es war das Violinkonzert in g-Moll von Bruch. Sir Landon dirigierte das London Symphony Orchestra.

84 Die Gramophone Company of England feierte Elgars hundertsten Geburtstag mit einer Neuauflage dieser aus dem Jahre 1932 stammenden 78er-Aufnahme als Langspielplatte.

85 Die Liste lautete: Die Konzertmappe. Ein Handtuch. Eau de Cologne. Ein frisches Hemd zum Wechseln (Manschetten zuknöpfen). Eine frische Krawatte für das frische Hemd. Eine Thermosflasche mit heißer Ovomaltine oder kaltem Orangensaft. Ersatz-Hosenträger. Ersatz-Taschentuch. Dämpfer. Wollener Pullover. Kamm. Halsbonbons. Aspirin zum Gurgeln bei Erkältung oder Ansteckungsgefahr. Noten für den Klavierbegleiter. Galoschen.

86 Das geschah bei zwei Vorstellungen mit dem Mendelssohn-Konzert im November 1937 in Kansas City und später noch einmal bei einem Pariser Konzert mit Fritz Kreisler im Publikum. Nicht einmal Kreisler bemerkte den Tausch. Zu Ehren ihres Schöpfers nannte Yehudi die Kopie »Le Français«.

87 Yehudi und seine Mutter bevorzugten »Capra« (Ziegenmilch), die Mädchen und ich dagegen »Mucca« (Kuhmilch). In diesem

Wettstreit, welche Milch besser sei, konsumierten wir literweise Milch.

88 Herausgeber: Präsident Franklin Delano Roosevelt gründete die National Recovery Administration in seiner ersten Amtszeit, um den Vereinigten Staaten nach der Weltwirtschaftskrise wieder auf die Beine zu helfen.

89 Wanda Toscanini, die später seine Frau werden sollte, gehörte mit zu der langen Reihe unserer Mitwanderer.

90 Das war die von August Wilhelmj, dem berühmten deutschen Geiger, der 1908 starb, verfälschte und gekürzte Ausgabe.

91 Herausgeber: In ›Unvollendete Reise‹, seiner eigenen Autobiographie (R. Piper & Co. Verlag, München 1976), berichtet Yehudi, daß auch Frau Wolff im Holocaust umkam.

92 Toscanini übernahm diese Handreichungen auch bei späteren Gelegenheiten, wenn er Yehudis Konzerte besuchte.

93 Zu Ehren von Maruthas tatarischer (genauer gesagt: tscherkessischer) Herkunft wollten wir das Haus »Villa Cherkess« nennen.

94 Trojanowskys Sohn Oleg besuchte eine Schule in oder bei Washington. Später arbeitete er als Übersetzer bei Chruschtschow und ist heute ständiger Vertreter der UdSSR bei den UN.

95 1939, ein Jahr nach seiner Heirat, schenkten wir unserem Sohn und seiner Frau Nola den Besitz in Alma.

96 In dem Augenblick, da ich dies schreibe, wohnen wir immer noch auf diesem Berg, wenn auch auf der anderen Seite.

97 Marutha und ich nutzten dieses Angebot bis zum heutigen Tag.

98 Schumann komponierte dieses Werk in den ersten beiden Septemberwochen 1853 und widmete es Joseph Joachim. Dieser spielte es am 27. Oktober des gleichen Jahres in Düsseldorf und danach in Hannover, wo er Konzertmeister des Sinfonieorchesters war.

99 Die Gramophone Company of England machte eine Aufnahme von Yehudi mit dem »verschollenen« Schumann-Konzert.

100 »Mutter«.

101 Yehudi war nie in Ägypten gewesen.

102 ›New York Times‹ vom 2. November 1938.

103 Erst im August 1949 trat Yehudi in die AGMA ein – und das aus eigenem Antrieb.

104 Diese Bäume beschatten das größere, bequemere Haus, in das Yehudi das ursprünglich für uns errichtete »Gästehaus« umbauen ließ.

105 Wir hatten Jacks erste Frau, von der er sich trennte, um Grace Aaronson zu heiraten, sehr gern gemocht.

106 Dr. Gillis schrieb ›Furtwängler Recalled, Briefe und Würdigungen prominenter Zeitgenossen‹ (Atlantis Verlag, Zürich, 1965), ›Furtwängler and America‹ (Ramparts Press, Palo Alto, California, 1970) und eine Sammlung von Artikeln mit dem Titel ›Furtwängler: In Memoriam‹. Dr. Gillis lehrt am Haverford College, Haverford, Pennsylvania.

107 Nach dem Einmarsch der Nationalsozialisten nach Rußland wurde der in Reval geborene Rosenberg Reichsminister für die besetzten Ostgebiete. Er bestimmte die nationalsozialistische Politik gegenüber den Einwohnern dieser Region.
108 Bei dieser Begegnung in Bayreuth war Richard Wagners Enkelin Friedelind anwesend. Sie verließ Deutschland 1939.
109 ›New York Times‹ vom 11. Dezember 1945.
110 Yehudi wurde in New York geboren.
111 Danzis erwähnt geflissentlich nichts davon, daß Yehudi mit diesen Konzerten 75400 Mark für die jüdische Gemeinde Berlins aufgebracht hatte, aber nur 15300 Mark für die Berliner Hochschule für Musik, 7540 Mark für die Unterstützung von Orchestern und 3770 Mark für die Bekämpfung der Kinderlähmung.
112 Zitat aus ›Furtwängler: In Memoriam‹ von Dr. Daniel Gillis.
113 Siehe Ansprache von Morris L. Ernst, Präsident Roosevelts persönlichem Abgesandten in dieser Sache nach England, auf der Konferenz des American Council for Judaism vom 23. April 1950.
114 Richard H. S. Crossman: Palestine Mission: A Personal Record. Harper & Bros., New York & London, 1947.
115 ›Commentary‹ vom Juli 1946.
116 Heute San Jose State University.
117 Dr. Shahak schrieb unter anderen folgende Bücher: ›Israel's Global Role: Weapons for Repression‹ (AAUG, 1982), ›The Shahak Papers‹ (The Israeli League for Human & Civil Rights, neu aufgelegt von The Near East Ecumenical Bureau for Information and Interpretation, Beirut), ›Civil Rights in Israel Today‹ (Committee for Justice in the Middle East, 1972), ›The Non-Jew in the Jewish State‹, eine Sammlung von Dokumenten, herausgegeben von Israel Shahak (Israeli League for Human & Civil Rights, 1975), ›Nicht-Juden im Jüdischen Staat‹ (Progress Dritte Welt, Wuppertal, 1977), ›Le Racisme de l'Etat d'Israël‹ (G. Authier, Véritésm, Paris, 1975).
118 ›Zionism in the Age of Dictators‹ (Croom Helm, London, 1983; Lawrence Hill, Westport, Connecticut, 1983).
119 Kürzlich teilte mir das IPS mit, es gebe eine dritte große Neuauflage heraus, da es einen ständigen Strom von Bestellungen, zumeist von Buchläden aus der Gegend von New York, empfange. Es fügte hinzu, es habe mehr als 75 Exemplare an religiöse jüdische Organisationen, theologische Seminare, rabbinische Universitäten und Einzelpersonen verschickt.
120 Eine unvollständige Liste von Büchern und Artikeln (fast ausschließlich von jüdischen Autoren), die die Zusammenarbeit zwischen Zionisten und Nationalsozialisten sowie zwischen Zionisten und italienischen Faschisten in den dreißiger und frühen vierziger Jahren dokumentieren oder behandeln, befindet sich in der Bibliographie.
121 Nachdem sich Achad ha-Am in Palästina niedergelassen und die

blutigen Folgen der zionistischen Taktik mit eigenen Augen gesehen hatte, schrieb er zwei offene Briefe an die Tageszeitung ›Ha'aretz‹. Ich zitiere daraus nur einige wenige Zeilen:

»13 Juden und Blut! Gibt es größere Widersprüche als diesen? Was haben wir denn aus unserem Untergang gerettet außer den Lehren unserer Propheten, die wir auf den langen Weg unseres Exils mitnahmen, um unser dunkles Leben zu erhellen? Jahrtausendelang wurde unser Blut überall auf der Erde vergossen, wir aber vergossen niemandes Blut ... So lebte unser Volk von einer Generation zur anderen, lebte unter Nationen, die von ihren Schwertern lebten und die das Blut ihrer Mitmenschen zu vergießen pflegten. Unser Volk wollte von diesem barbarischen Leben nichts wissen.

Was sollen wir nun sagen, wenn dies wirklich wahr ist? (Die Ermordung unschuldiger Araber aus Rache.)

Mein Gott, ist dies das Ende? Ist dies das Ziel, nach dem unsere Väter gestrebt, für das alle Generationen gelitten haben? Ist dies der Traum von der Rückkehr nach Zion – um seine Erde mit unschuldigem Blut zu beflecken? Und jetzt schlägt mich Gott damit, erleben und mit eigenen Augen sehen zu müssen, daß ich mich geirrt habe ... Wenn dies der Messias ist, dann möchte ich ihn nicht kommen sehen.«

122 Ein Professor, der jeden Sommer mehrere Monate in München verbrachte und der mit Dr. Frey befreundet war, pflegte über das Massaker von Deir Yassin in Vorträgen und Artikeln zu sagen: »Das Massaker, das wirklich grauenhaft ist und allem widerspricht, woran Juden glauben, war eine Reaktion auf das arabische Massaker der Sanitätswagenbesatzung des Hadassah-Krankenhauses auf dem Scopusberg.«

Ich wies ihn darauf hin, daß er die Daten der beiden Tragödien verwechselte und damit dem falschen Eindruck Vorschub leistete, den die zionistischen Propagandisten zu erwecken suchten. Ein Rabbiner, der auf denselben Trick hereingefallen war und das Massaker von Deir Yassin viele Male genauso entschuldigt hatte, dankte mir, als ich ihn auf die Verwechslung hinwies.

123 Es war geplant, daß rund 497000 Araber im neuen »jüdischen Staat« blieben und 10000 Juden im übrigen Palästina, das den Palästinensern als neuer arabischer Staat überlassen werden sollte.

124 Die 50000 arabischen Einwohner von Ramla und Lydda, Orten, in denen keine Juden lebten, wurden vertrieben, weil die Zionisten das Gebiet für den Bau eines neuen Flughafens für Tel Aviv haben wollten. Er heißt heute Lod.

125 Die Sendereihe besteht aus folgenden Sendungen: 1. ›Kind der Pogrome‹, 2. ›Der Chassidismus und der Weg nach Jerusalem‹, 3. ›Das Leben im alten Palästina‹, 4. ›Der Zionismus: von Basel zum Hotel Biltmore‹, 5. ›Juden, die sich zu Wort meldeten‹, 6. ›Die Kriege von 1948 und 1956‹, 7. ›Der Krieg von 1967 und seine

Nachwirkungen‹, 8. ›Israel, Rußland und der Antisemitismus‹, 9. Israel und der Westen‹, 10. ›Für die Nachwelt: Was es bedeutet, ein Jude zu sein‹, 11. ›Eine Botschaft an die Welt, insbesondere an die Juden‹.

In seinem Buch ›The Haskalah Movement in Russia‹ schreibt Dr. Jacob Raisin über meinen Vorfahren Schneur Salman von Ljadi:

»Unter der Führung von Rabbi Schneur Salman von Ljadi (1747–1813) änderte sich der Chassidismus radikal. Schneur Salman hielt es nicht für seine Aufgabe, Wunder zu tun, sondern Rechtschaffenheit zu lehren. Er gab seiner Lehre den Namen *Chabad*-Chassidismus – auf Hebräisch sind Ch, B und D die Anfangsbuchstaben der drei Wörter *Chokmah* (Weisheit), *Binah* (Vernunft) und *Da'at* (Wissen) – und förderte die Aufklärung unter seinen Anhängern auf die einzig mögliche Weise. Es war seine Absicht, die versteinerten rabbinischen Verordnungen (Gezerah) abzuschaffen und stattdessen die Gefühlswelt der Juden zu entwickeln.«

Im Londoner ›Chronicle‹ stieß ich zufällig auf die folgenden Ausführungen über den historischen Chabad-Chassidismus:

»Der Chassidismus war eine Herausforderung an die Oberherrschaft des Talmud als einzige geachtete Literatur. Dank dem Chassidismus wurde die hebräische Literatur von der Eintönigkeit befreit, in der sie seit Generationen festgefahren war.

Von einer Generation zur anderen, von Eltern zu Kindern erzählte man sich von dem wunderbaren Anblick, Rabbi Jitzhak aus Berditschew zur *Simchat Thora* (Thorafreude) tanzen zu sehen. Er drückte die Thorarolle fest ans Herz. Mit geschlossenen Augen, das Antlitz leuchtend von göttlichem Feuer, tanzte und tanzte er, ohne den Boden zu berühren, als schwebe er in der Luft. Alle Versammelten blieben ängstlich und zitternd in sicherer Entfernung. In diesem Augenblick (und hier schaltet sich die Legende ein) verstummte die ganze höhere Welt, und selbst die dienstbaren Engel hielten den Atem an und unterbrachen ihr tägliches Loblied vor dem Höchsten, der gesegnet sein möge. Die Legende endet: Nie, nie zuvor hat es im Himmel solch eine große geistige Wonne gegeben.«

Das folgende Zitat stammt aus einem hebräischen Buch von M. S. Slonim mit dem Titel ›Die Geschichte der Familie Schneur Salmans, des Rabbi von Ljadi‹, das kürzlich in Tel Aviv erschien:

»Man erzählte vom Rab (Rabbi) aus Ljadi, er habe einmal vor einer Versammlung von Gelehrten und Gegnern seiner Lebensphilosophie gestanden, die ihm viele schwierige Fragen und Rätsel stellten, auf die sie keine zufriedenstellende Antwort wußten. Der Rab antwortete nicht, sondern blieb stumm und nachdenklich stehen. Nach einer Weile sagte er: ›Ihr seid gekommen, um Gottes Wort und die Antwort auf die schwierigen Fragen des Lebens, die euch alle quälen, zu hören. Ich werde euch eine Melodie vorsingen, die jedem von euch die ganze

Antwort auf seine Fragen geben wird.‹ Er begann, die Worte der Mischna zu singen: ›Und alle Meister des Wohlklangs, Seelen und Engel, beginnen zu singen und gehen darin auf. Sie erheben sich und fahren fort mit Gesang und Wohlklang.‹ Dann wiederholte er die Melodie ohne Worte in höchster Verzückung, bis der Zauber jeden einzelnen in der tiefsten Tiefe ergriff und die Wogen von Melodie und Harmonie sie in die höchste Höhe ihrer Gedanken erhoben. Ströme von Weisheit begannen plötzlich zu fließen, und so wurden alle ihre Fragen beantwortet.

Die ekstatischen Melodien ohne Worte (*Nigun* auf Hebräisch) wurde von den chassidischen *Zaddikim* (Heiligen) komponiert, um in den Zustand höchster Verzückung, ja sogar Entkörperlichung zu gelangen. Schneur Salman sprach unmißverständlich von seiner Vorliebe für die Melodien ohne Worte, indem er erklärte: ›Die Lieder der Seele bestehen nur aus Melodien, die aller Worte entkleidet sind.‹«

Achad ha-Am, der größte hebräische Schriftsteller, Gelehrte und Philosoph unserer Zeit, Vater des geistigen judaistischen Zionismus (im Gegensatz zum andersartigen politischen Zionismus), sagte in seinem hebräischen Essay ›Körper und Geist‹ folgendes über den Chassidismus:

»Im Mittelalter wurde das Judentum zweifellos von fremden Theorien angesteckt, die sich auf den Haß auf den Körper gründeten. Aber die großen jüdischen Denker, wie zum Beispiel Maimonides, stemmten sich gegen die Flut fremder Einflüsse und blieben dem traditionellen jüdischen Standpunkt treu. Sie lehrten die Menschen, den Körper zu achten, seine Lebenskraft zu schätzen, seine berechtigten Bedürfnisse zu erfüllen und Leib und Seele nicht voneinander zu trennen. Erst nach der Vertreibung aus Spanien, als die Juden fast überall in der Diaspora verfolgt wurden, gelang es den Kabbalisten, vor allem den palästinischen, das Licht zu verdunkeln und viele Konvertiten für das Asketentum in seiner härtesten Form zu gewinnen. Ihre Herrschaft war jedoch nicht von langer Dauer. Sie wurde von innen her aufgerieben, zuerst von der Sekte des Schabbetaj Zbi und später vom Chassidismus. Dem Asketentum wurde der Boden entzogen und dem materiellen Leben wieder zu Ansehen verholfen.«

Unter den neueren Interpreten des Chassidismus sind Dr. Judah L. Magnes, der Gründer der Hebräischen Universität in Jerusalem, und Martin Buber, der Universalist, meine Lieblinge. Buber erklärte die chassidische Erleuchtung wie folgt:

»Die Seele bemächtigt sich der Stimme des Menschen und läßt sie singen, was die Seele in der Höhe erlebt hat. Die Stimme weiß nicht, was sie tut. So betete einst ein Zaddik (chassidischer Rabbi) an den Tagen der Ehrfurcht (Neujahr und Versöhnungstag) und sang neue Weisen – o Wunder über Wunder –, die weder er noch irgendein anderes menschliches Ohr je zuvor gehört hatte, und wußte nicht, was er sang, denn er schwebte in der höheren Welt.«

Schneur Salman von Ljadi war sowohl ein *Zaddik* (Weiser) als auch ein großer Komponist chassidischer liturgischer Musik. Er schuf das erste chassidische Gebetbuch. Er soll gesagt haben: »In den höheren Sphären gibt es Tempel, deren Tore nur der Gesang öffnet.«

Diese Tradition wurde von einer Generation zur anderen weitergereicht. Die folgende Geschichte über Schneur Salmans Sohn, den zweiten Rabbi von Ljadi, erzählt Rabbi S. Glitzenstein in seinem in Tel Aviv erschienenen Buch ›Haadmore Haemtzayi – Dov Baer Schneuri‹:

»›Was soll ich tun, Rabbi?‹ wandte sich einer der alten Anhänger an den Rabbi von Ljadi. ›Ich verstehe deine Lehren nicht. Die großen Worte sind mir zu hoch.‹ Darauf antwortete der Rabbi von Ljadi: ›Höre! Ich werde es dir mit Musik erklären!‹ Der Rabbi begann zu singen, und während er sich immer tiefer in den Gesang versenkte, nahm die Seele des Mannes immer mehr von der Tiefe der Welt auf, und er rief: ›Jetzt kann ich darin aufgehen und es spüren!‹ Daraufhin ließ der Rabbi auf jede Predigt ein Lied folgen, damit jeder, der seine Lehren nicht verstehen konnte, ihre Bedeutung durch Melodien ohne Worte spürte. Der Rabbi komponierte zehn verschiedene Weisen und gewann mit seiner erhabenen, mystischen, fesselnden Musik stets die Herzen seiner Anhänger.«

Bibliographie

Ausgewählte Bibliographie der Werke, in denen das Problem der Kollaboration zwischen Zionisten und der NSDAP, anderen faschistischen Parteien und den Achsenmächten in den dreißiger und vierziger Jahren behandelt wird.*

Ahrendt, Hannah: Eichmann in Jerusalem. Ein Bericht von der Banalität des Bösen, München 1965.

Ball-Kaduri, Kurt-Jacob: Das Leben der Juden in Deutschland im Jahre 1933, Frankfurt a. M. 1963.

Brenner, Lenni: Zionism in the Age of the Dictators, Londonn 1983.

Eschwege, Helmut/Dobisch, Klaus/Goguel, Rudi: Kennzeichen J, Frankfurt 1979.

Glubb, Faris: Zionist Relations with Nazi Germany, Beirut o. J.

Goldmann, Nahum: Staatsmann ohne Staat, Köln/Berlin 1970.

Hecht, Ben: Perfidy, New York 1961.

Höhne, Heinz: Der Orden unter dem Totenkopf, Hamburg 1966.

Koestler, Arthur: Promise and Fulfilment. Palestine 1917–1949, London/New York 1949.

Pätzold Kurt: Faschismus, Rassenwahn, Judenverfolgung. Eine Studie zur politischen Strategie und Taktik des faschistischen deutschen Imperialismus, Berlin 1975.

Petran, Tabitha: Zionism: A Political Critique, Boston o. J.

Weizmann, Chaim: Memoiren. Das Werden des Staates Israel, Zürich 1953.

* Moshe Menuhin und ich wissen die Tatsache zu schätzen, daß uns viele Dokumente erst durch die Arbeit anderer Forscher dieser Epoche zugänglich geworden sind. Besonders erwähnen möchten wir hier Lenni Brenner (der uns auch während seiner Recherchen fortlaufend mit neuem Material versorgte), Laila van der Hoeven Leonhard, Faris Glubb, Tabitha Petran, William Zuckerman, Alfred E. Lilienthal, Györgi Makai und Klaus Polkehn. C. E.

Register